新时代·新文科×新工科·数字经济高质量人才培养系列（产业数字化）

数据新闻实战
（第2版）

◆ 刘英华 著

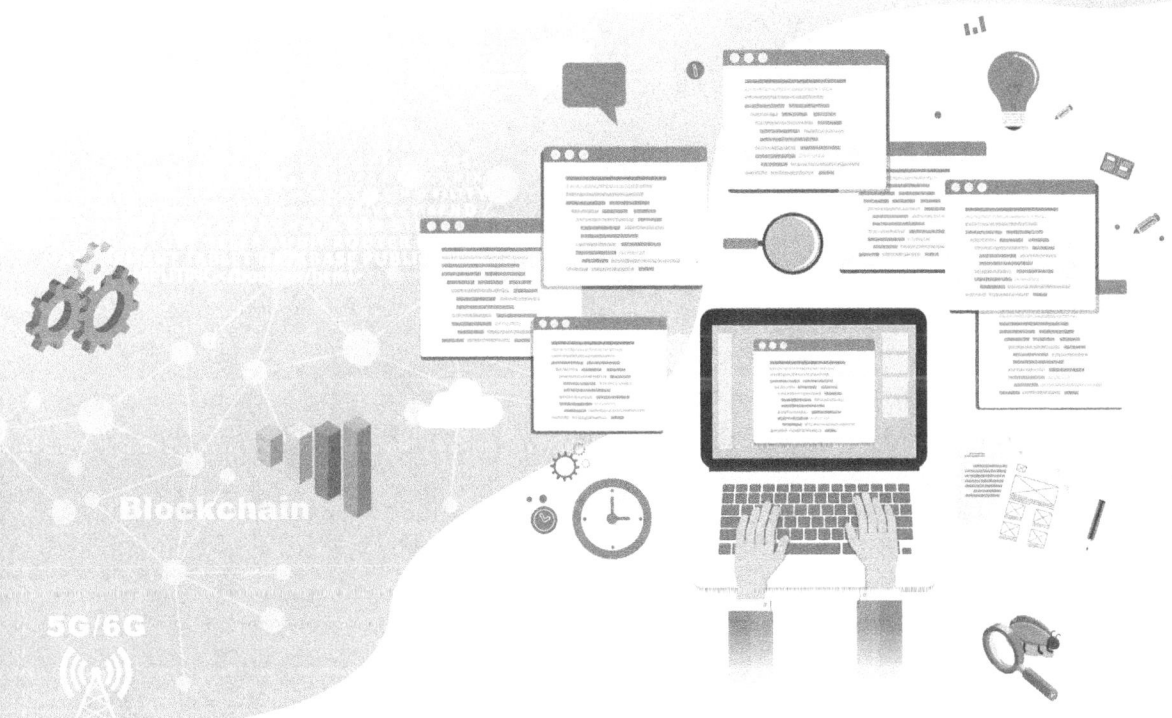

电子工业出版社

Publishing House of Electronics Industry

北京·BEIJING

内 容 简 介

本书紧密围绕数字媒体环境下新闻人在数据新闻制作中的实际需求，基于案例全面介绍数据新闻制作的流程。本书理论与实践结合，主要内容包括：数据新闻的概念和制作流程，公开数据的获取、申请和搜索方法，数据转换和存储方法，"脏数据"的成因及表现形式，常见的数据清理和分析工具，基于 OpenRefine 环境清理"脏数据"的过程和方法，数据清理原则和数据分析，数据可视化的概念，Tableau 制作数据图表的方法和技巧，以及其他常用的数据可视化制作工具。

本书通俗易懂，结构严谨，层次清晰，案例丰富，特别适合高等院校相关专业学生和网络编辑、新媒体记者阅读，有一定工作经验的数据新闻制作者也可以从本书学习到大量高级实用的功能和技巧。

未经许可，不得以任何方式复制或抄袭本书之部分或全部内容。
版权所有，侵权必究。

图书在版编目（CIP）数据

数据新闻实战／刘英华著．—2版．—北京：电子工业出版社，2022.1
ISBN 978-7-121-42701-5

Ⅰ．①数… Ⅱ．①刘… Ⅲ．①新闻学-高等学校-教材 Ⅳ．①G210

中国版本图书馆 CIP 数据核字（2022）第 016251 号

责任编辑：章海涛
印　　刷：北京虎彩文化传播有限公司
装　　订：北京虎彩文化传播有限公司
出版发行：电子工业出版社
　　　　　北京市海淀区万寿路173信箱　邮编 100036
开　　本：787×1 092　1/16　印张：20.75　字数：530 千字
版　　次：2016 年 9 月第 1 版
　　　　　2022 年 1 月第 2 版
印　　次：2024 年 3 月第 3 次印刷
定　　价：59.90 元

凡所购买电子工业出版社图书有缺损问题，请向购买书店调换。若书店售缺，请与本社发行部联系，联系及邮购电话：(010)88254888，88258888。

质量投诉请发邮件至 zlts@phei.com.cn，盗版侵权举报请发邮件至 dbqq@phei.com.cn。

本书咨询联系方式：192910558(QQ 群)。

前　言

写作目的

　　人类社会中数据无处不在。数据可以对社会和环境的状态提供详细而精准的信息。各行各业都在使用数据、分析数据，并根据数据计算、决策。随着大数据时代的到来，新闻工作者也需要收集数据、理解数据和分析数据，并使用数据表达信息，解释数据背后的意义。

　　大数据环境下，数据新闻作为一种新的报道形态受到了读者的认可和追捧。新闻从业者急需全面提升自己的专业技能，其中之一就是具备数据分析和数据呈现的能力。但无论是国内还是国外，大多数新闻工作者缺乏数据方面的知识。因为传统高校缺乏相应的课程，市场上也难以寻觅到相应的书籍。

　　现有的寥寥书籍主要研究的是数据新闻理论，点评数据新闻作品，但缺少数据新闻的实战流程。这本书正是为学习数据新闻制作的读者准备的，读者可以快速获取数据、清理数据、可视化数据，可以完成数据新闻制作的全过程。

本书内容

　　第1章　数据新闻概述。本章阐述数据新闻的概念，数据新闻制作人才的需求，数据新闻技术要求和制作流程，最后展示并点评了近期数据新闻奖的获奖作品。

　　第2章　获取数据。本章讲解获取数据的方法和具体途径，包含政府、国际组织与第三方机构数据的获取，政府信息公开数据的申请，众包搜集数据及搜索引擎的使用，最后是获取数据的转换、存储和综合案例。

　　第3章　数据清理。本章分析"脏数据"的成因及其表现形式，基于OpenRefine环境清理"脏数据"，阐明数据清理原则和综合案例。

　　第4章　数据分析。本章包含评估数据合理性的外部合理性检查和内部合理性检查，讲解Excel简单分析数据的方法，使用Pandas分析数据并给出综合案例。

　　第5章　数据分析和可视化工具Tableau。本章阐明了数据可视化的概念，介绍常见的数据可视化工具，以Tableau为例详细讲解了数据可视化的具体方法，包含创建第一个可视化作品、连接数据、数据视图、高级分析、仪表板、故事和作品发布，最后分析了三个优秀的Tableau作品和综合案例。

　　第6章　其他数据新闻制作工具。本章讲解其他常用的数据新闻制作工具，包括图表绘制工具库ECharts、标签云WordArt、可视化工具kepler、florish和hanabi。

本书全面翔实，操作细节清晰，案例典型，方便学习，素材多样，强化操作能力，提高专业技能。

读前准备

- 互联网接入，IE 浏览器、Firefox 浏览器和 Chrome 浏览器。
- 文本编辑器，如记事本或者 EditPlus。
- 微软 Office 工具包中的 Excel，版本不限。
- 安装 Java 环境，具体见本书 3.3.1 节。
- 如果是学生，可以提前申请 Tableau 免费一年使用权。

排版约定

- 菜单项的名称放在【】中，如选择菜单【分析】|【创建计算字段】选项。
- 代码使用 Courier New 字体，例如：

```
series:[{
    name:'销量',               //设置图表系列的名称
    type:'line',              //设置图表类型是折线图
    data:[5,20,36,10,10,20]   //设置系列数据
}]
```
  (第一行后注释：//设置系列列表)

- 使用"+"表示组合键，如按 Ctrl+C 组合键。
- 没有特殊说明时，单击和双击分别表示鼠标左键单击和双击，右击表示鼠标右键单击。

感谢

首先，感谢购买本书的读者。您的阅读是我写作动力的源泉。数据新闻发展较快，真心希望您在阅读本书后能提出宝贵的意见，我们可以共同分析探讨，为后续图书的撰写提供素材和经验。

其次，感谢我的爱人和父母。在我写作最困难的时候，是你们给我鼓劲加油，支持我完成书稿。父母虽然年迈，但很开心地戴着老花镜帮我校稿。

最后，感谢电子工业出版社的编辑们，他们的严谨细致和辛勤努力保证了本书的顺利出版。

联系作者

如果您对本书有想法和意见，或者想与作者探讨某个问题，请发送电子邮件至 yinghliu@163.com。

刘英华

2021 年 9 月于北京

目 录

第1章 数据新闻概述 ··· 1
1.1 数据新闻的概念 ··· 1
1.2 制作数据新闻 ··· 9
1.2.1 人才需求 ··· 10
1.2.2 技术需要 ··· 10
1.2.3 制作流程 ··· 12
1.3 数据新闻获奖作品赏析 ··· 14
1.3.1 全球数据新闻奖获奖作品 ··· 14
1.3.2 世界新闻视觉设计大赛SND获奖作品 ··· 22
1.3.3 凯度信息之美获奖作品 ··· 24
1.3.4 全球西格马奖获奖作品 ··· 31
小结 ··· 33
习题1 ··· 34

第2章 获取数据 ··· 35
2.1 政府、国际组织与第三方机构的公开数据 ··· 35
2.2 政府信息公开申请数据 ··· 38
2.3 众包搜集数据 ··· 39
2.4 搜索引擎的使用 ··· 40
2.4.1 搜索指令 ··· 41
2.4.2 百度搜索工具 ··· 44
2.4.3 百度高级搜索页面 ··· 44
2.5 数据转换和存储 ··· 45
2.5.1 PDF格式转换为Excel格式 ··· 45
2.5.2 在线转换工具Zamzar ··· 48
2.5.3 浏览器插件 ··· 49
2.5.4 结构化信息表格化 ··· 50
2.5.5 批量下载文件 ··· 54
2.6 综合案例 ··· 55
2.6.1 使用联合国数据库 ··· 55
2.6.2 获取北京市历年常住人口数量 ··· 58
2.6.3 获取"新冠肺炎"疫情数据 ··· 59

小结	65
习题2	65

第3章 数据清理 ··· 66

- 3.1 "脏数据"（Dirty Data） ··· 66
  - 3.1.1 "脏数据"的成因 ··· 66
  - 3.1.2 "脏数据"的表现形式 ··· 68
- 3.2 数据清理/分析工具 ··· 68
- 3.3 清理"脏数据" ··· 69
  - 3.3.1 安装 OpenRefine 环境 ··· 70
  - 3.3.2 创建项目（导入数据） ··· 71
  - 3.3.3 主界面 ··· 73
  - 3.3.4 归类（Facet） ··· 74
  - 3.3.5 文本过滤器（Text filter） ··· 81
  - 3.3.6 编辑单元格（Edit cells） ··· 82
  - 3.3.7 编辑列（Edit column） ··· 85
  - 3.3.8 变换（Transpose） ··· 87
  - 3.3.9 排序（Sort） ··· 90
  - 3.3.10 视图（View） ··· 90
  - 3.3.11 导出（Export） ··· 91
  - 3.3.12 函数 ··· 92
  - 3.3.13 正则表达式 ··· 97
- 3.4 数据清理的原则 ··· 101
- 3.5 数据清理综合案例 ··· 102
  - 3.5.1 使用 Excel 查找重复记录 ··· 102
  - 3.5.2 使用 OpenRefine 清理 UniversityData 数据 ··· 106
  - 3.5.3 使用 OpenRefine 获取和解析 HTML 数据 ··· 117
  - 3.5.4 OpenRefine 清理 hospitals 数据 ··· 126
- 小结 ··· 139
- 习题3 ··· 140

第4章 数据分析 ··· 141

- 4.1 数据合理性分析 ··· 141
  - 4.1.1 内部合理性 ··· 141
  - 4.1.2 外部合理性 ··· 146
- 4.2 使用 Excel 简单分析数据 ··· 150
  - 4.2.1 Excel 常用函数 ··· 150
  - 4.2.2 筛选 ··· 153

4.2.3	数据透视表	154
4.2.4	在透视表里做筛选	155

4.3 使用 pandas 库分析数据 156
4.3.1	读取和查看数据	157
4.3.2	其他常见的 pandas 函数	158

4.4 综合案例 164
4.4.1	使用 Excel 分析招聘数据	164
4.4.2	使用 pandas 分析泰坦尼克号数据	173

小结 186

习题 4 186

第 5 章 数据分析和可视化工具 Tableau 187

5.1 数据可视化 187
5.2 数据可视化工具 187
5.3 Tableau 的下载和安装 191
5.4 创建第一个可视化作品 193
5.4.1	首次数据连接	194
5.4.2	首次创建多种图表	195
5.4.3	首次创建仪表板	197
5.4.4	首次输出	199

5.5 连接数据 200
5.5.1	在图表中查看数据	200
5.5.2	简单数据连接	201
5.5.3	使用多个数据源	203
5.5.4	合并数据	208
5.5.5	提取数据	210
5.5.6	数据类型	212

5.6 数据视图 214
5.6.1	工作表和工作簿	214
5.6.2	数据视图界面	215
5.6.3	制作文本表、突出显示表和热图	217
5.6.4	制作条形图	218
5.6.5	制作线图	225
5.6.6	制作地图	230
5.6.7	制作饼图	233
5.6.8	制作树状图	236
5.6.9	制作填充气泡图	236

- 5.6.10 制作甘特图 ······ 237
- 5.6.11 制作散点图 ······ 239
- 5.6.12 制作双组合图和面积图 ······ 240
- 5.6.13 制作盒须图 ······ 243
- 5.6.14 制作靶心图 ······ 244
- 5.6.15 制作特殊图形 ······ 246

5.7 高级分析功能 ······ 248
- 5.7.1 Tableau 常用函数 ······ 248
- 5.7.2 数据聚合 ······ 250
- 5.7.3 注释 ······ 251
- 5.7.4 计算 ······ 252
- 5.7.5 简单预测 ······ 259
- 5.7.6 合计 ······ 259
- 5.7.7 参数 ······ 262
- 5.7.8 分层 ······ 264
- 5.7.9 分组 ······ 265
- 5.7.10 "页面"功能区 ······ 267
- 5.7.11 制作直方图 ······ 268
- 5.7.12 背景图像 ······ 270
- 5.7.13 集 ······ 273
- 5.7.14 空间文件 ······ 277

5.8 仪表板 ······ 280
- 5.8.1 创建仪表板 ······ 280
- 5.8.2 布局容器 ······ 283
- 5.8.3 编辑仪表板 ······ 283
- 5.8.4 仪表板和工作表 ······ 284
- 5.8.5 操作 ······ 285

5.9 故事 ······ 288

5.10 作品发布 ······ 290
- 5.10.1 文件类型 ······ 290
- 5.10.2 发布 ······ 291
- 5.10.3 打印 ······ 292

5.11 作品赏析 ······ 293
- 5.11.1 Is Your Country Good at Reducing CO_2 Emissions? ······ 293
- 5.11.2 Cabs in NYC ······ 296
- 5.11.3 Measuring the Penguinsat Palmer Station ······ 297

5.12	综合案例：动态热带气旋图	298
小结		302
习题 5		302

第6章 其他数据新闻制作工具 … 303

6.1	图表绘制工具库 ECharts	303
	6.1.1 获取 ECharts	303
	6.1.2 绘制一个简单的图表	303
	6.1.3 编辑图表	305
6.2	标签云	308
6.3	可视化工具 kepler	313
6.4	可视化工具 flourish	317
6.5	可视化工具 hanabi	319
小结		321
习题 6		321

参考文献 … 322

第1章 数据新闻概述

1.1 数据新闻的概念

本章教学资源

数据新闻,也称为数据驱动新闻(Data-driven journalism),是指基于数据的抓取、挖掘、统计、分析和可视化呈现的新型新闻报道方式。数据新闻是数据技术不断发展的必然结果,在一定程度上改变了传统新闻的生产流程。

1. 数据新闻的雏形

数据新闻的雏形来自于1821年5月5日《曼彻斯特卫报》(英国《卫报》*The Guardian*前身)在其头版新闻《曼彻斯特在校小学生人数及其年平均消费》[①](可根据 URL 查看原始网页,亦可到教学资源中查看下同)中使用的数据表,这也是历史上第一份使用头版刊登数据新闻的报纸,如图 1.1 所示。

这份数据表是对原始数据[②]经过简单数据清理和分析后得到的。

2. 数据新闻的发端,新闻人可以通过计算机辅助分析尝试找出新闻背后的真相

1967年,美国密歇根州底特律市发生了严重的黑人骚乱,史称"第十二街骚乱"。在这场骚乱中,支持者及旁观市民与警方发生了激烈的冲突,成千上万的人聚集在底特律街头。骚乱最终造成了43人死亡、1189人受伤、7200人被捕、2000多栋房屋被毁的惨剧,并演变成美国历史上死亡人数最多的骚乱事件之一。

惨剧发生后,《底特律自由报》(*Detroit Free Press*)记者菲利普·梅耶(Philip Meyer)接受临时安排,采用调查研究和计算机分析[③]的方法,探究编辑和记者们在报道中一直反思的问题——骚乱者究竟是哪些人?骚乱的原因是什么?

在调查前,很多人认为发生骚乱的原因是骚乱者生活贫困、缺乏教育,对没有工作的状况不满。而实际上,菲利普·梅耶对骚乱者所居住的区域随机选择了一些家庭进行调

---

① http://www.theguardian.c**/news/datablog/2011/scp/26/data-journalism_guardian#data.
② http://docs.google.c**/spreadsheet/ccc?key=0AonYZs4MzlZbdDB0bUl0LWEtczJseGpCRGot.
③ http://en.wikipedia.o**/wiki/Philip_Meyer.

DAY SCHOOLS.—Establishment	Boys	Girls	Total	Ann. Exp.	Remarks.
Grammar School	155	....	155	1800	
Blue Coat ditto	80	....	80	2000	Taught, clothed and boarded.
Green Coat ditto	50	....	50	200	Taught and clothed.
Collegiate Church ditto	....	50	50	40	And offertory money: do. do.
Strangeways ditto	10	....	10	100	
St. Mary's ditto	12	12	24	40	(Suppose)—Taught and clothed. Funds arising from Sacramental Offerings.
St. John's ditto	9	....	9	40	(Suppose)—Expences raised by voluntary Subscription.
St. Paul's ditto	20	....	20		
Ladies' Jubilee	....	30	30	250	Taught, clothed and boarded, by voluntary Subscription.
Back King-street	21		21	40	(Suppose)—Taught and partly clothed. This School is supported by the benevolence of a single individual.
NATIONAL SCHOOLS, Granby-row	194	119	313	600	Voluntary Subscription, and Collections at Churches.
Bolton-street, Salford	300	170	470		
	851	381	1232	£5110	
Dissenters.					
LANCASTRIAN SCHOOL, Marshall-st.	692	225	917	400	Voluntary Subscription.
UNITARIAN, Mosley-street	....	35	35	50	Ditto ditto
CATHOLIC	198	121	319	104	Ditto ditto
	890	381	1271	£554	
SUNDAY SCHOOLS. *Establishment.*					
Collegiate Church, Shude Hill.	201	205	406		
St. Ann's, Back King-street	50	56	106		
St. Mary's, Back South Parade	130	110	240		
St. Paul's, Green-street	170	183	353		
Turner-street	68	71	139		
Jersey-street	314	281	595		
St. George's, St. George's	141	112	253		
St. John's, St. John's-street	118	163	281		
St. James's, St. James's-street	102	198	300		
St. Michael's, Miller-street	234	352	586	£1023	
St. Peter's, Jackson's-row	....	120	120		
Alport Town	90	....	90		
St. Clement's and St. Luke's, Bennet-street	835	1071	1906		This is, perhaps, the largest School in the Kingdom. It cost about £2,300, of which £512 0 10½ was contributed in small sums by the Teachers and Scholars.
St. Stephen's, Bloom-street	181	297	478		
Oldfield-road	139	204	343		
Trinity, King's Head Yard	220	300	520		
Hulme, Duke-street	185	189	374		
All-Saints, Oxford-road	196	191	387	30	
Ardwick	60	110	170	25	

图 1.1 《曼彻斯特卫报》头版新闻《曼彻斯特在校小学生人数及其年平均消费》部分截图

查，收集了 437 人的年龄、职业、收入、种族和受教育程度等基本信息，当然也包括这些人是否上街参加了骚乱。对收集的信息进行计算机分析，结果表明，骚乱者既有上过大学的人，也有高中辍学者，因此"受教育程度和收入并不能预测一个人是否会参加骚乱"，他们参加骚乱并不是因为学历低或者失业。这项研究也成为历史上采用计算机辅助报道的最早例子之一。

梅耶的报道中没有数据可视化。相反，数据被用来作为证据，证明当时盛行的有关骚乱者的看法是错误的。随着信息时代的到来，越来越多的公共和私有数据被存储和开放，新闻工作者也尝试使用数据来发现问题、解释世界，而如何使这些复杂、庞大而枯燥的信息变得可靠、透明且通俗易懂，则是对数据新闻工作者最大的挑战。

3. 数据新闻的发展，计算机在辅助新闻报道方面的使用得到了巨大发展

美国伊利诺伊大学调查性报道专业的骑士会会长布兰特·休斯顿（Brant Houston）在1999年版的尼尔曼报告和著作《计算机辅助报道实用指南》中梳理了数据新闻的发展。20世纪70年代，菲利普·梅耶继续与地方报纸《费城问询报》（Philadelphia Inquire）合作，分析了当地司法系统的量刑模式，与他人合作在《迈阿密先驱报》（Miami Herald）分析了资产评估记录。菲利普·梅耶还出版了著作《精确新闻》（Precision Journalism），提倡运用社会学、统计学的调查分析方法来报道新闻，遵循定量研究的规范，以实现新闻报道的客观、公正和中立。

20世纪80年代，仅有寥寥几位记者将数据分析融入新闻调查和报道。

1989年，《亚特兰大宪法报》（The Atlanta Journal-Constitution）的比尔·戴德曼（Bill Dedman）使用计算机辅助的新闻报道"Investigative Reporting"获得了普利策新闻奖[1]。同年，艾略特·贾斯平（Elliot Jaspin）在密苏里新闻学院建立了美国计算机辅助报道协会（National Institute for Computer-Assisted Reporting, NICAR）的前身。1994年，NICAR正式创办。自此，涵盖互联网基础使用、电子表格和数据库管理等计算机辅助新闻报道的相关课程开始被多个国家的记者接受和学习。

2005年，美国的开放数据运动正式开始，新闻报道中数据可视化的应用得到了空前的发展，记者与计算机程序员结合得更加紧密。

4. 当下的数据新闻，深入挖掘数据，可视化呈现数据并合成新闻故事

2011年8月6日晚至7日凌晨，伦敦北部托特纳姆地区发生了骚乱，造成至少8名警员受伤。7日晚间，伦敦多个地区发生袭警、抢劫和纵火等案件，警方逮捕了100多名肇事者。

这些骚乱发生后，英国首相及其领导的保守派政客把矛头对准了社交媒体，他们一致认为，暴徒通过脸书网（Facebook）、推特网（Twitter）和黑莓信使（BlackBerry Messenger, BBM）等平台发布煽动性言论，进行组织与沟通，因此社交媒体是引发这场骚乱的罪魁祸首。

因为英国政府没有对骚乱发生的起因展开调查，所以英国《卫报》与伦敦政治经济学院（London School of Economics and Political Science）展开合作，尝试用数据分析的方法发现骚乱背后的真相，即发生骚乱的真实原因和后果，谁是趁火打劫者，他们为何要参与抢劫[2]。《卫报》还与英国曼彻斯特大学（University of Manchester）的罗伯·普克特

---

[1] http://www.pulitzer.o**/awards/1989.

[2] http://www.theguardian.c**/uk/series/reading-the-riots.

（Rob Procter）教授领导的学术小组合作，尝试用数据驱动发现社交媒体在骚乱中扮演的角色。

"发现骚乱背后的真相"由《卫报》"特别企划"栏目的编辑保罗·路易斯（Paul Lewis）负责，他在骚乱发生期间走遍了所有骚乱的第一现场，并且大部分报道通过其个人社交媒体账号@paullewis发布。

"发现社交媒体的真相"由罗伯·普克特教授负责。他针对推特网提供的260万条有关暴动的信息进行数据分析，尝试分析谣言在推特网中的传播模式，不同用户与参与者在信息流的宣传和传播方面所起的作用，以及推特网是否被用于煽动骚乱等①。

如图1.2所示的可视化作品标示了骚乱发生的地点，并且使用热力图用不同的颜色展示伦敦各地区的经济情况。蓝色代表富裕地区，红色代表贫穷地区（红色在中心区域，蓝色在边角区域）。这张图明确标识了骚乱发生的地点，也可视化地阐明了骚乱发生的原因②。

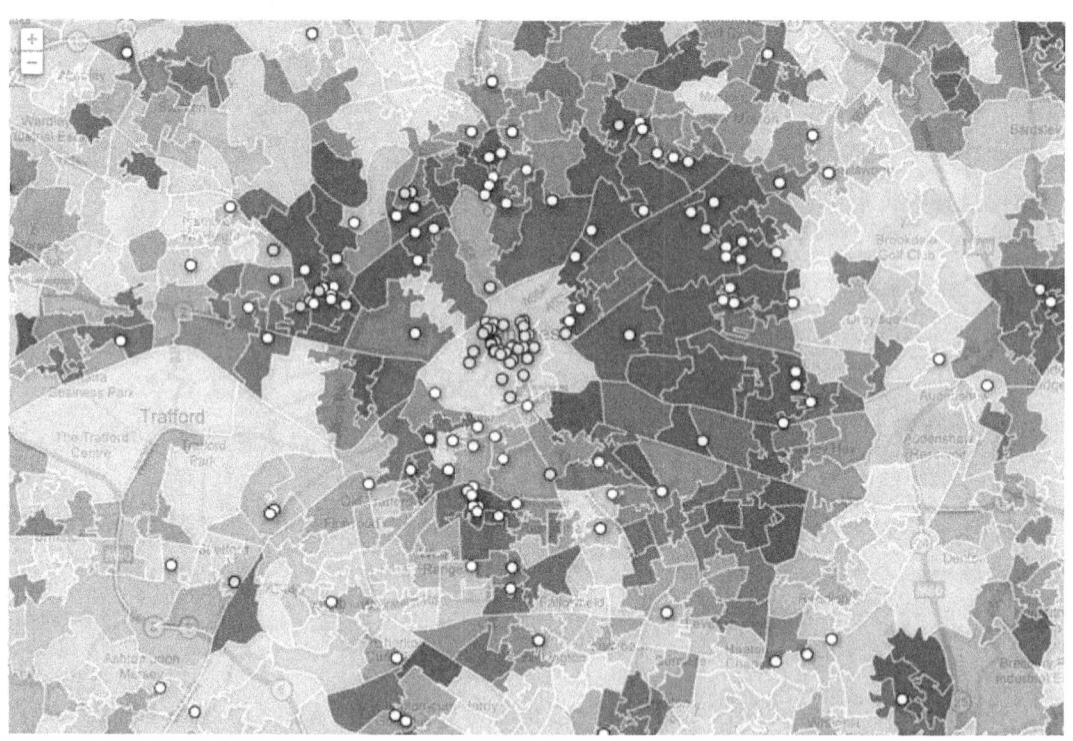

图1.2 骚乱发生的地点

---

① http://www.theguardian.c**/news/datablog/interactive/2011/aug/09/uk-riots-incident-map.
② 案例分析来源于英国莱切斯特大学的法利达·维斯（Farida Vis）教授。

如图 1.3 所示的可视化作品①呈现了骚乱地点与暴徒家庭住址之间的关系，尝试证明骚乱与位置是否存在联系。《卫报》与 ITO 世界（ITO World）共同模拟出暴徒到达不同地点实施趁火打劫时最有可能经过的路线，突出不同城市的迥异模式，有时候暴徒会长途跋涉到达骚乱地点。

图 1.3　骚乱地点与暴徒家庭住址之间的关系

如图 1.4 所示的可视化作品②呈现了社交媒体与骚乱的关系，意在说明谣言在推特网上的传播方式。

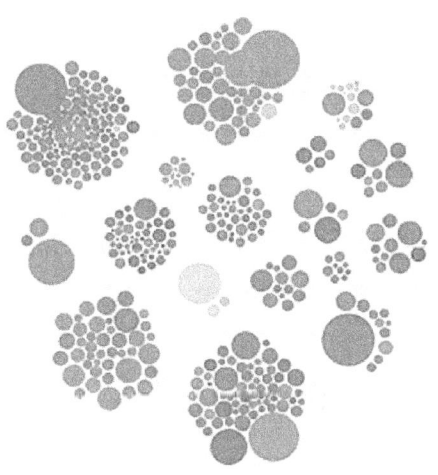

图 1.4　社交媒体与骚乱的关系

---

①　http://www.theguardian.c**/news/datablog/2011/dec/09/data-journalism-reading-riots.
②　http://www.theguardian.c**/news/datablog/2011/dec/09/data-journalism-reading-riots.

罗伯·普克特教授领导的学术小组分析了七种谣言，先收集与每种谣言相关的所有数据并设计出编码表，再根据以下四种主代码对社交媒体信息进行编码，即重复谣言者（发表声明）、抗拒者（提出针锋相对的言论）、质疑者（提出疑问）或只评论者（点评）。分析的结果是：社交网络只是一种简单的工具，社交媒体用于我们认为正确的活动时，如清理骚乱事件等，社交媒体的力量似乎是明确积极的，但在其他情况下（未获得我们的认可时），它往往被描绘成邪恶的，发挥反面作用。

2013年11月22日上午10时25分，位于青岛经济技术开发区秦皇岛路与斋堂岛街交叉口处的中石化东黄输油管道原油泄漏现场发生爆炸，财新网记者使用装备有GPS的手机在事发地拍摄了照片，并把这些照片按其所在地点放到了一个互动地图上①。

数据新闻"青岛中石化管道爆炸"可视化呈现了爆炸地点、死难者地点等无法用语言准确表达的信息。该作品的核心工作是将爆炸现场拍摄的照片按拍摄位置映射到地图，使读者有身临其境的感受。地图和照片的结合使读者清晰了解了山东、青岛及发生爆炸的黄岛区的具体位置，配合文字描述，对事件发生的时间、地点和起因等进行了完整的报道。

2014年6月，此数据新闻获得亚洲出版业协会（SOPA）的卓越新闻奖，这是中国新闻史上的第一次。

数据新闻（或称数据驱动新闻，Data-Driven Journalis，DDJ）正式出现于2009年。2010年，互联网之父蒂姆·伯纳斯·李（Tim Berners Lee）宣称数据分析将成为未来新闻的特征。2010年10月23日《卫报》刊登的新闻《Wikileaks Iraq war logs: every death mapped》（《维基解密伊拉克战争日志：每一个死亡映射》）②将维基解密提供的数据使用谷歌地图提供的免费软件Google fusion制作了一幅点图，将海湾战争后伊拉克的每一次伤亡事件标识在地图上，如图1.5所示。这样便将数据新闻带入公众的视野。

《卫报》的数据新闻记者西蒙·罗杰斯（Simon Rogers）认为："我们可以将深奥难懂的数据做成漂亮、吸引人的样子，并且将这些数据背后的故事讲给想听的人。"

《纽约时报》的阿隆·菲尔霍夫（Aron Pilhofer）认为："数据新闻是一个概括性术语，它囊括了一套仍在不断增多的用于新闻叙事的工具、技巧与方法，涵盖了从传统的计算机辅助报道（使用数据作为'信源'）到最前沿的数据可视化和新闻应用等一切叙事方式。其统一的目标是新闻业意义上的'提供信息和分析以帮助告知我们一天内所有最重要的事件'。"

《芝加哥论坛报》的布莱恩特·博耶（Brain Boyer）认为："'数据新闻'和'文字新闻'的唯一不同在于我们使用了不同的工具包，我们都以探寻、报道和讲述故事为生。'数据新闻'就像是'图片新闻'，无非是把相机换成了笔记本电脑。"

---

① http://datanews.caixin.c**/2013-11-25/100609098.html.
② http://www.theguardian.c**/world/datablog/interactive/2010/oct/23/wikileaks-iraq-deaths-map.

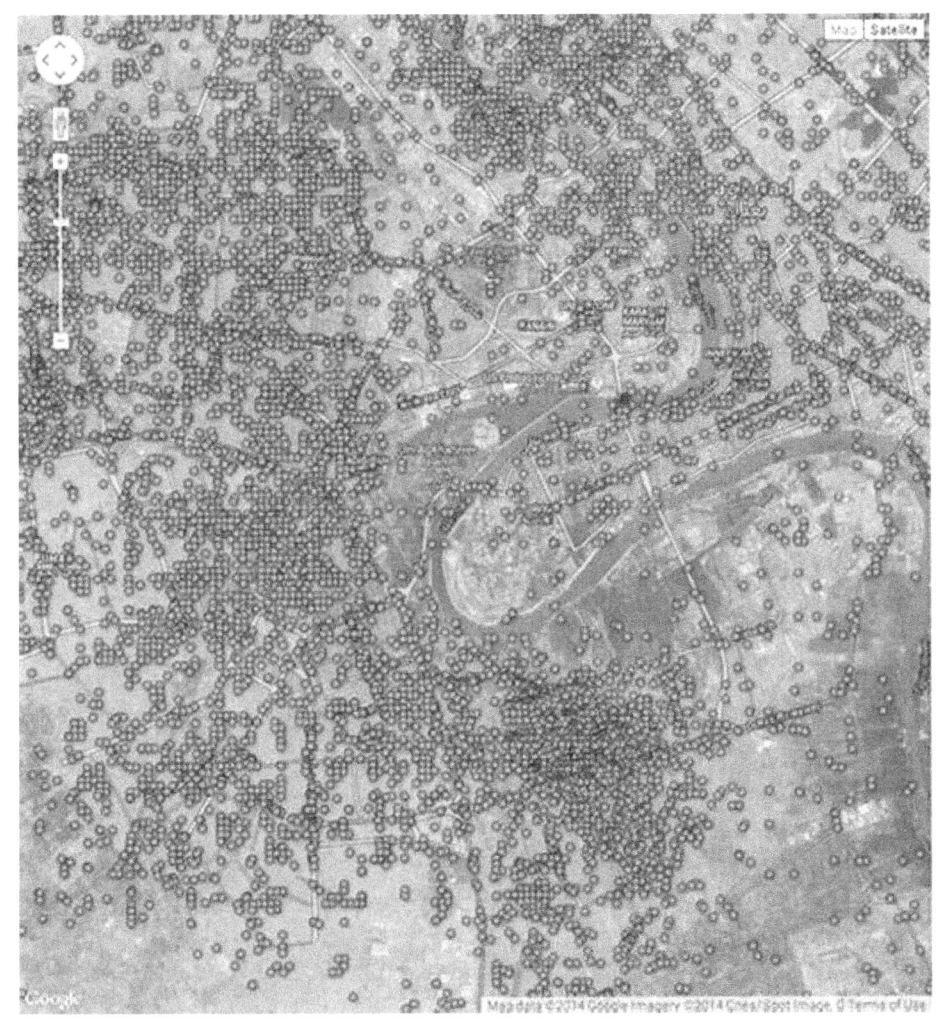

图 1.5 《维基解密伊拉克战争日志：每一个死亡映射》数据新闻

蒂姆·伯纳斯·李认为："数据驱动的新闻代表着未来。新闻工作者需要精通数据。过去你可能通过在酒吧和人聊天获取新闻故事素材，尽管现在这种方式有时可能仍被采用，但目前你同样要钻研数据并借助数据工具进行分析，筛选出令人关注的信息，并对信息正确地处理，帮助人们真正看到它反映了什么，在这个国家正发生什么。"

2010 年 8 月，阿姆斯特丹举行的首届"国际数据新闻"圆桌会议对"数据新闻"概念进行了界定：数据新闻是一种工作流程，包括了以下几方面的内容，通过反复抓取、筛选和重组来深度挖掘数据，聚焦专门信息，过滤数据，可视化地呈现数据并合成新闻故事。

新闻生产者可以通过各应用终端筛选用户的个性化信息，并针对用户的兴趣或选择生成新闻并进行定制化的信息推送，让读者真正拥有"我的新闻"。数据新闻是当下一种新型的新闻报道形式，随着数据时代的到来，数据新闻发展迅猛，它的出现在一定程度上改变了传统新闻生产的思路和流程。随着计算机和网络技术的快速发展，大数据成为研究热点，可视化也屡屡被提及。数据新闻的可视化分析和信息可视化成为数据新闻的研究热点。

在陈为、沈则潜、陶煜波等编著的《数据可视化》一书中对可视化（Visualization）的定义是：可视化是指将数据展现为直观的图形，以帮助理解和记忆。可视化历史久远，广泛应用于地图、统计等领域。可视化在现代科学中有三个主要分支：科学可视化、信息可视化和可视化分析。

- 科学可视化（Scientific Visualization）：主要用于处理科学数据，如地理信息、医疗数据等，以自然科学领域为主。我们日常接触到的地图、气象图、CT等都属于典型的科学可视化。
- 信息可视化（Information Visualization）：主要用于处理抽象的、非结构化的、非几何的抽象数据，如金融交易、社交网络和文本数据。传统的信息可视化起源于统计图形学，又与信息图形、视觉设计等现代技术相关。Excel中的饼图、柱形图、折线图等是我们每天都可能接触到的信息可视化作品。
- 可视化分析（Visual Analytics）：以可视交互界面为基础进行分析推理，综合了图形学、数据挖掘和人机交互等技术。可视分析学是综合性学科，与多个领域相关：在可视化领域，有信息可视化、科学可视化与计算机图形学；与数据分析相关的领域包括信息获取、数据处理和数据挖掘；在交互方面，则与人机交互、认知科学和感知等学科融合。一个简单的理解就是，看K线图分析股价涨跌背后的规律应该是最常见的可视化分析。

黄志敏[①]在《财新经验谈：数据新闻入门》一文中阐明，数据可视化在新闻报道中有三种利用方式：辅助理解、用图表讲故事和数据挖掘。其中，辅助理解类似插图或配图，是将可视化作为文字报道的辅助手段，这也是常见的方式；用图表讲故事是不借助文字报道，独立用图表展示一个完整的故事，或引导用户接受一个结论。在这个过程中，创作一组图表与写一篇文章类似，要考虑数据的取舍、讲述的先后次序等。可视化与写作、拍照、录音、摄像和剪辑一样，都是报道的手段；数据挖掘是通过将数据图形化，展示原本被忽略甚至无法发现的特征。

来自Visual.ly的信息可视图（如图1.6所示）用图表的方式展示了什么是数据新闻，其本身也是数据新闻的一个例子。

---

① 黄志敏，曾任财新传媒CTO，数据可视化实验室负责人，现为数可视创始人。

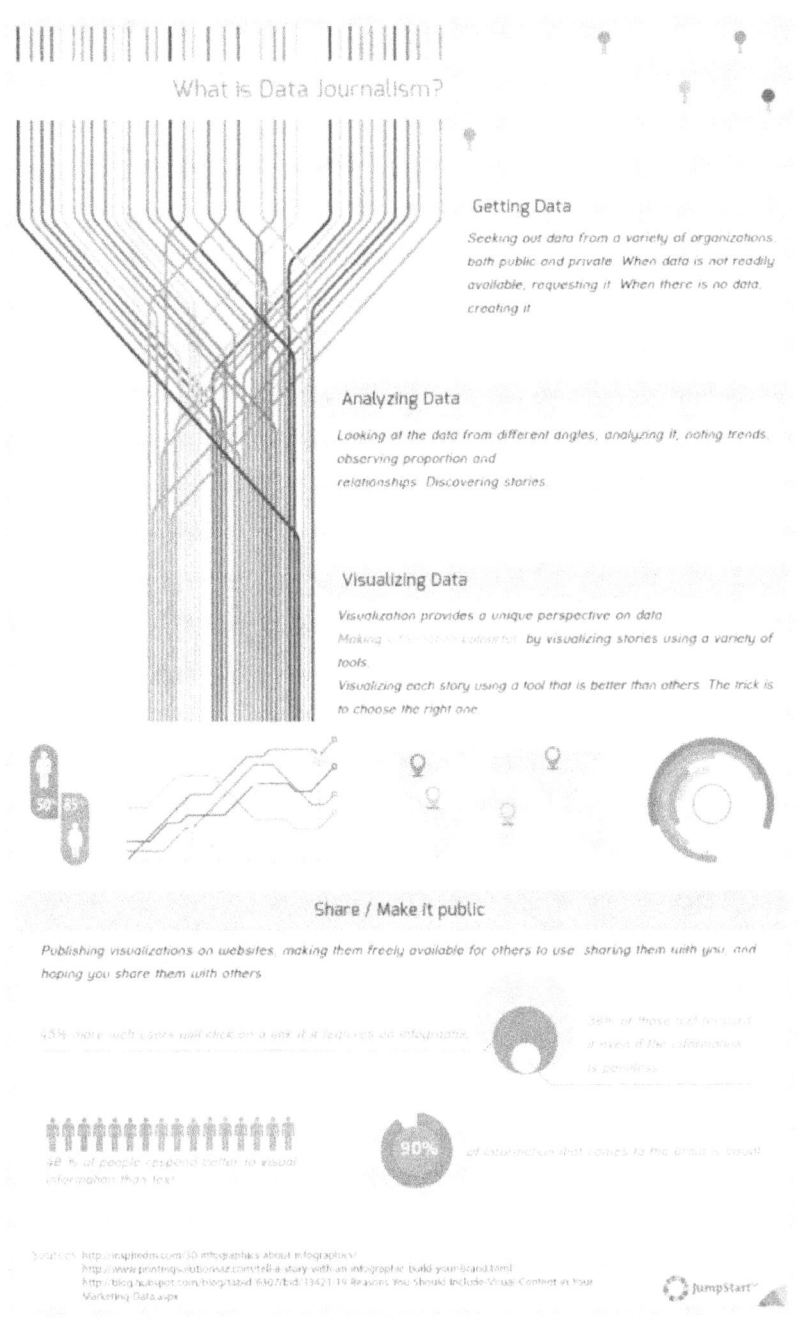

图1.6 来自 Visual.ly 的信息可视图

1.2 制作数据新闻

数据新闻只是新闻报道的一种形式,可以弥补传统新闻或叙事性新闻无法呈现的效果。数据新闻采用可视化的方法，将单调的数据用一种直观、便于理解和更具说服力的方法呈献给读者。数据，特别是大量的数据，比采访几十个对象获取的抽样信息得出的结论更客观、更容易阐明观点。

本节将简单介绍数据新闻制作的人才需求、技术需要和制作流程。

1.2.1 人才需求

数据新闻团队一般包含四种角色：记者和编辑、数据分析师、美术设计师和程序设计师。根据数据新闻项目工作量的大小，一个团队可能有 2~3 个人，也可能更多。很多时候一个人需要分饰两个或多个角色，如一个人既是数据分析师，也是程序设计师，或者既是记者，也是数据分析师。

记者和编辑的主要工作是采访、写稿、编稿及整理相关资源，如与数据新闻相关的背景资料、图片、视频、音频和文字等。

数据分析师的主要工作是收集和分析数据。这也是本书将重点介绍的内容。

美术设计师的主要工作是设计图案，包括手绘图案、3D 制作、图片设计和排版等。使用的主要工具是 Photoshop 和 Illustrator 等。

程序设计师的主要工作是编写代码，实现数据获取、清理和分析、数据可视化、网络发布和应用等。常见的编程语言和工具有 Python、R、SQL、OpenRefine、QGIS、CartoDB、Geocoding、Tableau、D3.js、ECharts、Processing、HTML5、JavaScript、Django、Ruby on Rails 和 Flask 等。

实际上，除了数据新闻团队四个主要角色的工作，数据新闻团队还有视频剪辑、音频剪辑等辅助工作需要完成。

1.2.2 技术需要

最理想的数据新闻人才需要懂新闻、懂数据分析、懂设计且懂编程。而实际这样的人才目前非常稀缺，懂其中两项或三项的复合型人才是现在数据新闻制作团队急需的。本节从技术角度探讨数据新闻制作人才需要掌握的技术。事实上，即使是专业的程序设计师也不可能掌握所有的编程语言和工具，所以本节将技术分为三类，介绍数据新闻制作需要掌握的技术。

1. 数据新闻制作入门级工具

（1）图片、音频和视频编辑工具

数据新闻中往往包含多媒体信息。

对新闻图片处理的常用操作包括：裁剪照片；加光和减光，将照片的局部加黑或增亮；修掉照片上由于洗印、扫描、打印而产生的污点；改变照片的对比度；对照片的局部进行漂白、清除刮花痕迹等。图片编辑最常用的工具是 Photoshop。

对新闻音频的常用操作包括：修改采样率，音量增强与减弱，制作淡入和淡出效果，降噪，录音，从视频中提取音频素材，制作声音特效，音频合成和导出等。音频编辑最常用的工具是 Audacity 和 Audition，前者免费且更容易上手，后者功能更强大。

对新闻视频的常用操作包括：素材的采集与导入，编辑素材，制作特效，添加字幕，混合音频，输出与生成等。视频编辑最常用的工具是 Premiere 和 Final cut pro。

（2）数据初级清理和简单分析工具 Excel

Excel 是所有数据新闻记者必须掌握的一个入门级工具，用于对数据做简单的清理，如使用函数分类汇总、清理重复记录，使用函数删除多余空格、转换数据类型等，使用分类汇总、排序、数据透视表等完成初步数据分析。

（3）可视化工具 Tableau

Tableau 是一个数据发现、数据分析和数据叙事的数据可视化平台，是数据新闻工作者的入门可视化工具。Tableau 将数据运算与美观的图表完美地结合在一起，方便地实现了数据连接，不需编程就可以创建地图、条形图、散点图和其他图形，还可以将图表整合到仪表板和故事后发布。它包含一个非常棒的图表库，可以查看其他人使用 Tableau 完成的作品。

2. 数据新闻制作高级工具和语言

（1）Python 语言

Python 是一种面向对象、语法简洁、大小写敏感的解释型计算机程序设计语言，完全免费，简单易学。如果完成同一个任务，假设 C 语言要编写 1000 行代码，Java 可能只需要编写 100 行，而 Python 可能只需要编写 20 行。读者可以到官方网站下载程序并安装，有很多文档资源也可以在官方网站上找到。制作数据新闻时经常使用 Python 编写爬虫程序，从其他网站抓取数据。用 Python 清理数据、分析数据，也可以实现数据可视化图表。对数据新闻制作者来说，学习 Python 语言的难点是理解正则表达式，本书将重点讲解。

（2）数据分析工具 SPSS

SPSS（Statistical Product and Service Solutions，统计产品与服务解决方案）是世界上最早的统计分析软件之一，是一个专业级的可完成统计分析、数据挖掘、预测分析和决策支持任务的软件产品。数据新闻制作中经常使用 SPSS 实现专业级统计分析和统计图表制作。有时候获取的数据存在乱码，可以先导入 SPSS 再导出，即可解决该问题。

（3）数据分析工具 R 语言

R 语言是用于统计分析、绘图的语言和操作环境，属于 GNU，是完全免费而且源代码开放的软件。数据新闻制作时经常使用 R 语言进行统计计算、数据分析和统计制图等。

（4）数据可视化工具 D3.js

JavaScript 是一种直译式脚本语言，而 D3 是一个 JavaScript 库，可以通过数据来操作文档。D3.js 通过使用 HTML、SVG 和 CSS 把数据鲜活、形象地展现出来。D3.js 严格遵循 Web 标准，所以其开发的程序兼容主流浏览器。数据新闻制作时经常使用 D3.js 编写代码，实现在网络上呈现数据的可视化效果，如使用 D3.js 制作动态图表和漂亮的动态网页地图等。学习 D3.js 对非 IT 人士的确是个挑战，但 ECharts 完美地解决了这个问题。ECharts 基于 HTML5 Canvas，是一个纯 JavaScript 图表库，为用户提供了直观、生动、可交互且可个性化定制的数据可视化图表，用户只需简单修改代码，即可完成数据可视化。

3. 数据新闻制作专门工具

（1）专业数据清理工具 OpenRefine

OpenRefine 是一个专业级数据清理工具，随着大数据时代的来临，建议每位新闻从业者都要掌握。OpenRefine 适于对数据完成深度清理，如归类、使用文本过滤器、编辑单元格、编辑列、变换、排序、使用函数和正则表达式等。

（2）数据地图制作工具 QGIS、CartoDB 和 Geocoding 等

QGIS 是一款开源免费的桌面地理信息系统，可以安装在 Linux、UNIX、Windows 和 Mac 操作系统下，界面友好，功能强大，提供数据的显示、编辑和分析等功能。

CartoDB 是一款开源免费的在线交互式地图制作工具，功能适中，容易上手。

Geocoding 是基于空间定位技术的一种编码方法，能将地理位置信息转换成可以被地理信息系统使用的地理坐标。

（3）动态数据新闻制作工具 kepler、Gapminder、Flourish 等

kepler 是由 Uber 开发的一款空间数据可视化开源工具。

Gapminder 使用世界银行提供的数据动态呈现世界各国的发展指数。

Flourish 是一款免费的在线制作动态图工具。

1.2.3 制作流程

传统新闻制作中更多地体现了记者和编辑、数据分析师、美术设计师和程序设计师的上下游关系，常见的制作流程是：首先记者采访写稿，然后编辑编稿，美术设计师排版配图，最后程序设计师将作品发布到网站上。整个制作过程中，美术设计师和程序设

计师的参与感相对较差,没有参与选题策划阶段的工作,导致对作品的了解不够全面,理解不到位,从某种角度上来说,可能影响作品的最终呈现效果。目前,各大媒体致力于组建自己的数字新闻团队。每个团队制作数据新闻的具体流程也各有不同,但基本流程是一致的。

数据新闻制作中,记者和编辑、数据分析师、美术设计师和程序设计师从选题开始就是一个团队,共同从各自的专长探讨一个新闻点是否适合做数据新闻,在时间或经济成本方面是否可行。记者和编辑重点考虑新闻价值。数据分析师重点考虑:数据是否可以获取;采用何种工具获取数据,用 Python 还是 import.io;数据分析采用何种工具;数据分析的时间成本如何等。美术设计师重点考虑如何手绘图稿及如何排版等。程序设计师重点考虑如何可视化呈现。这种反复的讨论让团队的全体成员参与感强,有成就感。

大多数情况下,数据新闻制作时采用"项目"的方式,即一个数据新闻制作团队包含多个项目组,并不是每位成员专属于某一个项目组。很多时候,多个数据新闻项目同时工作,很可能一位成员既属于 A 项目组,又属于 B 项目组。目前,我国的数据新闻制作团队往往不会包含太多的成员,如财新数据可视化实验室的团队成员不足 20 人。数据新闻在近几年成为行业的研究热点,单个记者通过再学习,掌握相应的技能后,也可以成为个人数据新闻团队,即通过个人力量收集数据,分析整理数据,可视化呈现,完成数据新闻作品。但从时间成本考虑,多人组成的团队在数据新闻制作中更有竞争力。

数据新闻团队中的四种角色都非常重要,缺一不可。例如,数据新闻的选题也不一定都是记者和编辑提出的,有时候数据分析师在对感兴趣的数据进行分析时,也会发现值得做的新闻点。数据新闻的选题也不一定均出自团队内部,有时候根据其他记者和编辑提出的外包要求,通过已有的资料实现数据可视化。数据的获取可能来自记者和编辑,特别是条线记者,也可能来自程序设计师编写的代码,还可能来自数据分析师的经验(数据分析师更容易了解数据获取的网站)。团队里的每个角色都可能从不同的平台、角度获取到合适的数据。数据分析工作也不一定完全由数据分析师完成,程序设计师、记者和编辑也可能会帮忙。美术设计工作需要有一定的美学基础,其工作具有一定的特殊性,但记者和编辑更容易从读者的角度给出中肯的设计建议。数据分析师也可以从数据量的角度提出一些设计要求,如图片显示大小等。

数据新闻制作团队的合作精神是非常重要的,现在也提倡在团队中一人承担多项工作,降低沟通成本。

1.3 数据新闻获奖作品赏析

2012年设立的"全球数据新闻奖（DJA）"①由非营利组织"全球编辑网络（Global Editor Network）"主办，每年举办一届。该奖项代表了全球数据新闻实践的最高水平，也引领着全球数据新闻的发展动态和趋势。由于资金困难，2019年为最后一届。2020年Aron Pilhofer和Reginald Chua创立了SigmaAwards②，该奖项得到了Simon Rogers和负责原"全球数据新闻奖（DJA）"的Marianne Bouchart的支持。2018年，中国财新数据可视化实验室的《博物馆里的国家宝藏》获得"最佳大型数据新闻团队奖"。2020年，《南华早报》的《为何智能手机会导致'短信脖颈'综合症》获Sigma"最佳数据可视化报道奖"。

颇具权威性的世界新闻视觉设计大赛SND③每年由"美国新闻媒体视觉设计协会"（Society of News Design）举办。2018年，澎湃新闻的"相亲角系列报道"和"数说世界杯169粒进球"两个数据新闻项目获得了新闻设计协会（SND）的两枚铜奖。2020年，浙江新闻客户端凭借《第43届世界遗产大会正在举行，有位'新生'来报到》获得最佳数字设计卓越奖。

2012年，学者大卫·麦克坎德莱思（David McCandless）和凯度集团公司创意总监艾兹·卡米（AzizCami）创立的"凯度信息之美奖"（The Kantar Information is Beautiful Awards）④，旨在嘉奖信息与数据可视化的优秀作品，自成立起，每年都会表彰优秀的数据新闻作品。2016年，南京艺术学院的作品《垃圾分类回收图表》荣获学生奖银奖，成为这项全球性数据可视化大赛开始五年来的首个获奖的中国大陆作品。2018年，《南华早报》的作品《泰国洞穴救援行动如何展开》获36小时内突发全球数据新闻奖金奖。

1.3.1 全球数据新闻奖获奖作品

全球数据新闻奖的奖项设置从第一届（2012年）到最后一届（2019年）一直在调整，主要包含的奖项有年度数据可视化（Data visualisation of the year）、年度调查报道（The award for investigation of the year）、年度最佳数据新闻应用（News data app of the year）、年度数据新闻网站（The award for data journalism website of the year）、36小时内突发全球数据新闻奖（The award for the best use of data in a breaking news

---

① 见全球数据新闻奖官方网站。
② 见Sigma Awards官方网站。
③ 见世界新闻视觉设计大赛官方网站。
④ 见凯度信息之美奖官方网站。

story，within first 36 hours）、开放数据奖（Open data）、最佳个人作品集（Best individual portfolio）、最佳大型数据新闻团队（Best large data journalism team）、最佳小型数据新闻团队（Best small data journalism team）、数据新闻创新奖（The award for innovation in data journalism）、年度学生及青年数据记者奖（The award for student and young data journalist of the year）和公众选择奖（Award for public choice）。

随着奖项的影响力不断提升，提交作品的数量从2012年的286件逐步上升到2019年的607件，获奖提名的作品数量整体上升，但在2016年和2017年略有下降（如图1.7所示）。从作品数量上看，2019年，美国最多，其次是英国和德国，中国大陆以45件作品排名第四。

图1.7　历年DJA提名和获奖作品数量

选题范围主要以政治、社会和公共服务、战争犯罪、医疗和政府等严肃新闻为主。图表形式多样，但简单统计图依旧占有最大的比例，三成左右的获奖作品使用了1~3种图表，八成左右的获奖作品使用了交互设计，接近八成的获奖作品可以在PC端和移动端完美展示。

1. 2015年全球数据新闻奖之最佳数据可视化奖作品

获奖者：美国，华尔街日报，Dov Friedman和Tynan DeBold。

作品名：Battling Infectious Diseases in the 20th Century: The Impact of Vaccines（20世纪以来与传染病的斗争：疫苗的影响）。

网址：http://graphics.wsj.c**/infectious-diseases-and-vaccines。

作品用一条黑线标明了疫苗引进的时间，用不同的色块代表了美国各州某种传染病的病例数量，如图1.8所示。通过黑线的左右对比可以看出，在疫苗引进后，传染病得到了很好的控制。作品容易理解，读者可以快速了解20世纪以来人类与传染病的斗争历史。该作品也获得了2015年凯度信息之美奖的"数据可视化金奖"。

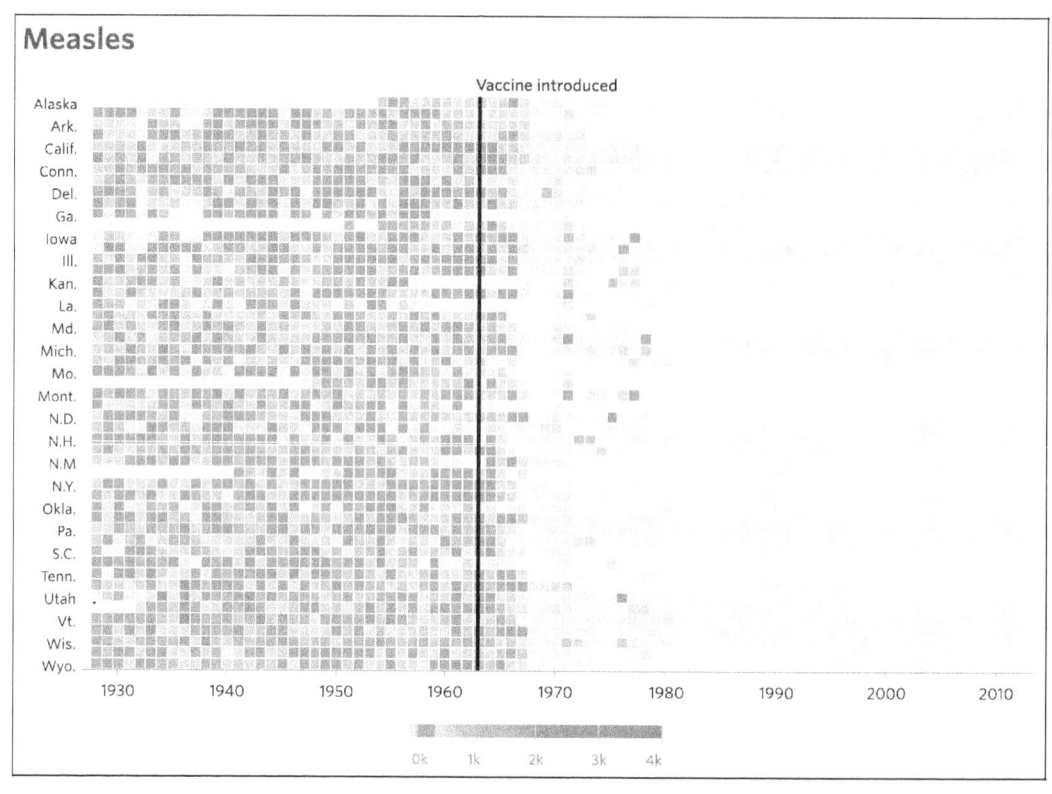

图 1.8 2015 年全球数据新闻奖之最佳数据可视化奖作品

2. 2015 年全球数据新闻奖之开放数据奖作品

获奖者：美国，ProPublica 新闻工作室，Lena Groeger，Charles Ornstein 和 Ryann Grochowski Jones。

作品名：Treatment Tracker（治疗追踪）。

网址：http://projects.propublica.o**/treatment。

作品也获得了 2015 年 SND 大赛"数字媒体设计银奖"。首页可以根据美国的州、城市或邮编进行搜索，并可视化呈现供应商、提供的服务、病人数量和城市信息。作品探索 2015 年医疗保险向其 B 部分计划中的 3300 万老年人和残疾人提供服务的个人医生和其他医疗专业人员的付款细节。B 部分涵盖了各种服务，包括上门服务、救护车里程、实验室检查和开胸手术的医生费用。

作品按门诊服务细分（如图 1.9 所示），将鼠标悬停在每个切片上，可查看更多详细信息，饼图按访问次数最高的 5 级分别显示比例，作品简洁易懂。

3. 2016 年全球数据新闻奖之最佳调查报道奖作品

获奖者：西班牙，非营利新闻机构 Civio 基金。

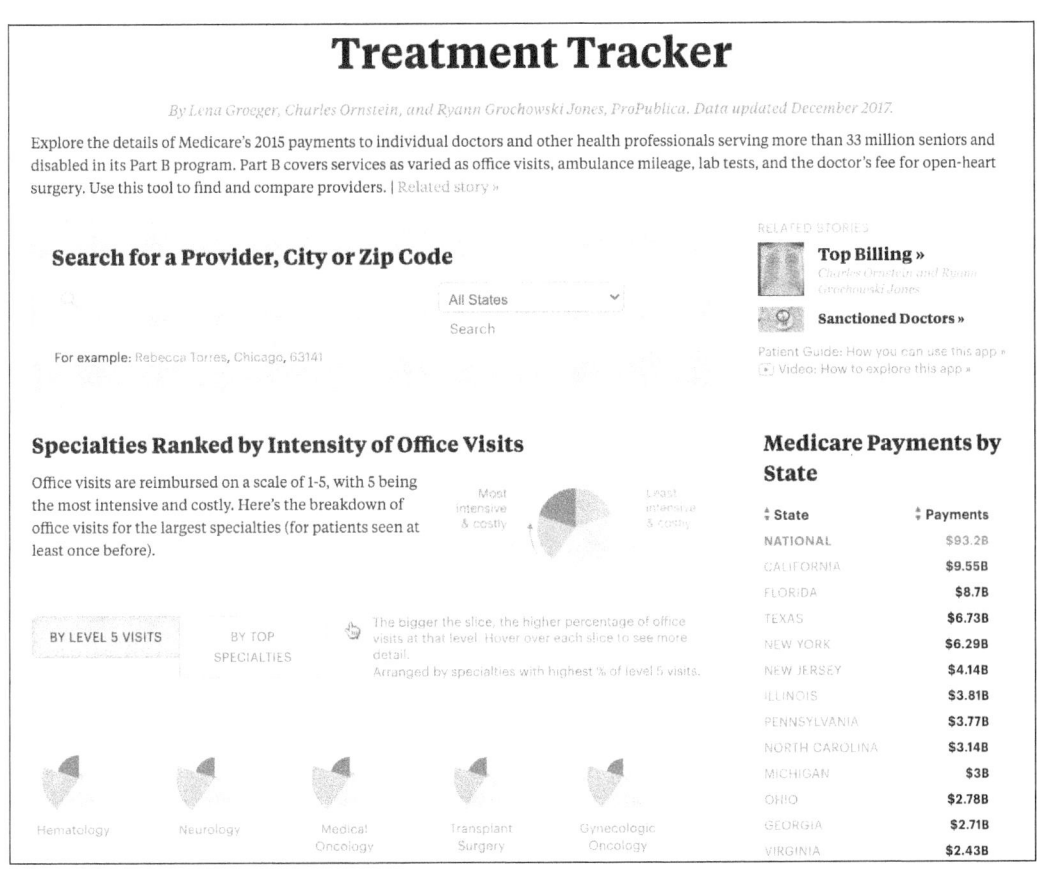

图 1.9 2015 年全球数据新闻奖之开放数据奖作品

作品名：MEDICAMENTALIA（药物）。

网址：http://medicamentalia.o**。

作品以网站的形式呈现，内容包含药品价格、专利、假药和强制许可制度等，涵盖 45000 个领域的药品价格、14500 个领域的药品支付情况。作品通过对比多个国家和地区的药品价格和药品支付能力来考察全球药品的获取情况。

如图 1.10 所示，该作品比较和分析了 61 个国家和地区 14 种药品之间的价格差异。2004 年，在加纳购买用于治疗高血压和心脏病发作后保护心脏的药品卡托普利（25 毫克胶囊/片）需要工作 8.35 天。作品使用工作天数为计量单位是既科学又便于理解的，避免了以通用货币为计量单位导致在不同国家带来的购买力巨大差异。作品使用的散点图特别适合展示大量数据的对比，用颜色区分的药品可以快速定位国家和购买药品需要工作的天数。使用工作天数表示购买力是作品的亮点之一，更容易让用户理解作品的重要结论"发展中国家的公民必须工作更长的时间才能获得相同的治疗"。

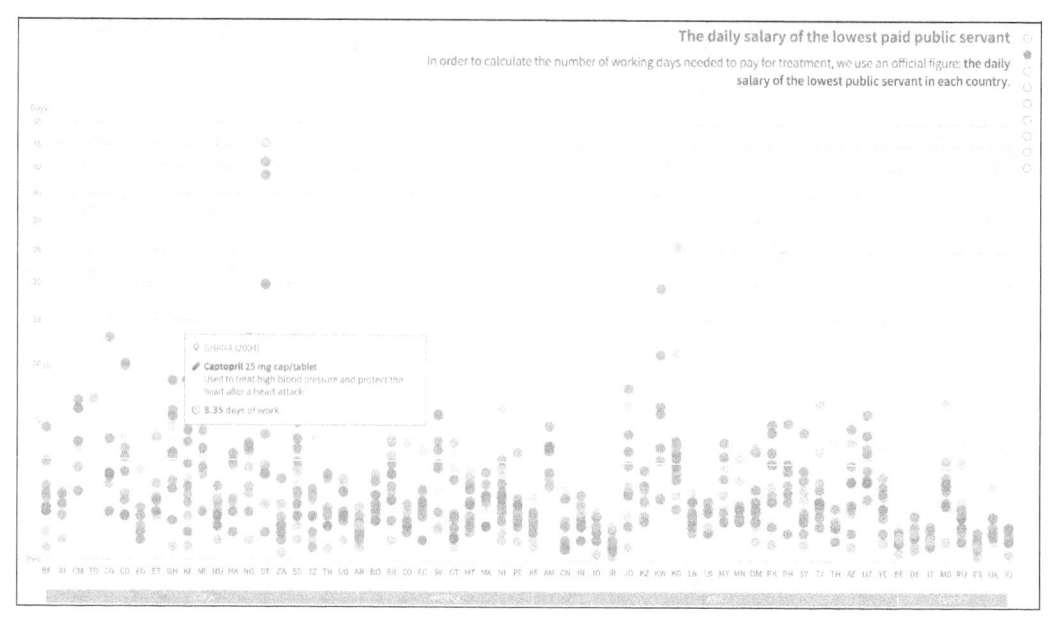

图 1.10　2016 年全球数据新闻奖之最佳调查报道奖作品

4. 2017 年全球数据新闻奖之最佳数据可视化奖作品

获奖者：美国，华尔街日报（The Wall Street Journal）。

作品名：The Rhymes Behind Hamilton（汉密尔顿背后的韵律）。

网址：http://graphics.wsj.c**/hamilton。

作品用 Python 语言设计编写了捕捉歌词复杂程度的算法，分析并可视化呈现了百老汇经典音乐剧《汉密尔顿》的复杂押韵结构，揭示了歌词深刻和令人难忘的原因。数据可视化工具包括 Adobe Photoshop、Illustrator 和 After Effects 等。作品的标题与音乐剧开篇呼应，既给了音乐剧铁杆粉以提示，又让标题本身具有韵律。作品将每种韵律设计为菱形，以更加清晰地展示押韵之间的联系，添加的注释通过不透明度来淡化无关的音节，为说明文字中添加了颜色编码的单词，这些可视化方法对普通用户是非常友好的，如图 1.11 所示。

5. 2018 年全球数据新闻奖之最佳大型数据新闻团队奖作品

获奖者：中国，财新数据可视化实验室。

作品：博物馆里的国家宝藏。

网址：http://datanews.caixin.c**/interactive/2018/antiques。

作品使用到的数据约 235 万条，为符合当下"碎片化"的阅读习惯，开篇提出制作缘由及大概内容后，直接切入按朝代排列文物数量的提琴图。波峰波谷代表文物数量，颜色代表文物类别。提琴图非常直观地展示了各朝代文物的数量差，为提琴图增加的小圆点动

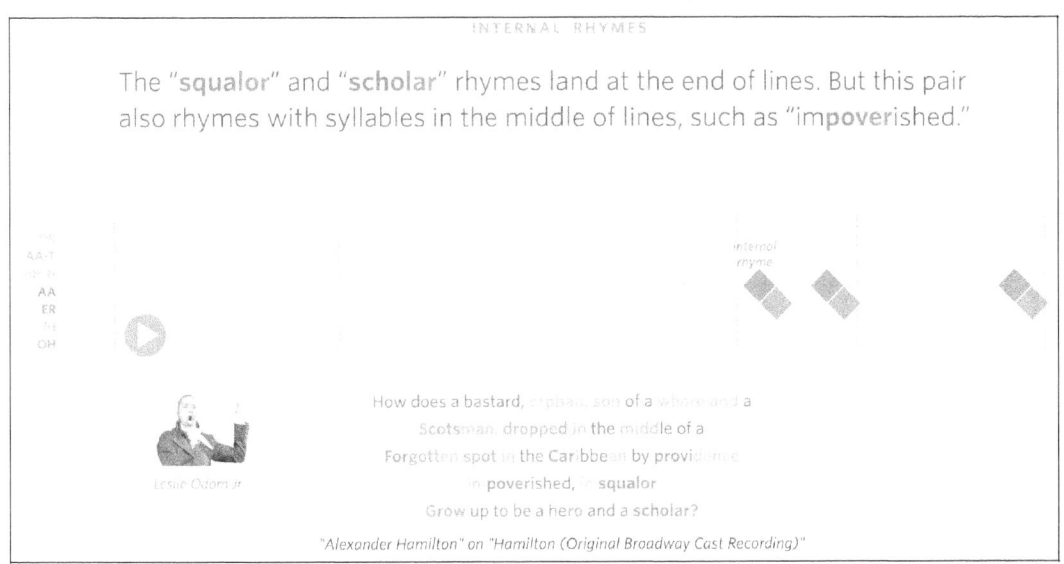

图 1.11 2017 年全球数据新闻奖之最佳数据可视化奖作品

画效果容易吸引用户注意，更是一种呈现繁杂数据的新手段，按朝代和类别将大量数据散落在提琴图中，既美观又清晰。如图 1.12 所示，作品以东汉青铜器"铜奔马"为例，说明每个圆点代表一个禁止出境展出的一级文物，这些圆点也是为大众所熟知的顶级国宝。作品采用动态文字展示圆点代表的国宝的具体信息。作品还包括中国博物馆的地域分布、馆藏数量、颜色和纹饰等。

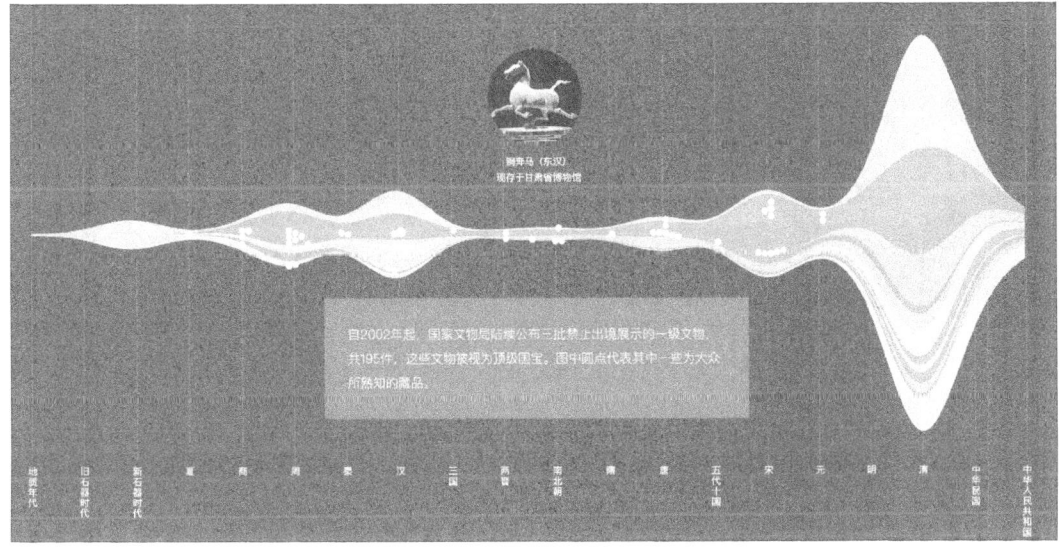

图 1.12 2018 年全球数据新闻奖之最佳大型数据新闻团队奖作品

作品以数据可视化图表为主，辅以文字进行说明，营造数据和文字的平行结构，利用了多种可视化元素和互动效果，呈现了丰富迷人的华夏文明色彩。

6. 2019年全球数据新闻奖之年度调查报道奖作品

获奖者：美国美联社（AP）、波多黎各调查新闻中心（CPI）和 Quartz 网。

作品名：Hurricane Maria's Dead（谁死于飓风玛丽亚）。

网址：http://hurricanemariasdead.c**/。

作品展示了2017年9月20日飓风玛丽亚（Maria）在美国波多黎各登陆后导致的真正死亡情况，这比官方公布的死亡人数（64）要多得多。

作品通过调查访问约300个死者家属，并使用疾病控制和预防中心的标准来核实与灾难有关的死亡人数。作品使用的主要技术包括：Javascript、R、HTML、ai2html和Adobe Illustrator。统计分析程序R用于收集、清理和删除统一死亡记录的电子表格中的重复数据。

作品以网站的形式呈现，包含"THE STORY"和"THE DEAD"两部分。如图1.13所示，"THE STORY"部分以动态向下滚动的格式呈现，该格式将交互式数据可视化与受害人资料和分析相结合。每个矩形代表一名死者，此处展示了部分死者的具体信息，如姓名、死亡原因、时间和地点等。左侧是真实的死亡人数，右侧是政府公布的官方信息，二者对比的视觉冲击力很强。

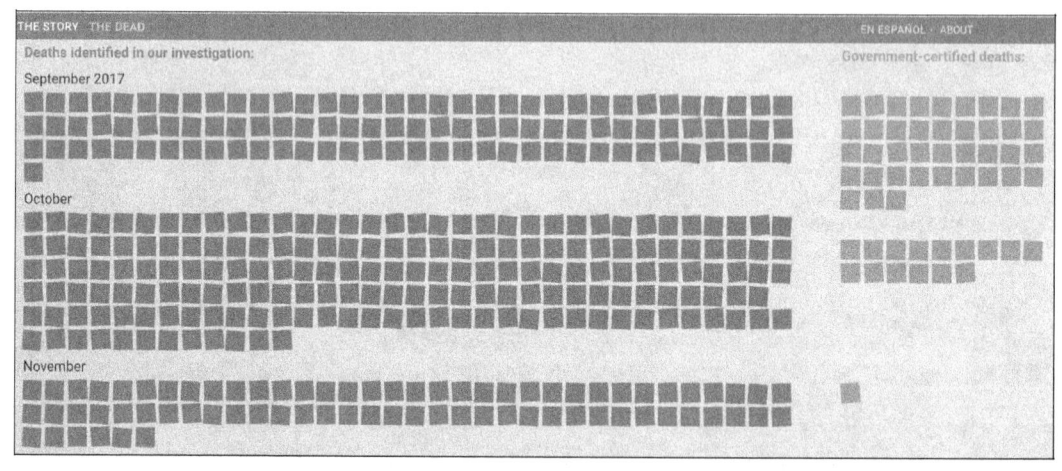

图1.13 2019年全球数据新闻奖之年度调查报道奖作品页面一

飓风玛丽亚带来的混乱改变了波多黎各的死亡情况。尽管人们普遍认为飓风仅影响老年人和患有早期疾病的人，但本项目通过调查发现，年轻人的死亡率飙升，超过老年人死亡率的增长。与前三年相比，败血症（感染造成的致命疾病）死亡人数增加了近44%，达到325人。与肾脏疾病相关的死亡人数增加了近43%，达到211人。

图1.14显示了飓风过后常见的20种疾病导致的死亡率增加或下降的情况。其中，粉色代表2017年9月18日至2018年6月与飓风相关的死亡，灰色代表2017年9月18日至2017年12月在波多黎各的所有死亡（黑白印刷无法体现动态效果和颜色信息，建议到作品网站查看）。条形图简单清楚，让读者对死亡率的变化一目了然。作品对重点数据还使用文字进行了标注。

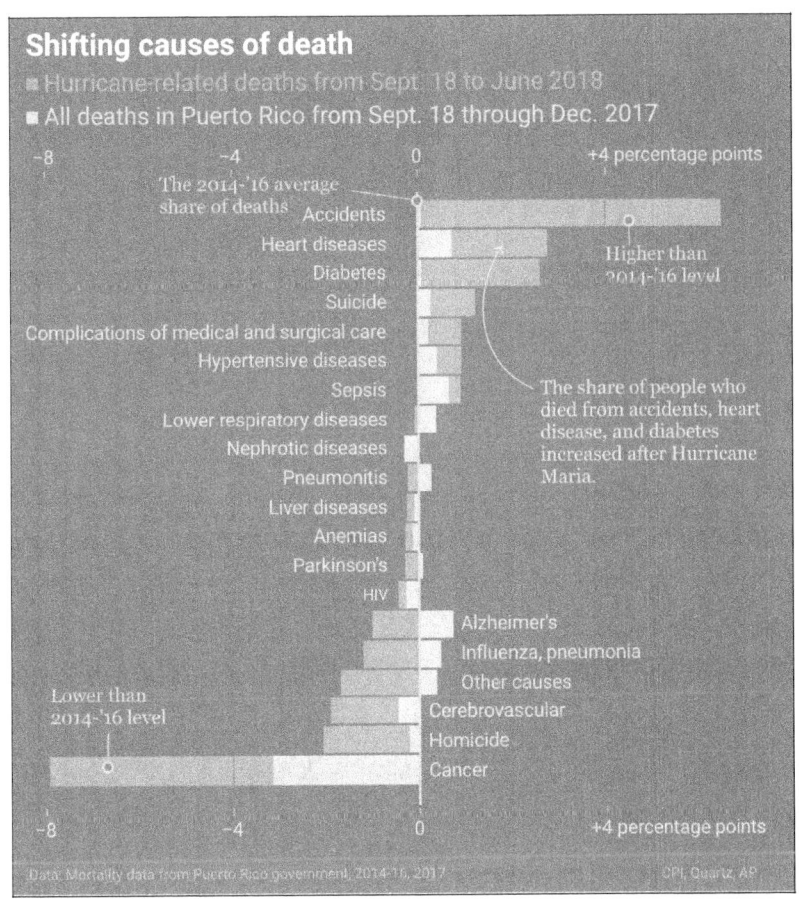

图1.14 2019年全球数据新闻奖之年度调查报道奖作品页面二

如图1.15所示，"THE DEAD"部分显示死者的具体信息，可以直接搜索，也可以通过时间、死亡原因、死亡地点、居住地或年龄进行筛选。为避免枯燥，作者将数据设计为纪念墙，而不只是一组冰冷的数据，并使用西班牙语（波多黎各地区使用人数最多的语言）和英语说明，便于所有发表他们故事的人以及失去家人的人浏览作品。网站上还使用了波多黎各艺术家安东尼奥·马托雷尔（Antonio Martorell）的作品，以吸引更多的用户关注飓风玛丽亚给波多黎各地区带来的灾难。

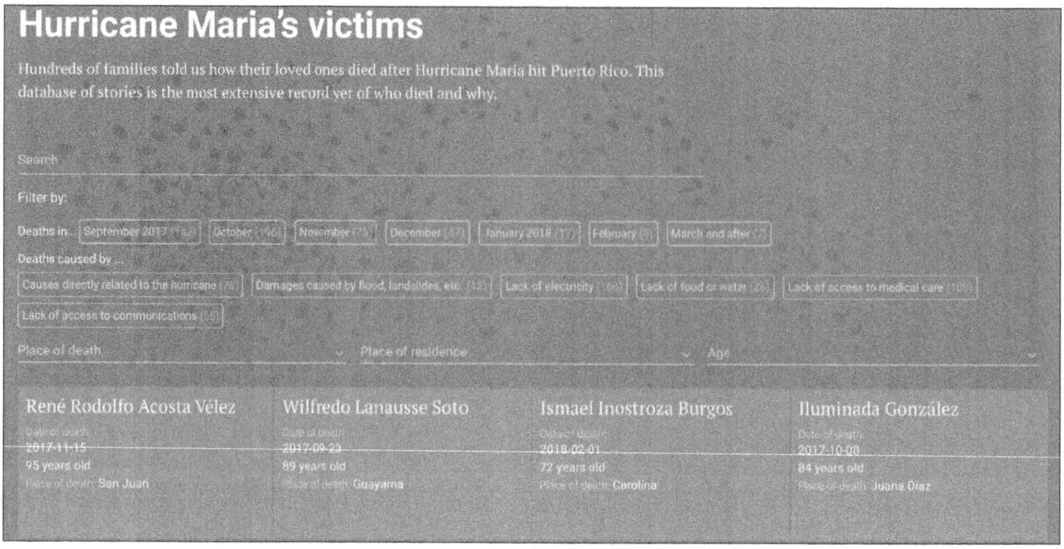

图 1.15　2019 年全球数据新闻奖之年度调查报道奖作品页面三

1.3.2　世界新闻视觉设计大赛 SND 获奖作品

世界新闻视觉设计大赛涵盖的奖项非常多，数据新闻作品主要参与数字媒体设计大赛（The Best of Digital Design）。竞赛共 15 个类别，分别为 3 项突发新闻类、2 项专题类、4 项图形设计类、3 项作品集类、1 项灾难性报道类、1 项产品设计类和 1 项试验设计类。每个类别都设有金奖、银奖、铜奖和优秀奖。但是每年都有金奖缺失的情况。

1. 2018 年故事页面设计类银奖作品

获奖者：TASS Russian News Agency（俄罗斯塔斯通讯社）。

作品名：Italia The Airship Crash Chronicle（意大利号飞艇坠毁纪事）。

网址：http：//italia. tass. c＊＊。

作品展示了 1928 年春，由翁贝托·诺比勒（Umberto Nobile）带领的探险队乘坐飞艇 Italia 号前往北极，在返航过程中坠毁的事件。这个事件包含了非常多的人物、时间和地点。

作品的精妙之处在于使用数据地图和事件发生轨迹呈现动态的事件变化。图 1.16 按时间显示了不同国家的救援行动，当鼠标向下滚动时，会有提示信息出现，帮助读者更好地理解行动的具体位置和相关信息。作品的色彩饱和度高，与黑色的背景地图对比强烈，视觉冲击力强。

2. 2019 年故事页面设计类银奖作品

获奖者：Jake Yeston, Nirja Desai, Elbert Wang。

作品名：Setting The Table（元素周期表）。

网址：http：//vis. sciencemag. o＊＊/periodic-table/。

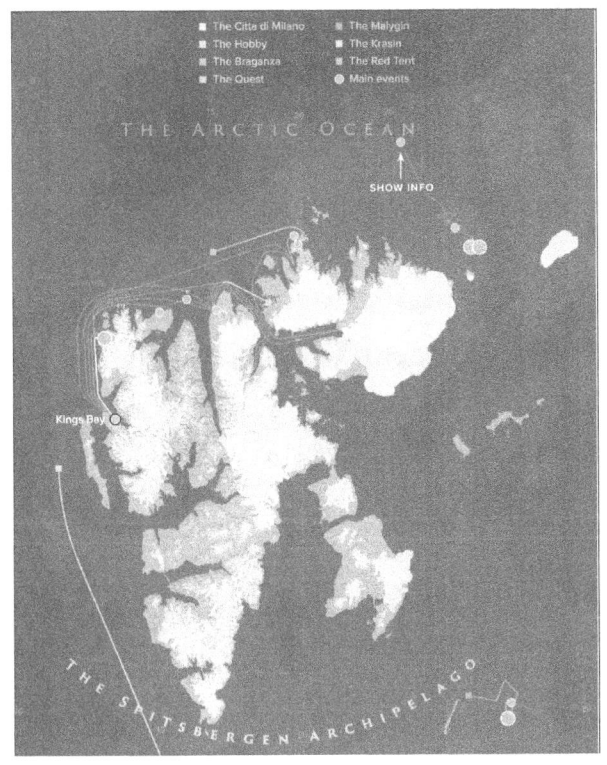

图 1.16　2018 年故事页面设计类银奖作品

作品展示了元素周期表发展的简要视觉历史。按照时间顺序，展示每个里程碑式转折点的元素表。图 1.17 为 1789 年拉瓦锡（Lavoisier）制作的化学元素表，每个元素表以动画的形式呈现其排序位置，后来证明不正确的元素用虚框显示，颜色浅。

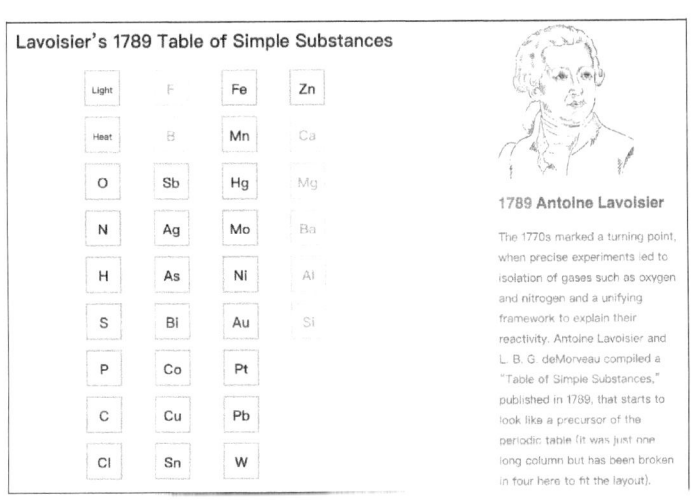

图 1.17　2019 年故事页面设计类银奖作品

作品简单清楚，随着历史发展的化学元素表是繁杂多变的，将其按照时间节点呈现可以让读者轻松地理解关键点，掌握化学元素表的里程碑变化。作品没有将历史元素表中错误的元素用醒目的颜色标出，是对历史的尊重，也是对科学家的尊重。

1.3.3 凯度信息之美获奖作品

2012年创立的凯度信息之美奖由专家小组和公众共同投票进行评审。奖项分为Arts，Entertainment & Culture（艺术、娱乐与文化）、Humanitarian（人道主义）、Leisure，Games & Sport（休闲、游戏与运动）、Maps，Places & Spaces（地图、地点和空间）、News & Current Affairs（新闻与时事）、People，Language & Identity（人类、语言和身份认同）、Politics & Global（政治与全球）、Visualization & Information Design（可视化与信息设计）、Science & Technology（科学与技术）、Unusual（特别）。

凯度信息之美奖的提名作品数量在近几年一直稳定在100件左右（2012年提名作品数据缺失），获奖数量也基本稳定，其特点是宁缺毋滥，每年都有多个奖项的金奖或银奖空缺，如图1.18所示。

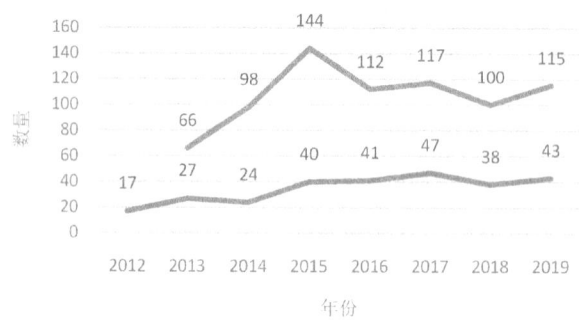

图1.18 历年凯度信息之美提名和获奖作品数量

1. 2015年迷你移动可视化类金奖作品

获奖者：Eleanor Lutz。

作品名：How to Build a Human（人类发育）。

网址：http://tabletopwhale.c**/page12/。

作品以动画的形式展示人类是如何从细胞逐渐发育成婴儿的。作品包含44个动画，每个动画9帧，共396幅图片，图片来源于Gilbert Scott的著作 *Developmental Biology*, 9th Edition。

作品的制作过程虽然烦琐，但技术难度并不高，胜在思路新颖，呈现效果非常生动具体,让读者一眼就能感受到复杂的人类发育是如何实现的。通过颜色的变化,作品将整个胚胎的发育过程分为四个阶段。作品的缺憾是没有体现出胚胎的正确重量,如 24 周的胚胎是 12 周的胚胎重 40 倍左右,但作品中没有呈现出这种效果,如图 1.19 所示。读者无法看出胚胎随时间变化的趋势。

2. 2016 年数据新闻金奖和最美奖作品

获奖者:Peter Aldous 和 Charles Sefie。

作品名:Spies in the Skies(天空中的密探)。

网址:http://www.buzzfeednews.c**/article/peteraldhous/spies-in-the-skies#.eoz48VaY2。

作品展示了美国联邦调查局和国土安全局在美国各大城市使用飞机进行空中监视的情况。红色代表的是联邦调查局的飞机,蓝色代表的是国土安全局的飞机。颜色的深浅与飞行次数相关。如图 1.20 所示的飞行轨迹主要包含两种:一是颜色较浅的直线飞行轨迹;二是颜色较深的圆形飞行轨迹。后者表示飞机在某地区反复监视飞行。飞行数据来源于航班实时追踪网站 Flightradar24,筛选约 200 架飞机,时间范围是 2015 年 8 月中旬到 12 月末。

作品通过可视化展示飞行轨迹,揭示了美国政府的空中监视活动并不是为了维护国家安全履行公职,而是在窥探公民的隐私。作品杰出地展现了可视化在报道深度和广度上的能力。当下的数据新闻只靠"炫技"是远远不够的,而是技术与故事的深度结合,本作品的技术为故事带来更多的维度并增强整体报道的深度。

本作品也获得了 2016 年度全球数据新闻奖(DJA)最佳数据可视化奖。

3. 2017 年运动、游戏与休闲类金奖作品

获奖者:Moritz Stefaner, Yuri Vishnevsky, Simon Rogers, Alberto Cairo 等。

作品名:Rhythm of Food(食物的节奏)。

网址:http://rhythm-of-food.n**。

作品展示了 Google 搜索数据的隐藏模式趋势,从美国搜寻兴趣的角度展示了每种蛋糕、蔬菜、水果、菜品、鸡尾酒、饮料或香料等的标志性、季节性图案,有些与季节相关,有些与特定节日相关,还有些是全年都流行的。作品包含 195 个主题,呈现了 130048 个独立的数据点。

如图 1.21 所示为 2004 年至 2018 年美国每年"Redcurrant"[①]的搜索量波动情况。时间围成一圈,冬季在顶部,夏季在底部。元素离中心越远,则在该时间段内针对"Redcurrant"进行的查询越多。

---

① 红醋栗是一种灌木水果,美国人喜欢用它制作陷饼、果酱、果冻和葡萄酒等。

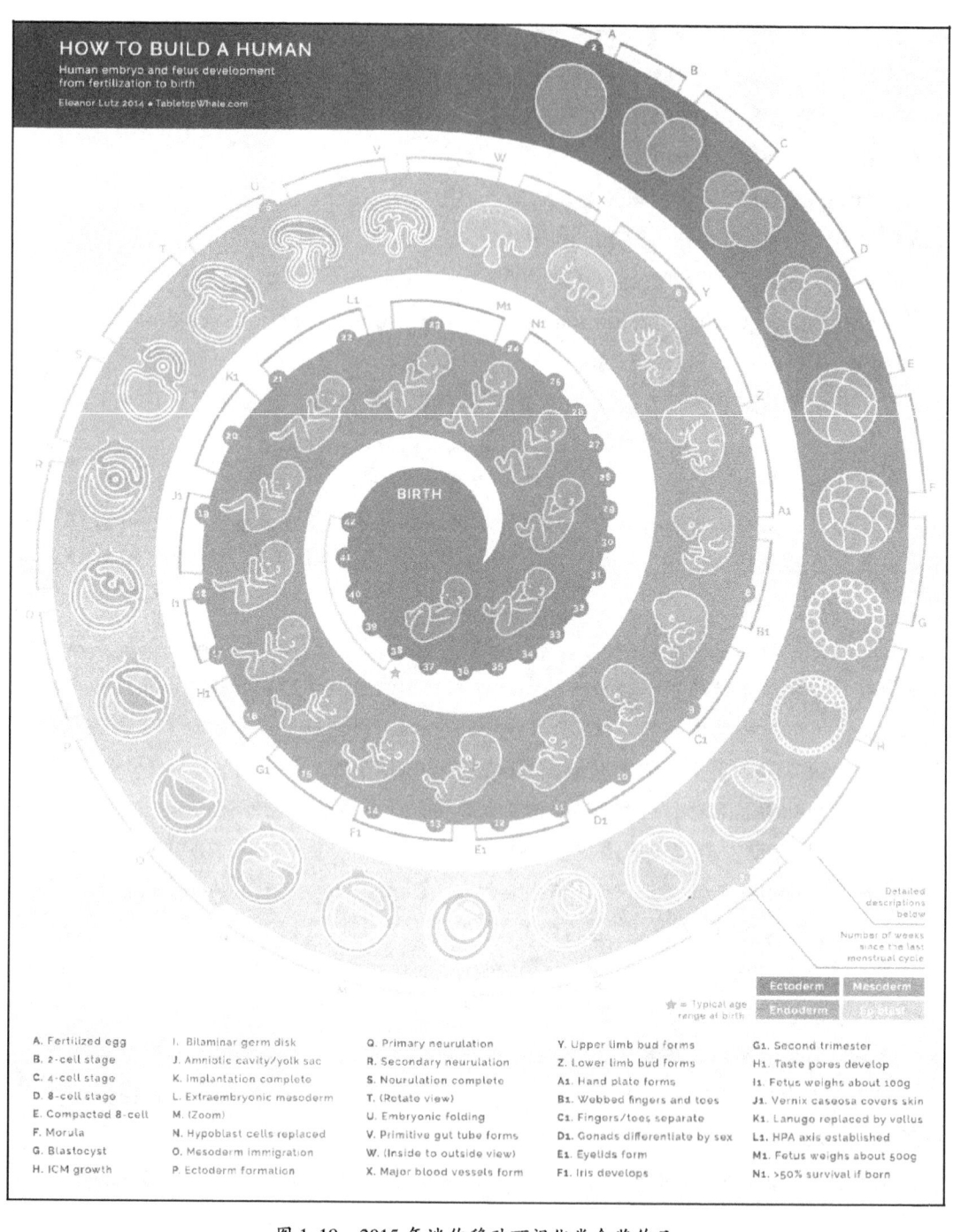

图 1.19　2015 年迷你移动可视化类金奖作品

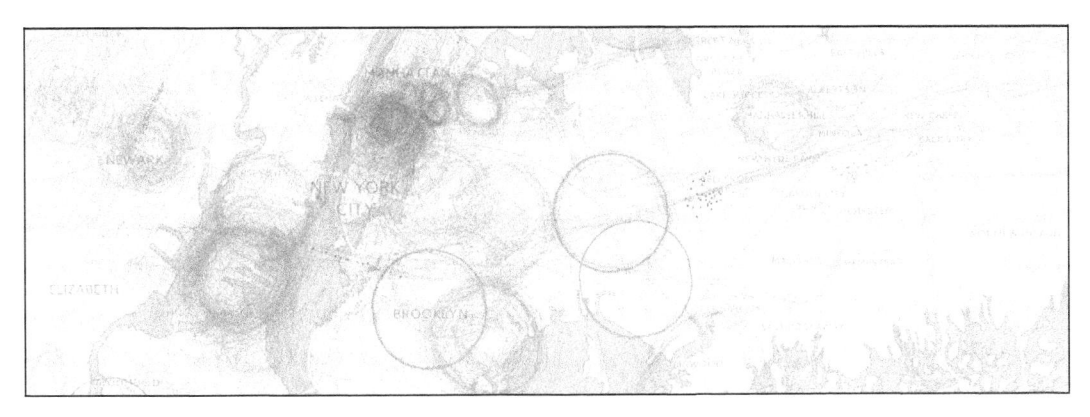

图 1.20 2016 年数据新闻金奖和最美奖作品

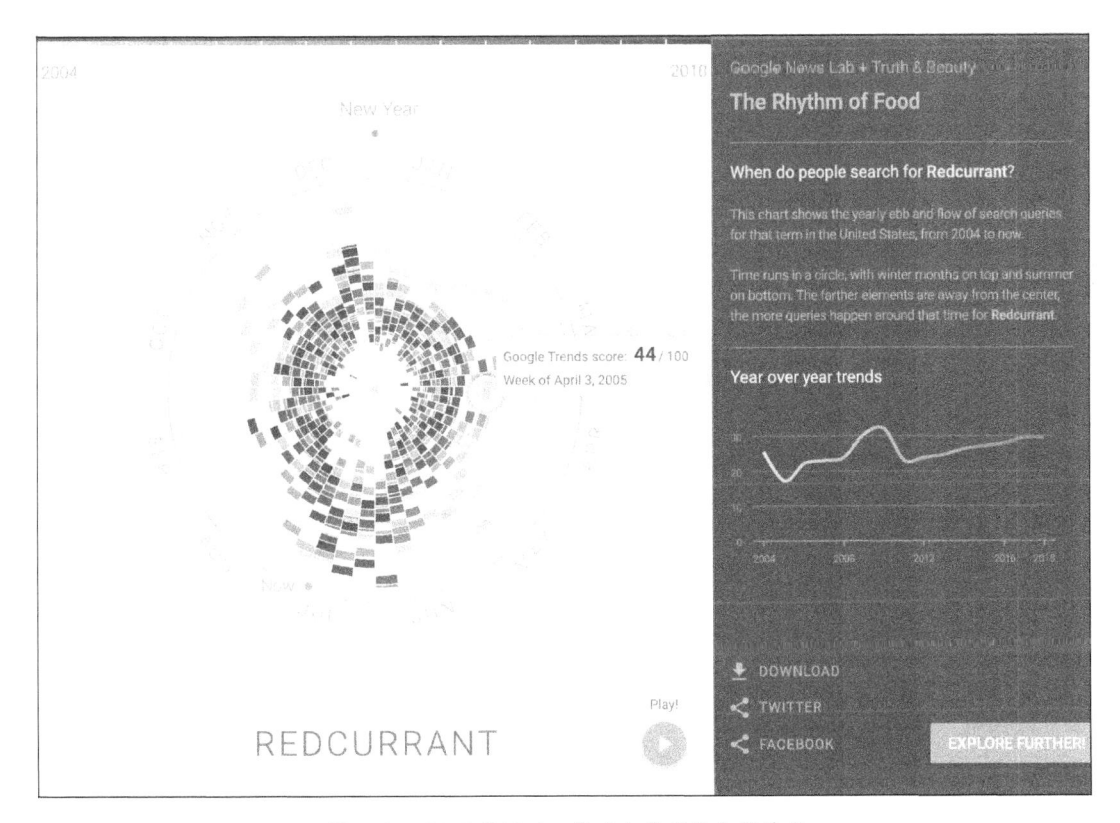

图 1.21 2017 年运动、游戏与休闲类金奖作品

4. 2017 年科学与技术类金奖作品

获奖者：Kim Albrecht。

作品名：Science Paths（科学的路径）。

网址：http://sciencepaths.kimalbrecht.c＊＊。

作品研究了数千位科学家科研生涯中生产力和影响力的演变，从七个学科重构了科学家的出版和发表记录，通过引用指标进行量化，将每篇论文与其对科学界的长期影响联系起来。作品揭示出，科学家职业生涯中影响力最大的成果是随机分布在长期工作中的。也就是说，影响力最大的出版物可能是科学家的第一本，也可能出现在职业生涯的中期，甚至最后出现，这个结果称为随机影响规则。

可视化作品展示了这种随机影响规则。读者可以探索不同学科、不同职业的科学家排名，也可以选择其中的一个子集。作品的左边是职业生涯的开始，右边是职业生涯的结束，影响力高峰可能会出现在任意位置。图1.22展示了经济学领域按引用排名第1962位的科学家的影响力曲线，影响力最高点出现在整个科学生涯的中部偏前的位置。

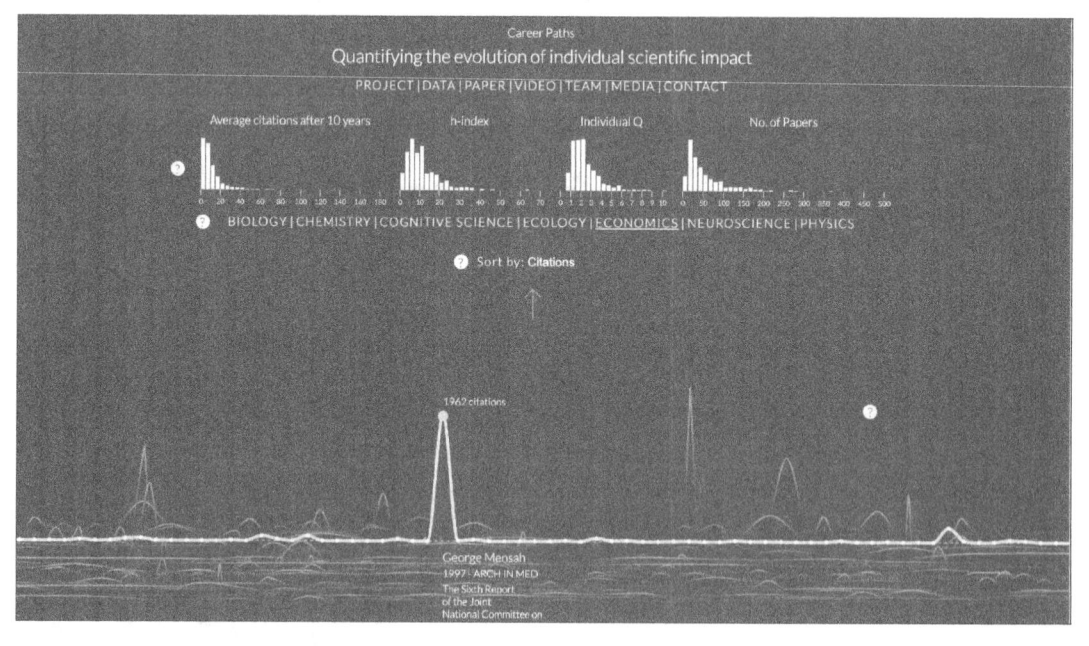

图 1.22　2017 年科学与技术类金奖作品

5. 2018 年人类、语言与身份认同类金奖和最美可视化大奖作品

获奖者：National Geographic，Northeastern University。

作品名：Simulated Dendrochronology of U. S. Immigration 1790-2016（1790 年至 2016 年美国移民年轮）。

网址：http://web. northeastern. e＊＊/naturalizing-immigration-dataviz。

作品以树木年轮的方式呈现了 1790 年至 2016 年美国的移民数量，颜色代表移民的来源，年轮代表每十年的移民人数，年轮越宽则代表人数越多。年轮不同方向上的颜色大致对应以美国为中心四周相应地理方位上的世界地区，如位于年轮北侧的蓝色代表加拿大移民，西侧的粉色代表亚洲移民，东侧的蓝色代表欧洲移民，南侧的橙色则代表拉丁美洲移民，如图 1.23 所示。

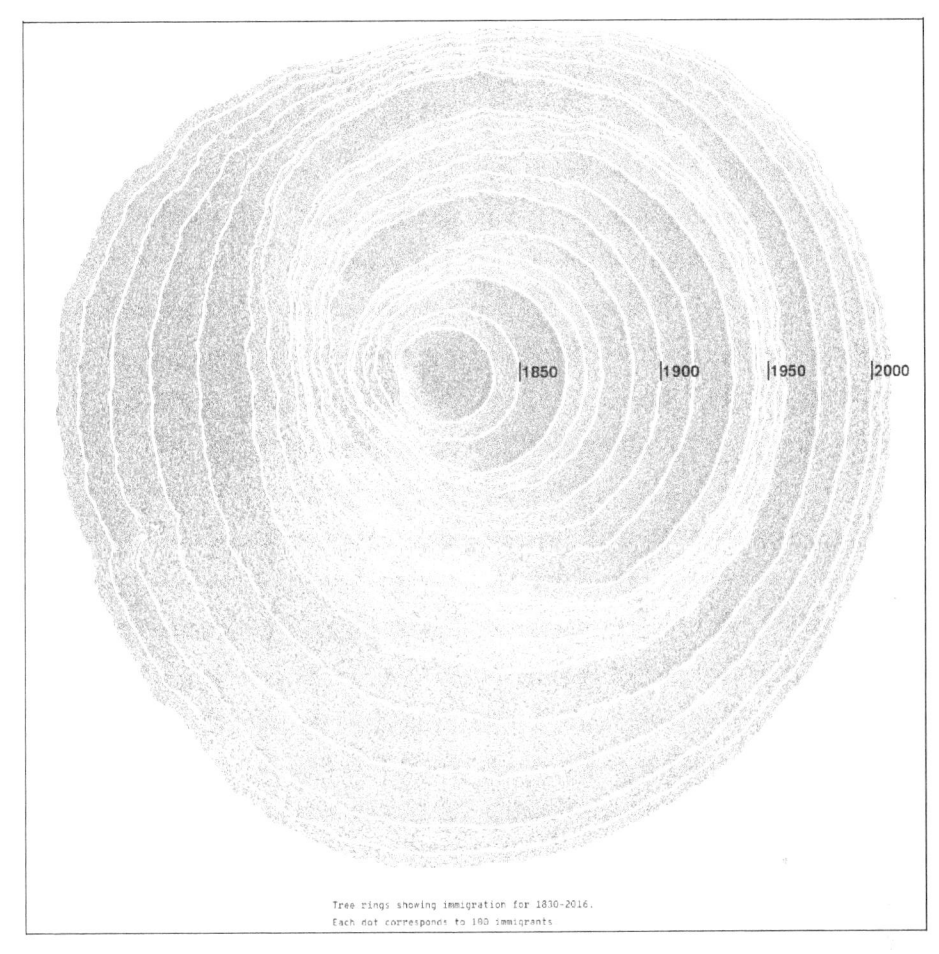

图 1.23　2018 年人类、语言与身份认同类金奖和最美可视化大奖作品

作品的视觉冲击力强，通过年轮这种可视化效果展示了移民到美国的人数和来源变化情况。

6. 2019 年新闻与时事金奖作品

获奖者：Reuters（英国路透社）。

作品名：How Kerala's Dams Failed To Prevent Catastrophe（为什么喀拉拉邦的水坝防灾失败）。

网址：http://fingfx.thomsonreuters.c＊＊/gfx/rngs/INDIA-FLOOD/010080MF18N/index.html。

2018 年 8 月，印度喀拉拉邦超过 500 万人受到暴雨和洪水的影响，导致 200 多人丧生。这场洪水被称为近一个世纪以来袭击印度南部州的最严重洪水，给农田、房屋和基础设施造成数十亿美元的损失。

作品通过一系列数据的可视化解释了该地区大坝放水带来的影响，揭示了灾难发生前水库水位已经太高，且没有警告就突然打开水坝闸门是这场灾难的一个重要因素。作品按照左上角的日期动态显示水库是如何达到蓄水量并溢出的，这也是本作品的亮点之一。为避免数字的平淡，作品采用了立体化矩形模拟水库，读者可以看到随着时间和降雨带来的各水库蓄水量和水位的变化，动态效果分为五个重要的时间节点。

第一个时间节点是 6 月 1 日。此时雨量不大，水库水位均在警戒线以下，三个水库的蓄水量分别为 13%、25% 和 23%。此时一切都是符合预期的。

第二个时间节点是 6 月 9 日。一周大雨过后，三个水库的蓄水量分别为 16%、27% 和 63%，首个达到蓄水量的 Kalarkutty 水库开始溢水。

第三个时间节点是 7 月 31 日。动画展示了经过数周的大雨后，水库进入危险状态，拉响橙色警报。三个水库的蓄水量分别为 94%、92% 和 90%。

第四个时间节点是 8 月 9 日。警报发生十天后，Idamalayar 和 Idukki 水库已满并开始放水，这是 Idukki 水库近 26 年来首次放水。三个水库的蓄水量分别为 101%、98% 和 100%。

第五个时间节点是 8 月 15 日。Mullaperiyar 水库开闸放水，增加了 Idukki 水库的流入量。

以上五个时间节点将整个时间区间分为四个阶段，避免了长时间动画让读者难以找到故事重点，也避免水库水位线一直上升带来的视觉平淡感，作品到每个时间点时自动停止播放，也给读者留有时间查看具体数字，以进一步理解故事。

图 1.24 是动画中 7 月 6 日的截图。图 1.25 是第五个时间点的截图。通过对比可以发现，图 1.24 和图 1.25 中水库的蓄水量和水位的差异及模拟雨量的不同。登录该作品网页，可以进一步浏览详情。

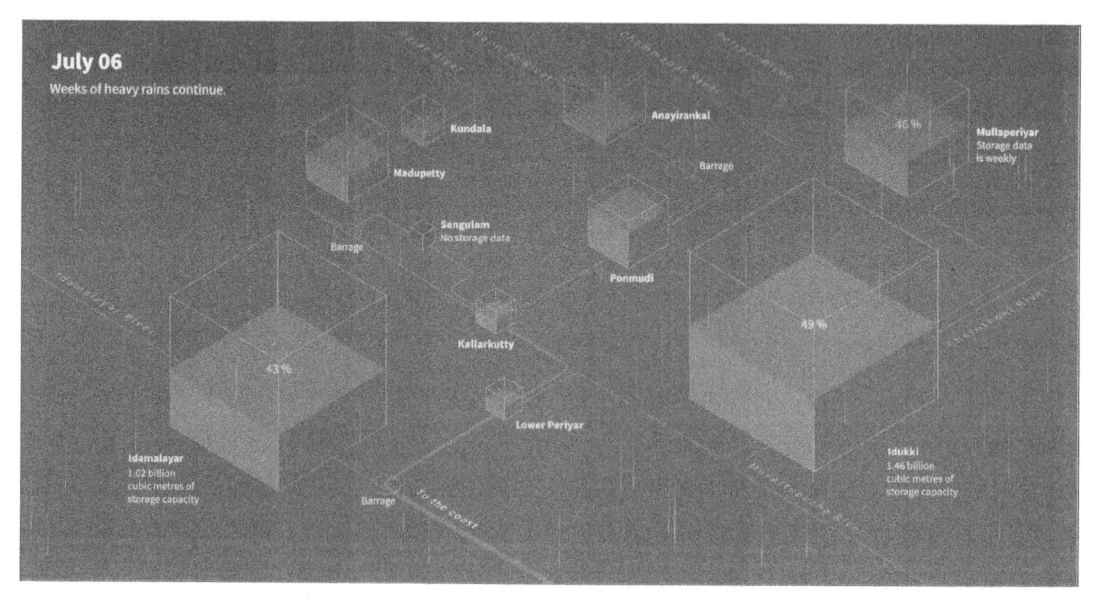

图 1.24　2019 年新闻与时事金奖作品截图一

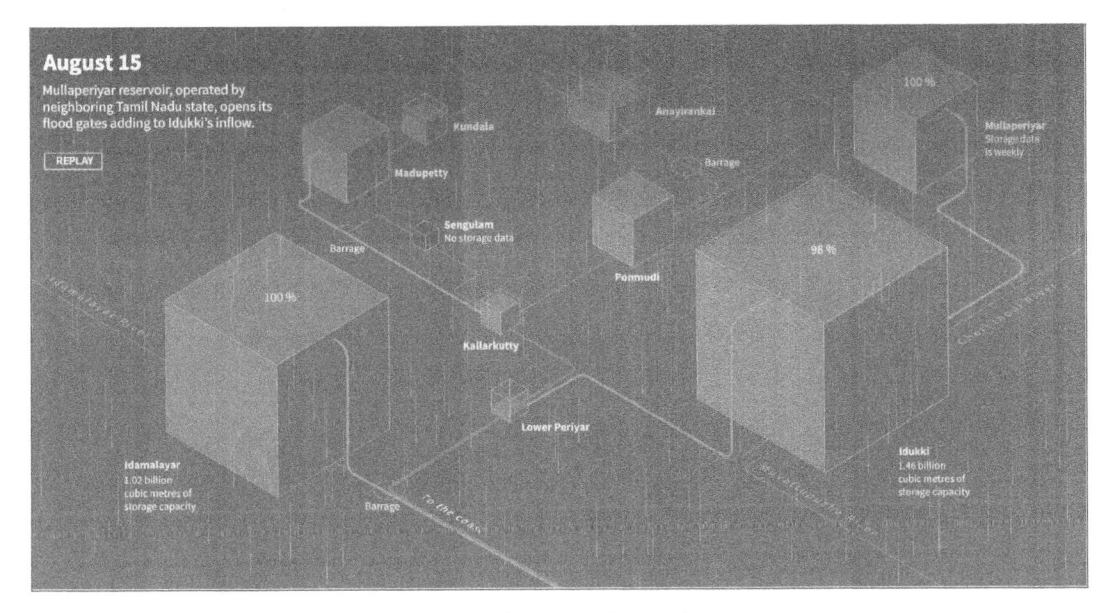

图 1.25　2019 年新闻与时事金奖作品截图二

1.3.4　全球西格马奖获奖作品

2020 年第一届西格马奖（Sigma Awards）收到了来自 66 个国家和地区的 510 件参赛作品。西格马奖的奖项包括：最佳数据驱动报告——小型和大型新闻编辑室（Best data-driven reporting, small and large newsrooms）、最佳可视化——小型和大型新闻编辑室（Best visualisation, small and large newsrooms）、创新——小型和大型新闻编辑室（Innovation, small and large newsrooms）、青年记者（Young journalist）、开放数据（Open data）和最佳新闻应用（Best news application），共九项。

1. 2020 年大型新闻编辑室最佳数据驱动奖作品

获奖者：USA TODAY，The Center for Public Integrity，The Arizona Republic。

作品名：COPY, PASTE, LEGISLATE（复制、粘贴和立法）。

网址：http://www.usatoday.c**/in-depth/news/investigations/2019/04/03/abortion-gun-laws-stand-your-ground-model-bills-conservatives-liberal-corporate-influence-lobbyists/3162173002/。

作品通过分析美国所有州（50 个）拟议法律的用语，揭示了 1 万个几乎相同的法案，揭露了企业说客和利益集团对普通百姓日常生活的影响程度。这些活动都是在美国各州议会大厦内秘密进行的。

作品的难点之一是如何处理数据。他们从第三方供应商 Legiscan 处获得了 2010 年至

2018年间来自50个州的100多万条立法数据，还从各州立法机关的网站上抓取了与这些法案相关的文本等，最终选择云服务完成这项工作。大量的数据意味着复杂的可视化。作品通过分类呈现大量数据的思路是非常值得学习的，图1.26显示了复制示范立法最多的州，虽然各州立法机关都复制示范立法，但其复制特殊利益的类型及在全国范围内的复制频率变化很大。将各州按地图的大致位置分解呈现可以方便用户快速找到其关注的州，各州整体呈现横平竖直的多个矩形，视觉效果干净清爽。数据"744"采用大号字体显示，几乎与各州在图中所占面积相同，让用户对数字记忆深刻，突显法案数量的巨大。黑色背景既体现了调查新闻的严肃性，又是对各州复制法案的一种黑色幽默般的嘲讽，如图1.26所示。

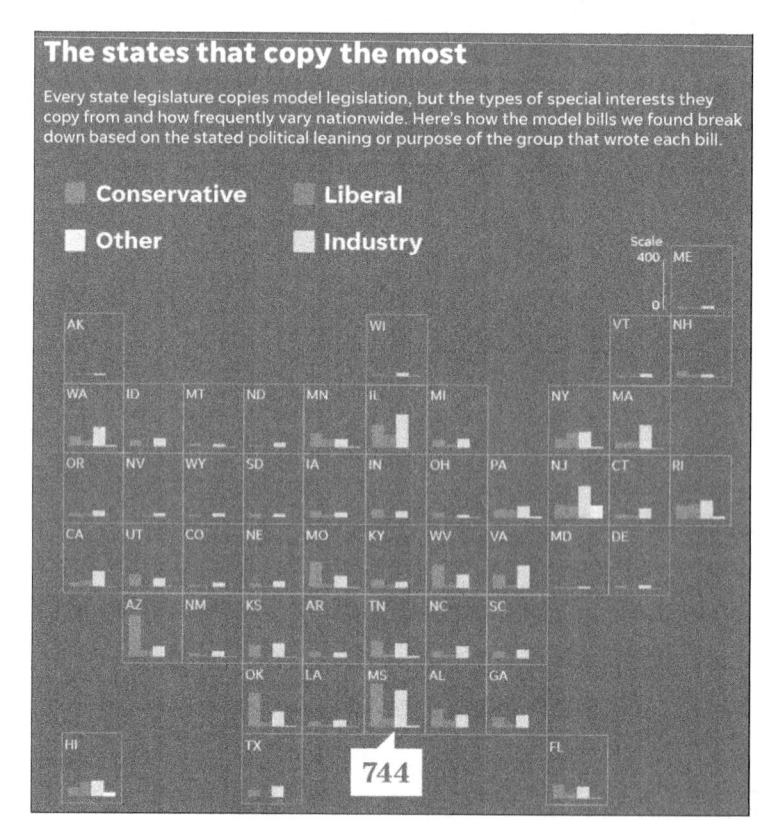

图1.26　2020年大型新闻编辑室最佳数据驱动奖作品

2. 2020年大型新闻编辑室最佳可视化奖作品

获奖者：The New York Times（美国纽约时报）。

作品名：See How the World's Most Polluted Air Compares With Your City's（世界上污染最严重的空气与你所在城市的空气）。

网址：http://www.nytimes.c**/interactive/2019/12/02/climate/air-pollution-comparear-ul.html。

作品以可视化方式展示PM2.5这种无形的污染物导致的人类死亡和疾病。互动设计使读者能够安全地体验自己所在城市或城镇的空气与世界上最恶劣的空气的呼吸对比，便于读者对这种公共健康危害的规模有更深入的了解。

作品的数据分析部分用Python语言编程完成，故事中的视觉效果使用了WebGL和D3.js创建，AR版本使用了Xcode和Apple SceneKit创建。由于Android操作系统的技术限制，AR版本仅在《纽约时报》应用程序和iPhone上可用。作品通过R语言和gdal转换netCDF文件来渲染地图，使用Adobe的After Effects和Illustrator完成了动画部分。

作品有效地解释了一个复杂而重要的PM2.5话题，使读者能够以详尽细致又轻松的方式理解空气污染造成世界范围内数百万人死亡和疾病的危害。读者可以使用作品预设的示例进行学习，也可以提取并产生自己的故事并进行对比。AR实验效果使数据栩栩如生，作品既有美感，又结合了讲故事和互动的功能，完美地呈现了这个复杂的数据和故事。作品以一种引人入胜的方式对比了三座城市的PM2.5，用粒子填充单个屏幕（或AR中的房间），逼真地模拟了读者肺部充满这种空气的效果，更容易引起读者的共鸣，如图1.27所示。

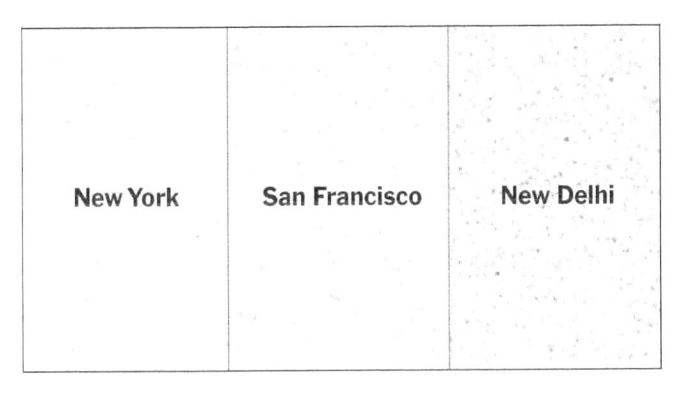

图1.27 2020年大型新闻编辑室最佳可视化奖作品

小 结

本章首先介绍了数据新闻的概念，然后从数据新闻制作人才需求入手，阐明了数据新闻的技术要求和制作流程，最后以全球数据新闻奖、世界新闻视觉设计大赛、凯度信息之美和全球西格马奖四大世界顶级数据新闻赛事的获奖作品为例，从选题范围、图表形式、作品特点等角度分析获奖作品的特征。

习 题 1

1. 选择近三年的数据新闻获奖作品 2~3 例,了解其如何获取数据、如何制作、制作特点等。
2. 查看澎湃新闻"美数课"栏目的近期作品,了解数据新闻图表的应用方式。
3. 针对当下的某热点问题,对比分析普通网络新闻和数据新闻的异同。

第 2 章　获取数据

数据无处不在，每个人都会产生数据。随着时间的推移，数据呈几何级数递增。数据作为生产要素、无形资产和社会财富，与能源和材料同为重要资源。数据本身最突出的特点是具有重复利用性和增值性，可以为不同的用户创造不同的价值。

人们往往认为，数据的利用需要特别的知识和技能，通常是数学家、工程师或统计分析师才能掌握。随着大数据时代的来临，各行各业都需要与数据打交道，数据在各行各业的重要性与日俱增。特别是在新闻传播行业，数据可以对社会和环境的状态提供详细而准确的信息，这也正是新闻工作者必须能够懂得数据并以数据传达信息的原因。数据新闻工作者使用量化技能来搜集、分析和传达信息，成就了数据新闻的发展和传播。

数据新闻制作中最头痛的问题就是"没有数据"。很多时候，数据并不是真的没有，而是数据新闻制作者很难在短期内获取所需的数据。例如，有些数据搜集得不完全，或者数据格式不正确，或者多个部门搜集的数据存在矛盾，更多的时候是数据新闻制作者不知道这些数据存储在哪里，以及哪些部门或组织搜集并管理这些数据。

政府作为最大的公共数据资源拥有主体，既要充分利用和共享数据资源，也有责任和义务开放数据资源。很多第三方机构、团体和大学也利用自身的优势收集、整理和开放数据资源。

2.1　政府、国际组织与第三方机构的公开数据

开放数据资源包含各国政府部门的公开数据资源和非政府机构的数据资源，主要分为免费和收费两种。

1. The ProPublica Data Store（ProPublica 数据库）

该数据资源分为以下三种。

① Premium Datasets（收费）：从多种资源搜集、清理并分类的非原始数据集，采取一次性收费政策。

② FOIA Data（免费）：依据美国信息自由法案（FOIA）请求的原始数据是免费提供

的，可以自由下载。

③ External Data（免费）：仅供在线使用的免费数据集。

2. The Guardian Data Store（《卫报》数据库）

2009 年，英国《卫报》开创了"数据博客"，公开了《卫报》在数据新闻制作中使用的全部数据，这是数据新闻发展的一个重要里程碑。在"数据博客"页面上，所有数据新闻使用的原始数据均可以免费下载，供读者进一步参考和使用。

3. Google Public Data Explorer（谷歌公共数据资源管理器）

谷歌的公开数据库始建于 2010 年，旨在让用户更容易地理解和分享数据。这个在线工具基于著名的 Gapminder Foundation 的 Trendalyzer 软件，主攻时间数据，允许用户创建全面、简洁且互动的可视化图表。

4. World Bank（世界银行数据库）

世界银行数据库包括世界各国的发展数据，提供了超过 9000 个指标文档。用户可以免费获取，可以按"国家"下载包含一个国家（地区）所有年份的数据，也可以按"专题"下载包含所有国家（地区）所有年份该专题的指标数据，还可以按"指标"下载包含所有国家（地区）所有年份该指标的数据。世界银行数据库具有高级功能，用户能够选择和细分数据集、进行定制查询和数据下载、创建图表和其他可视化效果。世界银行数据库还提供以表格、地图或图表显示数据的服务，帮助用户将其嵌入网页。

5. UN Data（联合国数据库）

联合国数据库为全球用户提供免费数据检索和下载服务。用户可以搜索和下载各种统计资源，包含 6000 多万个数据点，涵盖范围广泛的主题，如农业、犯罪、教育、就业、能源、环境、卫生、艾滋病毒/艾滋病、人类发展、工业、信息和通信技术、国民账户、人口、难民、旅游、贸易及千年发展目标等。

6. OpenCorporates（OpenCorporate 开放数据库）

OpenCorporates 是世界上最大的开放式数据库，主要收集公开的公司信息，提供的各种内部和外部的数据库连接极大地方便了用户。OpenCorporates 还提供公司及管理者网络图，帮助用户了解公司之间的关系及管理者的履历。

7. DataHub（开放知识基金会的数据平台）

DataHub 是一个来自开放知识基金会（Open Knowledge Foundation）基于 CKAN 数据管理系统的免费且强大的数据管理平台，包含由国家、地方政府、研究机构和其他组织收集的大量数据。凭借其强大的搜索和分类功能，用户可以找到和浏览所需的数据，并可以使用地图、图表和表格等功能。

8. OECD Statistics（经合组织统计信息）

OECD 是一个庞大的在线统计数据库，用户可以创建下载表格，支持多种格式。OECD 对其数据都列出了收集方法和数据源，方便引用和查询。数据集包括 GDP、失业率、教育、金融和医疗等类型。

9. NBA 数据

这个网站统计了 NBA 所有球员、教练、历届比赛的信息和分数，也有 WNBA 和奥林匹克赛事等相关数据。

10. 美国官方数据库

该网站是美国官方政府的开放数据库，鼓励公众参与、合作及利用联邦政府的公开数据创建应用、分析产品或进行科研分析，借此提高政府的透明度和开放度。数据主要来自大学、联邦政府、州政府和其他非营利组织等。

11. 中华人民共和国国家统计局

政府是最大的公共数据资源拥有主体，国家统计局网站提供了关于我国土地、水资源、矿产、森林资源、工业状况和人口资源等方面的数据。

12. 上海市公共数据开放平台

该网站是由上海市人民政府办公厅、上海市经济和信息化委员会牵头，相关政府部门共同参与建设的政府数据服务门户。目标是促进政府数据资源的开发利用，发挥政府数据资源在上海加快建设"四个中心"和具有全球影响力的科技创新中心、产业结构调整和经济结构转型中的重要作用，满足公众和企业对政府数据的"知情权"和"使用权"，向社会提供政府数据资源的浏览、查询、下载等基本服务，同时汇聚基于政府数据资源开发的应用程序等增值服务。

13. 北京市政务数据资源网

该网站由北京市经济和信息化委员会牵头建设，北京市各政务部门共同参与，于 2012 年 10 月开始试运行。该网站提供了北京市政务部门可开放的各类数据的下载与服务，为企业和个人开展政务信息资源的社会化开发利用提供数据支撑，推动了信息增值服务业的发展及相关数据分析与研究工作的开展。

14. Pew Research Center（皮尤研究中心）

皮尤研究中心是美国的一间独立性民调机构，不间断地发布影响美国乃至世界的问题、态度与潮流的信息资料。皮尤研究中心受皮尤慈善信托基金资助，是一个无倾向性的机构。皮尤慈善信托基金资助倡议性项目，包括民意调查、人口统计研究、内容分析和其他数据驱动的社会科学研究等。

15. Dataportals

Dataportals 是一个全面、开放的数据门户网站，包含多个国家和地区、多种语言共 591 个数据门户搜索，这个数字还在逐年增加。

16. 美国国会数据库

这是加州大学洛杉矶分校社会科学计算（UCLA Social Science Computing）和乔治亚大学（University of Georgia）支持的关于美国国会的数据库，包括美国建国至今所有国会议员的投票记录和每个议员的意识形态指数。

17. 全球恐怖主义数据库（GTD）

这是由马里兰大学（University of Maryland）维护的全球恐怖主义数据库，是一个开放源代码的数据库，包括 1970 年至今世界各地的恐怖事件的信息（并计划持续更新）。目前，该数据库包括 20 多万个国际恐怖事件案例。

2.2 政府信息公开申请数据

中华人民共和国国务院令第 492 号《中华人民共和国政府信息公开条例》在 2007 年 1 月 17 日国务院第 165 次常务会议通过，自 2008 年 5 月 1 日起施行①。

该条例的实施是数据新闻制作者获取我国各级政府部门在多个领域信息公开的申请基础。虽然各级政府和部门申请的流程略有不同，但信息公开申请表的基本信息类似，图 2.1 为国家税务总局上海市税务局政府信息公开申请表②，图 2.2 为广东省财政厅处理政府信息公开申请流程图③。

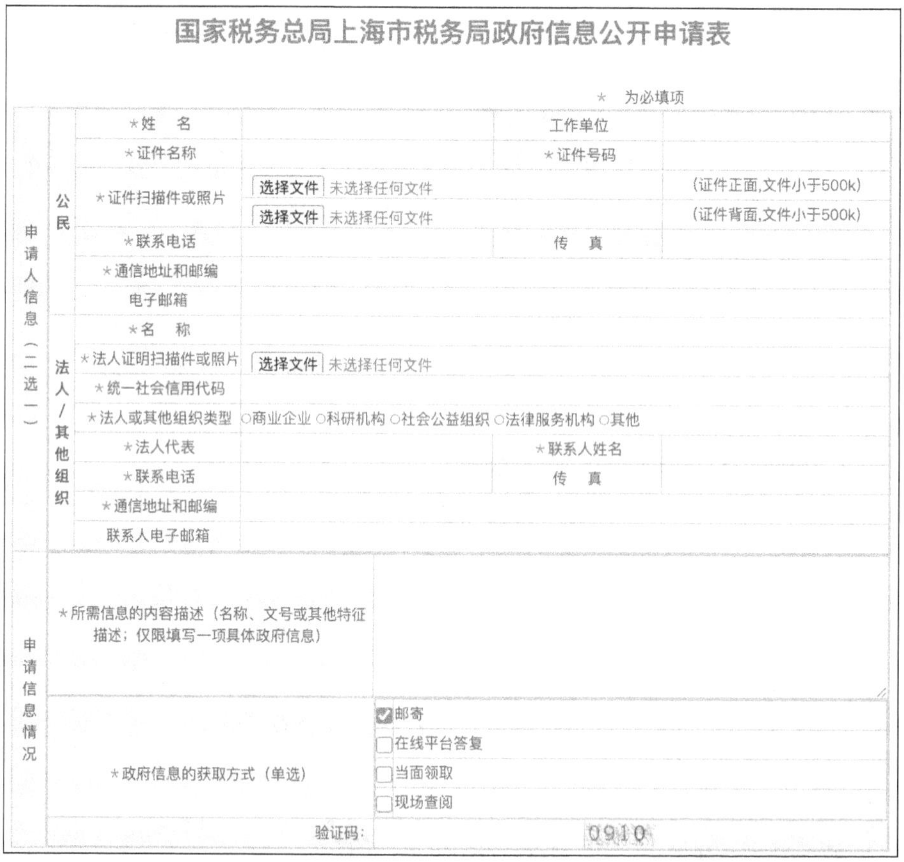

国家税务总局上海市税务局政府信息公开申请表

⋆ 为必填项

申请人信息（二选一）	公民	⋆姓　名		工作单位	
		⋆证件名称		⋆证件号码	
		⋆证件扫描件或照片	选择文件 未选择任何文件		(证件正面,文件小于500k)
			选择文件 未选择任何文件		(证件背面,文件小于500k)
		⋆联系电话		传　真	
		⋆通信地址和邮编			
		电子邮箱			
	法人/其他组织	⋆名　称			
		⋆法人证明扫描件或照片	选择文件 未选择任何文件		
		⋆统一社会信用代码			
		⋆法人或其他组织类型	○商业企业 ○科研机构 ○社会公益组织 ○法律服务机构 ○其他		
		⋆法人代表		⋆联系人姓名	
		⋆联系电话		传　真	
		⋆通信地址和邮编			
		联系人电子邮箱			
申请信息情况	⋆所需信息的内容描述（名称、文号或其他特征描述；仅限填写一项具体政府信息）				
	⋆政府信息的获取方式（单选）	☑邮寄 □在线平台答复 □当面领取 □现场查阅			
	验证码:	0910			

图 2.1　国家税务总局上海市税务局政府信息公开申请表

① http://www. gov. **/zwgk/2007-04/24/content_592937. htm.

② http://shanghai. chinatax. gov. **/xxgk/zfxxgk/xzdgkjbml/? enterid=5.

③ http://czt. gd. gov. **/zwgk/ls/content/post_2509532. html.

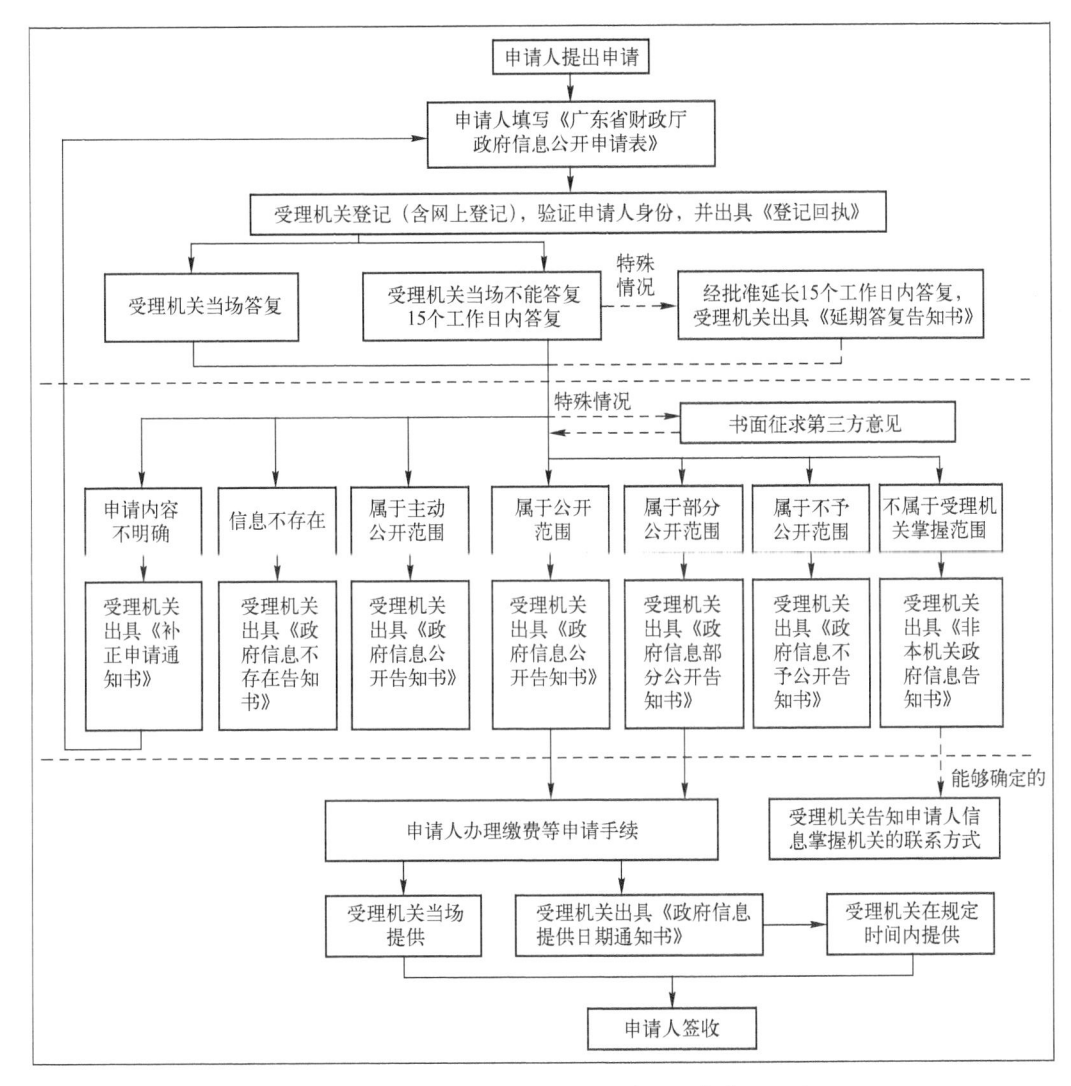

图 2.2 广东省财政厅处理政府信息公开申请流程图

2.3 众包搜集数据

如果遍寻网络（包括政府信息公开申请），依旧找不到需要的数据，一般采用调查问卷或者实地调查等方法搜集第一手数据。现在还有一种新的数据搜集方法——众包。

《连线》编辑 Jeff Hawe 在 2006 年发表的《众包崛起》中首次提出了"众包"的概念。众包就是企业利用互联网将工作分配出去，以发现创意或解决问题的工作方式。众包应用在数据新闻中就是利用群众的智慧和力量搜集或处理数据，集体完成一个新闻调查计划。最早的"众包"新闻案例是美国《新闻报》的污水系统案例，而 2009 年英国《卫报》调查英国议员消费情况的新闻无疑是最成功的众包新闻案例之一。

2006年夏天，美国佛罗里达州迈尔斯堡的《新闻报》接到读者举报安装污水系统费用过高的问题。因为需要调查的数据量太大，仅靠专业记者无法在短时间内完成，所以《新闻报》发布了一个举报文件，众多读者根据举报文件展开了调查。最后依托这些读者的调查，市政府降低了安装污水系统的费用，还有一名官员因此辞职。通过众包调查，《新闻报》在推动事情解决和吸引读者关注两方面都获得了巨大成功。

2009年，《每日电讯报》的多篇报道揭露了英国议会议员违规消费的情况。为了回应公众的不满情绪，英国政府在网络上公布了所有议员四年以来的花费情况，总计约100余万份未经整理的原始数据文件。《卫报》设计了一个类似游戏网站的Web页面，邀请读者参与调查议员的花费情况。在调查项目上线的80小时内，就有17万份文件被读者审查完毕。

2014年春节前，《南方周末》联合环保组织"创绿中心"和"IT工程师环保公益协会"发起了"回乡测水"行动[①]。"创绿中心"提供低成本、便携、快速、可订制的水质检测工具，让公众有能力和渠道参与水质检测，同时结合Web-GIS构建水质信息平台，公众能实时上传水质检测信息，与他人分享。《南方周末》记者汪韬基于此次众包调查推出了新闻《"回乡测水"家乡水，清几许？》[②]，"IT工程师环保公益协会"的刘春蕾完成了后期数据可视化。

2.4 搜索引擎的使用

搜索引擎（Search Engine）泛指在网络上以一定的策略搜集信息，对信息进行组织和处理，并为用户提供信息检索服务的工具或系统。搜索引擎被业界公认为继广告、网络游戏和无线增值之后互联网的第四桶金。

搜索引擎工作过程包含三个步骤。首先，抓取网页，每个独立的搜索引擎都有自己的网页抓取爬虫（Spider），爬虫顺着网页中的超链接，从一个网站"爬"到另一个网站，通过超链接分析连续访问，以抓取更多网页。其次，处理网页，搜索引擎"抓"到网页后，要提取关键词，建立索引库和索引。最后，提供检索服务，用户输入关键词进行检索，搜索引擎从索引数据库中找到匹配该关键词的网页。

数据新闻制作者不生产数据，而是搜索和使用数据。在使用搜索引擎时，搜索指令的合理使用可以帮助新闻人获取更精准的数据。

---

① http://tools.ngo20.o**/pages/caseDetails?id=211.
② http://www.infzm.c**/content/98057.

2.4.1 搜索指令

使用搜索指令可以帮助用户精准快速地找到所需的信息。不同的浏览器支持的搜索指令亦不同，本节以百度搜索引擎为例讲解常用的搜索指令。

1. intitle 和 allintitle

intitle 指令将搜索范围限制在网页的标题。allintitle 指令搜索的所有关键字都必须在网页的标题中。如输入"intitle：巴黎恐怖袭击"，共搜索到约 16000 个结果，如图 2.3 所示。输入"allintitle：巴黎恐怖袭击"，共搜索到约 31 个结果，如图 2.4 所示。

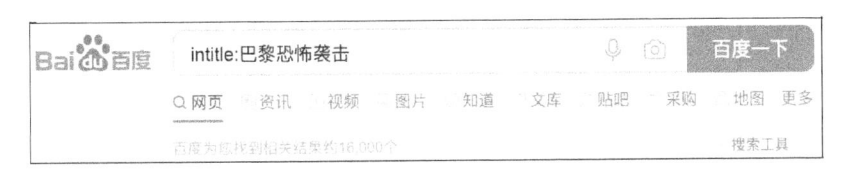

图 2.3　使用 intitle 搜索指令

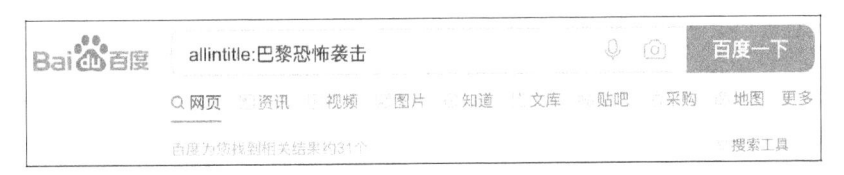

图 2.4　使用 allintitle 搜索指令

2. intext 和 allintext

intext 指令将搜索范围限制在网页的正文（忽略超链接文本、URL 和标题等），allintext 指令搜索的所有关键字都必须在网页的正文中。

3. inurl 和 allinurl

inurl 指令将搜索结果限制在特定的 URL 或者网站页面上。allinurl 指令搜索的所有关键字都限制在 URL 或者网站页面上。如仅在政府网站中搜索"巴黎恐怖袭击"，则输入"inurl:gov.cn 巴黎恐怖袭击"，共搜索到约 17 个结果，如图 2.5 所示。如仅在 URL "news.ifeng.com/world"中搜索"巴黎恐怖袭击"，则输入"allinurl:news.ifeng.com/world 巴黎恐怖袭击"，共搜索到约 23 个结果，如图 2.6 所示。

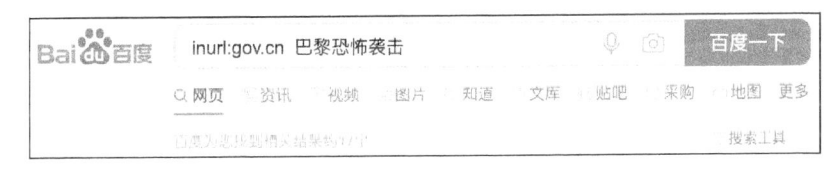

图 2.5　使用 inurl 搜索指令

图 2.6 使用 allinurl 搜索指令

4. site

site 指令将搜索限制在站点或者顶层域名上。如仅在特定网站"www.ifeng.com"搜索"巴黎恐怖袭击",则搜索指令是"巴黎恐怖袭击 site：www.ifeng.com",如图 2.7 所示。**注意**：在"site"指令后的站点或顶层域名前不能加"http：//",如搜索指令"巴黎恐怖袭击 site：http：//www.ifeng.com"无法正确执行,如图 2.8 所示。

图 2.7 site 搜索指令的正确用法

图 2.8 site 搜索指令的错误用法

5. filetype

filetype 指令将搜索限制为某类特定后缀或者文件名的扩展名。如仅搜索"ppt"扩展名的文档,则搜索指令是"巴黎恐怖袭击 filetype：ppt",如图 2.9 所示,搜索结果均是扩展名为"ppt"的 PowerPoint 文件。

图 2.9 使用 filetype 指令

6. 排除(-)

排除（-）指令将搜索结果限制在不包含减号后边词语的页面上。使用这个指令时，减号前面必须是空格，减号后面没有空格，紧跟需要排除的词。如图2.10所示，搜索结果是包含"恐怖袭击"但不包含"巴黎"的页面。

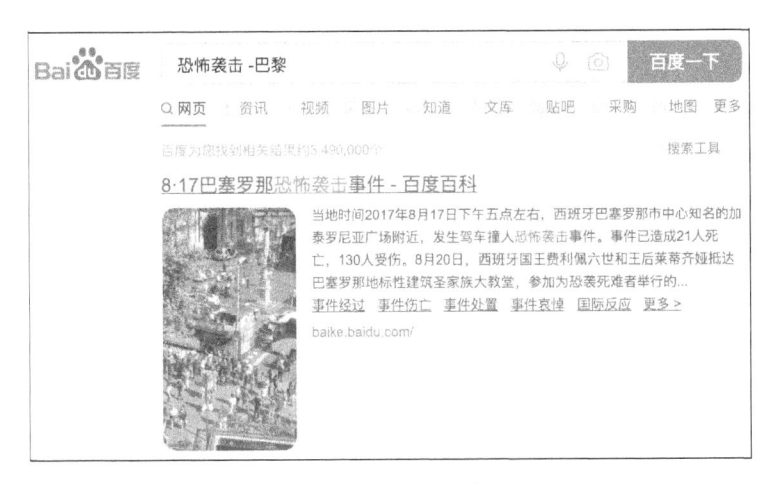

图2.10 使用排除搜索指令

7. 完全匹配("")

完全匹配搜索，即搜索结果包含双引号中出现的所有词，连顺序也必须匹配。例如，搜索"巴黎恐怖袭击"时加双引号，则百度搜索结果完全匹配"巴黎恐怖袭击"。如图2.11和图2.12所示，对比不使用和使用完全匹配搜索结果的不同可知，使用完全匹配的搜索结果更精准。在当今的大数据时代，使用搜索引擎可以快速搜索到大量的结果，但用户往往没有足够的时间查看数万条甚至更多的搜索结果，所以精准搜索数据是用户更关注的。

图2.11 不使用完全匹配搜索指令

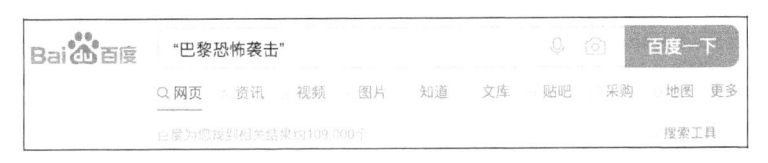

图2.12 使用完全匹配搜索指令

2.4.2　百度搜索工具

百度搜索工具以图形化界面完成搜索指令，如图2.13所示。"时间不限"选项可以设置搜索时间条件，如"一月内"或自定义"2015-12-31至2016-6-30"。如图2.14所示设置的时间是"2015-12-31至今"。"所有网页和文件"选项可以设置搜索到的文档类型，如"PDF文件"。"站点内检索"选项可以限制在某个站点或者顶层域名内搜索，如"wenku.baidu.com"。

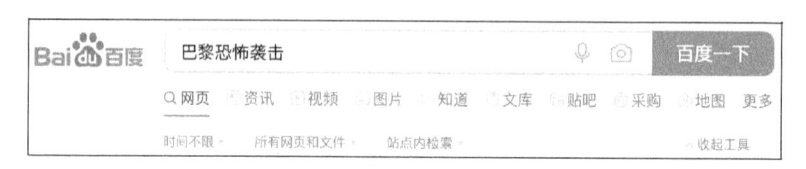

图2.13　百度搜索工具界面

图2.14　使用百度搜索工具

2.4.3　百度高级搜索页面

百度高级搜索页面如图2.15所示。

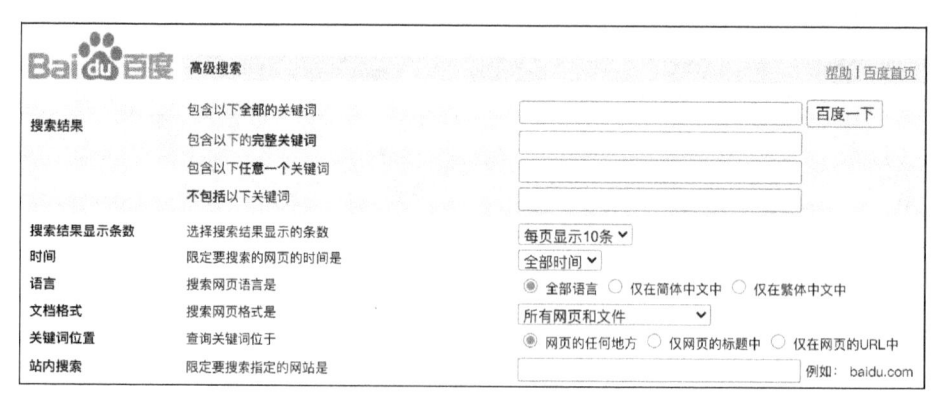

图2.15　百度高级搜索页面

百度高级搜索页面可以限定包括或不包括关键字、限定搜索结果显示的条数、限定搜索时间、限定搜索的网页语言、限定文档格式、限定关键词位置和限定搜索位置等。实际上,百度高级搜索页面集成了常见的搜索指令,用户不需记住复杂的搜索指令就可以在图形化搜索界面中完成复杂的搜索任务。

2.5 数据转换和存储

很多时候,通过搜索引擎搜索到的数据并不能获取或分析,比如,文档是 PDF 格式或图片格式的,Web 页面的数据是动态而无法抓取的。本节通过一些案例说明如何将其他格式转换存储为便于分析的 Excel 或 CSV 格式,如何获取动态页面数据和批量下载等。

2.5.1 PDF 格式转换为 Excel 格式

许多机构公开发布数据时都会选择以 PDF 文档呈现,以确保文档内容与格式在不同的设备和平台均可以完美再现,避免内容缺失或格式错位等问题。但 PDF 文档对数据分析的支持太差,一般选择将其转换为便于分析的数据格式,如 Excel 软件的 XLS 或 XLSX 格式。

随着媒体的关注,PM2.5 污染引起了人们的广泛关注。中国环境监测总站作为全国环境监测的技术中心受到青睐。该网站每季度发布当季度各月 168 座城市的空气质量状况报告(早期是 74 座城市)。进入"监测报告"导航栏的"空气质量状况报告",可以查看到 2013 年 1 月至今每个月的空气质量状况报告。任意选择一个月份,报告以 Web 页面形式呈现,在页面底部可以选择 PDF 格式附件下载,如图 2.16 所示。为更好地分析和梳理数据,该文档需要转换为 Excel 格式。

附表6　　2020 年 2 月 168 城市 CO-95per 浓度排名情况

单位:mg/m³

排名	城市	CO-95per	排名	城市	CO-95per
1	深圳市	0.6	1	海口市	0.6
1	厦门市	0.6	4	惠州市	0.7
4	珠海市	0.7	4	中山市	0.7
4	温州市	0.7	4	台州市	0.7
4	苏州市	0.7	4	九江市	0.7
11	拉萨市	0.8	11	丽水市	0.8
11	黄山市	0.8	11	舟山市	0.8
11	福州市	0.8	11	宁波市	0.8

图 2.16 "2020 年 2 月 168 城市空气质量状况报告"之"附表 6"

若直接将该文档的"附件1"～"附件7"共7个表格直接复制、粘贴到 Excel 文件中,则表格的每行数据直接复制到 Excel 的一个单元格中。图 2.17 是"2020 年 2 月 168 城市空气质量状况报告"之"附表6"直接复制到 Excel 中的效果。

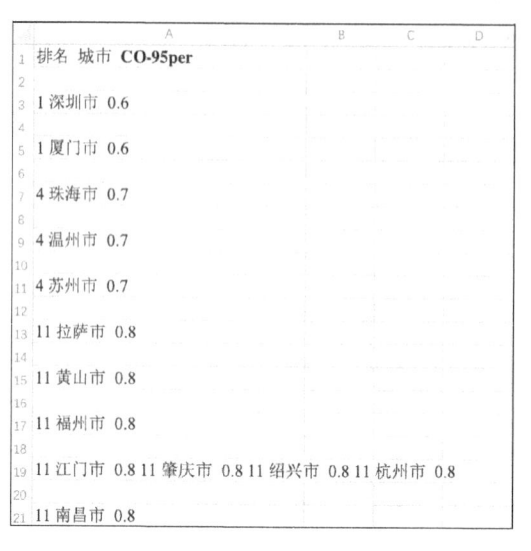

图 2.17　直接复制粘贴 PDF 表格到 Excel 中的效果

为方便后期的数据清理和分析,我们需要对图 2.17 进行分列操作。操作步骤如下。
(1)去除 Excel 中大量的空行。首先,按住 Ctrl+A 组合键,选择全部内容。选择菜单【编辑】|【查找】|【转到】选项,在打开的"定位"对话框中单击"定位条件"按钮,选择"空值"单选按钮,则选中工作表中的所有空行,如图 2.18 所示。然后选择"删除工作表行"选项即可,如图 2.19 所示。

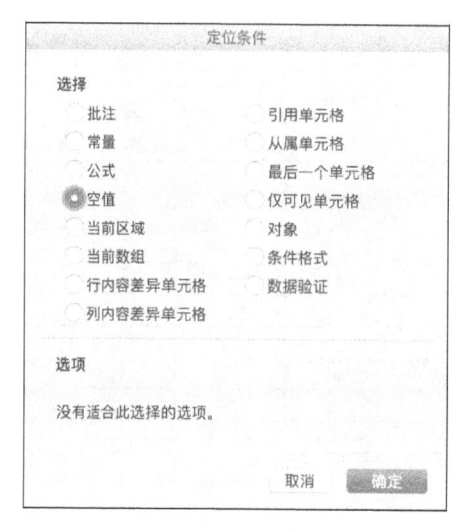

图 2.18　定位条件　　　　　　　　图 2.19　删除工作表行

（2）使用 Excel 提供的"分列"功能实现数据拆分。选择菜单【数据】|【分列】选项，在打开的"文本分列向导"对话框中选择"分隔符号"，在本例中选择"空格"复选框即可，如图 2.20 所示。分列后的数据方便后期的数据清理和分析。

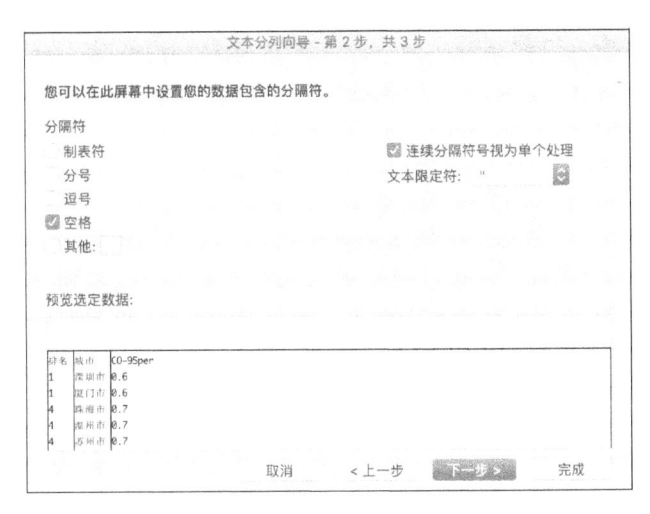

图 2.20　Excel 的文本分列向导

还可以通过 PDF 转换工具完成格式转换，如 CometDocs、PDF to Excel Online、PDF to Excel 等。

CometDocs 可以将文件"2020 年 2 月全国城市空气质量报告.pdf"（此文件也可到本书资源下载）转换为 XLSX 格式，如图 2.21 所示，转换后的文件可以下载到本地计算机或发送到邮箱。

图 2.21　CometDocs 将 PDF 格式转换为 XLSX 格式

2.5.2 在线转换工具 Zamzar

Zamzar 是一个强大且免费的在线转换工具，支持 1200 余种格式转换，包括图片格式、文档格式、音频格式和视频格式等，是一个比较全能的转换工具，而且页面简洁易用，速度快，最重要的是不需要注册即可使用。

使用 Zamzar 转换文件只需要三个步骤。

（1）上传文件

单击"Add Files"按钮，选择要转换的文件。Zamzar 允许同时上传一个或多个文件，也可以单击"select link"链接，输入要转换文件的网址，如图 2.22 所示。Zamzar 的免费版本要求转换的文件不超过 50MB。如果文件过大，可以单击"want more?"链接，选择付费服务。目前的收费标准是：转换 200MB 以下的文件，每月 9 美元；转换 400MB 以下的文件，每月 16 美元；转换 2GB 以下的文件，每月 25 美元。

（2）选择转换格式

单击"Convert To"按钮，选择要转换的格式，如图 2.22 所示选择"xlsx"选项。

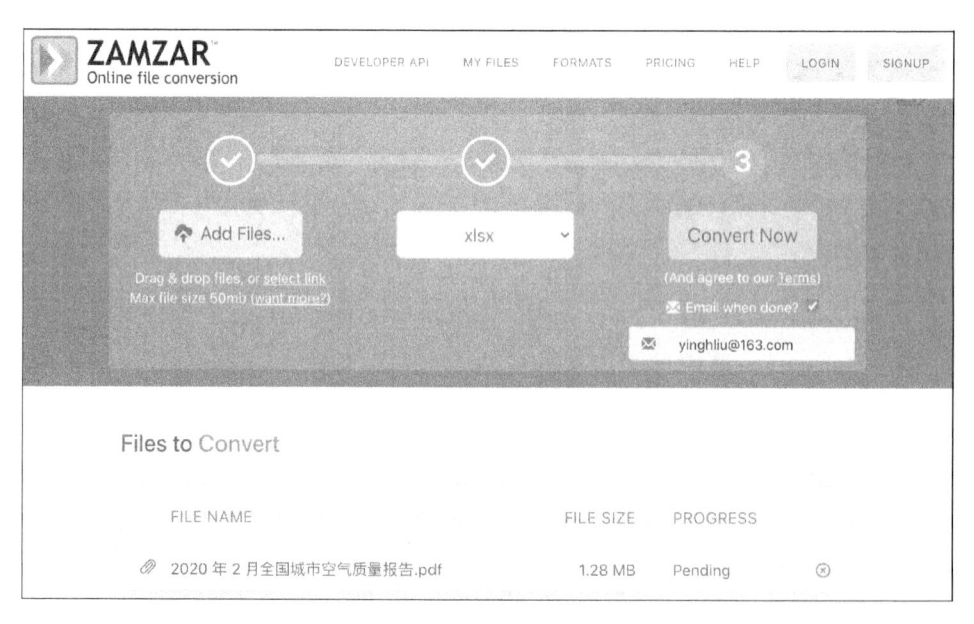

图 2.22 Zamzar 转换文件

（3）开始转换

勾选"Email when done?"复选框，输入接收转换文件的邮箱，也可以直接单击"Convert Now"按钮开始转换。此步骤将显示文件转换的百分比，转换完成后会有提示。

单击"Download"按钮，下载转换后的文件，如图 2.23 所示。若在步骤（3）输入了接收邮箱，则进入邮箱，找到 Zamzar 发送的邮件，单击邮件中的下载链接进入下载页面，下载转换后的文件。

图 2.23 下载 Zamzar 转换后的文件

2.5.3 浏览器插件

当需要下载的数据在网页上呈动态变化时，如果使用直接复制粘贴的方法，那么工作量非常大，很难保证正确抓取全部数据。如中国环境监测总站首页右下方的"城市空气日报"是一个滚动显示的表格，每页显示 12 个城市的基本信息，包含城市、首要污染物、等级和 AQI（空气质量指数 Air Quality Index 的简称）共四列，如图 2.24 所示。这时，可以使用 Firefox（火狐）浏览器的 AutocopySelection2Clipboard 插件，完美地解决这个问题。

（1）下载并安装火狐浏览器及插件

登录火狐浏览器的官方站点，选择操作系统后（火狐浏览器支持 Windows、Mac OS X、Linux 和 Android 等操作系统）下载最新的版本。正确安装后，单击最右侧的"打开菜单"按钮，选择"附加组件"选项，如图 2.25 所示。

图 2.24 中国环境监测总站的"城市空气日报"　　图 2.25 火狐浏览器菜单

（2）查看已安装插件

单击"扩展"选项，查看已经安装的插件。若"AutocopySelection2Clipboard"插件没有安装，可以在"获取附加组件"中下载并安装，结果如图 2.26 所示。

图 2.26　火狐浏览器已安装的插件

（3）使用安装好的插件

使用火狐浏览器打开中国环境监测总站页面，选中"城市空气日报"中的数据部分，在打开的快捷菜单中选择【Copy plain text】选项，如图 2.27 所示。打开 Excel，按 Ctrl+V 快捷键，粘贴即可。

图 2.27　中国环境监测总站的"城市空气日报"

思考：登录北京市生态环境监测中心网站，下载当天各监测子站的名称、空气质量指数和空气质量级别。

2.5.4　结构化信息表格化

有时网页上的数据是以整齐的图文列表形式出现的。以宜家中文网页为例，在搜索框中输入"椅子"，回车后查看页面。页面上的数据非常规整，图片、相应的文字解释和链接排列整齐。这个页面不是以表格形式呈现的，而是做成了图文列表的形式，但呈现出明显的结构化信息，如图 2.28 所示。

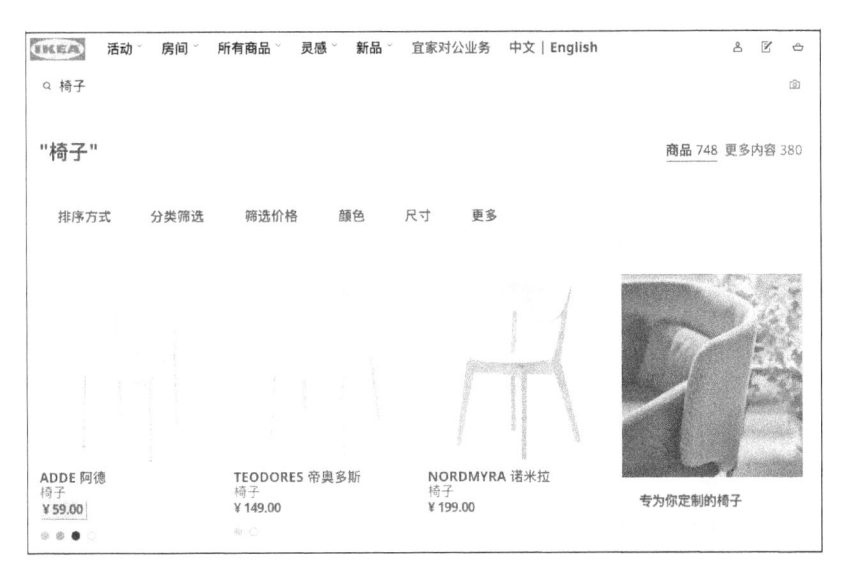

图 2.28 搜索宜家"椅子"页面

这时，通过复制和粘贴操作无法保存成一个清楚的表格。如果会写代码，可以编写抓取程序自动抓取不同层级的页面资料，否则需要通过一些现有的工具（如 import.io）去抓取。

在线工具 import.io 是最好的数据提取工具之一，界面简单易用，不要求使用者编写任何代码即可自动识别网页结构，抓取内容并生成表格供使用者下载。该工具特别适用于抓取内容多且格式统一的 Web 页面。

（1）登录

申请账号登录 import.io 网站。单击左侧的"EXTRACTORS"导航栏，再单击"NEW EXTRACTOR"按钮，输入对应的 URL 地址"http://www.ikea.cn/cn/zh/search/products/? q=%E6%A4%85%E5%AD%90"，单击"EXTRACT"按钮，生成的"EXTRACTORS"抓取页面如图 2.29 所示。本例中因为 IKEA 官网使用了 cookies，所以可以选择这部分内容是否抓取，页面中下部是抓取的结果。单击"Extractor settings"按钮，可以设置抓取器选项。右侧可以选择"Column"选项设置列名、数据类型等信息，"Extractor"选项也可以设置本次抓取器选项，作用与"Extractor settings"类似。单击"SAVE"按钮，保存抓取器。

注意：免费版本只能保存一个抓取器，若希望保存多个抓取器，则需要升级为付费版本。

（2）设置新抓取器的名字、抓取周期（收费版本才具有的功能）和是否发送到邮箱

单击"Save And Run"按钮，保存并运行抓取器，如图 2.30 所示。建议每个抓取器

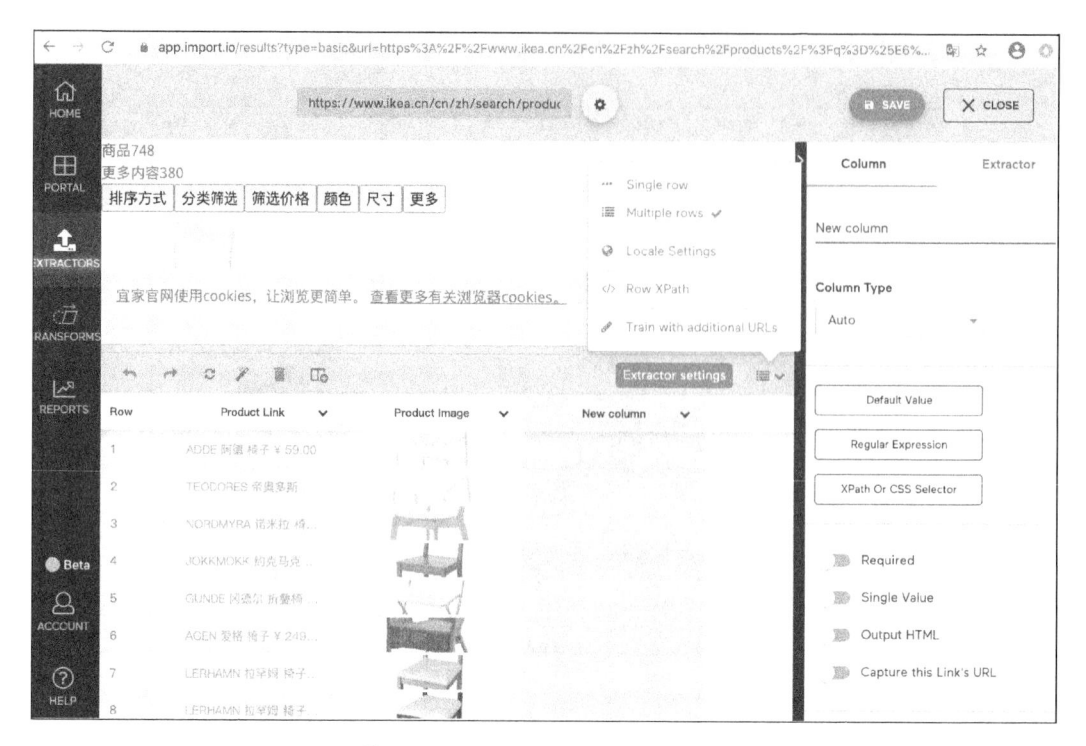

图 2.29 "EXTRACTORS"设置页面

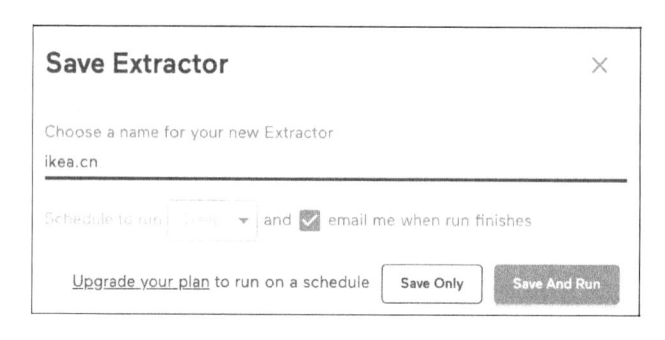

图 2.30 "Save Extractor"页面

都勾选"email me when run finishes",便于后期再次获取数据。抓取器运行的时间与抓取内容的大小和网速等相关,本例数据量较小,抓取时间较短。

抓取后得到的数据如图 2.31 所示。"Product Link"和"Product Image_alt"两列的数据需要按空格分列后才能用于数据分析。"Product Image"列抓取的并不是图片内容而是图片的 URL 地址,使用该地址可以编写 Python 代码以获取图片,也可以使用下载软件。

(3)进入邮箱下载数据

单击邮件下部的"Download data"按钮进入 import.io 网站下载数据,如图 2.32 所示。用户可以预览、下载、编辑和修改数据,还可以查看列填充率等。下载的数据可以保

url	Product Link	Product Link_link	Product Image	Product Image_alt	Product Image_link	_url_input
https://www.ikea.cn/cn/zh/search/products/?q=%E6%A4%85%E5%AD%90	ADDE 阿德 椅子 ¥59.00	https://www.ikea.cn/cn/zh/p/adde-a-de-yi-zi-bai-se-90219179/	https://www.ikea.cn/cn/zh/images/products/adde-chair__0728280_PE736170_S5.JPG?f=xs	阿德 椅子 白色 110 公斤 39 厘米 47 厘米 77 厘米 39 厘米 34 厘米 45 厘米	https://www.ikea.cn/cn/p/adde-a-de-yi-zi-bai-se-90219179/	https://www.ikea.cn/cn/zh/search/products/?q=%E6%A4%85%E5%AD%90
https://www.ikea.cn/cn/zh/search/products/?q=%E6%A4%85%E5%AD%90	TEODORES 帝奥多斯 椅子 ¥149.00	https://www.ikea.cn/cn/zh/p/teodores-di-ao-duo-si-yi-zi-bai-se-70350938/	https://www.ikea.cn/cn/zh/images/products/teodores-chair__0727344_PE735616_S5.JPG?f=xs	帝奥多斯 椅子 白色 110 公斤 46 厘米 54 厘米 80 厘米 40 厘米 37 厘米 45 厘米	https://www.ikea.cn/cn/p/teodores-di-ao-duo-si-yi-zi-bai-se-70350938/	https://www.ikea.cn/cn/zh/search/products/?q=%E6%A4%85%E5%AD%90
https://www.ikea.cn/cn/zh/search/products/?q=%E6%A4%85%E5%AD%90	NORDMYRA 诺米拉 椅子 ¥199.00	https://www.ikea.cn/cn/zh/p/nordmyra-nuo-mi-la-yi-zi-bai-se-hua-mu-40351312/	https://www.ikea.cn/cn/zh/images/products/nordmyra-chair__0507289_PE635042_S5.JPG?f=xs	诺米拉 椅子 白色/桦木 110 公斤 46 厘米 51 厘米 81 厘米 39 厘米 42 厘米 45 厘米	https://www.ikea.cn/cn/p/nordmyra-nuo-mi-la-yi-zi-bai-se-hua-mu-40351312/	https://www.ikea.cn/cn/zh/search/products/?q=%E6%A4%85%E5%AD%90

图 2.31 抓取的数据

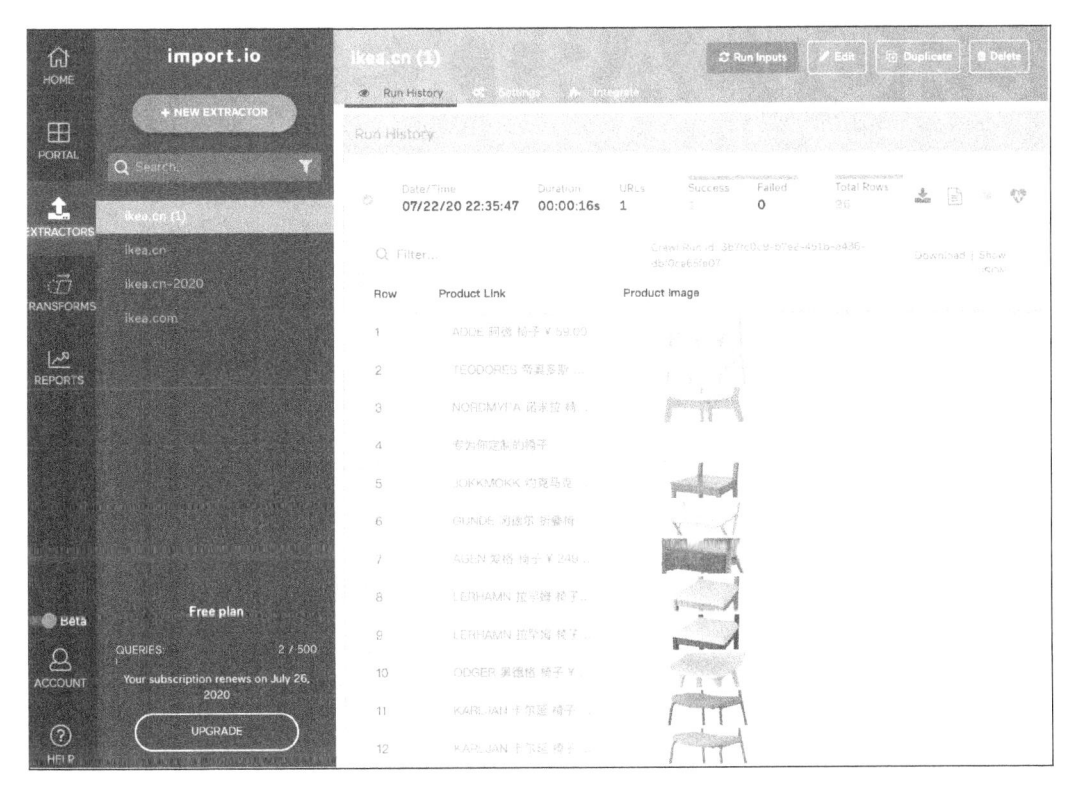

图 2.32 邮箱下载的抓取器页面

存为 Excel 格式、CSV 格式或 JSON 格式，收费版本可以下载图片等文件到本地计算机（单击左下角的"UPGRADE"按钮，可以升级为收费版本）。

成功案例:What Music Matters Most to KEXP[①]

美国西雅图的地区广播电台 KEXP 的官方网站上有一个实时更新的播放列表,可以将电台所有播放过的音乐都记录下来。数据分析家及音乐爱好者 Jewel Loree 统计了 2013 年 KEXP 电台播放过的所有音乐。她先使用 import.io 抓取网站的数据,再利用 Tableau 制作了可视化图表,并从不同角度分析数据,如统计不同时期电台的音乐总播放率。

图 2.33 所示是该作品的一部分,按星期统计的电台音乐播放率,可以看出个别时间的音乐播放次数特别少,如 2013 年 2 月 23 日和 2013 年 9 月 14 日。

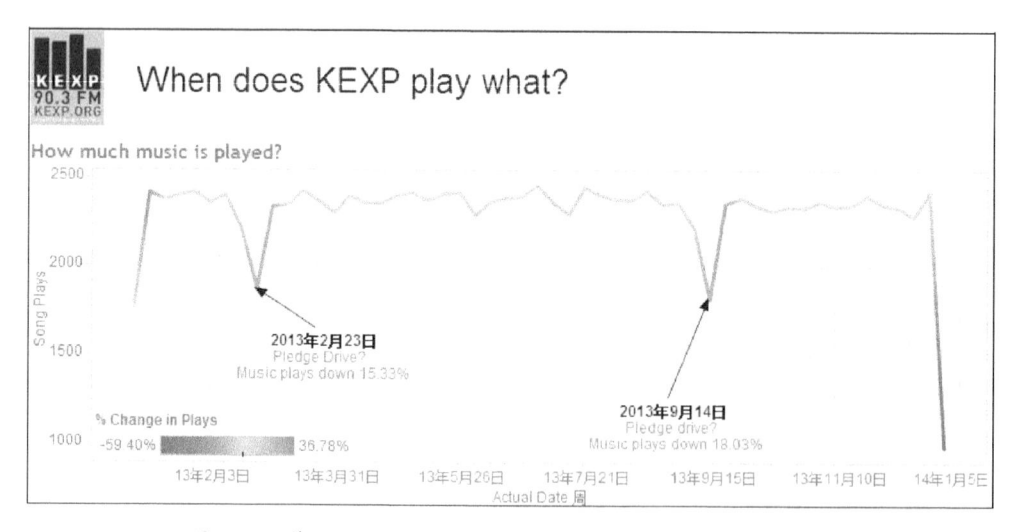

图 2.33 作品"What Music Matters Most to KEXP"的部分截图

思考:亚马逊网站首页的商品资料排列得方方正正,虽然适合展示,却不适于数据分析,尝试使用 import.io 网站将内容转换成表格格式。kimonolabs 也能实现类似的功能,可尝试学习该网站的用法。

2.5.5 批量下载文件

有些网页包含多个提供下载的链接,如果手动逐个下载,那么非常浪费时间。这时需要一个批量下载文件的工具,帮助我们提高下载效率。

例如,登录北京市生态环境监测中心网站,选择"在线服务"导航栏下的"资料下载",如图 2.34 所示。用户可以单独下载每个文件,也可以使用工具一次性下载,如使用火狐浏览器插件"DownThemAll"完成全部下载。

---

① http://www.jewelloree.c**/2014/03/24/pop-viz-what-music-matters-most-to-kexp.

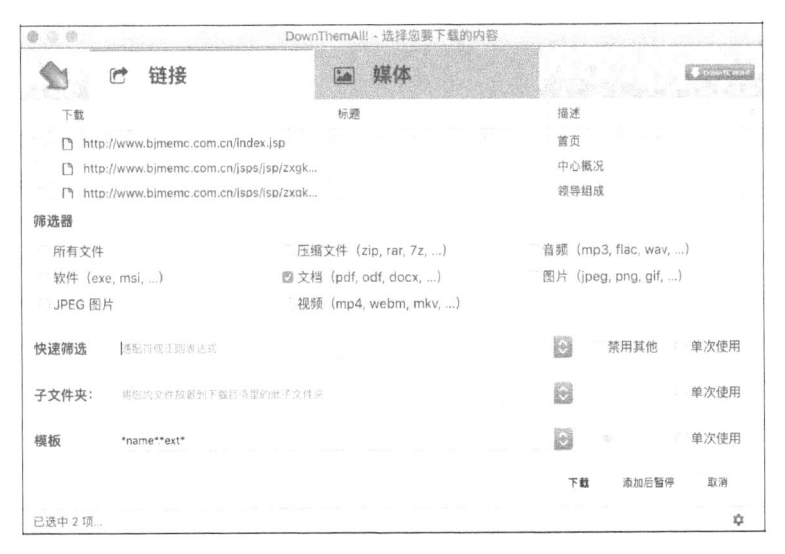

图 2.34 使用"DownThemAll"插件下载文件

首先在火狐浏览器中安装"DownThemAll"插件（插件安装方法详见 2.5.3 节），然后登录北京市环境保护监测中心网站，右键单击该页面，在打开的快捷菜单中选择【DownThemAll】选项，在打开的窗口中选择下载的文件类型，本例中勾选"文档"复选框（仅下载 PDF、ODF、DOCX 等文档），单击"下载"按钮即可下载。下载的时间与网络速度和文件量相关，有时候可能需要较长的时间。

还有很多专门的软件下载工具也有类似的功能，如国产软件迅雷等。

2.6 综合案例

本节通过对综合案例的讲解来学习在国际组织网站下载数据、使用搜索引擎获取数据、在可视化作品中寻找数据源的方法和技巧。

2.6.1 使用联合国数据库

本例介绍在联合国数据库中搜索信息、筛选信息、修改数据查看方式并导出数据的方法和步骤。

1. 搜索数据

登录联合国数据库网站，在搜索界面中搜索"total fertility rate"，搜索结果如图 2.35 所示。单击搜索到的第一个结果，进入数据库界面，显示"8670 records | Page 1 of 174"，即本次搜到的结果共 8670 条，每页显示 50 行，共 174 页。

图 2.35 搜索联合国数据库

2. 筛选数据

使用页面左侧的筛选器筛选数据。在筛选项"Year（s）(30)"中分别勾选"1955-1960"……"2005-2010"共 11 个筛选项，如图 2.36 所示。单击"Apply Filters"按钮，显示"3179 records｜Page 1 of 64"，即筛选后的数据共 3179 条，分 64 页显示。

3. 修改数据查看方式

查看数据可以发现，数据行数太多，查看不方便，可以将筛选项"Year（s）"显示在列。单击数据表上方的"Select the pivot column："，在打开的对话框中设置"Year（s）"为列头，如图 2.37 所示，单击"Update"按钮，更新数据显示方式。主界面显示"289 records｜Page 1 of 6"，即筛选后的数据共 289 条，分 6 页显示。图 2.38 显示了主界面的前 8 行数据。

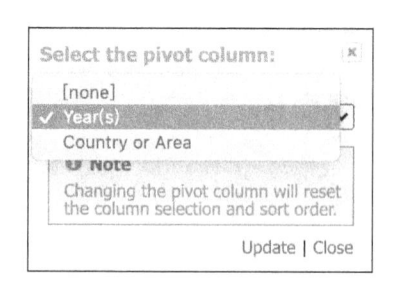

图 2.36 筛选器　　图 2.37 修改数据查看方式

因为所有记录的"Variant"值均相同，所以可以重新修改数据查看方式，增加或删除列。单击数据表上方的"Select columns"，在打开的对话框中设置显示的列，勾选

Country or Area	Variant	1955-1960	1960-1965	1965-1970	1970-1975	1975-1980	1980-1985	1985-1990	1990-1995	1995-2000	2000-2005	2005-2010
Afghanistan	Medium	7.45	7.45	7.45	7.45	7.45	7.45	7.469	7.482	7.654	7.182	6.478
Africa	Medium	6.625	6.699	6.706	6.703	6.64	6.501	6.187	5.724	5.351	5.077	4.9
Albania	Medium	6.546	6.23	5.259	4.6	3.9	3.409	3.15	2.786	2.384	1.946	1.64
Algeria	Medium	7.384	7.648	7.648	7.572	7.175	6.315	5.302	4.12	2.885	2.384	2.724
American Samoa	Medium											
Andorra	Medium											
Angola	Medium	6.5	6.9	7.3	7.5	7.456	7.456	7.4	7.1	6.75	6.55	6.35
Anguilla	Medium											

图 2.38 显示前 8 行数据

"Country or Area Code"复选框，即增加该列。取消勾选"Variant"复选框，即删除该列，如图 2.39 所示。单击"Update"按钮，更新数据显示方式。

单击数据表上方的"Select sort order"，设置排序方式是按"Country or Area Code"升序排列，如图 2.40 所示。单击"Update"按钮，更新数据显示方式。

图 2.39 选择显示的列　　图 2.40 排序

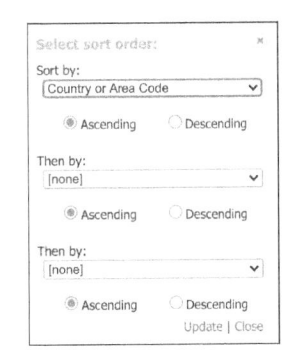

设置完成后，前 8 行数据的前 5 列如图 2.41 所示。

Country or Area Code	Country or Area	1955-1960	1960-1965	1965-1970
100	Bulgaria	2.297	2.217	2.13
104	Myanmar	6	6.1	6.1
108	Burundi	6.857	7.05	7.23
112	Belarus	2.73	2.59	2.28
116	Cambodia	6.947	6.947	6.703
12	Algeria	7.384	7.648	7.648
120	Cameroon	5.527	5.805	6.085
124	Canada	3.882	3.675	2.61

图 2.41 前 8 行数据的前 5 列

4. 导出数据

单击数据表上方的"Download"按钮，选择导出格式为"Comma"，如图 2.42 所示。本例导出的数据默认名称是"UNdata_Export_20210929_025626315.zip"（注意文件默认名字与导出的日期相关），解压后得到一个 CSV 格式的文件，用 Excel 或 WPS 软件打开并查看数据，如图 2.43 所示。

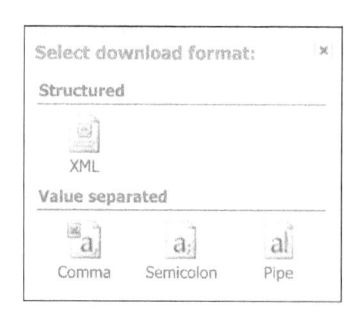

图 2.42　设置导出格式

图 2.43　下载文件打开的效果

2.6.2　获取北京市历年常住人口数量

获取北京市常住人口数量最常见的方法是使用搜索引擎查询。如在百度页面中搜索"北京市常住人口",搜索结果如图 2.44 所示。

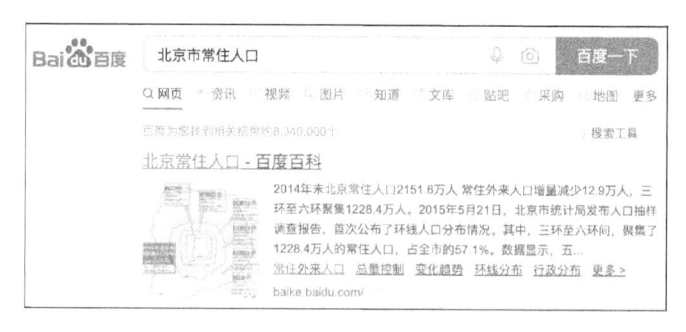

图 2.44　百度搜索"北京市常住人口"

在搜索结果中可以查看到"2014 年末北京常住人口 2151.6 万人",但这个数据是不能直接使用的,要找到数据的出处以确认数据的真实性。进入百度百科,查看到此数据无出处,但可以查看到 2014 年末北京常住人口数据来源于新华网[1],如图 2.45 所示。

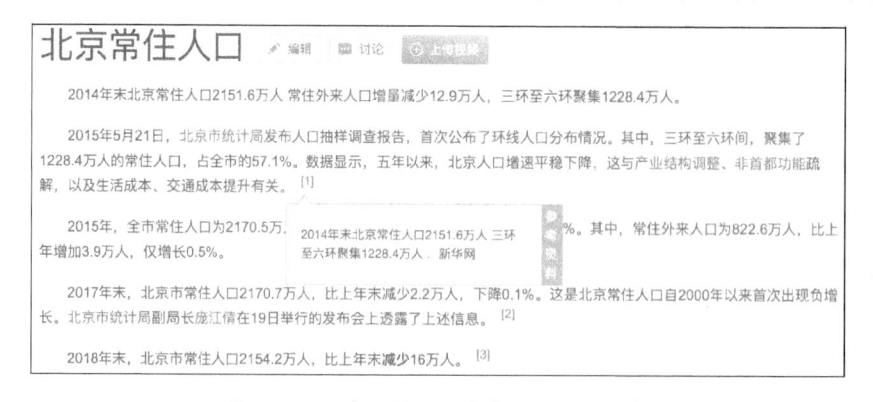

图 2.45　百度百科"北京常住人口"词条

---

[1]　http://www.ce.**/xwzx/gnsz/gdxw/201601/20/t20160120_8396634.shtml.

单击数据来源链接到新华网，查看数据的原始 Web 页面，查看到数据的出处是“北京市统计局、国家统计局北京调查总队”。打开百度搜索引擎，搜索“北京市统计局”，获取其官方网站地址。

打开北京市统计局网站。进入导航栏“北京统计年鉴”，在左侧的“人口与就业”导航栏中选择“常住人口”项，显示 2014 年常住人口 2151.6 万人，如图 2.46 所示。

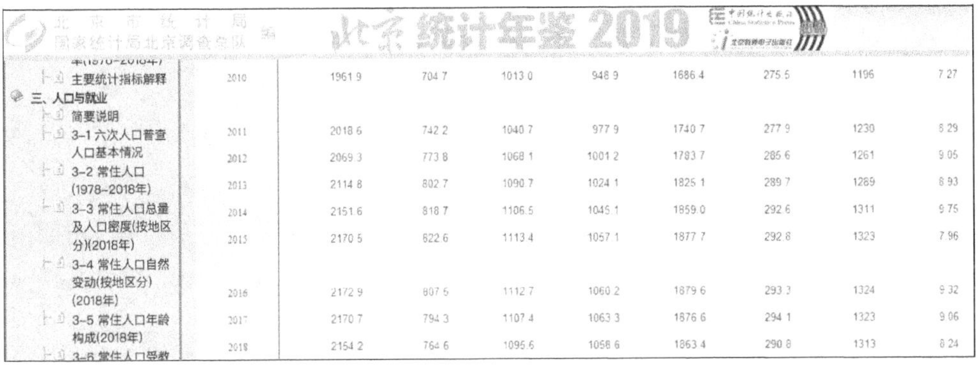

2010	1961.9	704.7	1013.0	948.9	1686.4	275.5	1196	7.27
2011	2018.6	742.2	1040.7	977.9	1740.7	277.9	1230	8.29
2012	2069.3	773.8	1068.1	1001.2	1783.7	285.6	1261	9.05
2013	2114.8	802.7	1090.7	1024.1	1825.1	289.7	1289	8.93
2014	2151.6	818.7	1106.5	1045.1	1859.0	292.6	1311	9.75
2015	2170.5	822.6	1113.4	1057.1	1877.7	292.8	1323	7.96
2016	2172.9	807.5	1112.7	1060.2	1879.6	293.3	1324	9.32
2017	2170.7	794.3	1107.4	1063.3	1876.6	294.1	1323	9.06
2018	2154.2	764.6	1095.6	1058.6	1863.4	290.8	1313	8.24

图 2.46　北京市统计局网站相关页面

此数据“2014 年末北京市常住人口 2151.6 万人”可以在数据新闻中使用，使用时要加脚注，说明数据来源是“http://nj.tjj.beijing.gov.＊＊/nj/main/2019-tjnj/zk/indexch.htm”。此页面也显示了北京历年的常住人口数量。

2.6.3　获取“新冠肺炎”疫情数据

“新冠肺炎”是新型冠状病毒肺炎（Corona Virus Disease 2019，COVID-19）的简称，世界卫生组织将其命名为“2019 冠状病毒病”。疫情发生以来，各国政府、科研机构、第三方机构甚至个人开始收集、整理和发布数据，并尝试用可视化数据吸引读者。

数据可视化作品一般包含数据来源，这是获取数据的一个简单而有效的办法。一般来说，政府、大学、科研机构或主流媒体作品的数据来源更为可靠。

美国约翰斯·霍普金斯大学制作的仪表板是一个非常好的数据可视化作品①，如图 2.47 所示。作品包含了 COVID-2019 疫情世界地图、美国地图和关键趋势三部分。在疫情世界地图中显示了确诊的病例总数，按国家、地区、主权确认的病例数、死亡人数等，从多个维度反映当前疫情的具体情况。作品底部包含了数据下载链接②，打开链接就可以免费下载全部数据，如图 2.48 所示。也可以在页面的“READ.md”部分查看证明数据准确性的数据来源。

① http://coronavirus.jhu.e＊＊/map.html.

② http://github.c＊＊/CSSEGISandData/COVID-19.

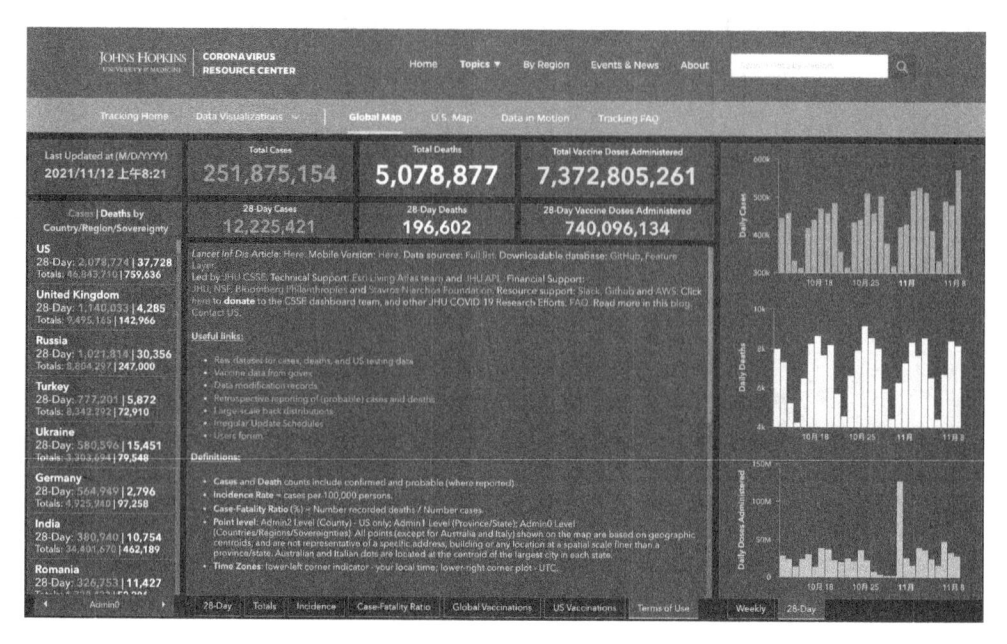

图 2.47 美国约翰斯·霍普金斯大学制作的仪表板

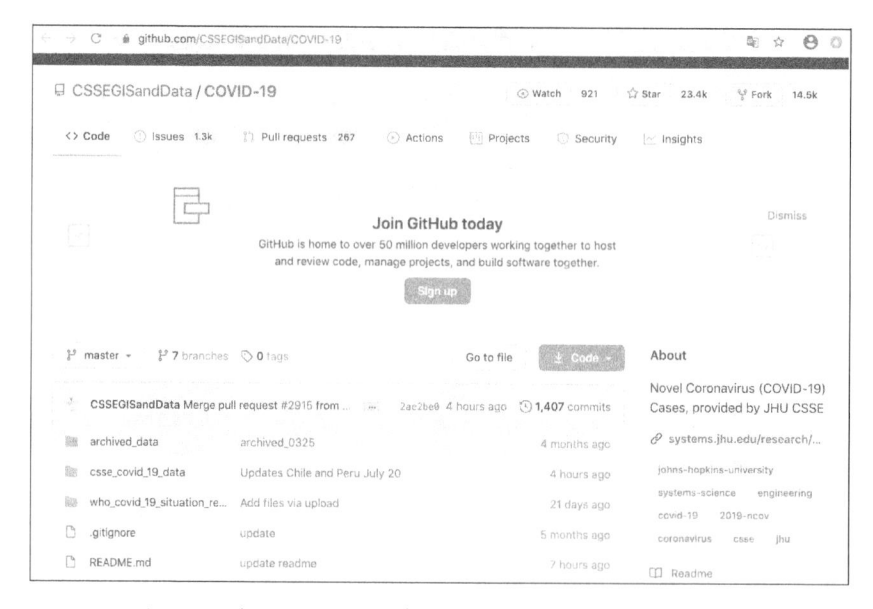

图 2.48 美国约翰斯·霍普金斯大学仪表板的疫情数据来源

图 2.49 是英国金融时报网站 COVID-2019 作品的部分截图①，显示了拉丁美洲的病例激增，意味着全球每日的死亡人数再次上升。作品还显示了新冠肺炎确诊患者的每日死亡人数（7 天滚动均值）。

---

① http://www.ft.c**/content/a26fbf7e-48f8-11ea-aeb3-955839e06441.

· 60 ·

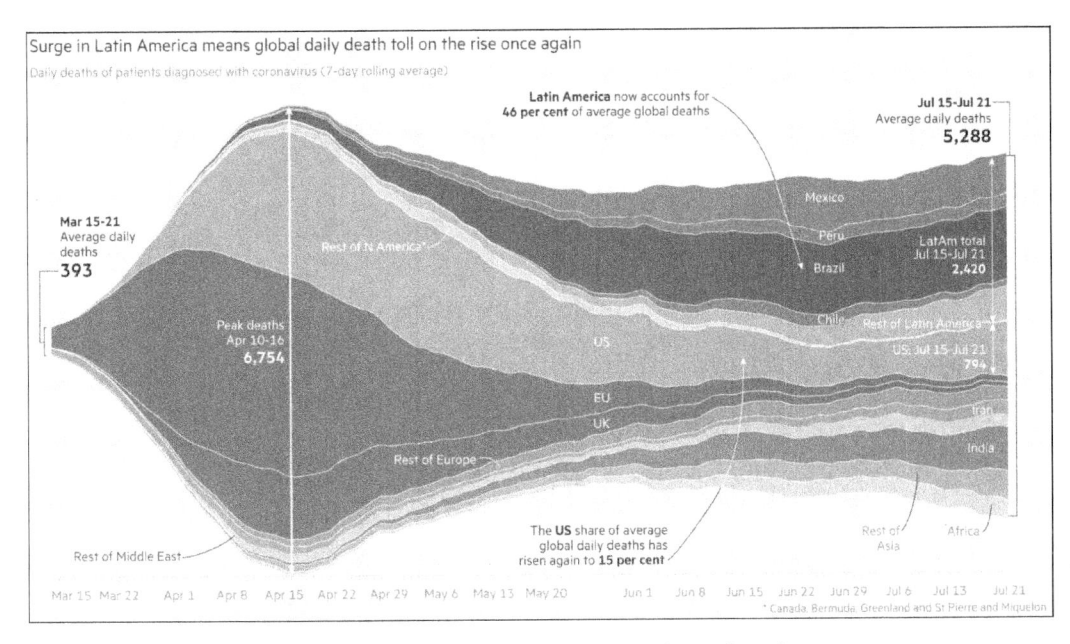

图 2.49　英国金融时报网站新冠肺炎作品的部分截图

图 2.50 是欧洲疫情示意，包含欧洲各国新冠肺炎的死亡人数。下拉作品，可以找到作品的数据来源是 European Centre for Disease Prevention and Control（欧洲疾病预防

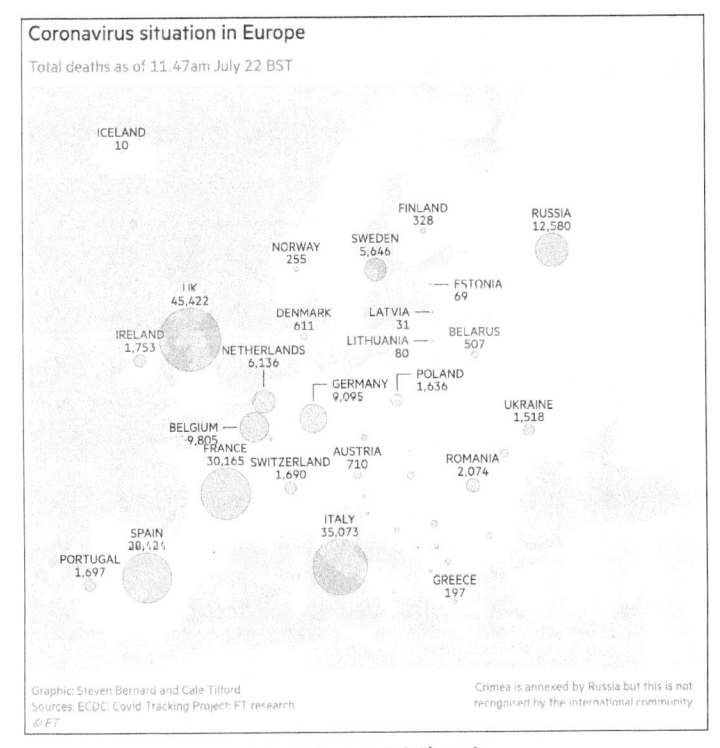

图 2.50　欧洲疫情示意

· 61 ·

控制中心）①，数据可以免费下载，如图 2.51 所示。

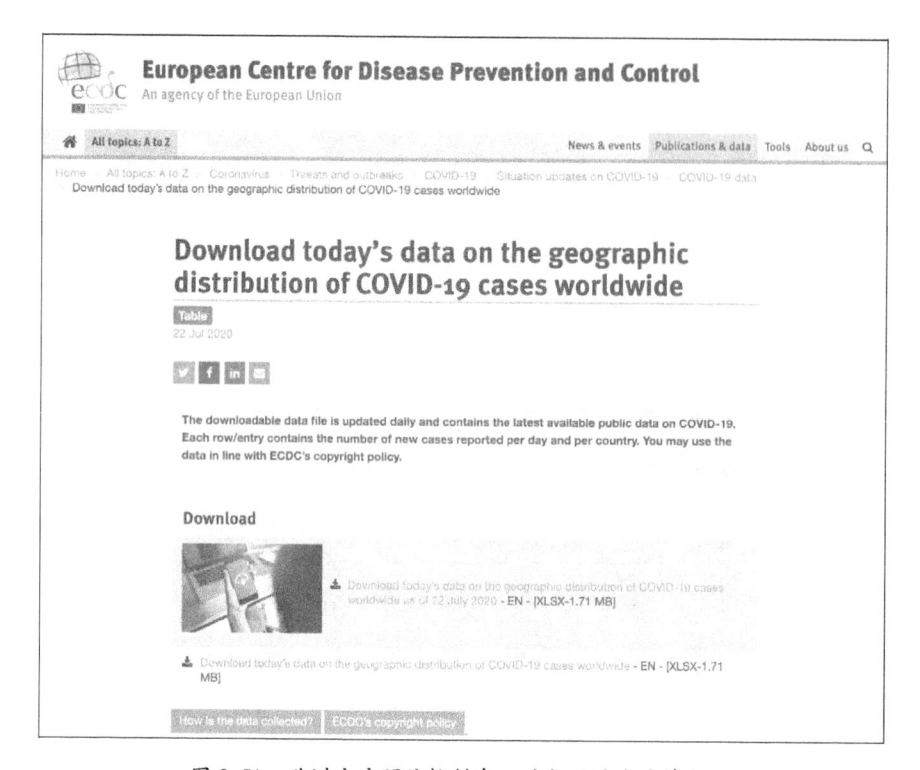

图 2.51 欧洲疾病预防控制中心的新冠肺炎疫情数据

我国国家卫生健康委员会官网也在每日更新疫情数据，但是数据是以便于读者理解的文字形式公布的，并不适合下载和直接使用，如图 2.52 所示。

丁香园是面向医生、医疗机构、医药从业者和生命科学领域人士的专业性社会化网络，疫情期间也提供了实时的数据信息。我国数据来源于国家卫健委，各省市、区卫健委，各省、市、区政府，港澳台官方渠道公开数据。海外数据来自国内权威媒体（如央视新闻、人民日报等）、海外各地卫生部门官方网站和主流媒体。此外，腾讯新闻、百度等也提供了实时的疫情数据。

用户可以使用 AkShare 工具直接从这些页面获取数据。AkShare 是基于 Python 语言的开源金融数据接口库，是为了便于读者获取数据提供的爬虫接口。表 2.1 列出了部分 COVID-2019 数据 AkShare 接口（提供接口意味着平台或网站允许使用该接口爬取数据）。随着疫情逐步得到控制，这些接口可能已经修改或取消，使用前务必进行测试。

---

① http://www.ecdc.europa.**/en/publications-data/download-todays-data-geographic-distribution-covid-19-cases-worldwide.

图 2.52 中国国家卫生健康委员会疫情数据

表 2.1 COVID-2019 数据 AkShare 接口

接　　口	描　　述
epidemic_163	新冠肺炎数据接口-网易
epidemic_dxy	新冠肺炎数据接口-丁香园
epidemic_baidu	新冠肺炎数据接口-百度
migration_area_baidu	百度迁徙地图-迁入/出地详情
migration_scale_baidu	百度迁徙地图-迁徙规模

首先到 Python 官网下载并安装 Python，然后安装 Akshare 库。有疑问可以查看官网英文帮助或中文帮助文档。以下代码使用网易 Akshare 接口获取实时新冠肺炎数据。

```
import akshare as ak
epidemic_163_df = ak.epidemic_163(indicator = "实时")
print(epidemic_163_df)
```

本程序运行结果如图 2.53 所示。

图 2.53　网易新冠肺炎实时数据

　　如果对 Python 比较熟悉，建议自己编写代码，在网页允许的条件下可以精准地爬取数据。有很多工具可以自行设置爬取规则来获取数据，如火车采集器、八爪鱼、集搜客和后羿采集器等。

　　在当今的大数据时代下，数据（尤其是大量的数据）具有非常高的价值。在爬取数据时要特别注意是否允许获取数据。一般情况下，开放数据是可以下载或爬取的，如政府部门公开的开放数据。设置了反爬声明、采取反爬技术的网页是绝对不能爬取的。非法爬取数据可能会触犯国家的相关法律或规章制度，如《刑法》第 285 条规定的"非法获取计算机信息系统数据罪"，《中华人民共和国数据安全法》《数据安全管理办法》《个人信息保护法》和《中华人民共和国网络安全法》等均有相关规定。

　　在下载或爬取数据前，必须查看网站相关声明和规定，如知识产权声明、权利声明、免责声明、隐私权保护声明、网民权益保障计划和转载商业化规定等，也可以查看网站的"网络爬虫排除协议"（Robots Exclusion Protocol）确认允许抓取的页面。其使用方法是在浏览器地址栏输入"http://测试网址/robots.txt"，如图 2.54 所示的"Disallow"页面表示不允许爬取。

图 2.54　查看宜家网站的"网络爬虫排除协议"

小 结

数据是制作数据新闻的基础。本章包含了公开数据的获取、众包搜集非公开数据、搜索引擎搜索数据及常见的数据转换和存储工具的使用等内容,最后通过综合案例介绍了数据获取的方法和技巧。

习 题 2

1. 尝试通过政府信息公开申请获取某类数据,掌握政府信息公开申请的具体步骤和方法。
2. 北京市地铁线路一直在增加,如何获取当下每条地铁线路的名字、每条线路包含的站名、每个地铁站的经纬度信息?
3. 如何获取北上广三座城市的历年房价数据?数据应该包含哪些列?
4. 制作一则关于中国各省、直辖市和自治区高考难易程度的数据新闻,应该包含哪些数据?如何获取?
5. 北京新发地网站动态显示蔬菜、水果、肉禽蛋、水产和粮油的每日价格,如何获取某日的全部水果数据?

第3章 数据清理

"多亏美国总体来说完善的公共档案法规,得到数据并不像在某些国家一样是个很大的问题。但是我们得到这些数据后,仍然面临着处理数据的一些麻烦,这些麻烦并非分析技巧上的,而是官僚系统带来的。这些数据往往是'脏'的,大部分都是不标准的。有几次我收到的数据与它应该有的数据格式并不相符,也没有数据字典可供参考。有些机构仍然坚持发布尴尬的类似PDF格式的数据,还需要重新转换格式。这些问题让你在偶尔得到一些干净整洁的数据时会十分欣喜。"

——史蒂夫·多伊格(Steve Doig),沃尔特·克朗凯特新闻和大众传播学院,亚利桑那州立大学

3.1 "脏数据"(Dirty Data)

调查采访时,我们希望适当地运用提问技巧和方法,得到访问对象提供的正确信息。在数据新闻制作过程中,我们要诠释数据,通过数据分析得到结论。数据正确与否对结论起决定性作用。

本章教学资源

在制作数据新闻时,一个非常重要但常常被遗忘的步骤就是清理原始数据。当我们通过多种方式和渠道获取数据时,这些数据往往是不能直接分析和使用的,需要进行预处理,即清理。因为原始数据存在各种各样的问题,如数据被篡改、数据不完整、数据不一致、数据重复、数据存在错误和数据异常等,这些情况被统称为存在"脏数据"。"脏数据"的存在不仅浪费时间,还可能导致最终分析有误。

3.1.1 "脏数据"的成因

1. 数据被篡改

这是"脏数据"中最糟糕的一种形式,因为篡改数据是非常难以被发现的。有时为了一些特定的利益,数据甚至会被主动弄"脏"。例如,某网店卖家的相关数据采取了"刷信用"或"刷钻"等操作,这就导致网店后台统计的是卖家篡改后的数据。

2. 数据不完整

有时数据的获取是比较困难的，如获取某地区的 PM2.5 值，可能由于没有相关设备而导致该地区的数据缺失。我们期望数据符合完整性（Data Integrity）要求，即数据符合精确性（Accuracy）和可靠性（Reliability）。

数据完整性包括实体完整性（Entity Integrity）、域完整性（Domain Integrity）、参照完整性（Referential Integrity）和用户自定义完整性（User-defined Integrity）。实体完整性是指一个关系中所有主属性（主码属性或标识性属性）不能取空值，即不能存在"空值"。域完整性是保证表中不能输入无效的值，如年龄是"90.5"，这不符合常识（一般年龄是整数）。参照完整性一般应用于两个或两个以上的表，当在一个表中更新、删除或插入数据时，通过参照引用相互关联的另一个表中的数据，来检查对表的数据操作是否正确。用户自定义完整性是针对用户自定义的约束条件，如学生成绩范围是[0,100]，若存在某学生的成绩是 120 的情况，则不符合用户自定义完整性。

3. 数据不一致

数据的获取可能来自不同的渠道，从而出现两份数据不一致的问题。如 2013 年 12 月 2 日，广州市政协委员韩志鹏分别向广东省卫计委、省财政厅和省审计厅快递了《关于公开广东省 2012 年度社会抚养费收支及审计情况的申请》。12 月 4 日，广东省卫计委公布，2012 年度广东省社会抚养费征收总金额是 14.56 亿元。12 月 25 日，广东省财政厅答复，2012 年广东各地征收社会抚养费总额是 26.13 亿元。不同部门的审计结果相差了 11.57 亿元。数据不一致也可能是由于重复存放的数据未能进行一致性更新造成的。如各地最低工资标准在不同年代是不同的，如果来自不同渠道的数据存在重复且不一致的情况，可能是数据来源时间不同，也有可能是某部门的数据调整而另一个部门没有及时更新而导致的。如对于教师工资的调整，可能人事处的数据已经更新，而财务处的数据还没有更新，就会产生矛盾的数据。

4. 数据重复

由于数据来源的问题，可能存在一个数据记录两次的情况。冗余数据应被删除，确保同样的数据信息只被保存一次。

5. 数据存在错误

这也是"脏数据"中最糟糕的形式之一，主要是人为原因记录了错误的信息，如工资是"6500.00"元，误记为"5600.00"元。2006 年美国国会选举期间，政府工作志愿者在通过电话让已经登记的选民来投票的过程中发现，有已经去世的选民依旧存在于登记表中，这也是数据存在错误的一种表现。

6. 数据异常

异常数据是指某个数据与其他数据相比特别大或特别小，如获取的数据中"教师的月薪"大部分是几千元，若有某位教师的工资是 100 万元，则可以认为这是异常数据。也存在可能异常数据是正确的，但对分析整体数据而言意义不大的情况。

3.1.2 "脏数据"的表现形式

1. 拼写问题

数据的来源比较复杂，我们获得的数据可能存在数据格式不正确的情况。如"性别"字段可能包含各种各样的数值信息，如"男性""女性""男""女""1""0""男人""女人""F""M""Female"和"Male"等，甚至可能存在"男姓"或"Femal"这样的错误拼写。再如，职业字段中可以使用"Lawyer""Attorney""Atty""Counsel"或"Trial Lawyer"表示律师。类似地，同一个名字可能有不同的拼写方式，如我国经常使用"中国""中华人民共和国""China""china""the People's Republic of China"或"PRC"等表示。这类问题的解决方法是统一成一种数值表示，如统一用"男""女""Lawyer"和"中国"表示。如果数据预处理时没有发现这类问题，那么在统计时带来的后果是计数错误。

2. 数据格式问题

如"200""200.00""＄200""20billion""20million""USD200"和"￥200"均表示金额，但是数据分析时有些数据是不合格的，如"20billion""20million"和"USD200"可能被计算机理解为字符而非数字。"＄200"和"￥200"的单位不同，一个是美元，一个是人民币，应统一格式。"200"和"200.00"的精确度不一致，前者是整数，后者是两位小数，应统一精确度。

3.2 数据清理/分析工具

"脏数据"的成因和表现形式多种多样，我们必须先清理"脏数据"，再做数据分析。数据清理（data cleaning），也称为数据清洗，是指发现并纠正数据中的错误，要按照一定的规则"洗掉"存在的"脏数据"，包括检查数据一致性、处理无效值和缺失值、修改拼写问题和统一数据格式等。数据清理是一个反复的过程，不可能在短时间内完成。在一个数据新闻项目里，通常一半以上的时间都被用于清理数据上。好数据是好新闻的基础。

清理"脏数据"的方式主要有两种，一是手动清理，二是借助工具清理。前者适用于数据量较小的情况，后者适用于数据量较大的情况。合理选择数据清理工具可以快速地修改或删除"脏数据"，多个工具的共同使用能发挥每个工具的优势，节省时间。常见的数据清理工具如下。

1. Excel

Excel功能较强，简单易学。内嵌的各种函数可以帮助用户快速地清除并修改数据，而且可以使用筛选、排序、分类汇总、数据透视表和图表等工具快速查看数据规律。Excel 还支持 VBA 编程，可以通过编写代码实现较复杂的数据运算和清理工作。

2. OpenRefine

OpenRefine（以前的名称是 Google Refine）是一个免费且开源的数据清理工具。OpenRefine 专注于清理杂乱数据，可以清理不必要的 HTML 代码、移除多余的符号或空格、连接多组数据和大小写转换等，并且可以输出为多种格式（如 CSV 和 XLSX 等）。OpenRefine 界面与 Excel 类似，但工作方式更接近于数据库，比 Excel 的功能更强大。

作为一个强大的数据处理工具，OpenRefine 易学易用，而且数据保留在本地计算机上，这是敏感数据的福音。

3. R 语言

R 语言是用于数据处理和绘图的语言，是属于 GNU[①] 计划的一个自由、免费而且源代码开放的软件，具有优秀的统计制图功能，可操纵数据的输入和输出，可实现分支、循环和用户自定义功能，逐渐被应用到数据新闻中。比如，纽约时报的"512 Paths to the White House（512 条通往白宫的路）"就是利用统计的决策树模型[②]完成的。

4. Data Wrangler

Data Wrangler 是由斯坦福大学开发的一个在线的数据清理和转换工具，可以减少用户格式化数据的时间。Data Wrangler 免费且简单易学，但它是基于网络的服务，数据必须上传到外部网站，不适合清理敏感数据。

5. Python

Python 是数据获取、数据清理和数据挖掘时经常使用的语言。Python 是免费的，而且以语法简洁著称，代码易读而且可扩展性强，数据挖掘包多且安装方便，常见库包括 Python 标准库、Numpy 和 Scipy、Matplotlib 和 Scikit Learn 等。若使用数据收集工具无法获得需要的数据，则许多记者使用 Python 编写相关程序获取数据。

3.3 清理"脏数据"

本节以 OpenRefine 为例介绍"脏数据"清理工具的安装方法、数据导入和导出、数据归类和数据筛选、单元格和行列的编辑、变换和排序等功能。为更好地使用 OpenRefine，本节还将介绍常见函数的使用说明，最后详细介绍正则表达式的使用。本章大量的案例意在呈现数据清理的思路和方法。

---

① GNU 计划，由 Richard Stallman 在 1983 年 9 月 27 日公开发起，目标是创建一套完全自由的操作系统。
② http://www.nytimes.c**/interactive/2012/11/02/us/politics/paths-to-the-white-house.html?_r=0.

3.3.1 安装 OpenRefine 环境

OpenRefine 官网非常简洁，可以浏览并下载相关的文档资源、学习在线课程和下载学习手册等，目前只能下载英文格式的文档。此外，在官网上可以下载软件的最新和历史版本。

OpenRefine 基于 Java 环境开发，因此是跨平台的，可以安装在 Linux、Windows 和 Mac 等操作系统中。安装 OpenRefine 时，若操作系统没有安装 Java 环境，系统将自动转到 Java 官网安装所需程序。也可以在安装 OpenRefine 前先手动安装 Java 环境，安装包在 Java 官网下载，根据操作系统下载相应的文件并安装，如图 3.1 所示。

图 3.1 下载 Java 安装包

对于 Windows 操作系统，OpenRefine 不仅分为联机和脱机两种版本，还有 32 位浏览器和 64 位浏览器之分，需要下载相应的 Java 版本安装。建议删除操作系统中旧的 Java 版本并安装最新的版本。从 Java 8 Update 20（8u20）开始，在 Windows 操作系统上，Java 卸载工具已经集成在安装程序中，用于从操作系统中删除较早的 Java 版本。

在 Windows 系统中安装 OpenRefine 时，要先下载 RAR 压缩包，解压后，双击解压文件夹的 openrefine.exe 文件即可，如图 3.2 所示。

在 Mac 系统中安装 OpenRefine 时，要先下载 DMG 压缩包，再打开磁盘镜像，拖动 OpenRefine 的图标到 Applications 目录即可，如图 3.3 所示。

图 3.2 Windows 系统下运行 OpenRefine

图 3.3 Mac 系统下安装 OpenRefine

在 Linux 系统中安装 OpenRefine 时，要先下载 GZ 压缩包，解压到当前用户的 home 目录，再在终端命令行环境中输入"./refine"即可。

3.3.2 创建项目（导入数据）

OpenRefine 支持的文件格式包含以下几种。
- 逗号分隔值（CSV）、制表符分隔值（TSV）和其他"*SV"格式。
- Excel 文档（包括.xls 和.xlsx）和开放文档格式（ODF）的电子表格（.ods）。
- JavaScript 对象符号（JSON）、XML 和 XML 资源描述框架（RDF）。
- 基于行的格式（日志）。

如果导入其他格式的文件，那么可以通过 OpenRefine 扩展的方式导入。

运行 OpenRefine 时，默认通过"http://127.0.0.1:3333/"或者"http://localhost:3333/"在浏览器中打开。其运行界面的左侧包含四个选项卡，分别是"新建项目""打开项目""导入项目"和"语言设定"，如图 3.4 所示。OpenRefine 默认设置的语言与操作系统使用的语言相同，用户可以在"语言设定"中进行修改，如英文、中文或韩文等。

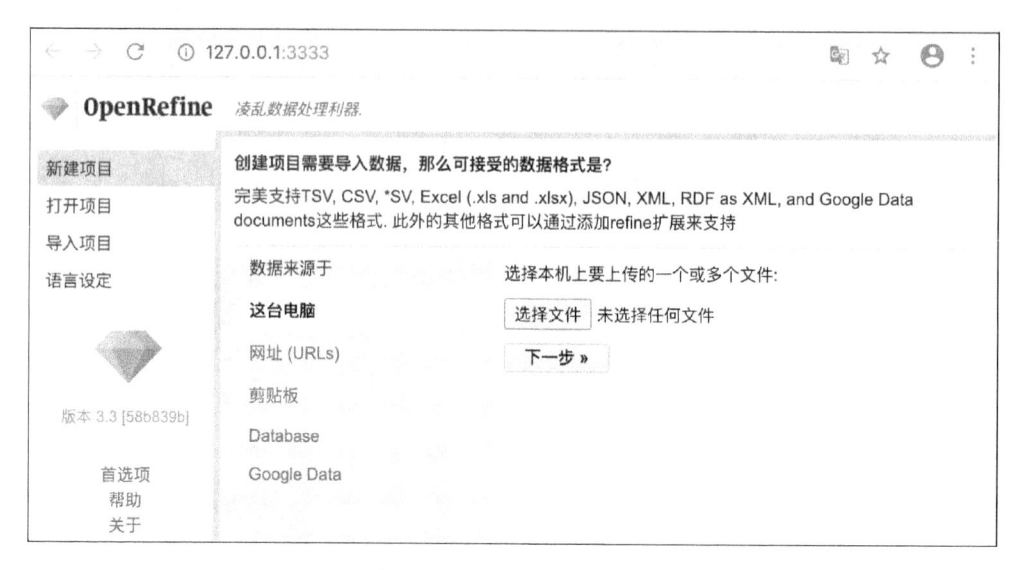

图 3.4　OpenRefine 运行界面

首次使用 OpenRefine 一般选择"新建项目"。通过"新建项目"设置数据来源，即将数据加载到 OpenRefine。数据来源包括 5 种："这台电脑"选项可以选择存储在本地计算机的数据文件；"网址（URLs）"选项可以导入一个或多个下载数据的来源网址；"剪贴板"选项可以将复制粘贴数据转换为文本字段；"Database"选项可以与数据库建立一个连接达到访问数据的目的；"Google Data"（谷歌数据）选项允许访问谷歌电子表格或 Fusion 表（需要联网）。

如果非首次使用 OpenRefine，可以选择"新建项目"或"打开项目"。"打开项目"用于打开以前建立的项目。OpenRefine 按时间倒序的方式显示现有项目列表。

如果已经存储了 OpenRefine 的项目文件（.tar 或 .tar.gz），那么可以选择"导入项目"，直接导入这个项目。

如图 3.5 所示的"配置解析选项"包含两部分。左侧是"数据解析格式"，右侧是格式对应的设置选项。如将"字符编码"设置为"UTF-8"，以正确显示中文数据（否则可能是乱码）；设置"数据中列的分隔方式"是逗号、制表符或自定义符号；"忽略文件首部的前 * 行"表示忽略数据源的前 * 行数据；"将其次的下 * 行作为列头"表示下 * 行是列标题。

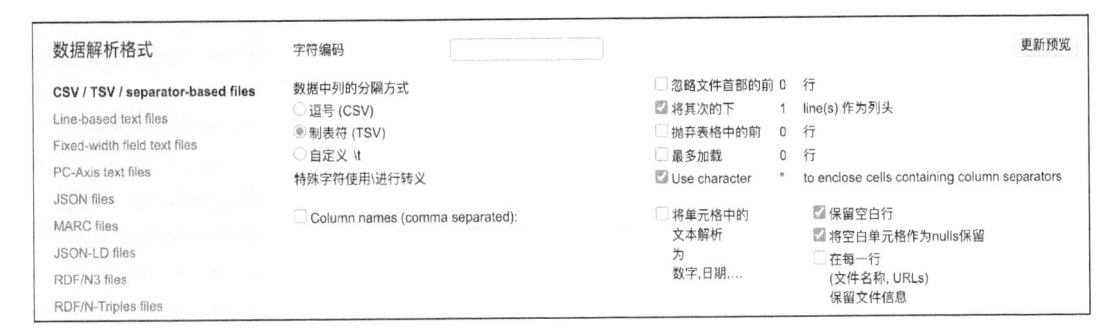

图 3.5 OpenRefine 配置解析选项

在"项目名称"中输入后，单击"新建项目"按钮，即可新建一个项目，如图 3.6 所示。

图 3.6 OpenRefine 新建项目

3.3.3 主界面

数据加载后进入 OpenRefine 主界面，最上面一行显示数据的总行数（共 75043 行数据），下面包括各种"显示"选项（每页显示 5、10、15 或 50 行数据）、选择页数、列标题、菜单和实际的单元格内容，如图 3.7 所示。

图 3.7 OpenRefine 主界面

主界面中每列均有一个菜单，可以通过单击列标题左侧的三角形下拉按钮进行访问，如图 3.8 所示，可以对该列进行归类、文本过滤器、编辑、变换和排序等操作。

注意：数据清理前通过 OpenRefine 主界面认真查看数据是非常重要的，如查看每列的数据类型和格式是否正确、单元格是否有空值等。

图 3.8 "归类"菜单

3.3.4 归类（Facet）

归类是 OpenRefine 最常使用的功能之一，并不影响数据的值，只是一种查看数据的方式。归类有多种（见图 3.8），其中"文本归类""数值归类"和"自定义归类"使用得较为频繁。

1. 文本归类（Text Facets）

文本归类是将所选的列按照文本规则进行分类汇总，类似 Excel 的筛选和分类汇总功能。文本归类适用于文本种类不是太多的情况，如果文本的种类有几百上千种，查看是不可控的，那么使用文本归类的效果不佳。

如数据中包含"country"列，可以通过"文本归类"查看每个国家的记录数。单击"country"列左边的三角形下拉按钮，选择菜单【归类】|【文本归类】选项，"country"列的分组结果如图 3.9 和图 3.10 所示。

这种方式特别适合查看数据元素的分布情况。本例中包含 68 个"country"值，图 3.9 按"名称"升序的方式显示每个国家的记录条数，如"Albania"共 8 条记录。图 3.10 按"数量"降序的方式显示每个国家的记录条数，如"USA"共 6401 条记录。

"簇集"功能用于对相似的值进行聚类分析，方便用户查找"脏数据"。单击"簇集"按钮，在"簇集 & 编辑列 'country'"窗口中出现 3 个簇集，如第 1 个簇集的大小是 2，表示此簇集包含"USA"和"U.S.A."两类不同但近似的值，共 6794 行。其中，"USA"共 6401 行，"U.S.A."共 393 行，右侧是图形化的"簇中的行数"，如图 3.11 所示。

单击"查看这个簇"链接，将在新的浏览器窗口显示这个簇集的 6794 条记录，如图 3.12 所示。注意，"country"列的值一定是"USA"或"U.S.A."，左上角显示当前匹配记录共 6794 行，数据集共 75043 行。

图 3.9 按"名称"升序显示　　　　　图 3.10 按"数量"降序显示

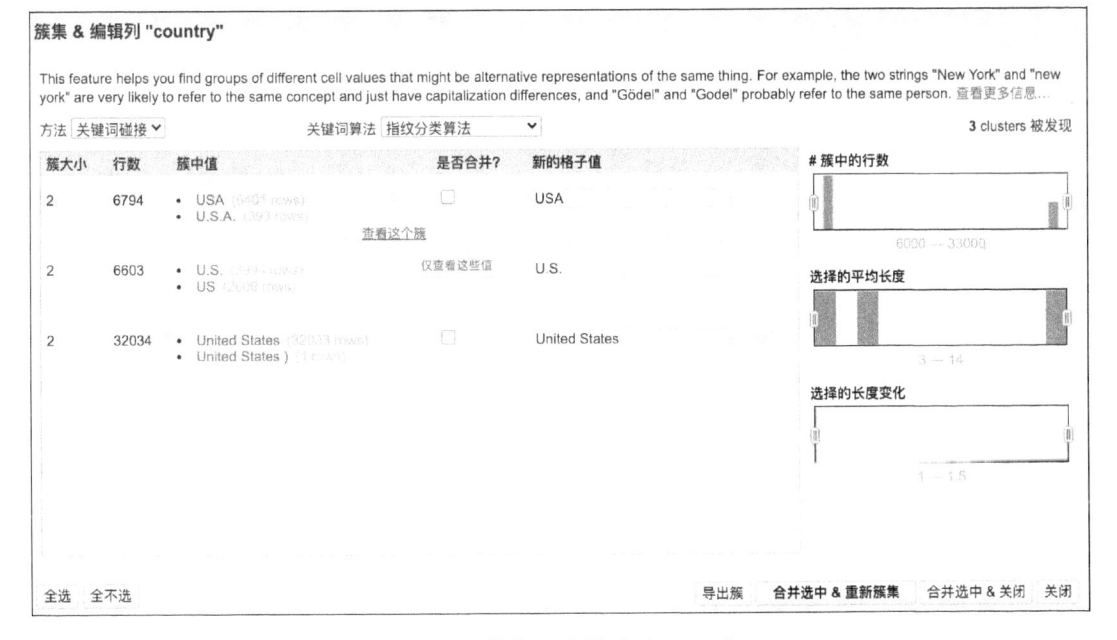

图 3.11 簇集 & 编辑列 "country"

图 3.12 的簇集中的"USA"和"U.S.A."均是"美国"的表示方法，同一个信息用多种方法表示是典型的"脏数据"。勾选图 3.13 中的"是否合并"复选框，并确认"新的格子值"是"USA"，单击"合并选中 & 重新簇集"按钮。此时，"簇集 & 编辑列'country'"窗口只剩下 2 个簇集，文本归类后，"country"值由 68 个变为 67 个。

同样可以合并其他两个簇集（注意：确认"新的格子值"的内容均是"USA"），合并后"USA""U.S.A.""U.S.""US""United States"和"United States）"均合并为

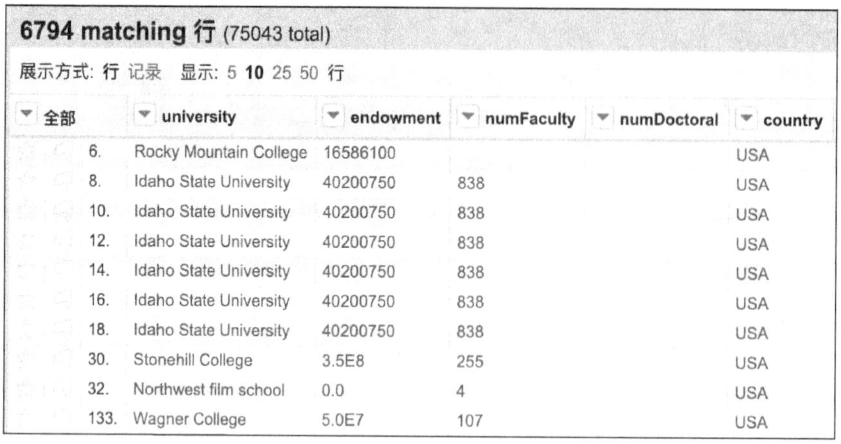

6794 matching 行 (75043 total)

展示方式: 行 记录　显示: 5 **10** 25 50 行

全部	university	endowment	numFaculty	numDoctoral	country
6.	Rocky Mountain College	16586100			USA
8.	Idaho State University	40200750	838		USA
10.	Idaho State University	40200750	838		USA
12.	Idaho State University	40200750	838		USA
14.	Idaho State University	40200750	838		USA
16.	Idaho State University	40200750	838		USA
18.	Idaho State University	40200750	838		USA
30.	Stonehill College	3.5E8	255		USA
32.	Northwest film school	0.0	4		USA
133.	Wagner College	5.0E7	107		USA

图 3.12　显示“country”簇集

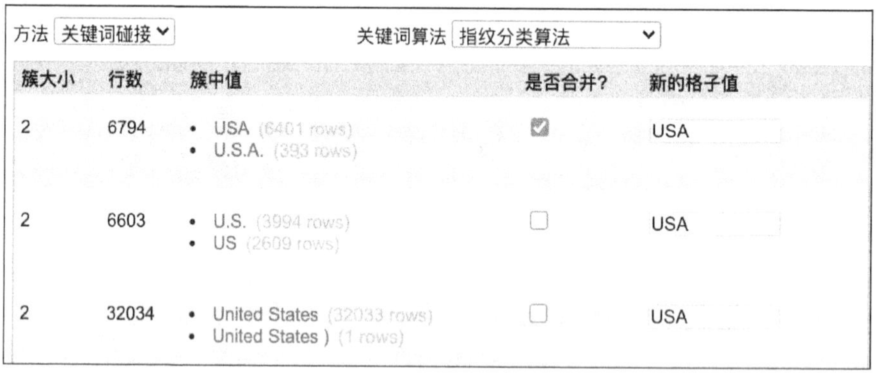

方法 关键词碰接　　关键词算法 指纹分类算法

簇大小	行数	簇中值	是否合并?	新的格子值
2	6794	• USA (6401 rows) • U.S.A. (393 rows)	☑	USA
2	6603	• U.S. (3994 rows) • US (2609 rows)	☐	USA
2	32034	• United States (32033 rows) • United States) (1 rows)	☐	USA

图 3.13　合并簇集

“USA”，分类减少了 5 个，文本归类显示包含 63 个“country”值。

簇集有两种方法生成，关键词算法也包含多种。关键词算法不同，生成的簇集也不同。如本例使用的方法是“关键词碰接”，使用的关键词算法是“指纹分类算法”，见图 3.13 。

2. 多重归类（Multiple Facets）

可以创建多个归类，多个归类同时使用可以更精准地查看数据。此功能类似 Excel 的多条件筛选。

如对“established”列新建“文本归类”，显示包含 308 个“established”值，如图 3.14 左侧所示。在“country”文本归类中选择“USA”，在“established”文本归类中选择“1933”，则主界面显示仅有 34 条记录匹配，如图 3.14 右侧所示。

使用同样的方法可以创建更多的文本归类、数值归类和自定义归类等，以根据需要实现多重归类，显示精准匹配的数据。

图 3.14 设置多重归类

3. 数值归类/时间线归类（Numeric Facets/Timeline Facets）

在 OpenRefine 中，数值型数据默认右对齐并呈绿色显示，文本型数据默认左对齐并呈黑色显示，如图 3.15 所示。单击"PM2.5"列左侧的三角形下拉按钮，选择菜单【归类】|【数值归类】选项，将数值按范围归类。数值归类适合对数值型数据进行归类，可以更客观地查看列值范围，如图 3.16 所示。

图 3.15 数值型数据 PM2.5　　　　图 3.16 数值归类 PM2.5

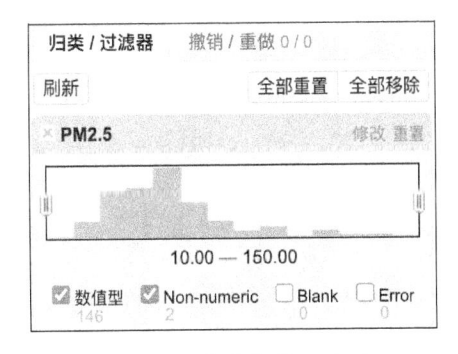

图 3.16 中显示，记录共 148 条，其中数值型数据 146 条，非数值型数据 2 条，无空记录和错误记录。PM2.5 的数值范围是 10.00 至 150.00。

在图 3.17 中仅勾选"Non-numeric"复选框，则主界面只能查看到 2 条非数值型记录，如图 3.18 所示。这两条记录的 PM2.5 值均是左对齐黑色显示，即为文本而非数值型数据，因为数据中包含符号"+"和文字"大约"。

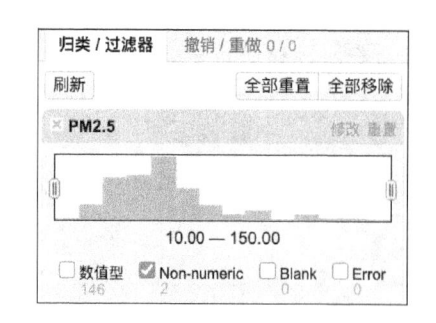

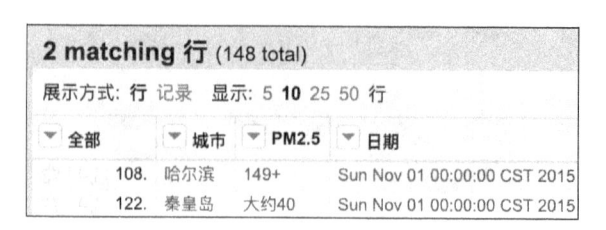

图 3.17 勾选"非数值"   图 3.18 显示非数值型数据

将鼠标放在"149+"的位置,单击出现的"edit"按钮,编辑这个单元格,如图 3.19 所示。将"149+"数据类型修改为"数字",值为"149",单击"应用"按钮,如图 3.20 所示。用同样方法修改另一条记录的"大约40"为"40"。单击"刷新"按钮,查看刷新后的数值归类,编辑后的数据全部是数值型数据,如图 3.21 所示。

图 3.19 编辑单元格 1   图 3.20 编辑单元格 2

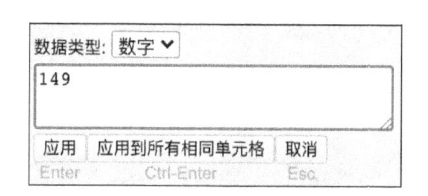

图 3.19 中日期列的数值是黑色靠左显示的文本型数据,首先,将其修改为日期型数据,则数据右对齐并呈绿色显示,如图 3.22 所示。

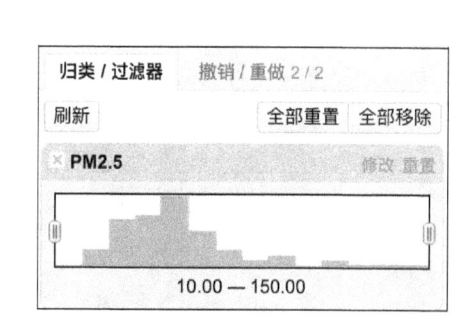

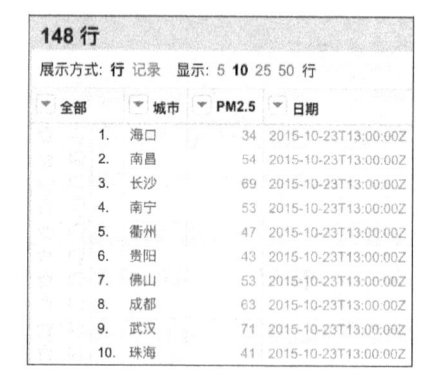

图 3.21 刷新后的归类   图 3.22 修改日期列的数据类型

然后,单击"日期"列左边的三角形下拉按钮,选择菜单【归类】|【时间线归类】选项,日期按范围归类,如图 3.23 所示。

4. 自定义归类(Customized Facets)

自定义归类可以根据用户需要设置归类方式,包含"自定义文本归类""自定义数值

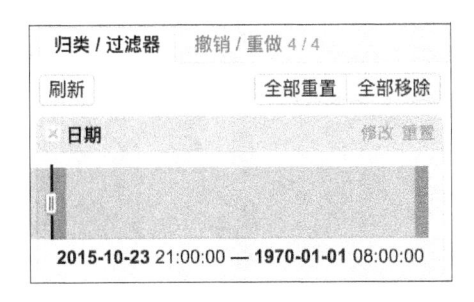

图 3.23 时间线归类

归类"和"自定义归类"三个子菜单，前两种需要输入表达式实现归类。

如使用"自定义文本归类"对城市名称中包含"海"的城市归类，则单击"城市"列左边的三角形下拉按钮，选择菜单【归类】|【自定义文本归类】选项，在打开的窗口中输入表达式：value.contains("海")，如图 3.24 所示。**注意**：表达式中的符号均为英文。"预览"标签显示执行该表达式后的值，如"海口"包含"海"，执行表达式后的结果是"true"，而"南昌"执行表达式后的结果是"false"。单击"确定"按钮，对所有记录执行该表达式。

图 3.24 "自定义文本归类"的表达式

在"城市"归类中查看执行表达式后归为两类，"false"类共 142 条记录，"true"类共 6 条记录，如图 3.25 所示。单击"true"类，查看匹配的 6 条记录，如图 3.26 所示。

单击菜单【全部】|【编辑行】|【移除所有匹配的行】选项，将删除匹配的 6 条记录。单击【撤销/重做】中"Remove 6 rows"之前的操作，即可撤销删除 6 条记录的操作。

图 3.25　自定义文本归类

图 3.26　显示 6 个匹配的数据

"自定义数值归类"与"自定义文本归类"类似，只是数据类型有差异。此处不做详细讲解。

"自定义归类"包括"按字归类""复数归类""数字对数归类""约为 1 的数字对数归类""文本长度归类""文本长度的对数值归类""Unicode 字符归类""按错误归类""按 null 归类""按空字符串归类"和"按空白归类（null 或空字符串）"，共 11 种。

如单击"城市"列左边的三角形下拉按钮，选择菜单【归类】|【自定义归类】|【文本长度归类】选项，此时界面如图 3.27 所示，拖动滑块到"3.10"，则主界面仅显示城市名称的长度范围是"3.10-4.02"的记录，即城市名称是 4 个字的记录，如图 3.28 所示。

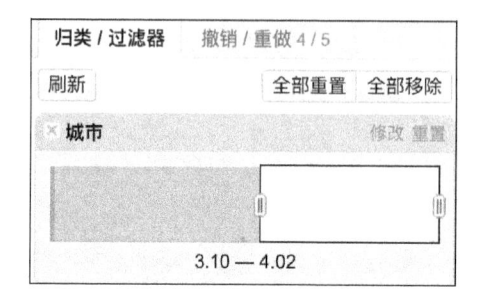

图 3.27　文本长度归类

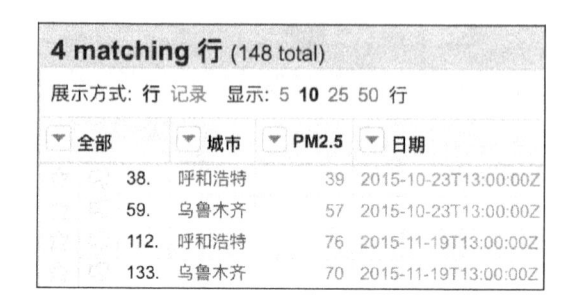

图 3.28　显示城市名 4 个字的数据

为区分归类后的数据，经常使用"星标（Stars）"标明优质或感兴趣的记录，使用"标记（Flag）"标明坏记录，以方便后期查看。如对城市名称是 4 个字的记录感兴趣，归类后（见图 3.28），在"全部"列菜单中选择【编辑行】|【加星标】选项（如图 3.29 所示），加星标后的记录效果如图 3.30 所示。

关闭"城市"归类窗口后，显示全部 148 行数据。单击右上角的"下页"按钮，按页查看星标记录，如图 3.31 所示。**注意**：本例中每页显示 10 行数据，此为第三页"加星标"的数据仅有 1 行。

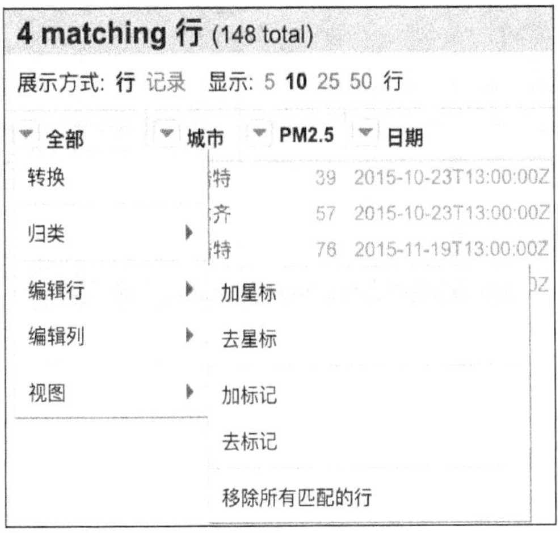

图 3.29　为归类数据加星标 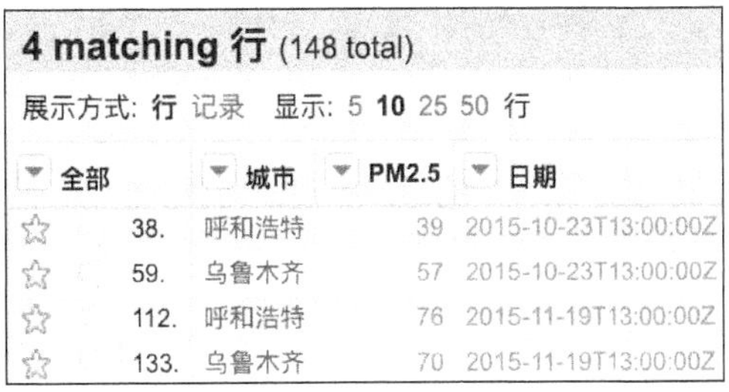　　　　　图 3.30　仅显示添加星标的数据

图 3.31　显示全部数据（含星标）

在"全部"列菜单中选择【编辑行】|【去星标】选项，可以删除"星标"。添加和删除"标记"的方法与添加和删除"星标"的方法相同，不同之处在于二者的形状不同，"星标"是五角星形，"标记"是旗帜形。

3.3.5　文本过滤器（Text filter）

文本过滤器可以在特定的列中筛选包含某些精确字符串的单元格，或者匹配某些正则表达式的单元格。如单击"country"列左边的三角形下拉按钮，选择"文本过滤器"选项，输入要筛选的文本内容或者正则表达式，如"USA"，并勾选"大小写敏感"复选框，如图 3.32 所示，则仅显示符合条件的数据，如图 3.33 所示。**注意**：第一行的行号是"6"，是符合文本过滤器的第一行数据。

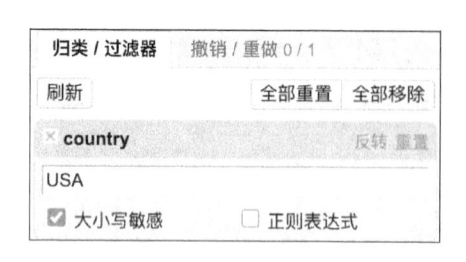

图 3.32 "字符串"文本过滤器

图 3.33 "字符串"文本过滤器结果

使用正则表达式也可以对某列进行过滤，如筛选"endowment"列以字母"C"开头并以数字结尾的数据，单击"endowment"列左边的三角形下拉按钮，选择"文本过滤器"选项，输入正则表达式"^[C].*\d$"，勾选"正则表达式"复选框，如图 3.34 所示。**注意**：有可能需要单击"刷新"按钮刷新约束，过滤结果如图 3.35 所示。正则表达式的详细内容参见 3.3.13 节。

图 3.34 "正则表达式"文本过滤器

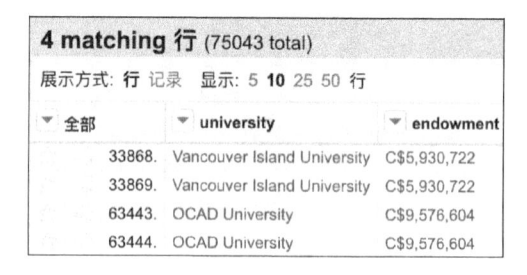

图 3.35 "正则表达式"文本过滤器结果

3.3.6 编辑单元格（Edit cells）

"编辑单元格"菜单可以实现单元格格式转换，如使用公式修改单元格中的数值，使用"常用转换"将文本转换为全部大写，将文本转换为数值等，还可以分离和合并多值单元格，如图 3.36 所示。

"常用转换"是使用频率最高的功能之一。如"移除首尾空白"类似 Excel 的 trim 函数，即删除文本的前面和后面的空格。也可以直接输入函数"value.trim( )"实现。

"收起连续空白"是将字符串中的多个空格转换为 1 个空格，如"北 京"（中间包含 1 个空格）、"北 京"（中间包含 2 个空格）、"北   京"（中间包含 3 个空格），执行该操作后均转换为"北 京"（中间包含 1 个空格）。也可以直接输入函数"value.replace(/\s+/,' ')"来实现。

图 3.36 "编辑单元格"菜单

"反转义 HTML 字符"适合处理包含超文本标记语言（HTML）的单元格，通过该操作转换特殊字符。

"数字化""日期化"和"文本化"是将原单元格的格式转换为相应的格式。对应的三个函数分别是 value.toNumber( )、value.toDate( )和 value.toString( )。以"数字化"为例，如某列的原信息是"90.0""A+""87.0""90+"和">90"，执行"数字化"操作后，转换为"90""A+""87""90+"和">90"，如图 3.37 所示。主界面显示"Text transform on 2 cells in column 成绩：value.toNumber"，即仅有 2 个单元格完成了转换。
注意：并不是所有文本均可以转换为数值型数据，如本例中"A+""90+"和">90"转换前后均是文本。

图 3.37 "数字化"操作前后的效果对比

"转换"也是一项非常有用的功能，但要求用户熟练地使用函数和表达式。如希望将"成绩"列的所有值转换为数值型数据，且分数变为原来的 100 倍，则需要在"成绩"列下拉菜单中选择【编辑单元格】|【转换…】选项，在打开的对话框中输入表达式"value.toNumber()∗100"。**注意：** OpenRefine 区分大小写，与 Java 语言类似。预览中显示了表达式对各记录的操作结果，可以转换为数值型数据的记录实现"乘百"操作，而其他记录则显示无法转换为数值型数据的错误信息，如图 3.38 所示。

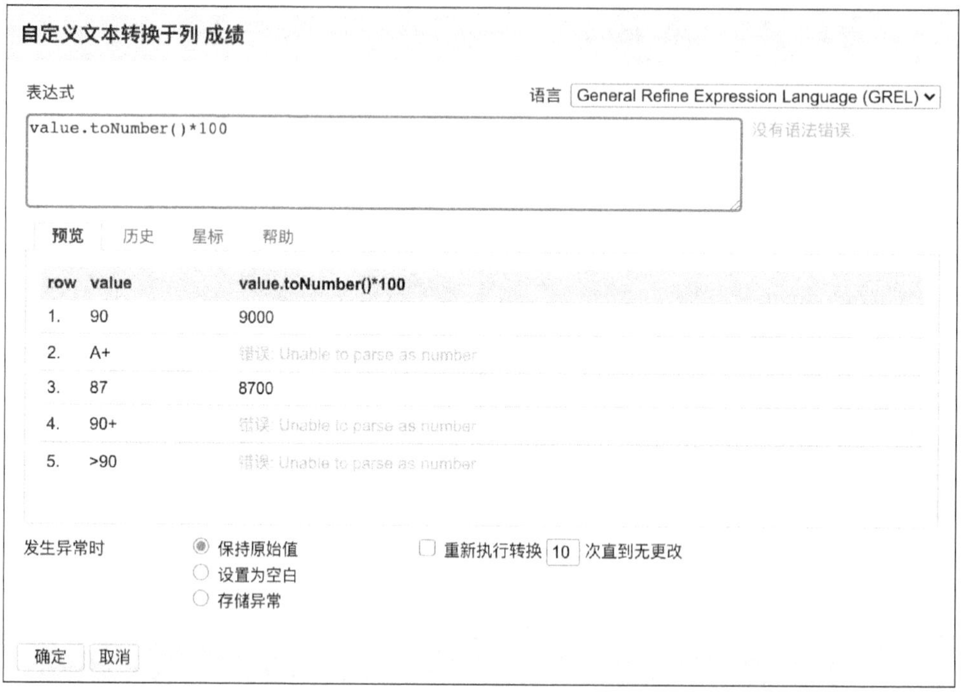

图 3.38　自定义单元格内容转换

"分离多值单元格"可以帮助用户按照某种分隔符分割记录。如某个分类值是"手机和平板"或"桌子和椅子"，当用户想详细了解到底有多少种类时，可以用此功能分割记录值。

原始数据如图 3.39 所示，对"分类"列执行【编辑单元格】|【分离多值单元格】操作，在打开的对话框中输入分隔符"和"，即出现"和"的单元格被认为是多值单元格，执行分离操作，如图 3.40 所示。该列分割后的效果如图 3.41 所示，方便用户按更详细的类别进行统计、归类等。

"合并多值单元格"与"分离多值单元格"的功能正好相反。对"分类"列执行【编辑单元格】|【合并多值单元格】操作，在打开的对话框中输入分隔符"+"，则该列合并后的效果如图 3.42 所示。

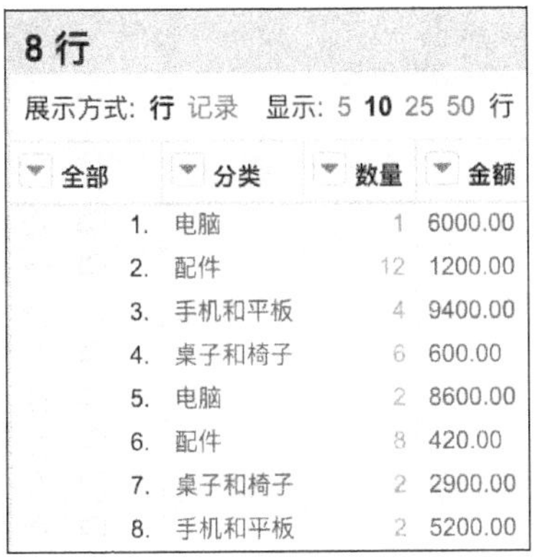

8 行

展示方式: 行 记录　显示: 5 10 25 50 行

全部	分类	数量	金额
1.	电脑	1	6000.00
2.	配件	12	1200.00
3.	手机和平板	4	9400.00
4.	桌子和椅子	6	600.00
5.	电脑	2	8600.00
6.	配件	8	420.00
7.	桌子和椅子	2	2900.00
8.	手机和平板	2	5200.00

图 3.39　原数据

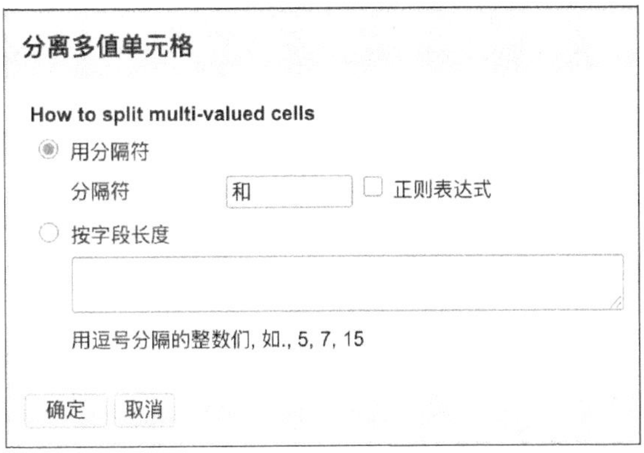

图 3.40　“分离多值单元格”的分隔符

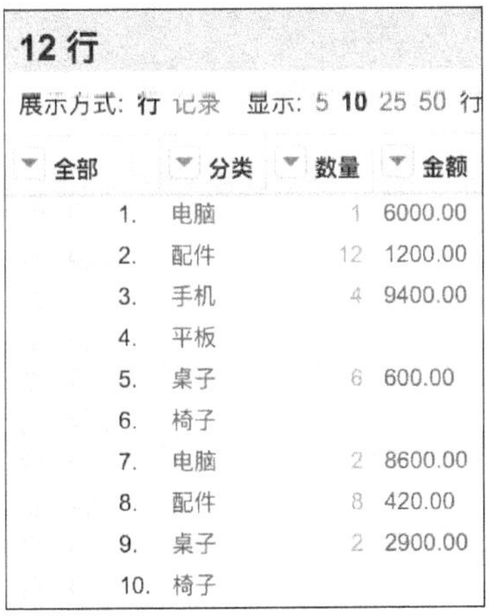

12 行

展示方式: 行 记录　显示: 5 10 25 50 行

全部	分类	数量	金额
1.	电脑	1	6000.00
2.	配件	12	1200.00
3.	手机	4	9400.00
4.	平板		
5.	桌子	6	600.00
6.	椅子		
7.	电脑	2	8600.00
8.	配件	8	420.00
9.	桌子	2	2900.00
10.	椅子		

图 3.41　“分离多值单元格”后的数据

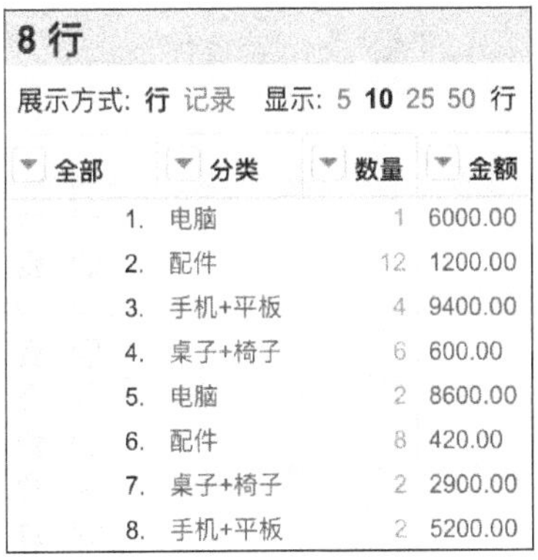

8 行

展示方式: 行 记录　显示: 5 10 25 50 行

全部	分类	数量	金额
1.	电脑	1	6000.00
2.	配件	12	1200.00
3.	手机+平板	4	9400.00
4.	桌子+椅子	6	600.00
5.	电脑	2	8600.00
6.	配件	8	420.00
7.	桌子+椅子	2	2900.00
8.	手机+平板	2	5200.00

图 3.42　“合并多值单元格”后的数据

“相同空白填充”是对相同内容的单元格填充空白，一般适用于删除重复记录，具体使用方法见 3.5.2 节的步骤 9。

3.3.7　编辑列（Edit column）

编辑列操作包含按分隔符或字段长度等方式分割列、重命名列、移除列，也可以将列移动到合适的位置，“编辑列”菜单如图 3.43 所示。

“分割此列”用于将列按照某种规则分割为多列，如按分隔符、正则表达分割或按字段长度分割等，如图 3.44 所示。

“由此列派生新列”是根据已经存在的列生成新列，如根据 AQI（空气质量指数）判定空气质量，AQI 小于等于 50，则空气质量为“优”，AQI 为 50 ~100，则空气质量是“良”，AQI 为 100 ~ 200，则空气质量是“中度污染”，AQI 在 200 以上，则空气质量是“重度污染”。首先输入新列名称“空气质量”，然后输入表达式“if(value<=50,"优",if

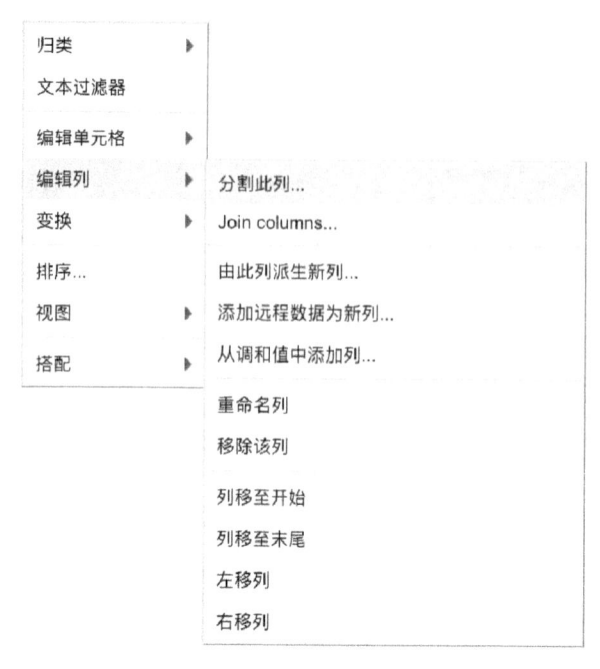

图 3.43 "编辑列"菜单

图 3.44 OpenRefine "分割此列"操作

(value<=100,"良",if(value<=200,"中度污染","重度污染")))",在"预览"选项卡中可以查看新建列的具体值，如图 3.45 所示。

"重命名列"可以重命名选择的列，"移除该列"将删除选择的列，单击"撤销"按钮，可以撤销这两种操作。

"列移至开始""列移至末尾""左移列"和"右移列"都是移动选择列的位置，方便用户查看数据。

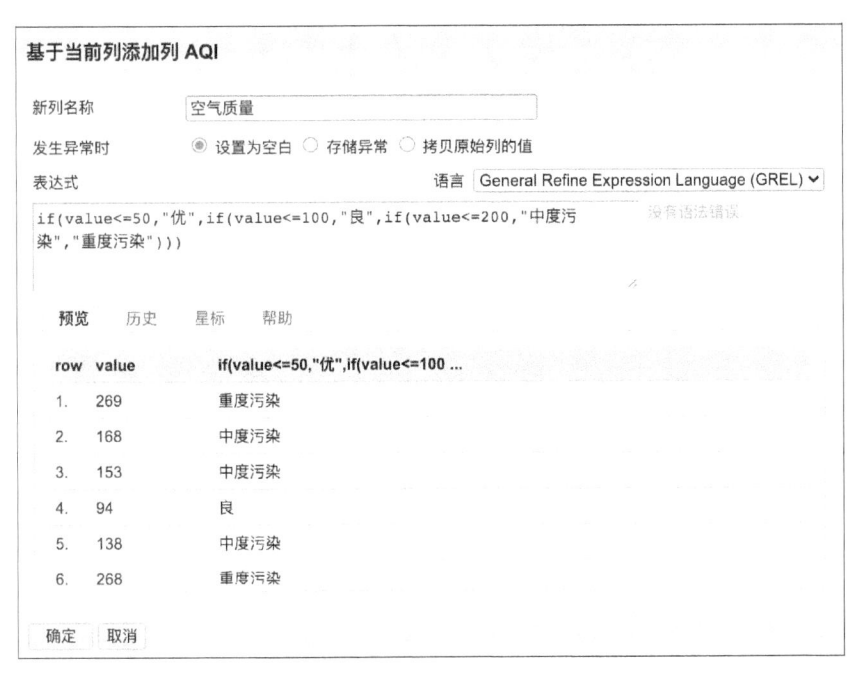

图 3.45　OpenRefine "由此列派生新列"

3.3.8　变换（Transpose）

有时数据行或列的显示方式并不是用户期望的样式，这时可以使用"变换"菜单修改数据的显示方式，如将行转换成列，或者将列转换成行，如图 3.46 所示。

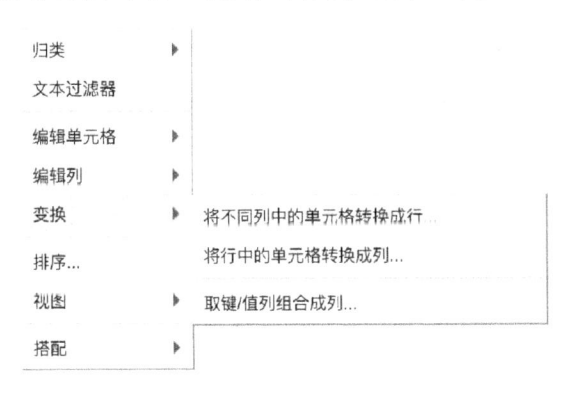

图 3.46　"变换"菜单

如图 3.47 所示的数据，每行记录中均有空值，因为每种物品设置了 5 个度量属性，但有些度量值没有数据，如矩形的桌子没有"直径"值。

选择某列，单击【变换】|【将不同列中的单元格转换成行】选项，可以将特定的某些列按照一个规则转换为行。在打开的对话框中，"来源列"用于设置开始转换的列，默认情况下在哪列操作即在哪列开始转换。"目的列"用于设置结束转换的列，即"来源

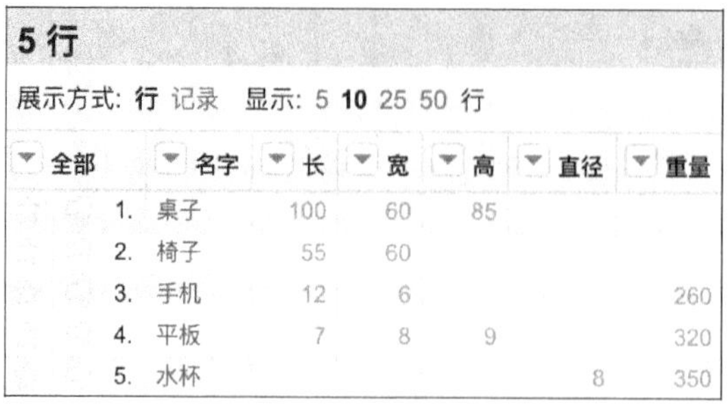
5 行

展示方式: 行 记录 显示: 5 10 25 50 行

全部	名字	长	宽	高	直径	重量
1.	桌子	100	60	85		
2.	椅子	55	60			
3.	手机	12	6			260
4.	平板	7	8	9		320
5.	水杯				8	350

图 3.47 原始数据

列”和“目的列”中间的列执行转换操作。在“转换成”选项区中选择“两个新列”，则输入的键列是主键（Key column），包含原始的列名。值列包含原始的记录值，若选择“一个列”，则键列和值列显示在一列，可以设置键列和值列的分隔符。勾选“忽略空白单元格”复选框，则仅显示无空白值的记录；勾选“向下填充其他单元格”复选框，则在键列中向下填充，否则只显示首个键列，其他键列值是空。

在“长”列中选择【变换】|【将不同列中的单元格转换成行】选项，在“来源列”中选择“长”，在“目的列”中选择“重量”，在“转换成”选项区中设置一个列是“属性”，勾选“将原始列的名称前缀给各个单元格添加‘:’在单元格值的前面”复选框，再勾选“忽略空白单元格”复选框，如图 3.48 所示。转换后生成 14 条记录，如图 3.49 所示。

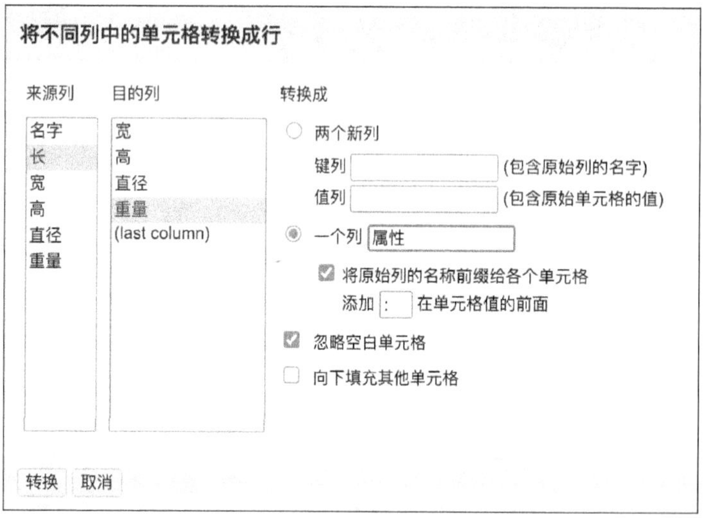

图 3.48 “转换成”设置为“一个列”

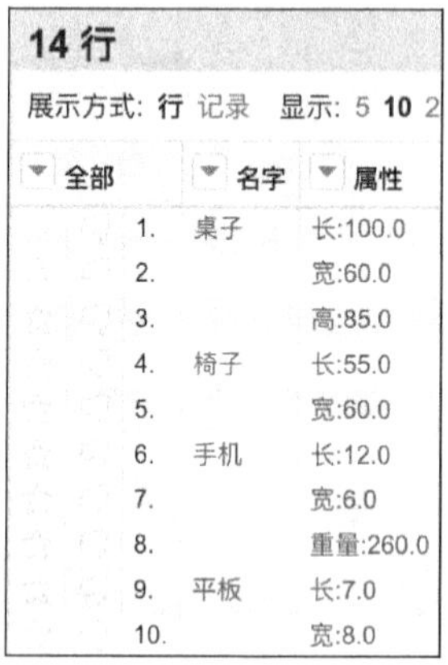
14 行

展示方式: 行 记录 显示: 5 10 2

全部	名字	属性
1.	桌子	长:100.0
2.		宽:60.0
3.		高:85.0
4.	椅子	长:55.0
5.		宽:60.0
6.	手机	长:12.0
7.		宽:6.0
8.		重量:260.0
9.	平板	长:7.0
10.		宽:8.0

图 3.49 “一个列”结果

撤销刚才的操作。在“长”列中选择【变换】|【将不同列中的单元格转换成行】选项，在“来源列”中选择“长”，在“目的列”中选择“重量”，在“转换成”选项区中设置“两个新列”，分别是键列“度量属性”和值列“度量值”，勾选“忽略空白单元

格"复选框和"向下填充其他单元格"复选框，如图 3.50 所示。转换后生成 14 条记录，如图 3.51 所示。读者可以对比图 3.49 和图 3.51 的异同。

图 3.50 "转换成"设置为"两个新列"

图 3.51 "两个列"结果

选择某列，选择【变换】|【取键/值列组合成列】选项，完成"将不同列中的单元格转换成行"的相反操作，即将键列和值列转换为列。这种操作要小心使用，因为此操作对空白单元格敏感。如选择图 3.52 中的"度量属性"列，选择【变换】|【取键/值列组合成列】选项，在打开的对话框中设置键列为"度量属性"，设置值列为"度量值"，单击"确定"按钮，这两个列将组合成新列。

注意：由于 OpenRefine 的版本不同，此操作可能与原始数据相同，也可能出现如图 3.53 中包含多个空白行的情况，也有可能导致列的顺序发生变化（注意"重量"和"直径"两列的顺序）。

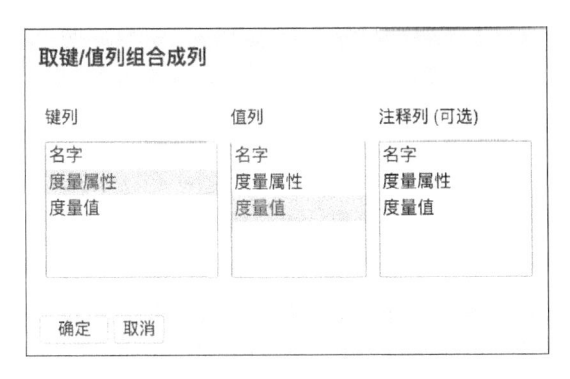

图 3.52 "取键/值列组合成列"操作

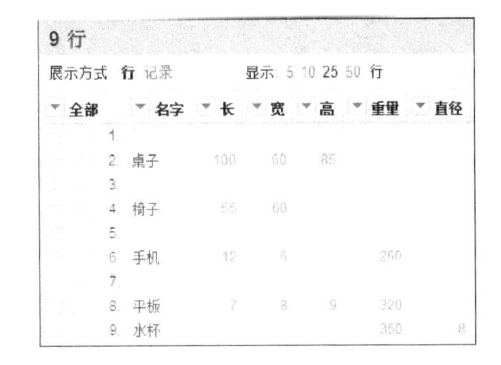

图 3.53 多余空行

为回到原始数据的效果，按"名字"文本归类，选择"blank"后，选择菜单【全部】|【编辑行】|【移除所有匹配的行】选项，将删除匹配的 4 条记录。移除"名字"

归类，显示5条记录。再选择"直径"列，单击【编辑列】|【左移列】选项即可。

3.3.9 排序（Sort）

选择列后，针对该列可以按照多种方式升序或降序排序。在排序对话框中，左侧可以设置排序的依据，右侧可以使用鼠标拖曳的方式确定"空白""错误"和"合法值"的排序方式。一般情况下，将"空白"和"错误"排在"合法值"的前面，方便对这些非合法数据进行快速处理，如图3.54所示。

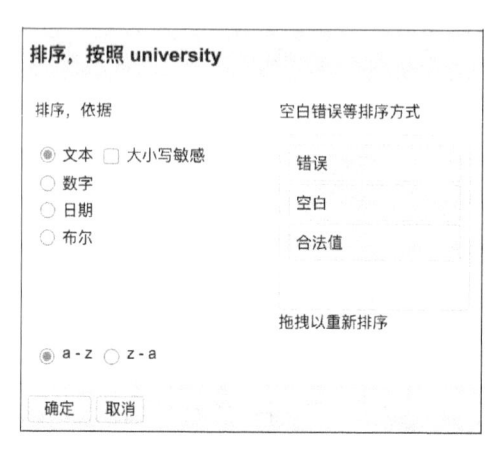

图3.54 排序对话框

排序后的列可以重新排序、反转或不排序，也可以固定排序后行的顺序，如图3.55所示。重新排序类似Excel自定义排序中设置多个条件的排序。使用"撤销/重做"可以实现回退和前进操作，如图3.56所示。

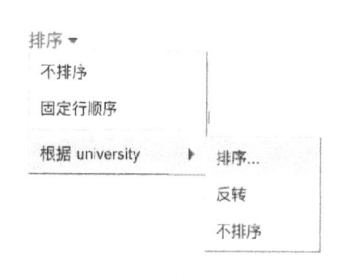

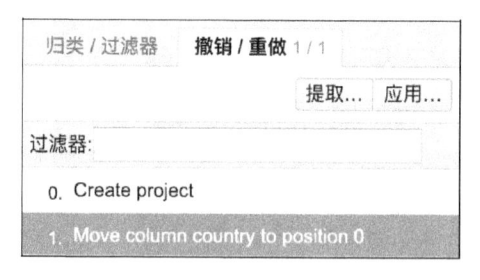

图3.55 排序操作　　　　图3.56 "撤销/重做"选项

3.3.10 视图（View）

数据中的列可能非常多，为方便查看和操作，可以选择"视图"菜单收起不关注的列，如图3.57所示。收起列的方式共4种，分别是"收起该列""收起所有其他列""收起左侧列"和"收起右侧列"。

在列标题"全部"中可以展开所有列。选择菜单【全部】|【视图】|【展开所有列】选项，可以将收起的列全部展开，单击【收起所有列】选项，将收起所有列，如图 3.58 所示。

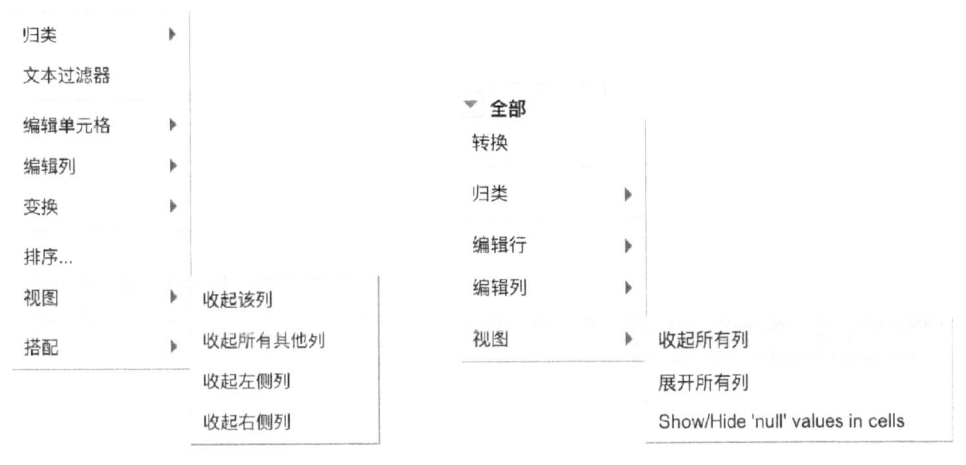

图 3.57 "视图"菜单

图 3.58 "全部"菜单

3.3.11 导出（Export）

使用主界面右上角的"导出"按钮可以导出项目，即将整个 OpenRefine 项目导出为一个 .tar 或 .gz 文件，这样就可以方便他人导入自己的 OpenRefine 项目。导出的文件既包含数据，也包含数据的变化历史（包含撤销/重做）。导入项目文件的用户可以清楚地查阅操作历史，甚至可以撤销某一个或多个操作，"导出"菜单如图 3.59 所示。

"导出"按钮也可以仅导出数据。导出的数据格式包括以 Tab 键分隔的值、以逗号分隔的值、HTML 表格、Excel 和 ODF 电子表格。**注意**：如果使用了过滤器，则仅导出匹配的记录行和过滤器约束。

"自定义表格导出器"可以设置导出的具体内容，如仅导出选中的列、是否输出空白行、是否输出列头、是否排序列和设置时间格式等，如图 3.60 所示。

"导出 SQL"选项包含高级选项，用于扩展导出数据。

图 3.59 "导出"菜单

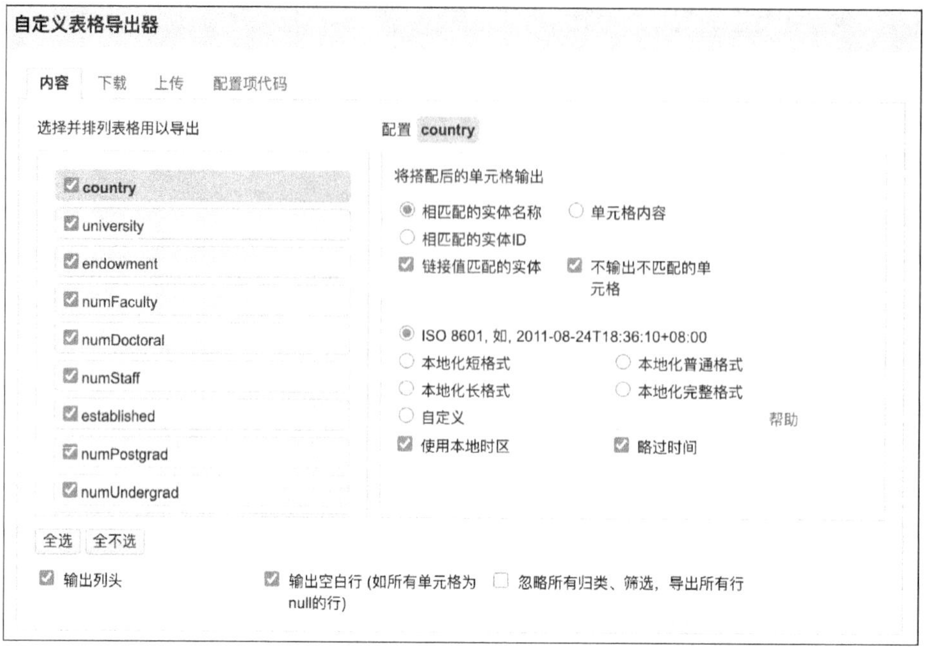

图 3.60 "自定义表格导出器"对话框

"正在生成模板"选项可以使用个性化模板输入所需格式。如将某列数据变更为 JSON（JavaScript Object Notation）格式。这是一种轻量级的数据交换格式，行模板如下：

```
{
    "university":{{jsonize(cells["university"].value)}},
    "endowment":{{jsonize(cells["endowment"].value)}},
    "numFaculty":{{jsonize(cells["numFaculty"].value)}},
    "numDoctoral":{{jsonize(cells["numDoctoral"].value)}},
    "country":{{jsonize(cells["country"].value)}},
}
```

3.3.12 函数

OpenRefine 对数据进行归类和转换时需要用到函数。

1. length(string s) 函数

该函数的功能是返回字符串的长度。例如，查看"country"列文本的长度，其中"France"的长度是 6，"USA"的长度是 3，如图 3.61 所示。

2. startsWith(string s, string sub) 函数

该函数的功能是判断字符串"s"是否包含前缀字符串"sub"，若包含，则返回

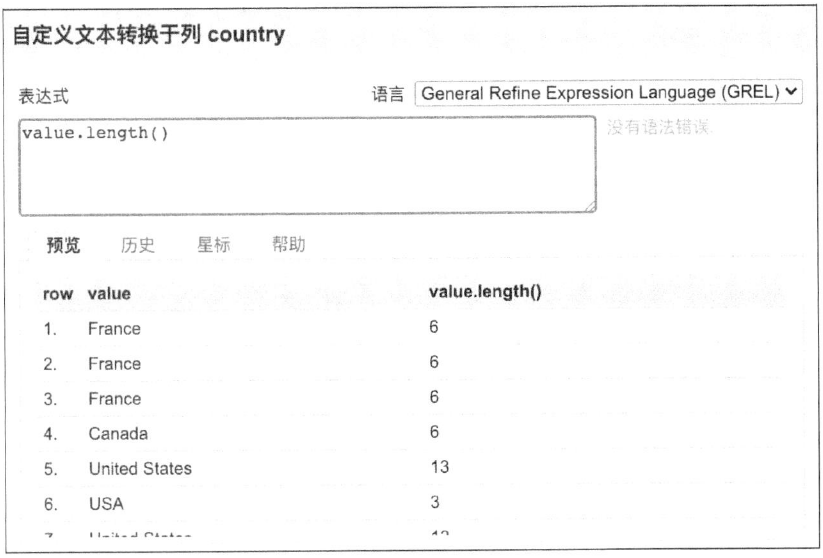

图 3.61　length 函数用法

"true",否则返回"false"。例如,查看"country"列文本是否以"U"开头,其中"France"字符串不以"U"开头,则返回"false",而字符串"USA"和"United States"均以"U"开头,则返回"true",如图 3.62 所示。注意,函数 startsWith 的"W"是大写的。

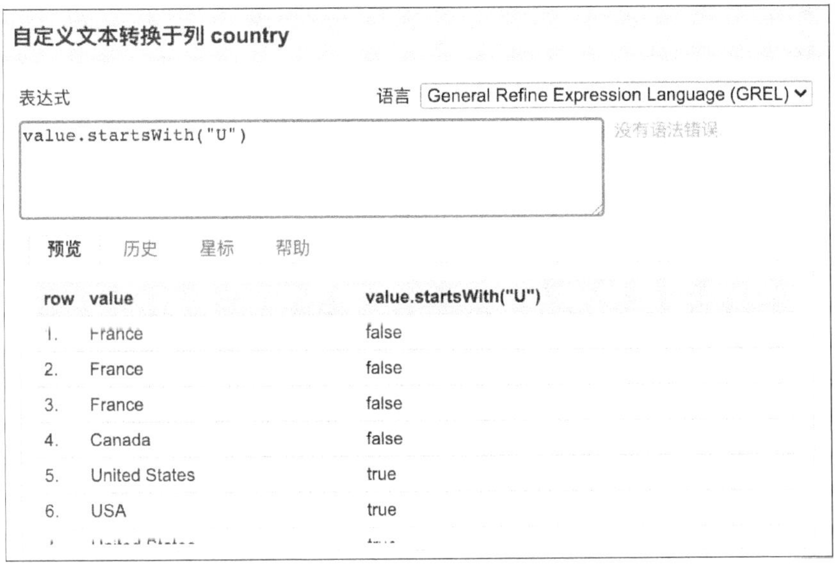

图 3.62　startsWith 函数用法

3. endsWith(string s, string sub) 函数

该函数的功能是判断字符串"s"是否包含后缀字符串"sub",若包含,则返回"true",否则返回"false"。例如,查看"country"列文本是否以"a"结尾,其中

"Canada"字符串以"a"结尾，返回"true"，而字符串"USA"不以"a"结尾（区分大小写），返回"false"，如图3.63所示。

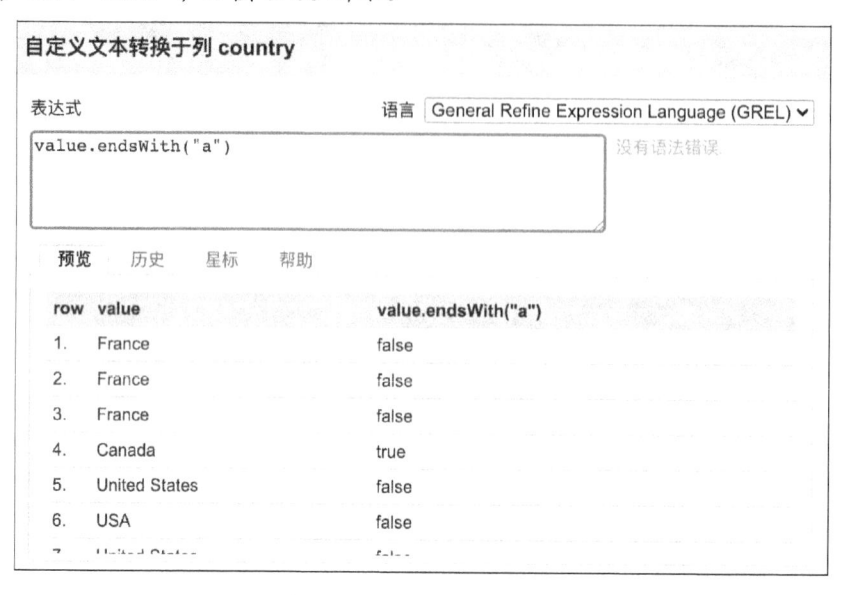

图3.63 endsWith函数用法

4. contains(string s, string sub) 函数

该函数的功能是判断字符串"s"是否包含字符串"sub"，若包含，则返回"true"，否则返回"false"。例如，查看"country"列文本是否包含"n"，其中"France""Canada"和"United States"字符串均包含"n"，则返回"true"，而字符串"USA"不包含"n"，则返回"false"，如图3.64所示。

5. trim(string s) 和 strip(string s) 函数

这两个函数的功能相同，均返回忽略（去除）开头和结尾的空白的字符串s的副本。

如字符串"   保定   "（前后各有三个空格）、" 保定 "（前面有两个空格）和"保定 "（后面有两个空格）应用该函数后均返回字符串"保定"（前后均无空格），但字符串中间的空格无法删除，如"   保 定   "（前后各有三个空格且中间有两个空格）、" 保 定 "（前面有两个空格且中间有两个空格）和"保 定 "（后面有两个空格且中间有两个空格）应用该函数后均返回字符串"保 定"（中间有两个空格）。

6. substring(s, number from, optional number to) 函数

该函数的功能是提取字符串"s"中介于"from"和"number to"之间的字符串。注意，OpenRefine中的字符串相当于数组，字符串的下标从"0"开始。

如substring("profound",3)返回字符串"found"，因为下标3对应的字符是"f"，没有第二个参数"number to"，则返回字符"f"开始后面的所有字符，即字符串"found"。

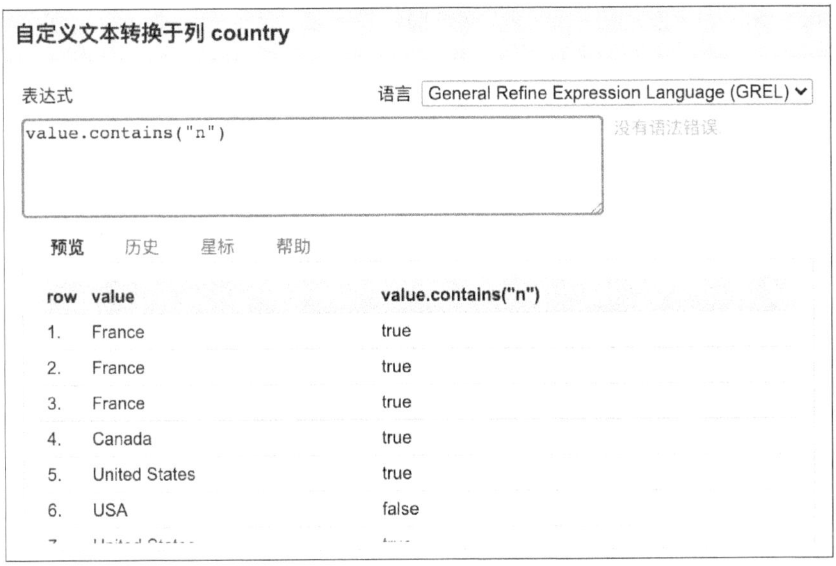

图 3.64 contains 函数用法

如 substring("France",2,4)返回字符串"an",因为下标 2 对应的字符是"a",下标 4 对应的字符是"c",则返回字符"a"开始,字符"c"之前(不含)的字符串,即"an"。

如 substring("USA",2,4)返回字符串"A",因为下标 2 对应的字符是"A",下标 4 没有对应的字符,字符串的长度是 3,所以返回字符"A",如图 3.65 所示。

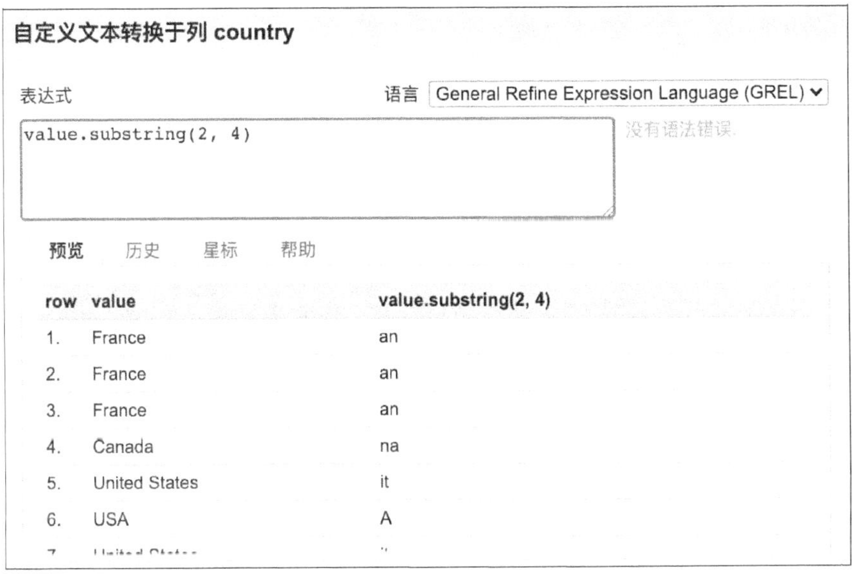

图 3.65 substring 函数用法

7. replace(string s,string f,string r)函数

该函数的功能是在字符串中用一些字符（或字符串）替换另一些字符（或字符串），或替换一个与正则表达式匹配的子串。如将某列所有字符"a"替换为字符"A"，如图3.66所示。

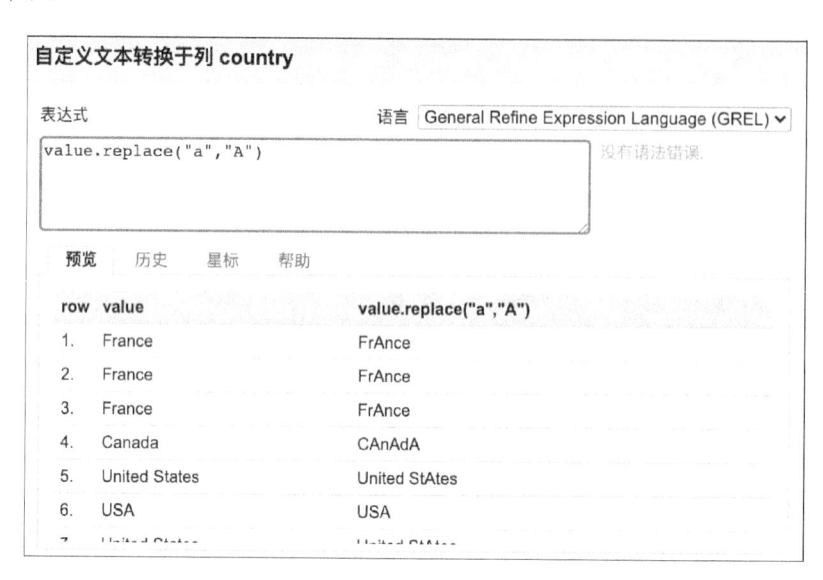

图3.66 replace函数用法

replace函数格式可以为value.replace("a","A").replace("s","S")，表示将某列所有字符"a"和"s"分别替换为字符"A"和"S"。

8. split(string s,string sep)函数

该函数的功能是返回一个字符串数组，即用"sep"分割字符串"s"得到的数组。

如split("Paris Universitas"," ")返回数组["Paris","Universitas"]。如"university"列仅想保留数组的一个元素，则该表达式保留某列返回字符串数据下标为零的元素，如图3.67所示。若想保留第二个元素，则字符串数据下标是1。

9. min(number d1,number d2)和max(number d1,number d2)函数

min函数的功能是返回数值型数据d1和d2中最小的值，max函数的功能正好相反。

10. if函数

该函数的用法与Excel函数中对应的函数用法相同，可参见4.2.1节。如某列对应的属性值大于10000，则用原值的2倍替换原值，即value×2，否则用零替代原值，如图3.68所示。

图 3.67 split 函数用法

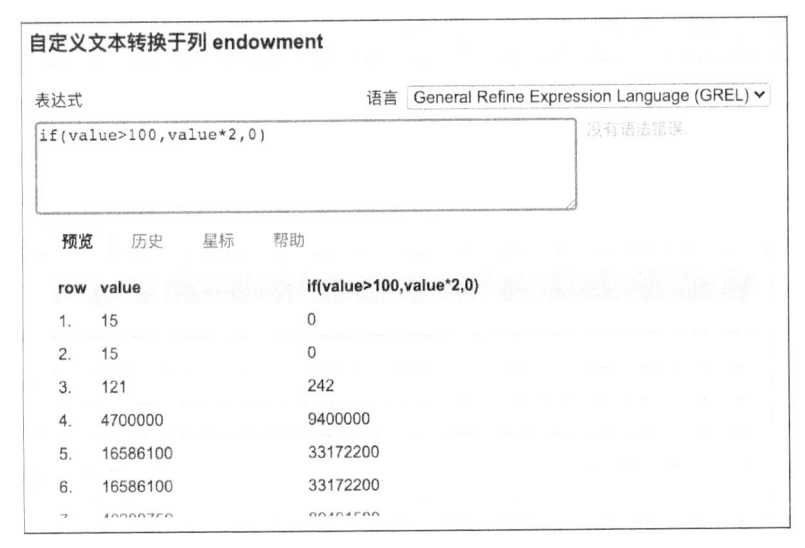

图 3.68 if 函数用法

3.3.13 正则表达式

正则表达式是对字符串操作的一种逻辑公式，是用事先定义好的一些特定字符或这些特定字符的组合，组成一个"字符串规则"，使用该"字符串规则"对字符串进行过滤、筛选或者从字符串中获取特定的部分。

如图 3.69 所示，使用"文本过滤器"中的正则表达式"[ae]"筛选符合条件的记录，必须勾选"正则表达式"复选框才能实现筛选，"大小写

图 3.69 正则表达式用法 1

敏感"复选框勾选与否决定了正则表达式筛选时是否区分大小写。

如图 3.70 所示，使用正则表达式"/.*([as]).*/"匹配某列字段中包含字符"a"或"s"的数组，"[0]"表示显示匹配数组的首个元素。

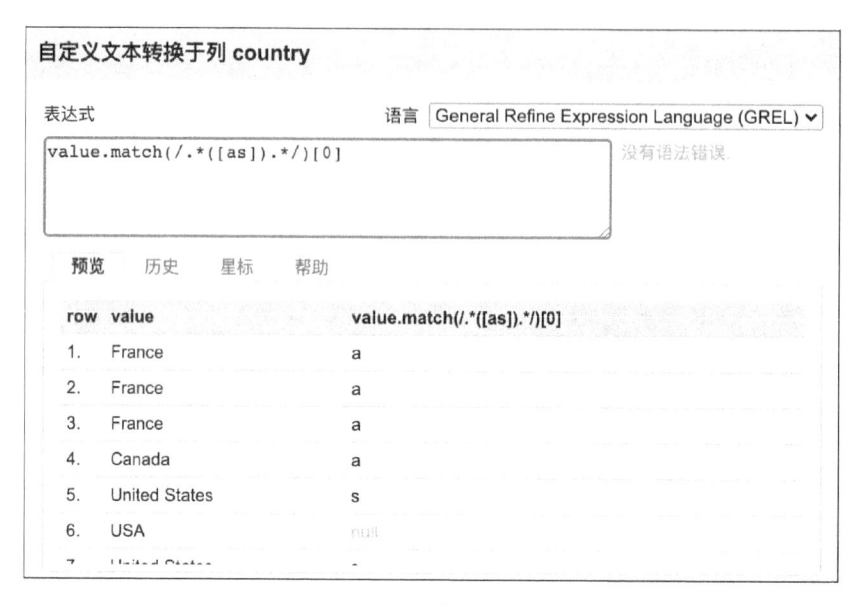

图 3.70　正则表达式用法 2

如图 3.71 所示，使用正则表达式"/.*(\d{4}).*/"匹配某列字段中包含连续 4 个数字的数组。

图 3.71　正则表达式用法 3

1. 字符类（Character classes）

字符类与一组字符中的任何一个字符匹配，常见的字符类正则表达式如下。

（1）[character_group]

功能：匹配 character_group 中的任何单个字符，注意区分大小写。

如模式[ae]匹配字符串"gray"和"lane"，但不匹配字符串"boss"。

（2）[^character_group]

功能：与不在 character_group 中的任何单个字符匹配，注意区分大小写。

如模式[^ae]匹配字符串"boss""gray"和"lane"，但不匹配字符串"aeae"和"aee"。

（3）[第一个-最后一个]

功能：与从第一个到最后一个的范围中的任何单个字符匹配。

如模式[a-w]匹配字符串"boss""gray"和"lane"，但不匹配字符串"xyz"和"1234"。

（4）通配符．

功能：与除\n（新行）之外的任何单个字符匹配。

如模式 a．e 匹配字符串"nave"和"state"，但不匹配字符串"na．ve""na？ve"和"lae"，即仅匹配字符"a"和字符"e"之间只包含一个非换行的单个字符。

（5）\w

功能：匹配一个字母、数字或下画线。

如模式\w 匹配字符串"nave""_??"和"1234"，但不匹配字符串"＊??"。

（6）\W

功能：匹配除了字母、数字或下画线的其他符号。

如模式\W 匹配字符串"n a v e""na．ve"和"na？ve"，但不匹配字符串"nave"和"999"。

（7）\d

功能：与任何一个十进制数字匹配。

如模式\d 匹配字符串"123""boss123"和"901-"，但不匹配"boss"。

（8）\D

功能：与任何一个非十进制数字匹配。

如模式\D 匹配字符串"boss""boss123""-333"和"1234.5"，但不匹配"123"。

思考：abc、\d[a-z]、[^a-zA-Z0-9]的功能，匹配的字符串具有哪些特征？①

---

① 字符类的含义是：abc：匹配包含"abc"的字符串，如"67abcd"，但"adbc"不匹配。\d[a-z]：匹配包含一个数字和任意一个字符的字符串，如"abc9abc"和"67abcd"，但"abc89"和"45！ab"不匹配。[^a-zA-Z0-9]：匹配包含一个非数字非大小写字母的字符串，如"45df 678"、"45！ab"均匹配（包含空格或"！"等特殊符号）。

2. 定位点（Anchors）

定位点（原子零宽度断言）能否匹配成功具体取决于其在字符串中的当前位置，但它们不会使引擎在字符串中前进或使用字符，仅在指定位置查找匹配。常见的定位点正则表达式如下。

（1）^

功能：匹配必须从字符串的开头开始。

如模式"^\d{3}"，匹配字符串"1234""999.9""901"和"901-"，因为两个字符串均以3个十进制数字开头。不匹配字符串"0.9""boss123""*??"和"-999"。

（2）$

功能：匹配必须出现在字符串的末尾。

如模式"-\d{3}$"匹配字符串"-333"和"-999"，因为两个字符串均以3个十进制数字结尾，后数第四位是"-"，不匹配字符串"-9999"和"-99"。

（3）\b

功能：匹配必须出现在单词的边界上。

如模式"\bs\w+"匹配字符串"state""south Bend""state university"，因为字母"s"在单词的边界，后面有一个或以上的文字、数字或下画线，不匹配"boss123""*??"和"this"。

（4）\B

功能：匹配不得出现在单词的边界上。

如模式"\Bend\w*\b"匹配字符串"South Bend"和"Rend Lake"，而不匹配字符串"ender"。

思考：^\d、\d$、^\d.*\d$、\b\d{2}\b、^\d{2}\b 的功能，匹配的字符串具有哪些特征？①

3. 数量词（Quantifiers）

指定在输入字符串中必须存在上一个元素（可以是字符、组或字符类）的多少个实例才能出现匹配项。常见的数量词正则表达式如下。

（1）*

功能：匹配一个元素零次或多次。

如模式"\d*\.\d"匹配字符串".9""9.9"和"999.9"，不匹配"999."，即匹配小数点后面至少有1位十进制数字，小数点前面有无十进制数字均可的字符串。

---

① 定位点的含义是：^\d：匹配以数字开头的字符串。\d$：匹配以数字结尾的字符串。^\d.*\d$：匹配以数字开头并以数字结尾的字符串。\b\d{2}\b：匹配至少包含一个正好2位数字的字符串（3位数字的字符串不匹配），如"12"和"-89"。^\d{2}\b：匹配以2个数字开头的字符串，如"12"，但"-89"不匹配。

（2）+

功能：匹配一个元素一次或多次。

如模式"be+"匹配字符串"been"和"south bend"中的"be"，即匹配以字符"b"开头且后面至少跟一个字符"e"的字符串。

（3）?

功能：匹配一个元素零次或一次。

如模式"te?"匹配字符串"test""bent""state"和"tet"，即匹配至少包含一个字母"t"的字符串。

（4）{n}

功能：匹配一个元素恰好 n 次。

如模式",\d{3}"匹配字符串"1,234.5"",234"和"1,234,567,890"，不匹配字符串"12,34"，即匹配","后面恰好有 3 个十进制数字的字符串。

（5）{n,}

功能：匹配一个元素至少 n 次。

如模式"\d{2,}"匹配字符串"123""12"和"1234"。

（6）{n,m}

功能：匹配一个元素至少 n 次，但不多于 m 次。

如模式"\d{3,5}"匹配字符串"123""12345"和"123456"和"-999"，不匹配字符串"0.9""99"。

4. 选择

用于修改正则表达式以启用"或者"匹配，即"|"。

功能：匹配以"|"字符分隔的任何一个元素。

如模式"th(e|is|at)"匹配字符串"this""the"和"that"。

5. 分组

分组构造描述了正则表达式的子表达式，通常用于捕获输入字符串的子字符串，即"(子表达式)"。

功能：精确匹配括号中的完整子表达式。

如模式：(ae)+，匹配字符串"ae""aeae"和"aeee"。

3.4 数据清理的原则

数据清理过程中经常会遇到各种各样的突发问题，掌握数据清理的原则和技巧可以让工作事半功倍。

1. 备份原文件

无论数据量大还是小，保存为哪种格式，一定要备份原文件。大量的清理工作都应该在备份文件上操作，有任何数据上的问题，可以方便查询原文件，因为清理工作往往不是一个人短期内可以完成的，在不同的阶段往往由不同的人使用不同的清理方法，甚至使用不同的清理工具来完成。

2. 抽查数据

在每个阶段都要养成抽查数据的习惯，如每次编辑单元格后都要随机抽查 5~10 条记录，尽早发现问题。有时，很多问题看上去简单，如 3.5.1 节中的 "使用 Excel 查找重复记录" 案例，但会影响归类的结果，对后期的数据分析和诠释数据都有非常大的影响。

3. 关注文本数据

文本数据要特别注意空格、大小写和对齐方式等，还要特别关注函数，如果文本函数的结果异常，很可能是因为文本包含乱码。

4. 测试数据

在对数据进行编辑前仔细查看 "预览" 选项卡，否则，单击 "确定" 按钮后，所有记录都将发生改变（可能涉及几千、几万甚至更多的数据）。尽可能在进行这类操作前确认操作的正确性。

5. 记录清理过程

OpenRefine 导出项目时会自动记录清理过程，但 Excel 没有这项功能，尽可能地记录所有清理过程，因为清理中撤销某个或某几个错误步骤是难免的。

3.5 数据清理综合案例

3.5.1 使用 Excel 查找重复记录

要求：查找如图 3.72 所示的 "地区" 列中重复的城市记录（数据到本书资源中获取）。

	A	B	C	D
1	地区	首要污染物	等级	日期
2	保定	PM2.5	重度污染	2015/12/20
3	保定	PM2.5	重度污染	2015/12/21
4	保定	PM2.6	重度污染	2015/12/22
5	保定	PM2.5	重度污染	2015/12/23
6	北京	PM2.5	中度污染	2015/12/20
7	北京	PM2.6	重度污染	2015/12/21
8	北京	PM2.7	重度污染	2015/12/22
9	北京	PM2.8	重度污染	2015/12/23

图 3.72 查找重复记录的原始数据

方法一：使用 COUNTIF 函数

在 E2 单元格中输入函数"=IF(COUNTIF(A:A,A2)>1,"重复","")"，然后复制到单元格区域 E3:E9。结果如图 3.73 所示。

图 3.73　使用 COUNTIF 函数查找重复记录

A2:A5 单元格区域中的内容似乎相同，尤其是 A2 和 A3 单元格，看起来完全相同，为什么函数计算后不是"重复"呢？ 原因是 A3 单元格的实际内容是"保定 "（注意后面有空格），因为空格无法显示，所以看起来 A2 和 A3 单元格的内容完全相同，但 Excel 知道二者是完全不同的，A4 单元格的实际内容是" 保定"（注意前面有空格）。同样，A7 单元格的实际内容是"北 京"（注意中间有空格），与 A8 和 A9 单元格也不相同。

去掉文本前后空格的方法是使用 TRIM 函数，其功能是除了文本中间的空格，清除文本前后的所有空格。该函数的语法规则是 TRIM(text)，其中参数 text 是需要清除前后空格的文本。

在 F2 单元格中输入函数"=IF(COUNTIF(A:A,TRIM(A2))>1,"重复","")"，然后复制到单元格区域 F3:F9，结果如图 3.74 所示。

图 3.74　使用 COUNTIF 和 TRIM 函数查找重复记录

注意：TRIM 函数无法删除文本中间的空格，如 A7 单元格的内容是"北 京"（注意中间有空格），即使使用 TRIM 函数，A7 单元格的内容依旧是"北 京"。

方法二：非公式法

选中需要进行数据重复检查的列或区域 A2:A9，然后单击"开始"选项卡，选择"样式"选项组的"条件格式"选项,在下拉列表的第一个选项"突出显示单元格规则"中选择"重复值",在打开的"重复值"对话框中设置"重复"值为"浅红填充色深红色文本",结果如图 3.75 所示。

图 3.75 使用"突出显示单元格规则"查找重复记录

方法三:数据透视表

选中单元格区域 A1:D9,然后选择"插入"选项卡,再选择"数据透视表",设置"数据透视表字段列表",如图 3.76 所示;将"行标签"设置为"地区",将"数值"设置为"计数项:地区",结果如图 3.77 所示。

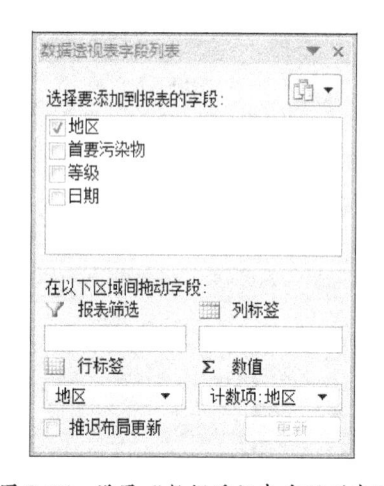

图 3.76 设置"数据透视表字段列表"　　图 3.77 使用"数据透视表"查找重复记录

通过图 3.77 可以看出"保定"(前面有空格)1 项,"保定"(前后均无空格)2 项,"保定"(后面有空格)1 项。

特别注意:用分类汇总是不能查找重复记录的。通过图 3.78 和图 3.79 可以看出,以"地区"为分类字段汇总"地区"计数时,不区分"保定"(前面有空格)、"保定"(前后均无空格)和"保定"(后面有空格),认为三者是一样的;但区分"北京"(中间有空格)和"北京"(中间无空格)。

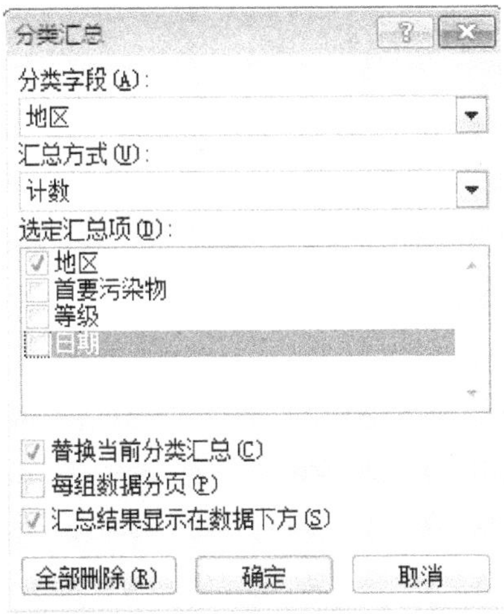

图 3.78 设置"分类汇总"

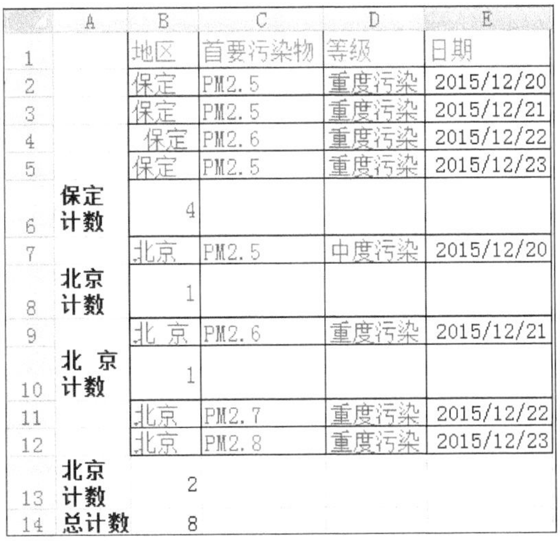

图 3.79 使用"分类汇总"查找重复记录（不正确）

使用 OpenRefine 对"地区"列做"文本归类"，如图 3.80 所示。单击"簇集"按钮，将" 保定"（前面有空格）和"保定 "（后面有空格）合并为"保定"，如图 3.81 所示。

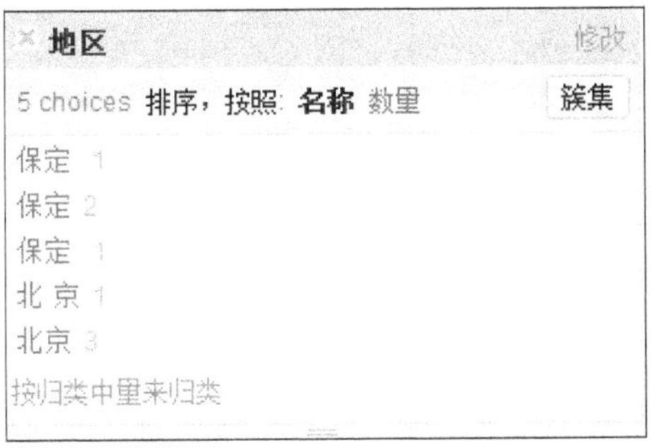

图 3.80 对"地区"列"文本归类"

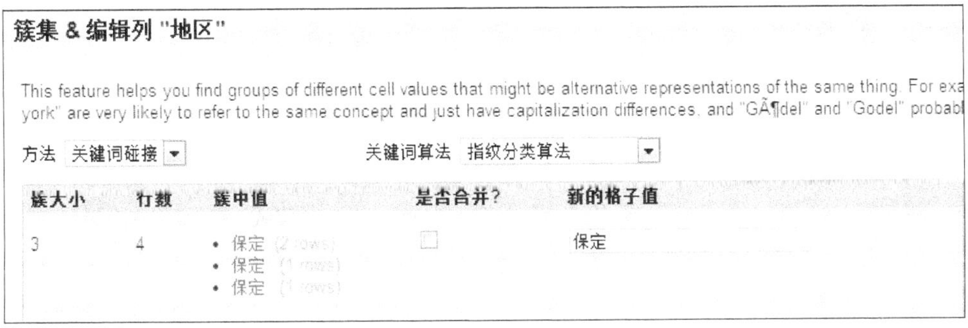

图 3.81 合并簇集

3.5.2 使用 OpenRefine 清理 UniversityData 数据

本案例使用 OpenRefine 对数据集进行数据清理。从站点下载源数据压缩包 UniversityData. zip，解压为 UniversityData. csv 文件，也可以到本书资源获取。

1. 导入数据

首先运行 OpenRefine，然后单击“新建项目”，在“数据来源于”中选择“这台电脑”，可以选择存储在本地计算机的数据文件，导入文件“UniversityData. csv”，在主界面查看数据，如图 3. 82 所示。

75043 行　　扩展：Wikidata

展示方式：行 记录　显示：5 10 25 50 行　　« 首页 ‹ 上页 1 - 10 下页 › 末页 »

全部	university	endowment	numFaculty	numDoctor	country	numStaff	established	numPostgr	numUndergrad	numStuden
1.	Paris Universitas	15	5500	8000	France		2005		25000	70000
2.	Paris Universitas	15	5500	8000	France		2005		25000	70000
3.	Lumi%C3%A8re University Lyon 2	121		1355	France		1835	7046	14851	27393
4.	Confederation College	4700000			Canada		1967	not available	pre-university students; technical	21160
5.	Rocky Mountain College	16586100			United States		1878	66	878	894
6.	Rocky Mountain College	16586100			USA		1878	66	878	894
7.	Idaho State University	40200750	838		United States	1269	1901	2661	12892	15553
8.	Idaho State University	40200750	838		USA	1269	1901	2661	12892	15553
9.	Idaho State University	40200750	838		United States	1269	1947	2661	12892	15553
10.	Idaho State University	40200750	838		USA	1269	1947	2661	12892	15553

图 3. 82　数据集 UniversityData

2. 发现问题

查看主界面，发现数据存在以下问题：

- 有空值记录。如第 3 条记录“numFaculty”列的值为空。
- 记录值不正确。如第 4 条记录“numPostgrad”列的值是“not available”，“numUndergrad”列的值是“pre-university students；technical”，正确值应该是数字。
- 所有列的数据类型均为文本型，如“numStudents”列用于记录学生人数，应该是数值型数据。(如果在导入数据时“配置解析选项”部分勾选了“将单元格中的文本解析为数字，日期，…”复选框，那么可以部分正确解析数字和日期等。)
- 记录值有乱码。如第 3 条记录“university”列的值是“Lumi%C3%A8re University Lyon 2”。

3. 使用“文本归类”清理数据

- 对“country”列进行“文本归类”，发现数据录入错误。例如，有 2 条记录“country”列的值是“,”，如图 3. 83 所示。
- 数据录入错误。例如，有 576 条记录“country”列的值是“Canada B1P 6L2”，如图 3. 84 所示，正确值应该是“Canada”。
- 同一个国家有多种录入值。如英国有三种表示方法，其中 3398 条记录用的是“England”，324 条记录用的是“England, UK”，572 条记录用的是“England, United Kingdom”，如图 3. 85 所示。

图 3.83　录入错误 1　　　　　图 3.84　录入错误 2

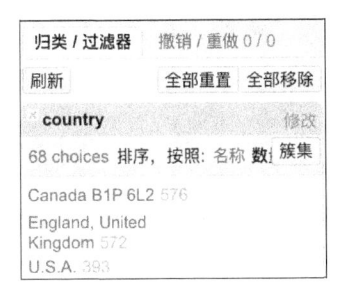

- 有重复记录。如按"university"列"文本归类",如图 3.86 所示。选择"Indian Institute of Technology Delhi",包含 2 条记录,如图 3.87 所示,两条记录完全相同。

图 3.85　录入错误 3　　　　　图 3.86　文本归类

图 3.87　重复记录

随着数据清理的深入,我们还会发现其他问题。首先来解决已经发现的问题。

4. 修改格式

单击"全部移除"按钮,移除所有归类。如果记录没有正确解析格式,如"numStudents"列为文本,则选择该列,选择菜单【编辑单元格】|【常用转换】|【数字化】选项,将该列转换为数值型数据,同样将列"endowment""numFaculty""numDoctoral""numStaff""established""numPostgradl"和"numUndergrad"数字化。

5. 解决"country"列国家名字不正确、同国不同名的问题

单击"全部移除"按钮,移除所有归类。选择"country"列,选择菜单【归类】|

【文本归类】选项，如图 3.83 所示。

查看第一个值为"，"的分类，因为没有国家的名字是"，"，所以这个国家名字一定是错误的。如何编辑该国家的名字呢？查看这 2 条记录的"university"列，显示列值是"Universidad Ju%C3%A1rez Aut%C3%B3noma de Tabasco"，其中包括"%C3%"等特殊字符，初步分析应该是国家的文字乱码导致的。选择"numStudents"列，再选择菜单【编辑单元格】|【转换】选项，输入表达式"value.unescape('url')"，将乱码转换为"Universidad Juárez Autónoma de Tabasco"，结果如图 3.88 所示。也可以使用搜索引擎搜索该文本，发现该校名称应该是"Universidad Juárez Autónoma de Tabasco"，深入搜索该大学发现，这是墨西哥的一所大学。选择文本分类"，"，单击"编辑"按钮，输入"Mexico"，再单击"应用"按钮，则分类结果由原来的 68 个变为 67 个，如图 3.89 所示。

图 3.88　修改乱码 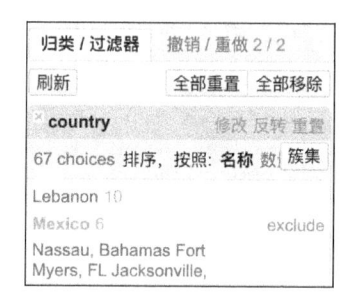　　　　　　图 3.89　67 个文本归类

思考：如图 3.90 和图 3.91 所示，查看包含 2 条记录的"Cura%C3%A7ao"分类和包含 1 条记录的"Nassau, Bahamas Fort Myers, FL Jacksonville, FL Miami, FL Miramar, FL Orlando, FL Palm Beach, FL Tampa, FL"分类，尝试用上述方法编辑修改。

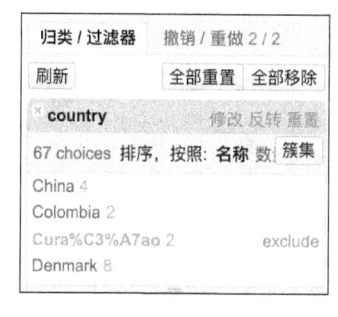

图 3.90　"Cura%C3%A7ao"分类 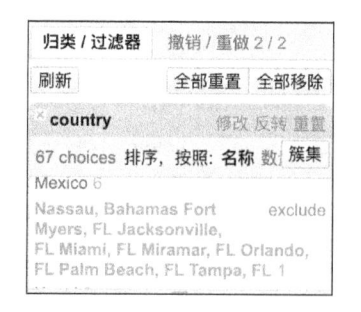　　　　图 3.91　"Nassau, Bahamas …"分类

查看"Canada"附近的分类（如图 3.92 所示），发现"Canada B1P 6L2"和"Canada C1A 4P3 Telephone：902-566-0439 Fax：902-566-0795"均应该是"Canada"，编辑这两个分类，则分类由 67 个变为 65 个，如图 3.93 所示。

图 3.92　加拿大的不同写法　　　　图 3.93　65 个文本归类

单击"country"分类右上方的"全部重置"按钮，清空所有归类，然后单击"簇集"按钮，在"簇集 & 编辑列'country'"窗口中看到共有 3 个簇集，勾选"是否合并"复选框，输入"新的格子值"是"USA"，如图 3.94 所示，这时分类变为 60 个。

图 3.94　合并簇集

用类似方法修改英国的多种不同写法，如图 3.95 所示。修改后分类变为 58 个。

即使这样修改，可能还存在同国不同名的问题，如图 3.96 所示，发现还存在英国和美国的其他写法，也存在"Utopia"这种并不存在的国家名。将"United Kingdom"编辑为"UK"，将"United States of America"和"Utopia"均编辑为"USA"。修改后分类变为 55 个。

图 3.95　英国的不同写法　　　　图 3.96　仍然有不同写法存在

用类似方法，将"Republic of China"编辑为"China"（如图 3.97 所示），修改后分类变为 54 个；将"Rossija"和"Russian Federation"编辑为"Russia"（如图 3.98 所示），修改后分类变为 52 个。

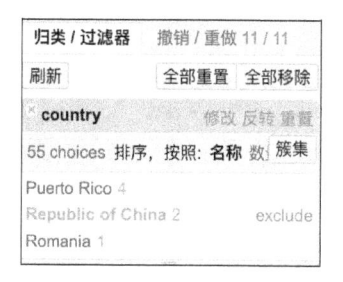

图 3.97　修改中国的不同写法

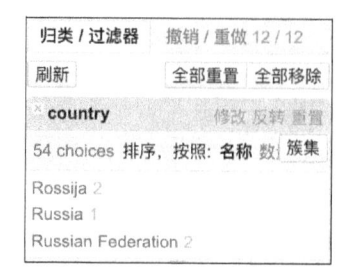

图 3.98　修改俄罗斯的不同写法

用类似方法，将"Scotland""Scotland, UK"和"Scotland, United Kingdom"编辑为"UK"（如图 3.99 所示），修改后分类变为 49 个；将"the Netherlands"编辑为"Netherlands"（如图 3.100 所示），修改后分类变为 48 个。

图 3.99　修改英国的不同写法

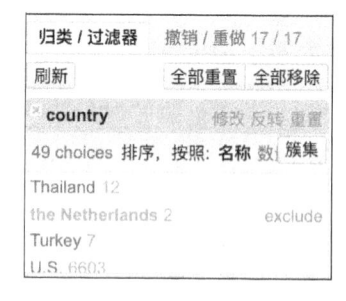

图 3.100　修改荷兰的不同写法

查看"Satellite locations:"分类，使用搜索工具确定其为美国的一所大学，所以编辑为"USA"，分类变为 47 个；将"Taiwan"编辑为"China"，修改后分类变为 46 个。

思考：查看"country"列，尝试查找是否存在其他需要修改的国家名。

6. 修改"numStudents"列中记录值不正确的问题

单击"全部移除"按钮，移除所有归类。选择"numStudents"列，再选择菜单【归类】|【数值归类】选项，结果如图 3.101 所示。显示共有 4695 条非数值型记录和 19269 条空记录，这两项将是本步骤着重解决的问题。

仅勾选"Non-numeric"复选框，查看非数值型记录，如图 3.102 所示。非数值型记录是左对齐显示的，并且是黑色显示（数值型数据是右对齐显示的，并且是绿色的）。单击"下一页"按钮，查看这类记录的特征。很多这类记录中包含了数字和文字两部分，如"900+"表示 900 余名学生，"~50,000"表示大约 5 万名学生。

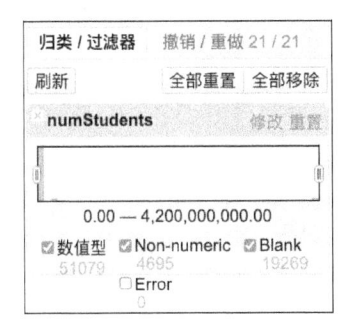

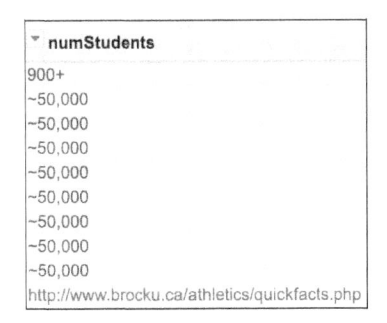

图 3.101 "numStudents"列数值归类　　　图 3.102 非数值型记录

选择"numStudents"列，再选择菜单【编辑单元格】|【转换】选项，输入表达式 "value.replace("+","").replace("~","").replace(",","")"，表示将字符"+" "~"和","转换为空，即删除这些字符，如图 3.103 所示。

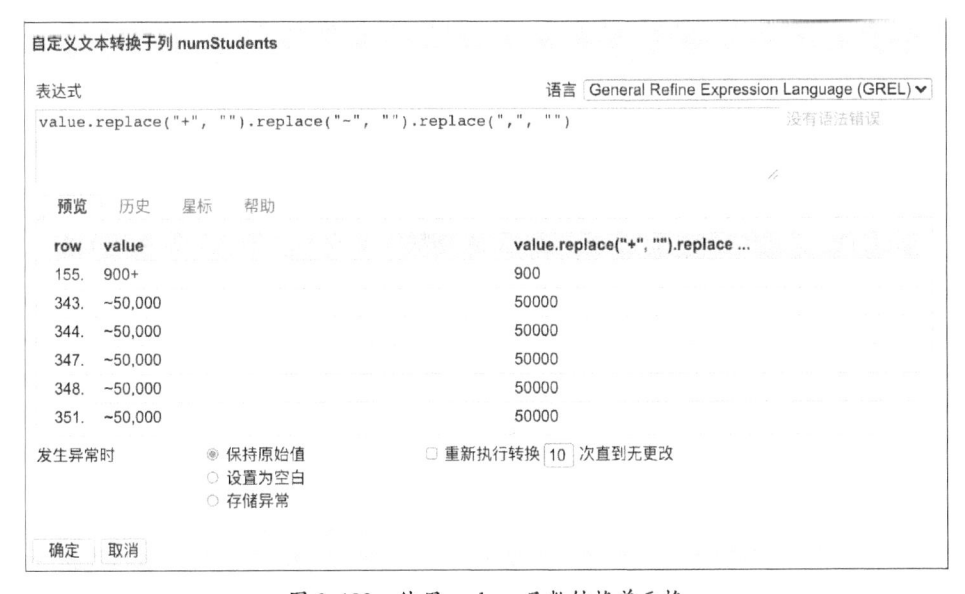

图 3.103 使用 replace 函数转换单元格

选择"numStudents"列，再选择【编辑单元格】|【常用转换】|【数字化】选项，将该列转换为数值型数据。这时显示非数值型记录共有 4678 条。

同上输入表达式"value.replace(" total","").replace(" -","")"，删除字符串 " total"和" -"，然后数字化该列，这时显示非数值型记录共有 4510 条。

查看剩下的 4510 条记录，很多记录的特征是前面是数字、后面是文字，如图 3.104 左下方的"value"所示。为了解决这个问题，选择"numStudents"列，单击【编辑单元格】|【转换】选项，在打开的对话框中输入表达式"substring(value,0,indexOf(value," "))"。这个表达式首先通过 indexOf 函数定位首个空格的下标，然后使用 substring 函数从开始到下标位置取子字符串，即取出第一个空格前的数字部分。然后数字化

· 111 ·

该列，显示非数值型记录共 30 条。

图 3.104 substring 和 indexOf 函数的使用

剩下的 30 条记录不值得手工操作修改（相对于 75043 条记录来说，30 条记录所占比例非常小），可以直接删除这些记录。

选择【全部】|【编辑行】|【移除所有匹配的行】选项，删除这些记录。单击"全部重置"按钮，显示所有的记录，更新后的记录共 75013 行。

用上述方法删除所有空值记录（如图 3.101 所示，空记录共 19269 条），更新后的记录共 55744 行。

思考：尝试使用上述方法编辑"numUndergrad"列的其他数值型。

7. 解决"endowment"列单位不统一的问题

单击"全部移除"按钮，移除所有归类。选择"endowment"列，再选择【归类】|【数值归类】选项，结果如图 3.105 所示。显示共 21591 条非数值型记录，这将是本步骤着重解决的问题。仅勾选"Non-numeric"复选框，查看非数值型记录，如图 3.106 所示。

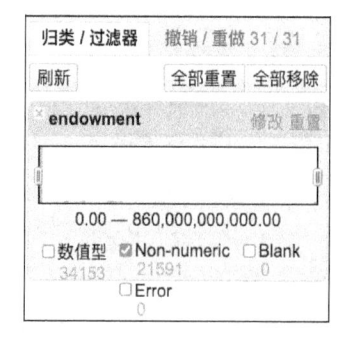

图 3.105 "endowment"列数值归类

图 3.106 非数值型记录

"endowment"列中的数值大部分是以美元表示的，但美元的表示方法有很多，如"US ＄""US＄"" ＄ "和"USD ＄"等，选择"endowment"列，再选择菜单【编辑单元格】|【转换】选项，在打开的对话框中输入表达式"value. replace("US ＄","")．replace("US＄","")．replace("＄","")．replace("USD ＄","")．replace(",","")"。然后数字化该列，显示非数值型记录共有21202条。

接下来将单位"million"转换为相应的数据。为避免大小写敏感的问题，先将数据全部转换为小写。选择"endowment"列，再选择菜单【编辑单元格】|【常用转换】|【全部小写】选项，然后选择【归类】|【自定义文本归类】选项，在打开的对话框中输入表达式"value. contains("million")"，如图3.107所示。

图3.107 自定义文本归类

记录归为两类：一类包含字符串"million"，共1381条记录；另一类不包含"million"字符串，共19821条记录，如图3.108所示。选择"true"类，在"endowment"列中选择菜单【编辑单元格】|【转换】选项，在打开的对话框中输入表达式"toNumber(value. replace("million",""))＊1000000"，如图3.109所示。然后数字化该列，显示非数值型记录共283条（注意283条记录是包含字符串"million"的非数值型数据，实际上还有很多不包含"million"的非数值型数据）。

选择"endowment"列，再选择菜单【编辑单元格】|【转换】选项，在打开的对话框中输入表达式"value. replace（" r",""）. replace（" u. s. ",""）. replace（" p",""）. replace（" +",""）. replace("usd",""). replace("approx.","")"。然后用同样的

图3.108 自定义文本归类结果

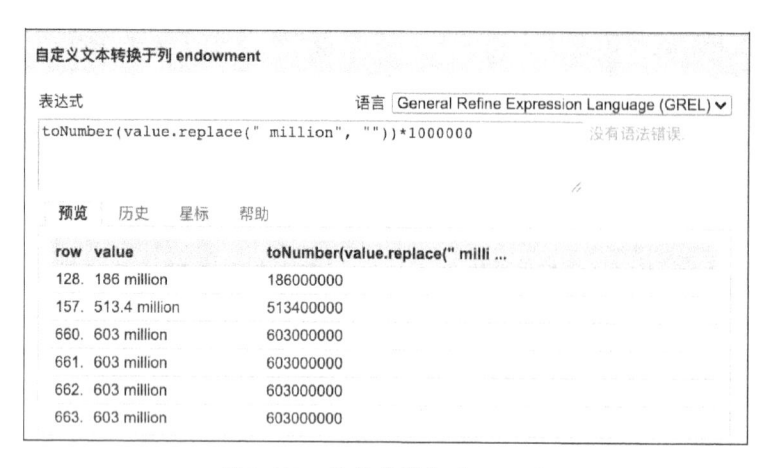

图 3.109　编辑字符串"million"

步骤转换字符串"million"为"1000000",并数字化该列。

思考:尝试继续清洗包含字符串"million"的非数值型数据。

"endowment"列中有些记录以字符"a"开头表示澳元,以字符"c"开头表示加元,尝试按当日汇率转换为美元。

尝试使用上述方法将单位"billion"转换为相应的数据。

8. 解决"established"列包含非数值型数据的问题

单击"全部移除"按钮,移除所有归类。"established"列应该显示大学的创建时间,观察记录发现,该列日期混乱,大部分是年份,有些是文本型日期,或者是以文本开头后面是年份。为更深入地发现问题,数字化该列后对该列做数值归类,如图 3.110 所示。仅勾选"Non-numeric"复选框,查看非数值型数据,如图 3.111 所示。

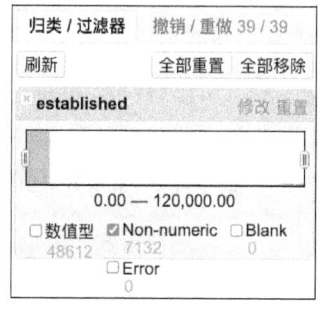

图 3.110　"established"列的数值归类 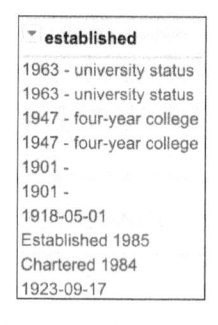　　图 3.111　"established"列的非数值型数据

大部分记录仅包含确切的年份,本列虽然应该是日期型数据,但从记录值上看保存 4 位年份的数值型数据更合适。有些年份保存在字符串的开始,有些年份保存在字符串的结尾,还有些年份保存在字符串的中间,不适合使用步骤 6 中的 indexOf 函数和 substring 函数,但可以使用正则表达式实现年份的获取。

选择"established"列，再选择菜单【编辑单元格】|【转换】选项，输入表达式"value.match(/.*(\d{4}).*/)[0]"。其中".*"指的是一个零或多个字符序列（字母、数字和符号等），"\d"表示寻找的是一个数字，"{4}"显示要恰好匹配4位数字。value.match 函数的返回结果是数组，所以用"[0]"返回匹配的第一个元素，如图3.112所示。注意观察图3.112的下方，"1947-four-year college"转换为"1947"，"1901-"转换为"1901"，"Established 1985"转换为"1985"，然后数字化该列即可。

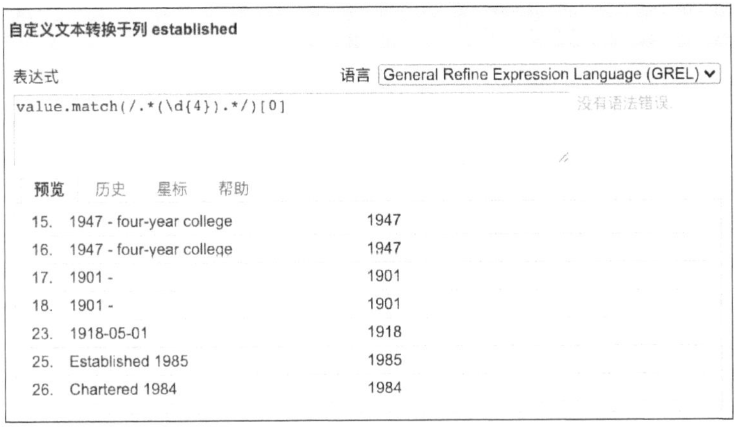

图 3.112 使用正则表达式获取"established"列的年份

注意：归类中仍然存在 1352 条 "established" 列值为空的记录，可以根据需要决定保留还是删除。

9. 解决重复记录的问题

单击"全部移除"按钮，移除所有归类。仔细查看数据，可以发现很多数据是重复的。为什么会出现这种情况呢？可能数据来源的时间不同，不同年份的学生的数量经常是不同的，也可能数据来源于不同的部门等。为保证数据的简洁，需要对重复的行进行清理，为了使事情变得简单，可以仅保留每所大学排在第一行的记录。

选择"university"列，单击"排序"菜单，排序依据"文本"的升序，"错误"和"空白"放在"合法值"的后面，排序后的前 8 条记录如图 3.113 所示。

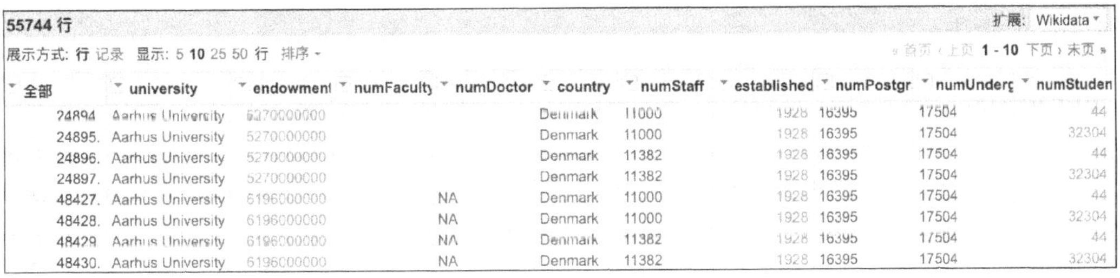

图 3.113 排序后的前 8 条记录

然后在顶部出现的菜单中选择菜单【排序】|【固定行顺序】选项，如图 3.114 所示。

选择"university"列，选择菜单【编辑单元格】|【相同空白填充】选项，操作后的记录如图 3.115 所示。对比图 3.113 和图 3.115，重复记录的"university"值用空白替代。

图 3.114　固定行顺序

	university	endowment	numFaculty	numDoctoral	country	numStaff	established	numPostgr	numUnderg	numStuder
1.	Aarhus University	5270000000			Denmark	11000	1928	16395	17504	44
2.		5270000000			Denmark	11000	1928	16395	17504	32304
3.		5270000000			Denmark	11382	1928	16395	17504	44
4.		5270000000			Denmark	11382	1928	16395	17504	32304
5.		6196000000	NA		Denmark	11000	1928	16395	17504	44
6.		6196000000	NA		Denmark	11000	1928	16395	17504	32304
7.		6196000000	NA		Denmark	11382	1928	16395	17504	44
8.		6196000000	NA		Denmark	11382	1928	16395	17504	32304
9.	Acadia University	40000000			Canada	211	1838	76	2760	3000
10.		40000000			Canada	211	1838	76	2760	3485

图 3.115　相同空白填充后的前 8 条记录

选择"university"列，再选择菜单【归类】|【自定义归类】|【按空白归类】选项，选择"true"归类，再选择【全部】|【编辑行】|【移除所有匹配的行】选项。

单击"全部移除"按钮，移除所有归类，查看清理后的记录。

思考： 上述方法删除重复记录是否符合你的要求，到底什么才是真正重复的记录？

注意： 本步骤也可以用 Excel 的"删除重复项"功能实现。为实现以下步骤，需要先执行步骤 10，导出 Excel 数据后再操作。

打开导出的 Excel 数据，先按"university"排序，查看记录重复的情况，然后在"数据"选项卡的"数据工具"中选择"删除重复项"，在打开的"删除重复项"对话框中单击"全选"按钮，即所有字段值完全一致才是重复记录，如图 3.116 所示。单击"确定"

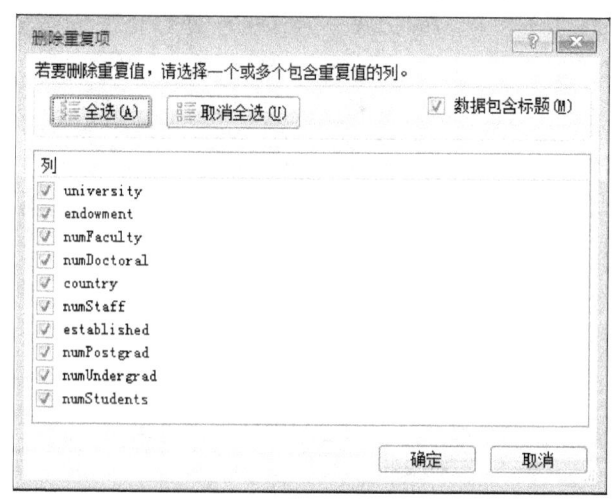

图 3.116　Excel 删除重复项

按钮，完成数据清理。

10. 导出数据

单击"全部移除"按钮，移除所有归类。单击"导出"按钮，选择"Excel"项，设置导出的文件名称和位置后即可导出文件，具体见3.3.11节的图3.59。

也可以导出包含所有操作的项目，方便自己或他人学习。

思考：尝试清理数据 data_Weibo.xlsx。

3.5.3 使用 OpenRefine 获取和解析 HTML 数据

本案例使用工具 OpenRefine 获取和解析 HTML，并使用字符串函数将 URL 转换为结构化数据集。数据来源为 http://programminghistorian.＊＊＊/assets/fetch-and-parse-data-with-openrefine/pg1105.html。

该 HTML 页面的内容显示了莎士比亚的十四行诗。本案例的目的是将百余首莎士比亚的十四行诗保存为结构化数据集，每首诗保存为数据集中的一行数据。右击 HTML 页面，在出现的快捷菜单中选择【显示网页源代码】选项，通过 Ctrl+F 快捷键输入"THE SONNETS"，搜索找到第一首诗的位置，查看到每首诗都放在 HTML 的标签<p>中，每行诗用 HTML 的标签
结束换行。选中每首诗的<p>标签，在查找框中输入"<p"，确认第一首诗的标签<p>是整个 HTML 页面的第 38 个<p>标签，如图 3.117 所示。

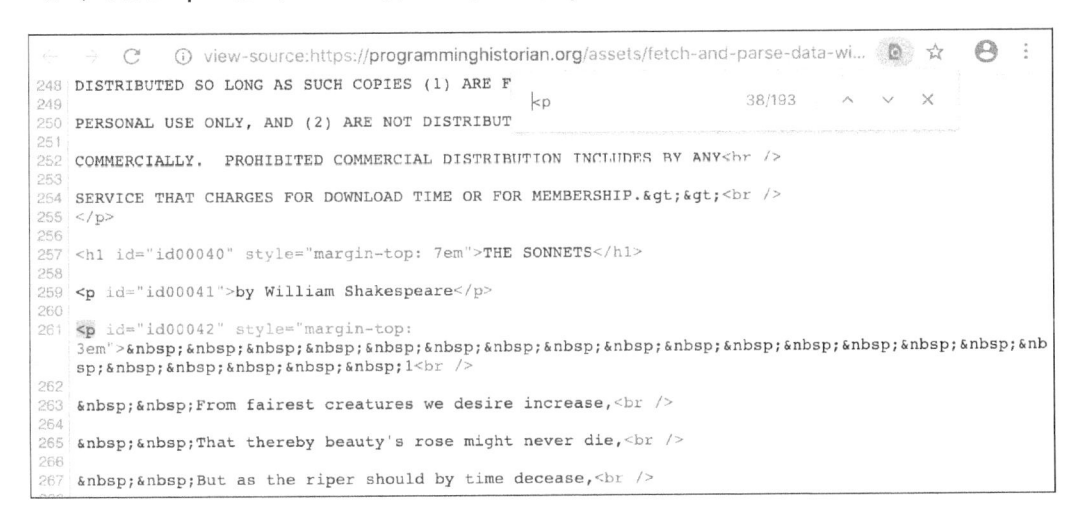

图 3.117 确定第一首诗的位置

注意：在搜索框中不能输入"<p>"，因为每首诗的<p>标签中都包含属性，如"<p id="id00042" style="margin-top：3em">"，输入"<p>"无法查找到<p>标签。

1. 新建项目

首先运行 OpenRefine，然后单击"新建项目"，在"数据来源于"中选择"剪贴板",然后将数据来源复制到剪贴板,如图 3.118 所示。单击"下一步"按钮,在右上角输入项目名称"Sonnets"后单击"新建项目"按钮新建项目。

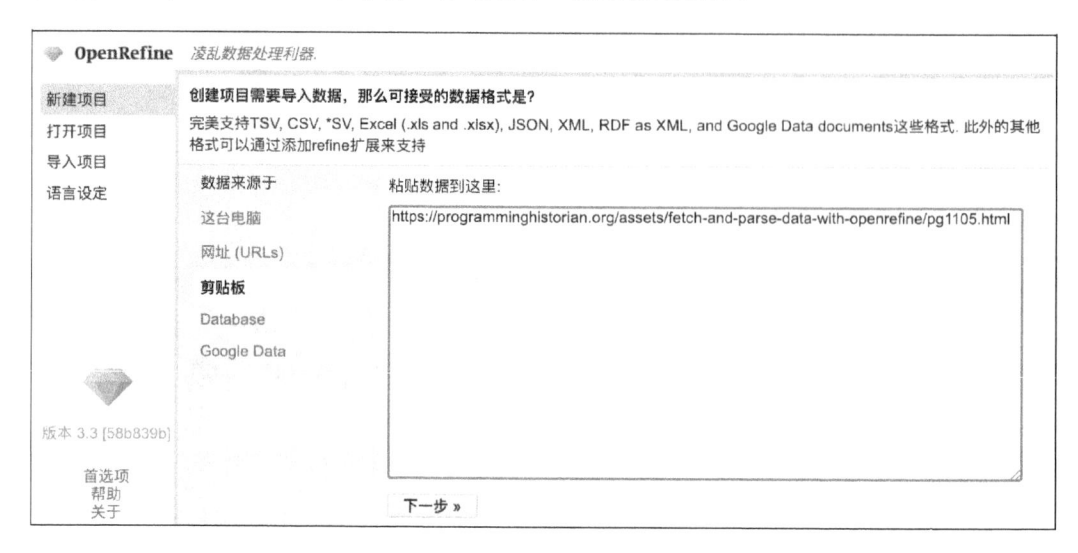

图 3.118 数据来源于剪贴板

注意:此时的数据集仅包含一行一列数据,数值为 URL 地址。

2. 获取 HTML 数据

通过 OpenRefine 的内置函数检索 URL 列表。单击"Column1"列左侧的三角形下拉按钮,再选择菜单【编辑列】|【添加远程数据为新列】选项,如图 3.119 所示。

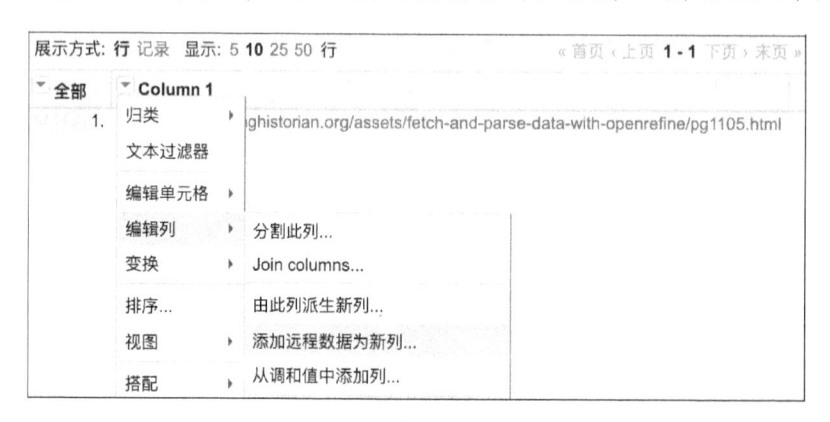

图 3.119 获取 HTML 数据

设置新列的名称是"Fetch",单击"确定"按钮,OpenRefine 根据表达式 value 的值基于列 column 1 来获取 URL 的数据。**注意**:URL 服务器的速度、页面数据量的大小和网速等决定了获取数据的时间,建议根据实际情况适当增加或减少"超时停止"的时间,如图 3.120 所示。

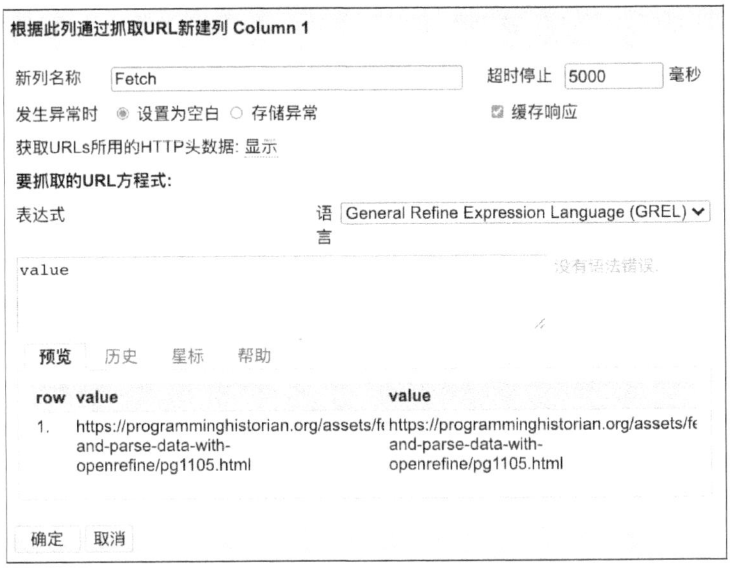

图 3.120 设置远程数据新列

3. 解析 HTML

单击"Fetch"列左侧的三角形下拉按钮，选择菜单【编辑列】|【由此列派生新列】选项，输入新列名称"Parse"，表达式如下：

```
value.parseHtml().select("p")
```

其中，parseHtml()函数的功能是解析并返回完整的 HTML 文档，select("p")函数的功能是从 HTML 元素中选择并返回标签<p>的内容。结果如图 3.121 右侧。

图 3.121 value.parseHtml().select("p")的结果

本步骤中的 HTML 页面包含很多个标签<p>，返回的结果是一个数组对象。因为 OpenRefine 不会将数组对象存储为单元格值，所以若单击"确定"按钮，则"Parse"列是空。

还存在一个问题，虽然莎士比亚的每首十四行诗都放在 HTML 的标签<p>中，但上述方法取出了全部的<p>标签。为确定第一行诗的位置，修改表达式如下：

```
value.parseHtml().select("p")[37]
```

默认下标都是从 0 开始的，图 3.117 已经确认第一首诗的标签<p>是整个 HTML 页面的第 38 个<p>标签，所以第一首诗的下标是 37。对比图 3.121 和图 3.122，图 3.121 是返回所有<p>标签的内容，图 3.122 是返回下标 37，即返回第 38 个<p>标签到最后一个<p>标签之间的内容。

图 3.122　value.parseHtml().select("p")[37]的结果

为确定最后一行诗的位置，修改表达式如下：

```
value.parseHtml().select("p")[-3]
```

第一首诗的下标是 37，第二首诗的下标依次递增为 38，共 154 首诗，所以最后一首的下标是 190。还有另一种方法，-1 代表倒数第一个<p>标签，则最后一首诗的下标也可以表示为-3。

确定第一首诗和最后一首诗的下标后，用 slice() 函数对数组切片。修改表达式如下：

```
value.parseHtml().select("p").slice(37,-2)
```

slice( )函数仅提取包含十四行诗的<p>标签范围，注意 slice 包含两个参数，其含义是从第一个参数开始，到第二个参数之前（并不包含第二个参数）。如 slice(37,-2)表示下标从 37 开始到-2 之前（不包含下标-2），即下标从 37 开始到-3 结束。

注意：对数组切片后得到的依旧是一个数组对象，无法将其存储为单元格值，此时单击"确定"按钮，将生成一个空列。

解决的方法是使用 toString( ) 或 join( ) 函数将数组转换为字符串变量。如果使用前者，那么所有的诗句都将变为一个很长的字符串，无法后续分隔为每一首诗，所以使用后者，每首诗用"|"分隔符连接成一个字符串。修改表达式如下：

`value.parseHtml().select("p").slice(37,-2).join("|")`

结果如图 3.123 所示。注意查看图右侧两首诗之间的"|"分隔符。单击"确定"按钮，新生成"Parse"列。

图 3.123　value.parseHtml().select("p").slice(37,-2).join("|")的结果

4. 分列

单击"Parse"列左侧的三角形下拉按钮，选择菜单【编辑单元格】|【分离多值单元格】选项，在"分离多值单元格"中选择"用分隔符'|'"（如图 3.124 所示），单击"确定"按钮，则一个单元格分成了 154 行，图 3.125 是分离后的第一行数据。可以将其他列移除，或选择菜单【视图】|【收起该列】选项，以便用合适的高度显示"Parse"列。

5. 解析列

单击"Parse"列左侧的三角形下拉按钮，选择菜单【编辑单元格】|【转换】选

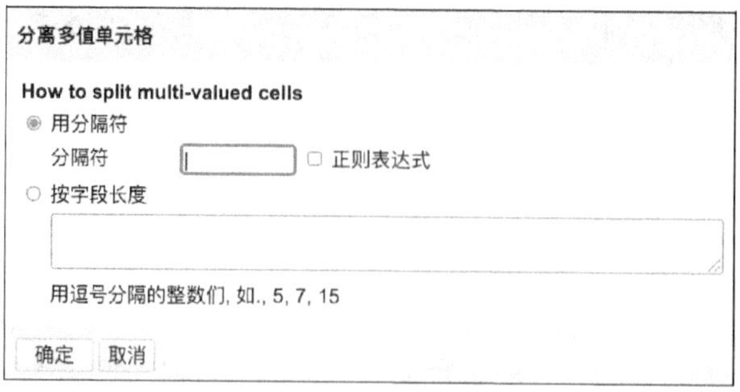

图 3.124 分离多值单元格

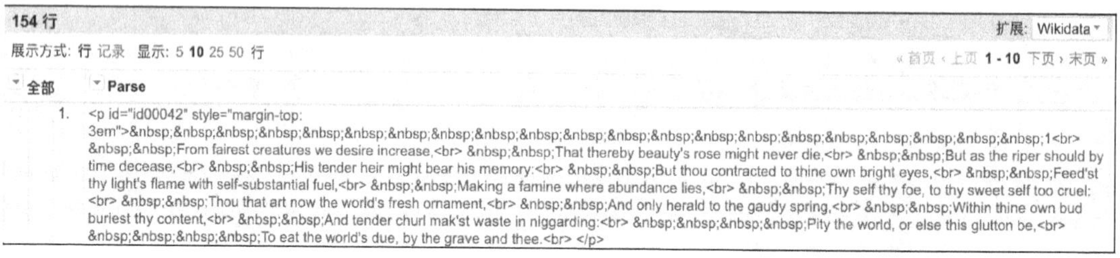

图 3.125 分离后的第一行数据

项，输入表达式如下：

value.parseHtml().select("p")[0].innerHtml()

说明：parseHtml()将自动填充缺失的标记，解析这些单元格值，尽管它们不是有效的 HTML 文档。select()选择所有的<p>标签。以第一行数据为例，虽然 value 值仅包含一个<p>标签，但此函数返回的是一个数组对象。通过下标 0 返回此对象的第一个数组元素。innerHtml()函数提取一对<p>标签中包含的内容，即第一首十四行诗的文本和一些 HTML 标记，如
、&nsbp 等，如图 3.126 所示。

6. 删除" "

使用 unescape()函数快速替换为相应的纯文本字符。单击"Parse"列左侧的三角形下拉按钮，选择菜单【编辑单元格】|【转换】选项，输入如下表达式：

value.unescape('html')

说明： 被解析为 HTML 的空格，如图 3.127 所示。

7. 提取诗的序号

单击"Parse"列左侧的三角形下拉按钮，选择菜单【编辑列】|【由此列派生新列】选项，设置新列名称是"Number"，输入如下表达式：

value.split("<br>")[0].trim()

说明：value.split("<br>")表示按照标签
分离数据，如图 3.128 所示，value 包

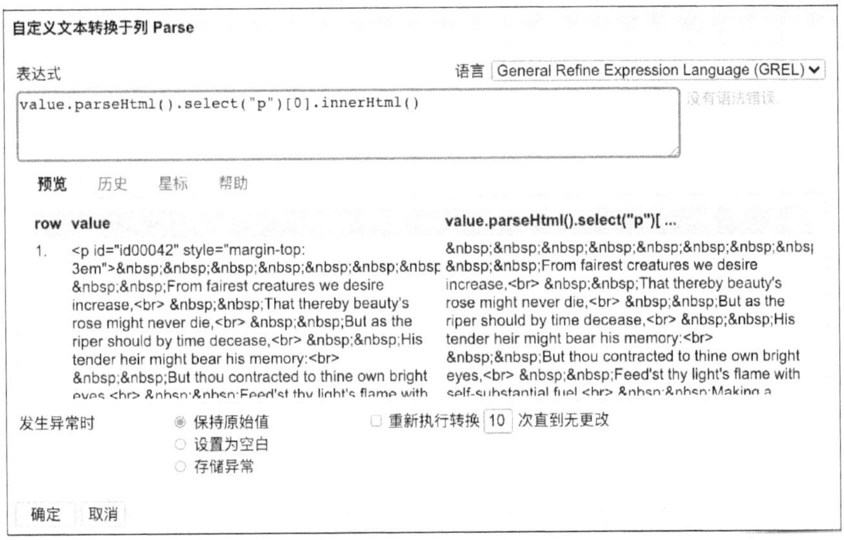

图 3.126 解析列

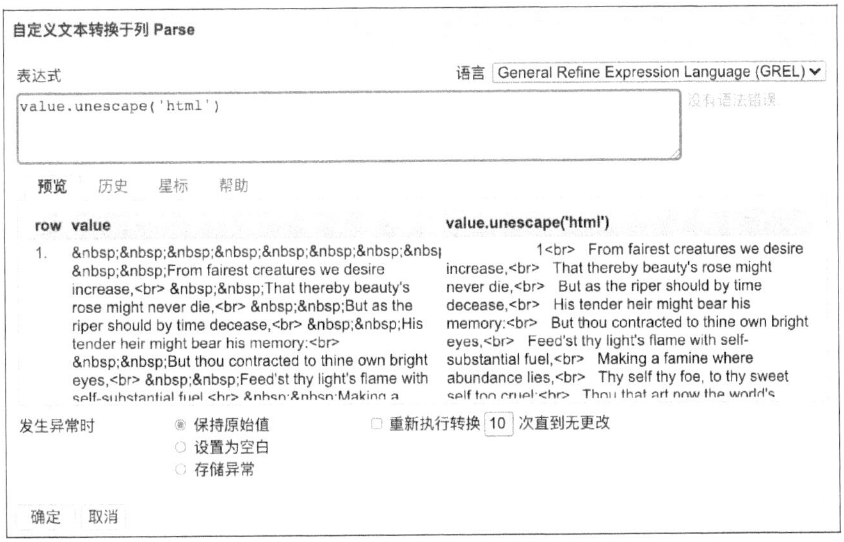

图 3.127 删除 " "

含多个
标签，其结果是一个数据对象。[0]表示只要一个数组元素，即第一个
标签前面的内容，本例的结果是字符串"　　　　　　　　　1"。注意：字符串"　　　　　1"前有10个空格，因为图 3.127 左侧显示有 10 个 。trim( )函数的功能是删除字符串首尾的空格，所以最终结果是"1"，如图 3.128 所示。

思考：若表达式修改为 value.split("<br>")[1].trim( )，返回的结果是什么？[①]

---

① 返回每首诗的第一句，如第一首诗的第一句诗"From fairest creatures we desire increase,"。

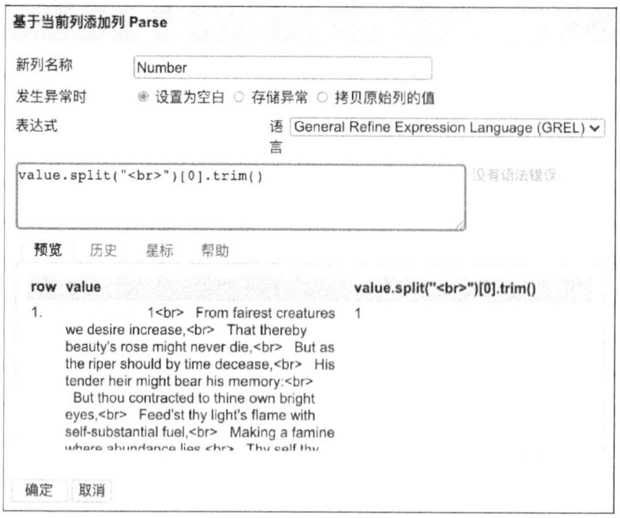

图 3.128　提取诗的序号

8. 提取诗的十四行内容

单击"Parse"列左侧的三角形下拉按钮，选择菜单【编辑列】|【由此列派生新列】选项，设置新列名称是"Text"，输入如下表达式：

forEach(value.split("<br>"),line,line.trim()).slice(1).join("\n")

说明：value.split("<br>")是基于每个单元格的十四行诗的行内容创建一个数组。数组中的每个项表示为变量 line。line.trim()表示清除数组中每个十四行内容的首尾空白区域。slice(1)用于删除十四行诗的号码，因为下标 0 表示十四行诗的号码，所以 slice(1)表示下标从 1 开始至最后的内容，即去掉十四行诗号码的其他全部内容。join("\n")将行连接到一个字符串值"\n"（表示回车换行）。表达式使用 forEach 循环逐行完成全部十四行诗的分离、切片和连接，得到没有 HTML 标签的，每行有回车换行的完整的十四行诗，如图 3.129 右侧所示。

9. 检查每个单元格是否均包含十四行诗

单击"Parse"列左侧的三角形下拉按钮，选择菜单【编辑列】|【由此列派生新列】选项，设置新列名称是"Line"，输入表达式如下：

value.split(/\n/).length()

说明：value.split(/\n/)按回车键换行分离，然后用 length()函数返回长度。本例的结果是 14，即表示单元格均包含十四行内容，如图 3.130 所示。

10. 重排/移除列

单击"全部"列左侧的三角形下拉按钮，选择菜单【编辑列】|【重排/移除列】选项，拖动列重新排序，并删除"parse"列，如图 3.131 所示。最终结果如图 3.132 所示，包含"Number"列（诗的序号）、"Text"列（十四行诗的内容）和"Line"列（行数）。

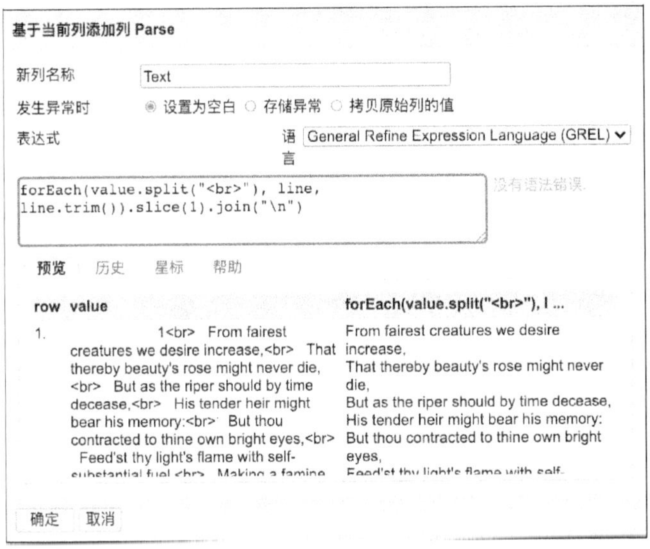

图 3.129　提取诗的十四行内容

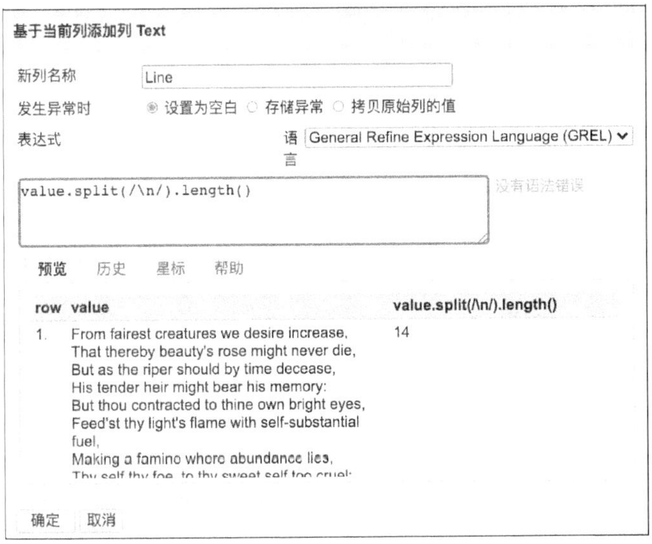

图 3.130　生成新列 Line

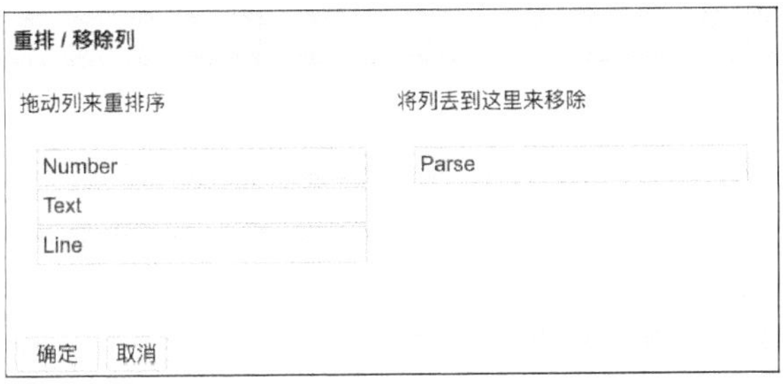

图 3.131　重排/移除列

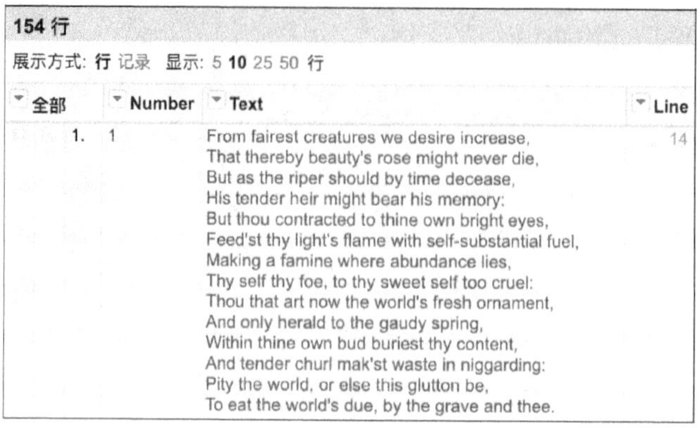

154 行

展示方式: 行 记录 显示: 5 10 25 50 行

全部	Number	Text	Line
1.	1	From fairest creatures we desire increase, That thereby beauty's rose might never die, But as the riper should by time decease, His tender heir might bear his memory: But thou contracted to thine own bright eyes, Feed'st thy light's flame with self-substantial fuel, Making a famine where abundance lies, Thy self thy foe, to thy sweet self too cruel: Thou that art now the world's fresh ornament, And only herald to the gaudy spring, Within thine own bud buriest thy content, And tender churl mak'st waste in niggarding: Pity the world, or else this glutton be, To eat the world's due, by the grave and thee.	14

图 3.132 最终结果

3.5.4 OpenRefine 清理 hospitals 数据

首先从 openAFRICA 网站（非洲大陆最大的开放数据独立存储库）下载数据压缩包 “dpkg-zimbabwe-hospitals-master.zip”，解压为文件 “provincial_and_district_hospitals.csv”，也可以到本书资源中获取。

1. 导入数据

首先运行 OpenRefine，然后单击“新建项目”，在“数据来源于”中选择“这台电脑”，可以选择存储在本地计算机的数据文件，导入文件 “provincial_and_district_hospitals.csv”，新建项目 “hospitals”，在主界面查看数据共 1533 条，如图 3.133 所示。这是非洲津巴布韦的医疗机构信息，包含 1533 行数据，每行数据包含 5 列。

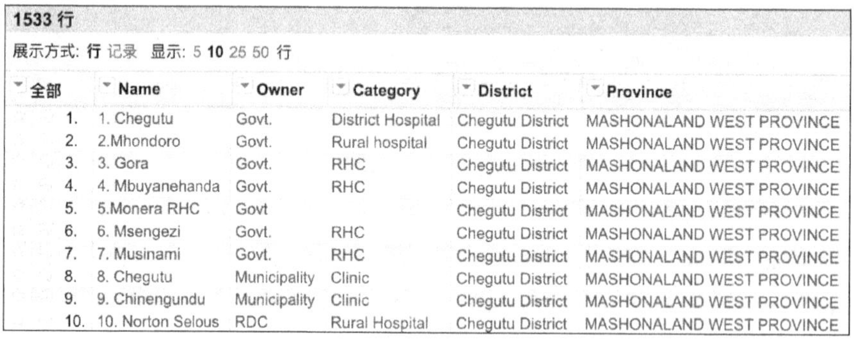

1533 行

展示方式: 行 记录 显示: 5 10 25 50 行

全部	Name	Owner	Category	District	Province
1.	1. Chegutu	Govt.	District Hospital	Chegutu District	MASHONALAND WEST PROVINCE
2.	2.Mhondoro	Govt.	Rural hospital	Chegutu District	MASHONALAND WEST PROVINCE
3.	3. Gora	Govt.	RHC	Chegutu District	MASHONALAND WEST PROVINCE
4.	4. Mbuyanehanda	Govt.	RHC	Chegutu District	MASHONALAND WEST PROVINCE
5.	5.Monera RHC	Govt		Chegutu District	MASHONALAND WEST PROVINCE
6.	6. Msengezi	Govt.	RHC	Chegutu District	MASHONALAND WEST PROVINCE
7.	7. Musinami	Govt.	RHC	Chegutu District	MASHONALAND WEST PROVINCE
8.	8. Chegutu	Municipality	Clinic	Chegutu District	MASHONALAND WEST PROVINCE
9.	9. Chinengundu	Municipality	Clinic	Chegutu District	MASHONALAND WEST PROVINCE
10.	10. Norton Selous	RDC	Rural Hospital	Chegutu District	MASHONALAND WEST PROVINCE

图 3.133 “hospitals” 原始数据

2. 发现问题

浏览数据可以发现有以下几个问题。

问题 1：“Name” 列包含序号和医院名称两个值，应该分为两列。

问题 2：“Category” 列包含空值，见第 5 行。

问题 3:"Owner"列存在空值、带空格字符串和拼写问题等。对"Owner"列文本归类后发现存在 19 个空值,还包括带双引号的空格字符串、一个值两种写法的拼写问题,如图 3.134 底部的"Commercial"和"Commercial;"应该统一为一种写法。

问题 4:"Category"列存在带空格字符串和拼写问题等。对"Category"列文本归类后发现存在 27 个空值或错误值,如"-"和拼写问题等,如图 3.135 所示。

问题 5:"District"列存在多余空格。对"District"列文本归类后发现存在多余空格,如图 3.136 所示第一行。

Owner 修改 反转 重置 42 choices 排序,按照:名称 数 簇集 "　" 5 "　" 3 "　" 1 "　" 2 "　" 5 "　" 1 "　" 6 "　" 1 "　" 24 "　" 1 "　" 20 "　" 12 "　" 1 Army 2 Commercial 31 Commercial; 1	Category 修改 44 choices 排序,按照:名称 数 簇集 - 1 Central hosp. 1 Central Hosp. 5 Clinic 712 clinic 42 Clinic 1 Clinic Govt. 3 Clinic Mission 1 Clinic Pvt. 4 Clinic RDC 1 Clinic. 1 Designated Dist. Hosp. 4 Designated District hosp. 1 Designated District Hosp. 1 District hosp 1 District hosp. 13 District Hosp. 24	District 修改 62 choices 排序,按照:名称 数 簇集 Beitbridge District 21 Bikita District 23 Bindura District 22 Binga District 14 Bubi District 10 Buhera District 31 Bulawayo City 26 Buililma District 15 Centenary District 12 Central Hospitals 6 Chegutu District 29 Chikomba District 32 Chimanimani District. 26 Chipinge District 47 Chiredzi District 33 Chirumanzu District 18 Chitungwiza Municipality. 4
图 3.134 问题 3	图 3.135 问题 4	图 3.136 问题 5

问题 6:"District"列存在"District"和"District."两种写法。如图 3.137 所示,第 936 行的值是"Mwenezi District.",第 937 行的值是"Zaka District"。

1533 行					
展示方式:行 记录 显示:5 10 25 50 行					«首页 ‹
全部	Name	Owner	Category	District	Province
931.	13. Mlelezi	RDC	Clinic	Mwenezi District.	MASVINGO PROVINCE
932.	14. Boterere	RDC	Clinic	Mwenezi District.	MASVINGO PROVINCE
933.	15. Rutenga NRZ	Pvt.	Clinic	Mwenezi District.	MASVINGO PROVINCE
934.	16. Mwenezana	Pvt.	Clinic	Mwenezi District.	MASVINGO PROVINCE
935.	17. Maranda	Mission	Rural hosp	Mwenezi District.	MASVINGO PROVINCE
936.	18. Lundi	Mission		Mwenezi District.	MASVINGO PROVINCE
937.	1. Ndanga	Govt.	District Hosp.	Zaka District	MASVINGO PROVINCE
938.	2. Musiso	Mission	Rural hosp.	Zaka District	MASVINGO PROVINCE
939.	3. Chipinda	Govt.	RHC	Zaka District	MASVINGO PROVINCE
940.	4. Harava	Govt.	RHC	Zaka District	MASVINGO PROVINCE

图 3.137 问题 6

问题 7：所有列首尾都存在多余的空格。如图 3.138 所示，第 931 行的 "RDC"（尾部有一个多余的空格），所以长度为 4。

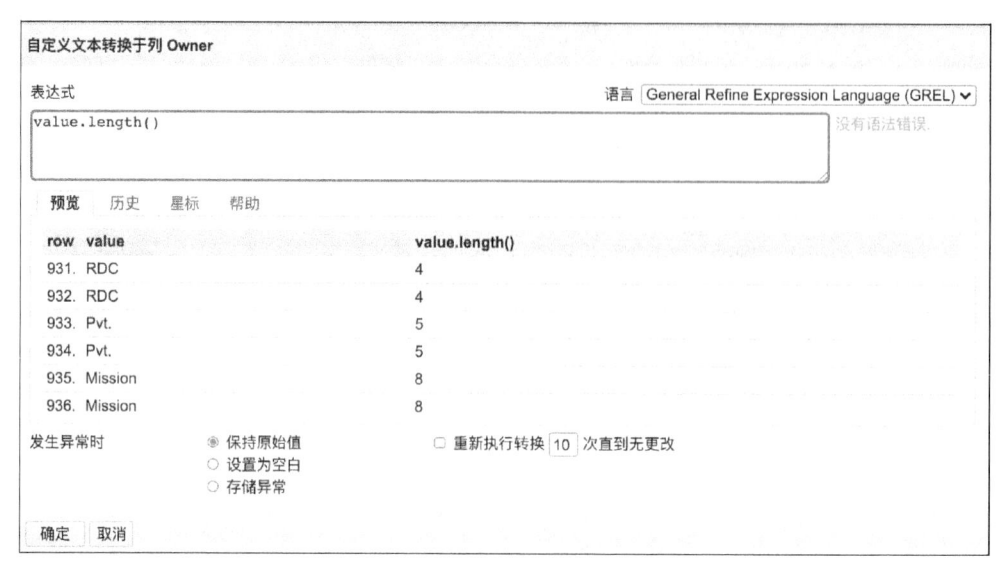

图 3.138　问题 7

问题 8："Name" 列存在空值和异常值。对 "Category" 列文本归类后选择 "（blank）"，发现 "Name" 列存在空值，如图 3.139 中第 407 行的 "12."，该数值分列后明显是序号，则 "Name" 列为空值。同时，第 171 行、474 行和 481 行缺少序号，明显异常。

图 3.139　问题 8——空值

使用自定义归类 value.contains（"."），匹配为 "false" 的结果共 12 行，如图 3.140 中第 39 行和第 956 行的序号与医院名称之间缺少分隔符 "."，明显异常。

以上为通过观察原始数据、文本归类等方法发现的问题，在后续解决问题的过程中还可能发现更多问题。根据数据清理的经验，建议先解决与其他列、其他行无关且相对简单的问题。

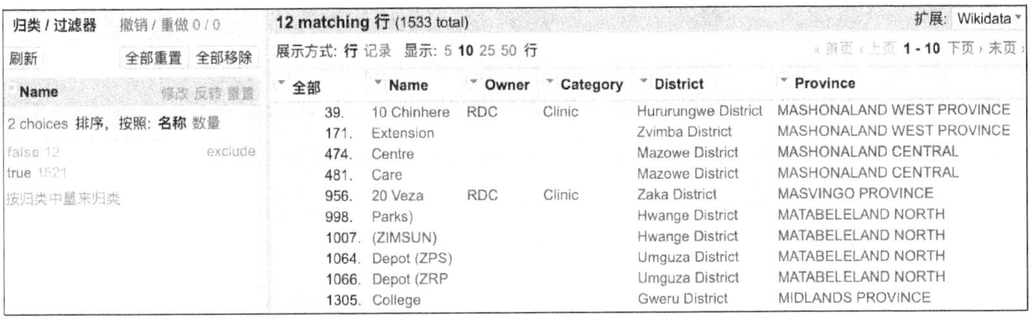

图 3.140 问题 8——异常值

图 3.140 中第 474 行缺少序号。取消文本归类，查看第 473 行和 474 行，发现这两行应该为一行，如图 3.141 所示。说明这两行信息是相关的，完整的数据应该是"21. North eastern Medical Centre"。类似有相关性的行或列都建议放到最后清理。

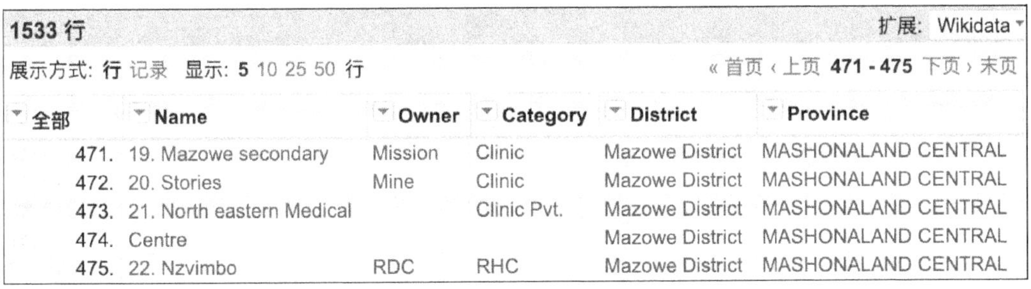

图 3.141 问题 8——行相关

3. 删除多余空格，解决问题 5 和问题 7

基于以上原则，我们先解决问题 5 和问题 7，删除所有单元格多余的空格。单击"Name"列左侧的三角形下拉按钮，选择【编辑单元格】|【常用转换】|【移除首尾空白】选项，删除"Name"列所有单元格首尾的多余空格。用类似方法，在剩余其他 4 列上完成相应的操作，如图 3.142 所示。

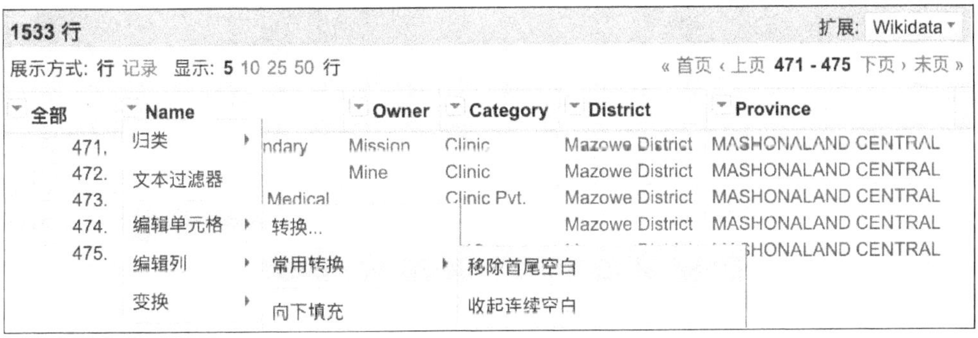

图 3.142 移除"Name"列的首尾空白

· 129 ·

也可以一次性完成上述操作。单击"全部"列左侧的三角形下拉按钮，选择【转换】选项，在表达式中输入"value.trim( )"，如图 3.143 所示；在"Select columns"对话框中勾选"全选"后单击"确定"按钮，如图 3.144 所示，一次性完成对所有列中每个单元格首尾多余空格的删除操作。

图 3.143　输入表达式"value.trim( )"　　　　图 3.144　选择所有列

4. 清理"Category"列，解决问题 2 和问题 4

关闭所有文本归类。重新对"Category"列文本归类后发现共存在 40 个不同的类，说明步骤 3 清理首尾空格后合并了一些类，比原来的 44 个不同类少了 4 个（对比图 3.139 和图 3.145）。单击"簇集"按钮，再单击"全选"按钮，并修改"Rural Hospital"为"Rural Hosp."，单击"合并选中 & 重新簇集"按钮，重新簇集的结果为空，单击"关闭"按钮。

图 3.145　对"Category"列簇集

图 3.146 显示簇集后的结果是 26 个不同的类，可以继续进行"簇集"，尝试用各种算法找到新的簇集，如选择方法"关键词碰接"。使用关键词算法"metaphone3"后，再次"簇集"的结果是 22 个不同的类，如图 3.147 所示。

图 3.146 "Category"列簇集结果一

图 3.147 "Category"列簇集结果二

单击图 3.147 左侧"Category"列归类中的"Clinic Govt."，在界面右侧显示匹配的 3 行数据，发现其"Owner"列的值为空，如图 3.148 所示。说明"Clinic Govt."中的"Clinic"是"Category"列的值，后面"Govt."应该是"Owner"列的值。手动修改这 3 行数据。

图 3.148 匹配"Clinic Govt."的三行数据

继续观察图 3.147，"Clinic Mission""Clinic Pvt."和"Clinic RDC"的情况应该与"Clinic Govt."类似。手动修改后，"Category"列包含 18 个不同的类，如图 3.149 所示。

继续观察图 3.149，发现"Hosp."和"Hospital"应该是一类，只是一个是全拼，一个是简写。**注意**：此时还有 1 行记录的"Category"列值为"-"，因为对津巴布韦的医疗体系了解的有限，不知道是这个医院没有分类，还是数据缺失。搜索"Genito Urinary

Centre",找到网页①,确定该医疗机构是"Clinic",最终修改结果如图 3.150 所示。

图 3.149 "Category"列结果三　　　　图 3.150 "Category"列结果四

"Category"列为"blank"的数据共 27 行,查看图 3.151,分析这 27 行数据的特点。第 5 行数据的"Name"列值是"5. Monera RHC",明显包含 3 个值,"5"是序号,"Monera"是医疗机构的名字,"RHC"是"Category"列的值。类似情况还有第 337 行、397 行、418 行、490 行、518 行、663 行、774 行、1197 行、1266 行、1280 行和 1361 行。对以上数据采用手工编辑的方法进行修改,结果如图 3.152 所示。

图 3.151 "Category"列为"blank"的数据　　　　图 3.152 修改"Category"列的数据

---

① http://www.hararecity.co.**/index.php/template-features/health-services.

注意：清理后，第 5 行数据的"Name"列值是"5. Monera "，要删除掉尾部空格。

完成上述操作后，"Category"列为 19 类，如图 3.153 所示。将"Hosp."和"Hospital"归为一类，"Provincial"和"Provincial Hosp."归为一类，"Rural"和"Rural Hosp."归为一类，结果如图 3.154 所示，"Category"列为 16 类。

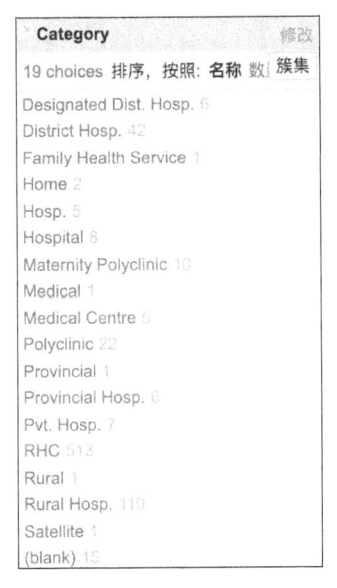

图 3.153 "Category"列为 19 类 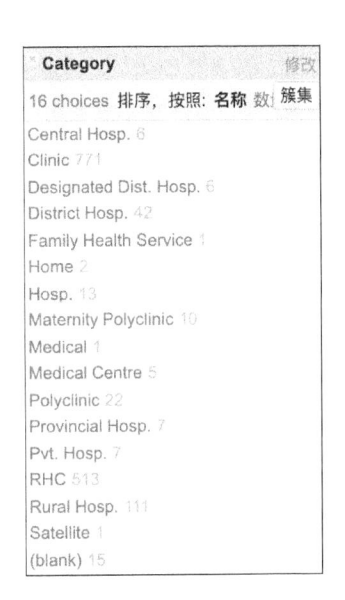　　图 3.154 "Category"列为 16 类

上述操作全部完成后关闭"Category"列文本归类。

5. 清理"Owner"列，解决问题 3

"Owner"列存在带空格字符串、拼写问题等。空值在清理"Name"时会进一步分析。

图 3.147 显示首次对"Owner"列文本归类时，共 42 个不同的类。其中，前 15 个类包含了太多空格。单击"Owner"列左侧的三角形下拉按钮，选择【编辑单元格】|【常用转换】|【收起连续空白】选项，然后文本归类为 27 类，效果如图 3.155 所示。前两行依旧是包含一个空格的字符串，编辑这两行为空。单击"刷新"按钮，则"Owner"列文本归类为 25 个。单击"簇集"按钮后全部合并，则"Owner"列文本归类为 18 个。"Mission Hosp."和"Mission"统一归为"Mission"，最终"Owner"列文本归类为 17 个，如图 3.156 所示。

上述操作全部完成后，关闭"Owner"列文本归类。

6. 清理"Name"列和"Owner"列，解决问题 1 和问题 8

"Name"列包含序号和名字两部分，还包含空值，"Owner"列也存在空值问题。

图 3.155 "Owner"列为 27 类　　图 3.156 "Owner"列为 17 类

通过观察图 3.151，我们发现有些"Name"列是无序号的。自定义文本归类，查看哪些行不包含序号和医疗机构名称的分隔符"."。

单击"Name"列左侧的三角形下拉按钮，选择【归类】|【自定义文本归类】选项，输入表达式如下：

```
value.contains(".")
```

共 12 行数据不包含分隔符"."，如图 3.157 所示。其中，第 39 行、第 956 行和第 1433 行包含了序号和医疗机构名称，为这 3 行数据手工添加分隔符"."即可。

图 3.157 不包含分隔符"."的 12 行数据

剩余的 9 行不包含序号。查看第 170 行和第 171 行，确定这两行应该合并，如图 3.158 所示，合并后的效果如图 3.159 所示。

图 3.158　合并前的第 171 行　　　　　　图 3.159　合并后的第 171 行

用类似方法处理其他 8 行数据。最终结果如图 3.160 所示。

图 3.160　合并全部 9 行数据的结果

单击"全部"列左侧的三角形下拉按钮，选择【编辑行】|【移除所有匹配的行】选项，删除这 9 行数据，剩余数据共 1524 行。

单击"Name"列左侧的三角形下拉按钮，选择【编辑列】|【分割此列】选项，选中"用分隔符"，分割符是"."，分割为"2"列，如图 3.161 所示。单击"Name1"列左侧的三角形下拉按钮，选择【编辑列】|【重命名列】选项，重命名为"No"。用类似方法将"Name2"列重命名为"Name"。

单击"No"列左侧的三角形下拉按钮，选择【归类】|【数值归类】选项，结果如图 3.162 所示。勾选"Non-numeric"和"Blank"，匹配的 3 行数据如图 3.163 所示。

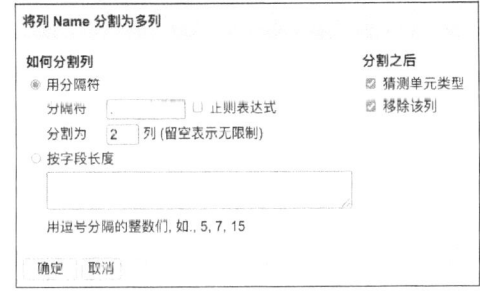

图 3.161　"Name"列设置分列　　　　　　图 3.162　"No"列数值归类

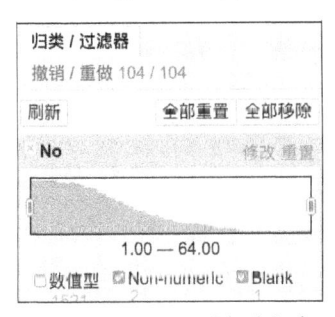

查看第 70 行之前的数据,对比发现第 70 行数据的序号应该是 13,第 147 行的序号应该是 31,第 1025 行数据应该将序号和医疗机构名称分开。手动进行修改,修改结果如图 3.164 所示。**注意**:手动修改"No"列时注意将数据类型由"文本"改为"数字"。

图 3.163 "No"列 3 行数据

图 3.164 "No"列数值归类

对新分割出的"Name"列执行"移除首尾空白"操作,对"Name"列进行文本归类。单击"簇集"按钮,打开"簇集 & 编辑列'Name'"对话框,如图 3.165 所示,4 个簇集均是拼写问题。单击"全选"按钮并勾选"是否合并"选框,再单击"合并选中 & 关闭"按钮。

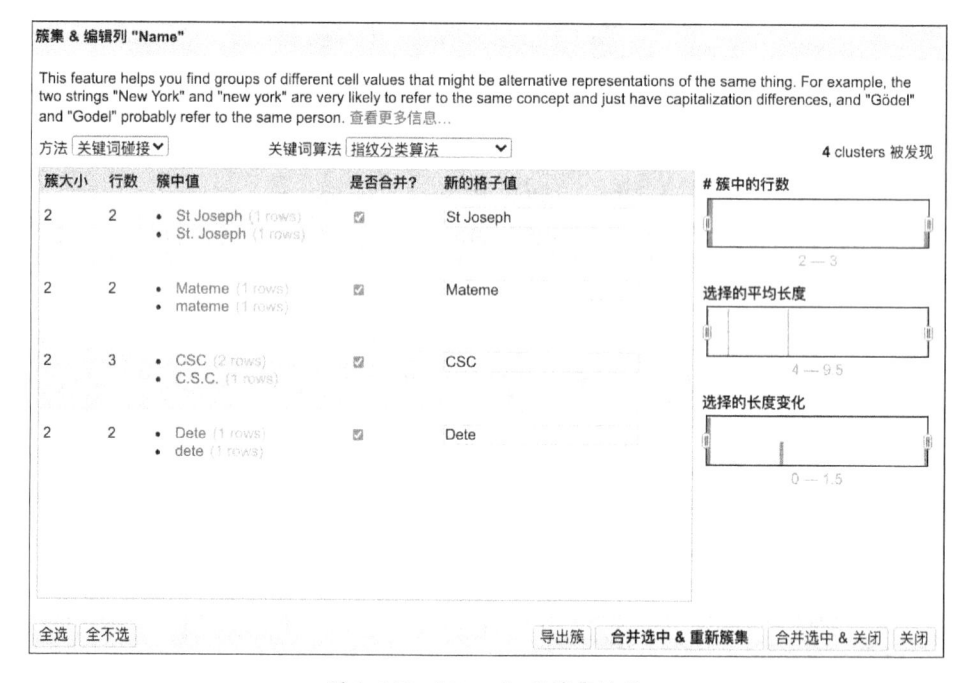

图 3.165 "Name"列簇集结果

文本归类得到的 1397 个类存在医疗机构名称相同的情况,如图 3.166~图 3.168 所示。图 3.166 中,虽然医疗机构名称相同,但是"Province"列值不同,表示在不同的地区有同名的医疗机构。

图 3.167 中,医疗机构名称相同,"Province"和"District"列值也相同,表示这是

	No	Name	Owner	Category	District	Province
707.	7	Bonda	Mission	Rural Hosp.	Mutasa District	MANICALAND PROVINCE
1359.	2	Bonda	RDC	RHC	Mberengwa District	MIDLANDS PROVINCE

图 3.166 "Name" 列值重复 1

在一个地理位置的同一个医疗机构,"Category"不同说明该医疗机构既是"Clinic"(诊所)也是"Medical Centre"(医疗中心),可否将第 1445 行的"Owner"值手工修改为第 1490 行的"Owner"值"Pvt."呢?

图 3.168 与图 3.167 类似,第 8 行和第 11 行除了"Owner"列的其他 4 列的值均相同,说明同一个医疗机构也可能存在不同的归属。再结合第 1 行数据,说明同一个医疗机构可能存在分类不同、归属不同的情况。因此,第 1445 行的"Owner"值手工不能改为第 1490 行的"Owner"值"Pvt."。

	No	Name	Owner	Category	District	Province
1445.	15	Arcadia		Clinic	Harare City	MIDLANDS PROVINCE
1490.	60	Arcadia	Pvt.	Medical Centre	Harare City	MIDLANDS PROVINCE

图 3.167 "Name" 列值重复 2

	No	Name	Owner	Category	District	Province
1.	1	Chegutu	Govt.	District Hosp.	Chegutu District	MASHONALAND WEST PROVINCE
8.	8	Chegutu	Municipality	Clinic	Chegutu District	MASHONALAND WEST PROVINCE
11.	11	Chegutu	RDC	Clinic	Chegutu District	MASHONALAND WEST PROVINCE

图 3.168 "Name" 列值重复 3

进一步分析"Owner"空值问题。通过"Owner"文本归类查看该列包含 85 个空值。增加"Province"文本归类,如图 3.169 所示。其中的 84 个空值出现在"MIDLANDS PROVINCE"(省份),该省份共 317 行数据,其中 84 行为空值。进一步对"District"列进行文本归类,发现 84 行数据分别出现在 Bulawayo City(23 行)、Gweru District(7 行)、Harare City(51 行)和 Kwekwe District(3 行)中。

打开 openAFRICA 网站下载的数据压缩包"dpkg-zimbabwe-hospitals-

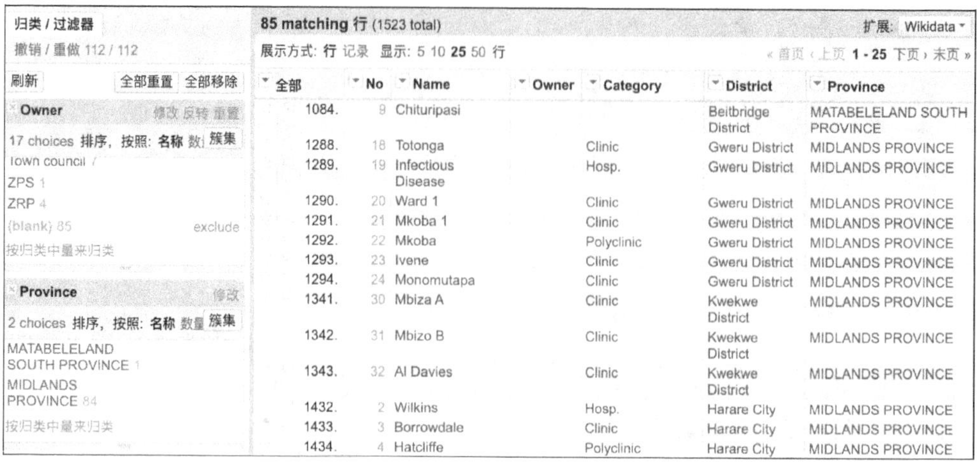

图 3.169 "Owner"列和"Province"列双重文本归类

master.zip",找到"provincila and district hospitals.pdf"文件,核实本例使用的"provincila and district hospitals.csv"文件是否有文件格式转换带来的错误。结果证实是原始 PDF 文件亦为空值。综上得出结论,建议重新收集"MIDLANDS PROVINCE"省份 4 个街区的数据。

7. 清理"District"列,解决问题 6

为"District"列新建文本归类,发现绝大多数类以"District"和"City"结尾,为了筛选出不以上述内容结尾的数据,新建两个自定义文本归类。

单击"District"列左侧的三角形下拉按钮,选择【归类】|【自定义文本归类】选项,输入表达式如下:

`value.endsWith("District")`

用上述方法再次新建一个自定义文本归类,输入表达式如下:

`value.endsWith("City")`

选择双重自定义文本归类的"false"类,共 54 行记录,查看图 3.170 发现有"Chimanimani District."和"Mwenezi District."两个类以"."结尾。鼠标移动到"District"文本分类的"Mwenezi District."上,出现"编辑"选项,如图 3.171 所示,在出现的对话框中删除分隔符".",如图 3.172 所示。

思考:网络搜索以正确修改"District"文本分类中另外两类"Central Hospitals"和"Chitungwiza Municipality."。

经过以上步骤的数据清理,数据依旧存在以下问题:

- "Owner"列包含 85 个空值,建议网络查询或重新搜集数据。

图 3.170 "District"双重归类

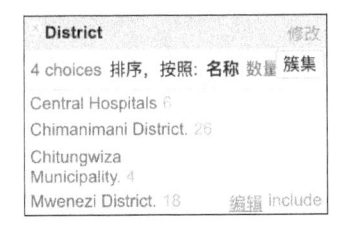

图 3.171 编辑"Mwenezi District."类

图 3.172 删除尾部"."

- "Category"列包含 6 个空值，建议网络查询或重新搜集数据。
- "No"列的序号是分别按照"District"排列的，这与常见的序号意义不同，建议将本列名称改为"District No"，再增加一个新列"No"。每增加一行数据，序号增加 1，与"District"列无关。
- 数据是关于津巴布韦的医疗机构信息，由于对该国及其医疗系统的背景知识缺失，可能导致对数据的理解有误。

小　结

来源复杂的数据必须经过数据清理才能用于数据新闻的制作，本章分析了"脏数据"的成因和表现形式，列举了常用的数据清理工具；以 OpenRefine 为例重点且详细地介绍了数据清理的具体步骤和方法，总结了数据清理的五点原则；最后通过一个综合案例实践 Excel 数据清理和三个综合案例实现 OpenRefine 数据清理、获取和解析。

习 题 3

1. "电影票房"数据集可到本书资源中获取包含多条记录,每条记录包含预算、制作公司、风格、制作的国家、首次上映日期、收入、电影时长、播放语言、电影名等约20个列,使用 OpenRefine 对数据集中的"脏数据"进行数据清理。

2. 若获取的数据集中包含大量的(超过50%)缺失数据,如何处理缺失数据?该数据集是否还有使用价值?为什么?

3. OpenRefine 中的文本归类和自定义文本归类有何区别?如何使用?

4. OpenRefine【编辑单元格】选项中的【向下填充】和【相同空白填充】有何异同?使用的具体条件是什么?

5. OpenRefine 中的排序和固定排序是否相同?数据清理时是否需要固定数据集中的记录顺序?

第 4 章　数据分析

数据分析帮助用户了解数据背后的规律和意义，这是一个迭代的过程。数据分析之前需要对数据进行合理性分析，以确定数据的真实性和逻辑性。

本章假设用户的数据已经手动或借助工具完成了数据清理，即已经解决了数据不完整、数据不一致、数据重复、数据存在错误和数据异常等问题，也可以认为从数据表面上看不存在"脏数据"。

4.1 数据合理性分析

评估数据合理的方式主要有两种：一是外部合理性检查，二是内部合理性检查。通过这两种检查尝试发现异常数据。

本章教学资源

内部合理性：把数据与其自身进行比较，即与数据本身进行对照。这种检查可以通过直方图（Histogram）实现，也可以通过检查行数、确认数字加起来与其总和是否相符等方法来判断。

外部合理性：也称为业务经验判断，把数据与其他数据进行比较，包括其他数据源、专家知识、以前版本的数据和依靠业务的相关知识及经验判断数据是否合理。

很多时候，内部合理性、外部合理性需要综合分析，以全面判断数据的质量状况。

Excel 实现数据内外部合理性分析时，要使用"数据"选项卡的"分析"组中的"数据分析"工具，若没有该项，需要加载"分析工具库"宏程序，加载步骤如下。

（1）单击"Microsoft Office"按钮，然后选择"Excel"选项。
（2）单击"加载宏"，然后在"管理"框中选择"Excel 加载宏"，单击"搜索"按钮。
（3）在"可用加载宏"框中勾选"分析工具库"复选框，最后单击"确定"按钮。

4.1.1 内部合理性

直方图是内部合理性检查经常使用的方法，也是一种快速检查数据质量的重要技巧。

直方图也称为质量分布图，是一种统计分析报告图，即由一系列高度不等的纵向柱形图或线段表示数据的分布状况，一般用横轴表示数据类型，用纵轴表示分布情况。直方图是统计分析方法①的核心。典型的正态分布是一种概率分布，中央点最高，然后逐渐向两侧下降，曲线的形式是先向内弯再向外弯。检查数据的内部合理性就是判断数据直方图是否符合正态分布的特点。

制作直方图可以观察数据的分布频度，如果数据来源于产品，那么可以判断生产过程是否稳定，预测生产质量。但需要注意的是，制作直方图的数据样本一般不少于50个，否则可能产生较大的误差，可信度低，无统计意义。

制作直方图前，首先对数据进行分组。分组涉及组数和组距两个概念。组数是在统计数据时，把数据按照不同的范围分成几个组，即组的个数。组距是每组两个端点的差。组数和组距的选择决定了直方图的质量。

例如，某高中某年高考成绩5621条（保存为Excel数据表），每条成绩均包含语文、数学和外语三科成绩，根据已有数据制作直方图，统计成绩的分布频度。

（1）设置区域名称。选择区域A1：C5622（注意不选择首行列头），在名称框中输入名字"mark"，为区域A1：C5622添加名称，方便后期使用。

（2）确定组数和组距。用函数min(mark)计算最低分，用函数max(mark)计算最高分，分别为0和146。高考单科满分是150，而且考生较多，本案例组距设为5，共31组，如图4.1所示。

（3）绘制直方图。在【数据】菜单的【分析】选项卡中选择【数据分析】选项，在"数据分析"对话框中选择"直方图"，如图4.2所示，单击"确定"按钮。

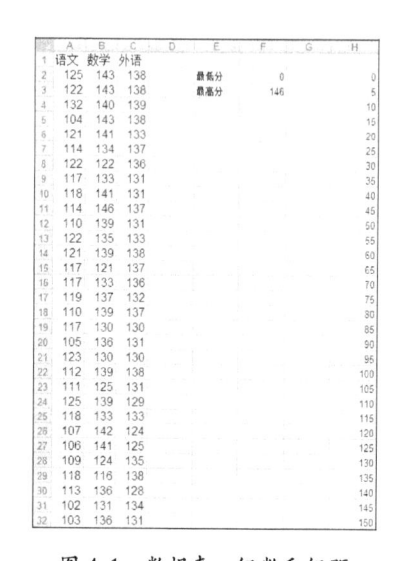

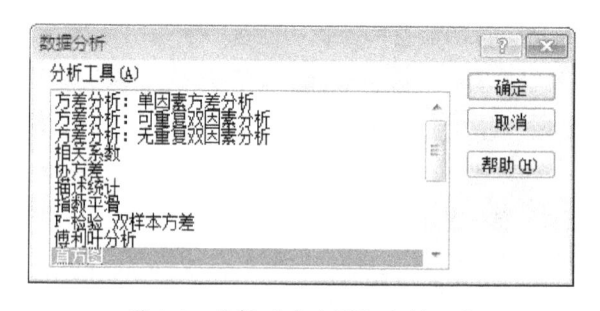

图4.1 数据表、组数和组距　　　　图4.2 选择"直方图"分析工具

（4）设置直方图"输入"和"输出"选项。打开"直方图"对话框，"输入区域"是

---

① 统计分析(statistical analysis)是指运用统计方法及与分析对象有关的知识，从定量与定性的结合上进行的研究活动。

数据存储区,"接收区域"是组数区,因为"mark"不包含行头,所以不需要勾选"标志"复选框,"输出选项"选择"新工作表组",然后勾选"图表输出"复选框,如图4.3所示。

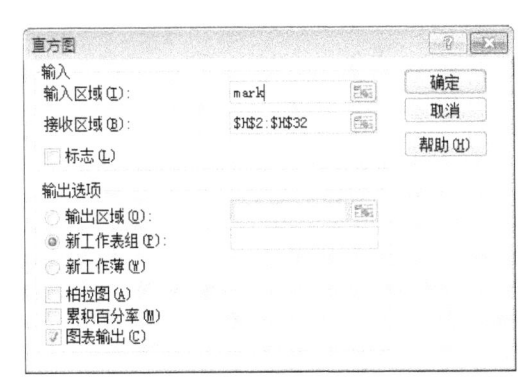

图4.3 设置直方图

(5)查看直方图。显示的直方图如图4.4所示,横轴显示接收组,纵轴显示频率情况。直方图不仅便于查看各组频数的分布情况,还可以查看各组之间频率差异。本案例基本呈正态分布,数据的平均值决定了正态曲线的中心位置,方差决定了正态曲线的陡峭或扁平程度。本案例的数据内部检查合理。

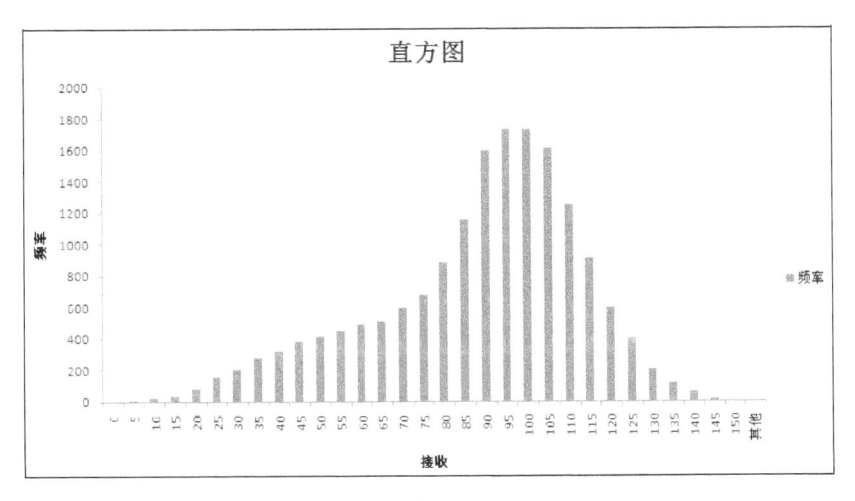

图4.4 直方图效果1

组数和组距的选择对直方图的绘制影响较大,若组数和组距是{0,60,65,70,75,80,85,90,95,100,105,110,115,120,125,130,135,140,145,150},则绘制的直方图如图4.5所示。对比图4.4和图4.5可以发现,图4.4正态分布明显,曲线呈钟型,两头低,中间高,左右基本对称;而图4.5由于组距的设置不是均匀的,{0,60}之间没有过渡,所以正态分布不明显,最左边的柱形因为包含的数据量大而呈现明显的凸起,若排除此柱形，查看其他柱形，正态分布还是比较明显的。

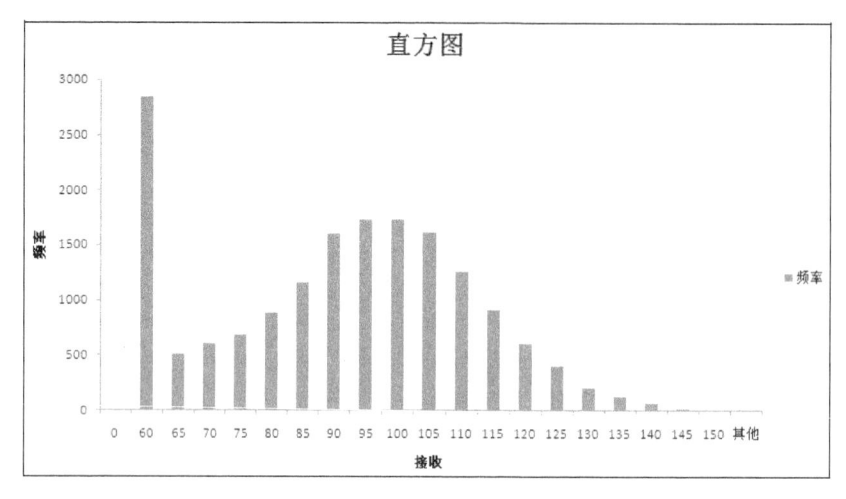

图 4.5　直方图效果 2

直方图也很容易发现有问题的数据。如图 4.6 所示，直方图水平轴"105"处数据没有柱形，说明没有分数在范围(100,105)中，而根据经验（外部合理性中的业务判断）这是不可能的，特别是数据样本很大的时候。根据图 4.6 可以判定数据是不合理的，存在数据缺失的问题。针对不合理的数据制作数据新闻是没有任何意义的。

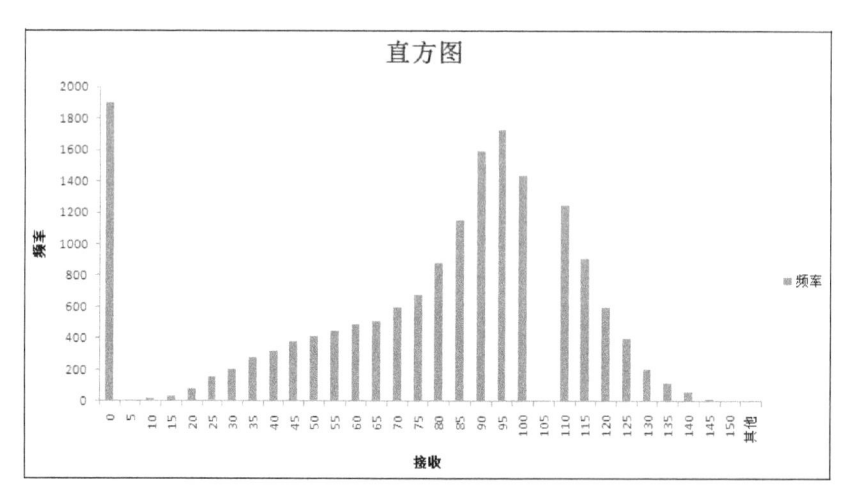

图 4.6　直方图效果 3

图 4.6 中最左侧水平轴"0"处呈现明显的凸起，说明分数为(0,5)的成绩过多，不符合正态分布，可能存在问题。**注意**：这与图 4.5 是不一样的，图 4.5 是组距不均匀导致的凸起，而图 4.6 的组距是均匀的。这也间接地证明了前面的分析，分值"105"的缺失，很可能是将分值为(100,105)范围的数据删除了或者修改为(0,5)。

虽然通过直方图可以发现数据的不合理现象，并明确问题的缘由，但有时发现问题非常不容易，而且无法确定问题是否一定存在，更无法判断是何种原因导致的数据不合理。如图4.7所示，水平轴"105"处数据明显凹下，不符合正态分布。这可能是由于部分分数在范围(100,105)缺失，也可能是因为样本量较少而导致的。因为根据经验（外部合理性中的业务判断）范围是(100,105)的分数不应该显示得这么少；而且，图4.7最左侧水平轴"0"处呈现明显的凸起也说明了分值为(0,5)的成绩过多，不符合高考成绩常规（外部合理性中的与往年高考成绩的对比判断）。根据图4.7只能判定数据可能是不合理的，但无法确定是哪种问题导致的这种不合理。

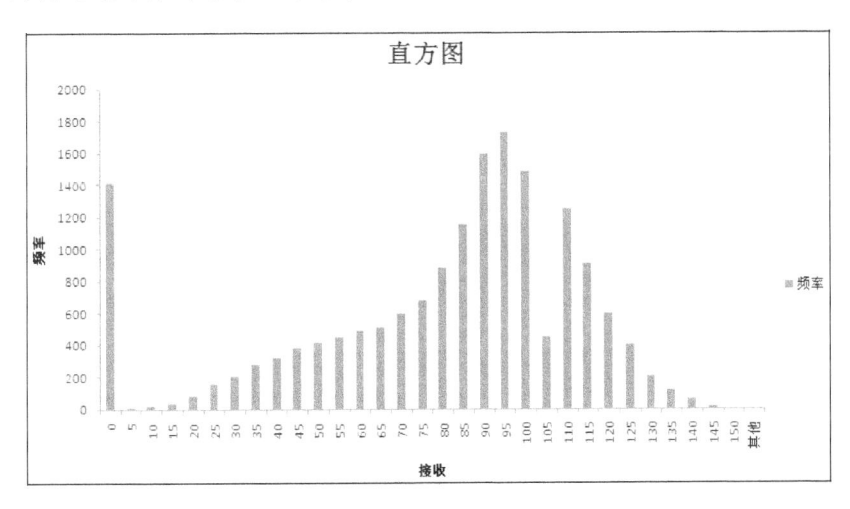

图4.7 直方图效果4

虽然直方图能发现存在问题的数据，但有问题的直方图不代表数据一定有问题。在英国《卫报》的一篇数据新闻《Animal testing: why the number of procedures is increasing》①中有一幅直方图，如图4.8所示。虽然该直方图并不符合正态分布，但该数据是真实的，而且数据样本量也不少，此数据来源于英国政府官方统计结果②。

《华尔街日报》关于俄罗斯选举的例子③如图4.9所示。上面直方图的纵轴显示的是每个区投票给统一俄罗斯党（UNITED RUSSIA）的人数，下面直方图的纵轴显示的是每个区投票给其他党派（ALL OTHER PARTIES）的人数。从两个直方图上看，数据均可能存在问题，因为两个直方图最右侧的数据均偏高。尤其是上面的直方图，当投票率在90%到100%时，投票给统一俄罗斯党的人数激增。我们无法像上个案例一样直找到数据来源，所以只能怀疑数据可能存在问题，但无法肯定数据一定是有问题的。

---

① http://www.theguardian.c**/news/datablog/2012/jul/10/animal-testing-risk-suffering.
② http://www.gov.**/government/statistics/statistics-of-scientific-procedures-on-living-animals-great-britain-2011.
③ http://www.wsj.c**/articles/SB10001424052970203391104577124540544822220.

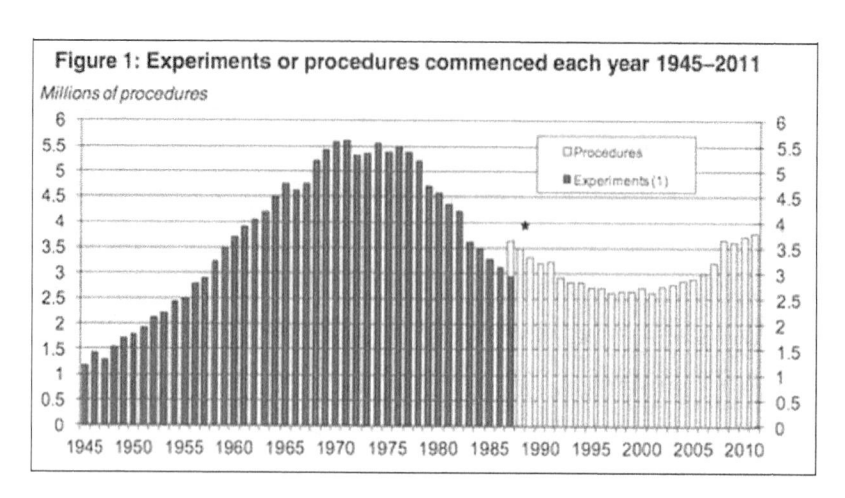

图 4.8 英国《卫报》的案例

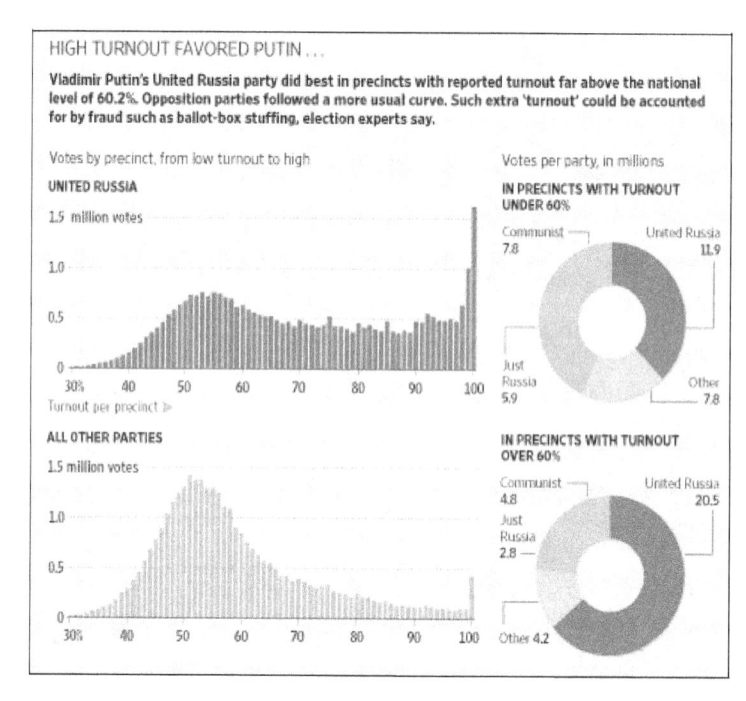

图 4.9 《华尔街日报》的案例

4.1.2 外部合理性

外部合理性经常使用 Excel 等工具为数据进行描述性统计，然后根据描述统计结果与其他数据源、专家知识和经验来判断数据是否合理。

Excel 的"描述统计"分析工具可以生成数据源区域中数据的单变量统计分析报表，提供有关数据趋中性和易变性的信息。此分析工具需要涉及以下设置。

- **输入区域**。定位准备分析数据区域的单元格范围。
- **分组方式**。"逐列"表示输入区域中的数据是按列排列的,"逐行"表示输入区域中的数据是按行排列的。
- **标志位于第一行/列**。如果输入区域的第一行中包含了标志项(也称列头),那么勾选"标志位于第一行"复选框;如果输入区域的第一列中包含了标志项(也称行头),那么勾选"标志位于第一列"复选框;如果输入区域没有标志项,那么不勾选该复选框,Excel 会自动在输出表中生成适宜的数据标志。
- **输出区域**。定位输出结果左上角的单元格地址,用于设置输出结果的存放位置。
- **新工作表组**。在当前工作簿中插入一个新工作表,并在新工作表的 A1 单元格开始存放统计结果。如果需要给新工作表命名,那么在右侧编辑框中输入名称。
- **新工作簿**。创建一个新工作簿,并在新工作簿的第一个工作表中存放统计结果。
- **汇总统计**。勾选此复选框,将计算并输出 16 个统计结果,包括平均、标准误差、中位数、众数、标准差、方差、峰度、偏度、区域、最小值、最大值、求和、观测数、最大(1)、最小(1)和置信度(95.0%)。
- **平均数置信度**。若需要输出由样本均值推断总体均值的置信区间,则选中此复选框,然后在右侧的文本框中输入要使用的置信度。
- **第 K 大/小值**。如果需要在输出表的某一行中包含每个区域的数据的第 K 个最大或最小值,那么勾选此复选框,并在右侧的文本框中输入 K 的数值。

又如,某高中某年高考成绩 5621 条(保存为 Excel 数据表),每条成绩均包含了语文、数学和外语三科成绩,使用 Excel 进行统计。

(1)选择菜单【数据】|【分析】|【数据分析】选项,在打开的"数据分析"对话框中选择"描述统计"分析工具。

(2)在打开的"描述统计"对话框的输入区域输入"A1:C5622"(输入"A1:C5622"后系统自动显示为"\$A\$1:\$C\$5622"),选择"逐列"分组方式,勾选"标志位于第一行",输出选项选择"新工作表组",勾选"汇总统计""平均数置信度""第 K 大值"和"第 K 小值"复选框,如图 4.10 所示,单击"确定"按钮。

(3)计算的统计结果如表 4.1 所示。其中,中位数是统计学的专有名词,代表样本中的一个特殊数值,该值可将样本集合划分为个数相等的两部分。对于有限的样本集,首先将样本值按照由高到低排序,然后找出正中间的样本作为中位数。如果样本集个数是偶数,通常取最中间的两个数值的平均数作为中位数。

众数是在统计分布上具有明显集中趋势点的数值,代表数据的一般水平(众数可以不存在或多于一个),也可以理解为众数是样本集中出现次数最多的数值,经常使用字母 M 表示。表 4.1 中"语文"成绩的众数是"99",说明在 5621 条成绩记录中,"语文"成绩出现频率最高的是"99"。

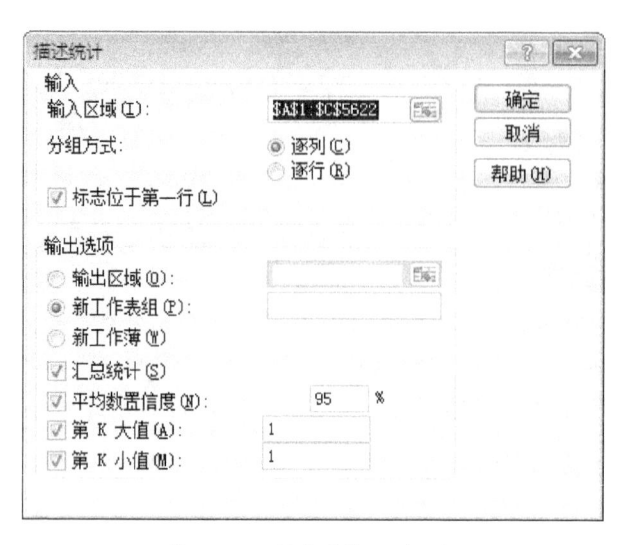

图 4.10 "描述统计"对话框

方差用来度量随机变量和其平均值之间的偏离程度。如果方差大，那么样本集数据的稳定性差，波动越大；反之，方差小，稳定性好，波动越小。

标准误差一般用来判定该组测量数据的可靠性，在正态分布中表现为正态分布曲线的陡峭程度。标准误差越小，曲线越陡峭，反之，曲线越平坦。

偏度反映了数据分布形态是否对称。若偏度是负数，则数据位于均值左边的比位于右边的少，直观表现为左边的尾部相对于右边的尾部要长，因为有少数变量值很小，使曲线左侧尾部拖得很长。若偏度是正数，则数据位于均值右边的比位于左边的少，直观表现为右边的尾部相对于左边的尾部要长，因为有少数变量值很大，使曲线右侧尾部拖得很长。若偏度接近于"0"，则认为分布基本是对称的，即两侧尾部长度对称。偏度用于检验数据是否呈正态分布。表 4.1 中"语文"成绩的偏度是"-0.60527"，说明曲线左侧尾部拖得比右侧尾部长。

表 4.1 描述统计结果 1

语文		数学		外语	
平均	95.3309	平均	78.00427	平均	84.87031
标准误差	0.148876	标准误差	0.378039	标准误差	0.369425
中位数	96	中位数	81	中位数	89
众数	99	众数	87	众数	111
标准差	11.16176	标准差	28.34287	标准差	27.69701
方差	124.5848	方差	803.3181	方差	767.1246
峰度	2.250681	峰度	-0.65849	峰度	-0.70812
偏度	-0.60527	偏度	-0.22483	偏度	-0.39682

续表

	语文		数学		外语	
区域	122	区域	146	区域	141
最小值	10	最小值	0	最小值	0
最大值	132	最大值	146	最大值	141
求和	535855	求和	438462	求和	477056
观测数	5621	观测数	5621	观测数	5621
最大（1）	132	最大（1）	146	最大（1）	141
最小（1）	10	最小（1）	0	最小（1）	0
置信度（95.0%）	0.291855	置信度（95.0%）	0.741103	置信度（95.0%）	0.724215

峰度用于描述数据分布形态的陡缓，反映了尾部的厚度。正态分布的峰度是常数"3"，均匀分布的峰度是常数"1.8"。若峰度值小于3，则分布具有不足的峰度。若峰度值大于3，则分布具有过度的峰度。表4.1中"语文"成绩的峰度是"2.250681"，说明曲线峰度不足。

置信度（95.0%）的值均大于0.05，可以认为数据是真实而有效的。

通过对比往年高考成绩的描述统计结果，可以发现数据是否存在问题。如对比表4.1和表4.2（此高中某年高考成绩的描述统计结果），通过分析表4.2的统计结果查看数据是否存在问题。

表4.2 描述统计结果2

	语文		数学		外语	
平均	76.01797	平均	70.87476	平均	76.72923
标准误差	0.508889	标准误差	0.449133	标准误差	0.471064
中位数	90	中位数	75	中位数	83
众数	0	众数	0	众数	0
标准差	38.15308	标准差	33.67297	标准差	35.31721
方差	1455.658	方差	1133.869	方差	1247.305
峰度	0.134987	峰度	-0.43458	峰度	-0.36502
偏度	-1.31097	偏度	-0.38153	偏度	-0.59934
区域	132	区域	146	区域	141
最小值	0	最小值	0	最小值	0
最大值	132	最大值	146	最大值	141
求和	427297	求和	398387	求和	431295
观测数	5621	观测数	5621	观测数	5621
最大（1）	132	最大（1）	146	最大（1）	141

续表

	语文		数学		外语	
最小（1）	0	最小（1）	0	最小（1）	0
置信度（95.0%）	0.997618	置信度（95.0%）	0.880473	置信度（95.0%）	0.923467

首先查看平均值对比，表4.2的平均值比表4.1的平均值分别低了19.3、7.13和8.1，特别是语文成绩，根据业务经验可以判断数据不合理的可能性较大（也可能是当年的语文题目比往年难度大很多，导致学生整体分数下降）。中位数值的下降也进一步说明分数低的个数多。

根据业务经验，一般高考的众数不会是"0"，即高考分数频度最高的不应该是"0"。而表4.2中"语文""数学"和"外语"的众数均为"0"，可以认为数据不合理的可能性较大（也可能是当年缺考学生特别多或者作弊学生特别多等原因导致"0"分较多）。

4.2 使用 Excel 简单分析数据

4.2.1 Excel 常用函数

Excel 包含的函数其实是一些预定义的公式，函数包含函数名、括号及括号中的参数，参数是一些特定数值，可以按特定的顺序或结构进行计算。

如图4.11所示的数据来源于中国环境监测总站官网的首页数据（可到本书资源中获取），仅使用前14条记录。**注意**：该网站的数据是每日更新的。

	A	B	C	D
1	地区	首要污染物	等级	AQI
2	北京市	PM2.5	中度污染	168
3	天津市	NO2	良	87
4	石家庄市	PM2.5	轻度污染	140
5	唐山市	PM2.5	轻度污染	110
6	秦皇岛市	NO2	良	92
7	邯郸市	PM2.5	轻度污染	138
8	邢台市	PM2.5	重度污染	209
9	保定市	PM2.5	重度污染	269
10	承德市	PM2.5	良	94
11	沧州市	PM2.5	中度污染	153
12	廊坊市	PM2.5	中度污染	170
13	衡水市	PM2.5	重度污染	268
14	张家口市	PM10	良	77
15	太原市	PM2.5	轻度污染	129

图 4.11 常用函数的原始数据

1. COUNT 函数

该函数计算参数列表中的数字项的个数。函数 COUNT 在计数时,将把数值型数据计算进去,但是错误值、空值、逻辑值和文字则被忽略。该函数的语法规则如下:

COUNT(value1,value2,…)

参数:value1、value2、…是包含或引用各种类型数据的参数(1~30个)。

例如,"=COUNT(B2:B15)"的值是 0,因为数据区域 B2:B15 中没有数值型的数据。

"=COUNT(D2:D15)"的值是 14,因为数据区域 D2:D15 中共 14 个数值型数据。

2. COUNTIF 函数

COUNTIF 函数对指定区域中符合指定条件的单元格计数。该函数的语法规则如下:

COUNTIF(range,criteria)

参数:range 是计算其中非空单元格数目的区域。

参数:criteria 是数字、表达式或文本形式定义的条件。

例如,"=COUNTIF(C2:C15,"重度污染")"的值是 3。

3. SUM 和 AVERAGE 函数

这两个函数分别返回某一单元格区域中数字、逻辑值及数字的文本表达式之和或平均值。如果参数中有错误值或不能转换成数字的文本,将会导致错误。这两个函数的语法规则如下:

SUM(number1,number2,…)
AVERAGE(number1,number2,…)

参数:number1、number2、…是对其求和或求平均值的 1~255 个参数。

例如,"=SUM(D2:D15)"的值是 2104,"=AVERAGE(D2:D15)"的值是 150.3。

4. SUMIF 和 AVERAGEIF 函数

这两个函数分别按给定条件对指定单元格求和或求平均值。其语法规则如下:

SUMIF(range, criteria, sum_range)
AVERAGEIF(range, criteria, average_range)

参数:range 是根据条件计算的单元格区域。每个区域中的单元格都必须是数字和名称、数组和包含数字的引用。空值和文本值将被忽略。

criteria 是确定对哪些单元格相加的条件,其形式可以是数字、表达式或文本。例如,条件可以表示为 32、"32"、">32" 或 "apples"。

sum_range/average_range 为要求和或求平均值的实际单元格(如果区域内的相关单元格符合条件)。

例如,"=SUMIF(C2:C15,"重度污染",D2:D15)"的值是 746,"=AVERAGEIF(C2:C15,"重度污染",D2:D15)"的值是 248.7。

5. MAX 和 MIN 函数

这两个函数分别返回一组值中的最大或最小值。这两个函数的语法规则如下:

MAX(number1,number2,…)

MIN(number1,number2,…)

参数:number1、number2、…是要从中找出最大值的 1~255 个数字参数。

例如,"=MAX(D2:D15)"的值是 269,"=MIN(D2:D15)"的值是 77。

6. RANK 函数

RANK 函数返回一个数字在数字列表中的排位。数字的排位依据是其大小与列表中其他值的比值(若列表已排过序,则当前位置即数字的排位)。该函数的语法规则如下:

RANK(number, ref, order)

参数:number 是需要找到排位的数字。

ref 是数字列表数组或对数字列表的引用,非数值型参数将被忽略。

order 是一个数字,指明排位的方式。如果 order 为 0 或省略,那么 Excel 对数字的排位是基于 ref 为按照降序排列的列表,否则 Excel 对数字的排位是基于 ref 为按照升序排列的列表。

例如,在 E2 单元格中输入"=RANK(D2,$D$2:$D$15,1)"并复制到 E 列其他单元格,在 F2 单元格中输入"=RANK(D2,$D$2:$D$15,0)"并复制到 F 列其他单元格,结果如图 4.12 所示。

	A	B	C	D	E	F
1	地区	首要污染物	等级	AQI	升序	降序
2	北京市	PM2.5	中度污染	168	10	5
3	天津市	NO2	良	87	2	13
4	石家庄市	PM2.5	轻度污染	140	8	7
5	唐山市	PM2.5	轻度污染	110	5	10
6	秦皇岛市	NO2	良	92	3	12
7	邯郸市	PM2.5	轻度污染	138	7	8
8	邢台市	PM2.5	重度污染	209	12	3
9	保定市	PM2.5	重度污染	269	14	1
10	承德市	PM2.5	良	94	4	11
11	沧州市	PM2.5	中度污染	153	9	6
12	廊坊市	PM2.5	中度污染	170	11	4
13	衡水市	PM2.5	重度污染	268	13	2
14	张家口市	PM10	良	77	1	14
15	太原市	PM2.5	轻度污染	129	6	9

图 4.12 RANK 函数的使用

7. IF 函数

IF 函数根据指定的条件来判断其"真"或"假"返回"TRUE"或"FALSE"值。IF 函数的语法规则如下：

IF(logical_test,value_if_true,value_if_false)

参数：logical_test 是判断条件。

value_if_true 是为"TRUE"时返回的值。

value_if_false 是为"FALSE"时返回的值。

例如，"=IF(D2>150,"可以户外活动","不建议室外活动")"的结果是"可以户外活动"。

8. TRIM 函数

TRIM 函数的用法与 OpenRefine 对应的函数用法相同，可参见 3.3.12 节。

4.2.2 筛选

筛选操作仅显示满足指定条件的记录，不满足条件的记录将被隐藏。

将活动单元格放在数据表中，然后在【开始】选项卡的【编辑】组中单击【排序和筛选】|【筛选】选项，再单击列标题中的箭头实现筛选操作。

在文本值列表中，选择或清除一个或多个要作为筛选依据的文本值，也可以指向"文本筛选"，设置筛选条件，如图 4.13 所示。

在数值列表中，选择或清除一个或多个要作为筛选依据的数值，也可以指向"数字筛选"，设置筛选条件，如图 4.14 所示。

图 4.13 "文本筛选"菜单   图 4.14 "数字筛选"菜单

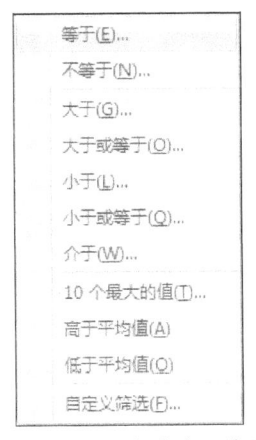

如筛选"等级"中以"污染"结尾的数据。首先实现筛选操作，然后在"等级"列中单击三角形下拉按钮，选择【文本筛选】|【结尾是】选项，在打开的对话框中输入"污

染",如图 4.15 所示。单击"确定"按钮后,在"等级"列中筛选出以"污染"结尾的记录,如图 4.16 所示。注意"等级"列的筛选图标,单击该图标后选择"从'等级'中清除筛选",可以清除这个筛选操作。

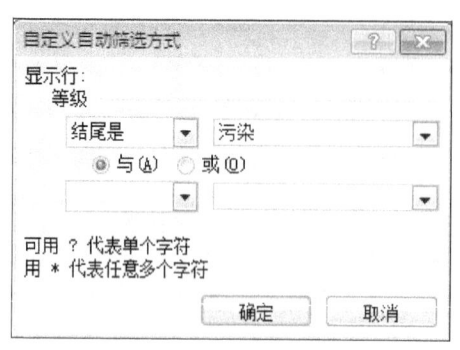

图 4.15 文本"结尾是"筛选

图 4.16 文本筛选结果

在【开始】选项卡的【编辑】组中选择【排序和筛选】|【筛选】选项,可以取消筛选操作。

4.2.3 数据透视表

函数和筛选功能可以对数据进行简单的统计,但记录较多时,还可以使用 Excel 数据透视表(PivotTable)快速汇总大量数据,深入分析数据,并且可以回答一些预计不到的数据问题。

首先选择要进行统计的工作表数据,然后选择【插入】|【数据透视表】选项,即可创建数据透视表。如根据图 4.11 所示的原始数据制作一个数据透视表。在打开的对话框中设置要分析的数据区域,然后选择放置数据透视表的位置,如图 4.17 所示。单击"确定"按钮后,设置数据透视表字段列表,行标签是"首要污染物",列标签是"等级",数值是"计数项:地区",如图 4.18 所示。创建好的数据透视表如图 4.19 所示。

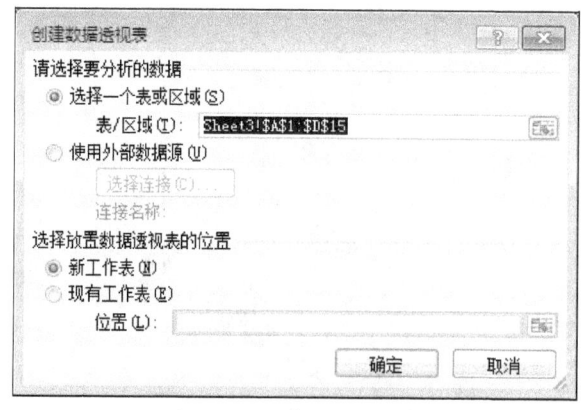

图 4.17 创建数据透视表

图 4.18 数据透视表字段列表

· 154 ·

计数项:地区	列标签				
行标签	良	轻度污染	中度污染	重度污染	总计
NO2	2				2
PM10	1				1
PM2.5	1	4	3	3	11
总计	4	4	3	3	14

图 4.19　数据透视表结果

从创建好的数据透视表可以直观地看出共 14 个地区。从行上看，其中 2 个地区的首要污染物是 "NO2"，1 个地区的首要污染物是 "PM10"，11 个地区的首要污染物是 "PM2.5"。从列上看，等级为 "良" 的地区有 4 个，等级为 "轻度污染" 的地区有 4 个，等级为 "中度污染" 的地区有 3 个，等级为 "重度污染" 的地区有 3 个。从行和列同时看，首要污染物是 "PM2.5" 且等级为 "中度污染" 的地区是 3 个。

在数据透视表的 "设计" 视图可以修改数据表的行和列，如图 4.20 所示是行列互换后的数据透视表。

	A	B	C	D	E
1	计数项:地区	列标签			
2	行标签	NO2	PM10	PM2.5	总计
3	良	2	1	1	4
4	轻度污染			4	4
5	中度污染			3	3
6	重度污染			3	3
7	总计	2	1	11	14

图 4.20　行列互换后的数据透视表

4.2.4　在透视表里做筛选

在数据透视表中可以再做筛选，如单击 "行标签" 或 "列标签" 的三角形下拉按钮，可以进行 "标签筛选" 或 "值筛选"，也可以勾选筛选记录，如图 4.21 所示。

将鼠标放在数据透视表 "列" 的右侧一列单元格，如 F2 单元格，在【开始】选项卡的【编辑】组中选择【排序和筛选】|【筛选】选项，也可以实现透视表的筛选，如图 4.22 所示。

图 4.21　透视表中的筛选 1

	A	B	C	D	E
1	计数项:地区	列标签			
2	行标签	NO2	PM10	PM2.5	总计
3	良	2	1	1	4
4	轻度污染			4	4
5	中度污染			3	3
6	重度污染			3	3
7	总计	2	1	11	14

图 4.22　透视表中的筛选 2

如筛选首要污染物是“PM2.5”且等级为“中度污染”和“重读污染”不少于2的地区个数，筛选结果如图4.23所示。**注意**：记录号是“3”和“4”的记录不符合筛选条件，因此隐藏显示。

	A	B	C	D	E
1	计数项:地区	列标签			
2	行标签	NO2	PM1	PM2.	总计
5	中度污染			3	3
6	重度污染			3	3
7	总计	2	1	11	14

图4.23 透视表中的筛选3

4.3 使用pandas库分析数据

很多语言支持数据清理和数据分析，如目前流行的Python语言和R语言。Python语言的pandas库获得了BSD（Berkly Software Distribution，伯克利软件套件）的开源许可，提供了快速灵活的数据结构和数据分析工具，便于与第三方科学计算支持库集成，可以处理的数据类型包括Excel、CSV或SQL的结构化数据（含异构列）、有序和无序的时间序列数据、带行列标签的矩阵数据等。数据结构包括一维数据（Serie）和二维数据（DataFrame）两种。

在Windows、Linux或Mac操作系统中均可以安装和使用pandas库，最常见的安装方法如下：

```
$ pip instal lpandas
```

作为处理数据的理想工具之一，pandas速度很快，已广泛应用于金融领域，并逐渐延伸到社会科学领域。

若没有任何代码基础，则可以忽略本节，也可以简要理解pandas分析数据的函数，并尝试用Excel函数处理。

本节仅包含最基本的数据分析函数，详细内容请查看Python官方网站和pandas文档。有Python基础的用户建议查阅相关书籍，如《Python for Data Analysis》（《利用Python进行数据分析》①），没有Python基础的用户建议查阅书籍《数据可视化》②。

---

① ［美］Wes McKinney. Python for Data Analysis. 机械工业出版社，2018.

② 刘英华. 数据可视化. 电子工业出版社，2019.

4.3.1 读取和查看数据

读取和查看数据之前先导入 pandas，输入如下代码：

```
import pandas as pd
```

1. read_csv 和 read_excel 函数

读取数据时最经常使用的函数是 read_csv 和 read_excel，前者读取 CSV（Comma-Separated Values）格式的数据，后者读取 Excel 数据。

CSV 格式的文件也称为字符分隔值纯文本文件，格式简单，每行相当于一条记录，一般用半角逗号分隔字段值，具备很强的开放性，是国际通认的机读格式。例如：

1, 2, 3, 4, 5
A, s, d, e, f

read_csv 函数的参数非常多[1]，其中重要且常用的参数如下。

参数 filepath_or_buffer 表示文件路径或数据缓存地址。

参数 sep 指定分隔符，默认使用逗号分隔。

输入如下代码：

```
path='/Users/yinghliu/Desktop/'
df=pd.read_csv(path+'test.csv')
```

结果是打开文件"/Users/yinghliu/Desktop/test.csv"，使用逗号作为分隔符。

read_excel 函数的参数也很多[2]，最常使用的参数是 sheet_name，表示 Excel 工作簿中的一个或几个工作表，如整数表示工作表的索引位置，字符串表示工作表的名称，用列表表示多个工作表，None 表示所有工作表。例如，sheet_name 为 0 表示选择第 1 个工作表，sheet_name 为 1 表示选择第 2 个工作表，sheet_name 为 "Sheet1" 表示选择名称为 "Sheet1" 的工作表，sheet_name 为 [0,1,'Sheet6'] 表示选择第 1 个、第 2 个和名称为 "Sheet6" 的 3 个工作表。

2. head 和 tail 函数

函数 head(n) 的功能是返回前 n 行数据，默认 n 值是 5，即返回前 5 行数据。若 n 为负值，如-5，则表示返回除最后 5 行之外的所有数据。

函数 tail(n) 的功能是返回后 n 行数据，默认 n 值是 5，即返回后 5 行数据。

输入如下代码：

```
df.head()
```

---

[1] https://pandas.pydata.o**/pandas-docs/stable/reference/api/pandas.read_csv.html.

[2] https://pandas.pydata.o**/pandas-docs/stable/reference/api/pandas.read_excel.html.

结果如图 4.24 所示。

	姓名	性别	年龄	课酬标准	工作量	时间
0	张宁 教授	female	52	100.0	12	202003
1	张宁 教授	female	52	100.0	12	202003
2	李明 副教授	male	41	80.0	16	202003
3	池玄弈 讲师	male	32	60.0	20	202003
4	王一鸣 副教授	male	44	80.0	12	202003

图 4.24 head 函数

数据分析前经常使用函数 head 和 tail 查看数据的基本情况，如数据包含哪些列，以及每个列值的具体含义、数据精度和数据范围等。

4.3.2 其他常见的 pandas 函数

1. describe 函数

describe 函数生成描述性统计信息。包括总结数据集分布的集中趋势、离散度和形状，不包括 NaN 值。

输入如下代码：

```
df.describe()
```

结果如图 4.25 所示。

	年龄	课酬标准	工作量	时间
count	13.000000	12.000000	13.000000	13.000000
mean	44.000000	80.000000	15.076923	202003.384615
std	7.937254	14.770979	3.328201	0.506370
min	32.000000	60.000000	12.000000	202003.000000
25%	41.000000	75.000000	12.000000	202003.000000
50%	44.000000	80.000000	16.000000	202003.000000
75%	52.000000	85.000000	16.000000	202004.000000
max	52.000000	100.000000	20.000000	202004.000000

图 4.25 describe 描述性统计函数

2. info 函数

该函数显示索引、列名、数据类型、非空值和内存的使用情况。输入如下代码：

```
df.info()
```

结果如图 4.26 所示。

```
<class 'pandas.core.frame.DataFrame'>
RangeIndex: 13 entries, 0 to 12
Data columns (total 6 columns):
 #   Column   Non-Null Count  Dtype
---  ------   --------------  -----
 0   姓名       13 non-null     object
 1   性别       13 non-null     object
 2   年龄       13 non-null     int64
 3   课酬标准     12 non-null     float64
 4   工作量      13 non-null     int64
 5   时间       13 non-null     int64
dtypes: float64(1), int64(3), object(2)
memory usage: 752.0+ bytes
```

图 4.26　info 函数

3. duplicated、drop 和 drop_duplicates 函数

函数 duplicated(subset=None, keep='first')用于判断数据是否包含重复项。参数 subset 的默认值是"None"，表示对所有列进行重复判断，否则判断 subset 列标签或标签序列。参数 keep 默认值是"first"，表示除第一个重复项以外的重复项均标记为 True；若为"last"，则表示除最后一次出现的重复项以外的重复项标记为 True；若为"False"，则表示将所有重复项标记为 True。

函数 drop_duplicates(subset=None, keep='first')用于删除重复数据，参数同上。

函数 drop()用于删除行或列。

输入如下代码：

```
df.duplicated()
```

结果如图 4.27 所示。显示索引值是 1、11 和 12 的记录是重复记录。

输入如下代码：

```
df
```

结果如图 4.28 所示。显示所有记录，发现 0、1 和 11 三条记录重复，3 和 12 两条记录重复。

删除索引值是 12 的最后一行数据。输入如下代码：

```
df=df.drop(12)
```

上述方法适合删除少量重复数据，若重复的数据量大，重复行数多，则建议使用如下代码：

```
df=df.drop_duplicates()
```

```
0     False
1     True
2     False
3     False
4     False
5     False
6     False
7     False
8     False
9     False
10    False
11    True
12    True
dtype: bool
```

图 4.27 duplicated 函数

	姓名	性别	年龄	课酬标准	工作量	时间
0	张宁 教授	female	52	100.0	12	202003
1	张宁 教授	female	52	100.0	12	202003
2	李明 副教授	male	41	80.0	16	202003
3	池玄弈 讲师	male	32	60.0	20	202003
4	王一鸣 副教授	male	44	80.0	12	202003
5	张晓晓 副教授	female	49	80.0	16	202003
6	张宁 教授	female	52	NaN	12	202004
7	李明 副教授	male	41	80.0	16	202004
8	池玄弈 讲师	male	32	60.0	20	202004
9	王一鸣 副教授	male	44	80.0	12	202004
10	张晓晓 副教授	female	49	80.0	16	202004
11	张宁 教授	female	52	100.0	12	202003
12	池玄弈 讲师	male	32	60.0	20	202003

图 4.28 查看数据 1

结果如图 4.29 所示。

	姓名	性别	年龄	课酬标准	工作量	时间
0	张宁 教授	female	52	100.0	12	202003
2	李明 副教授	male	41	80.0	16	202003
3	池玄弈 讲师	male	32	60.0	20	202003
4	王一鸣 副教授	male	44	80.0	12	202003
5	张晓晓 副教授	female	49	80.0	16	202003
6	张宁 教授	female	52	NaN	12	202004
7	李明 副教授	male	41	80.0	16	202004
8	池玄弈 讲师	male	32	60.0	20	202004
9	王一鸣 副教授	male	44	80.0	12	202004
10	张晓晓 副教授	female	49	80.0	16	202004

图 4.29 删除重复数据

假设"年龄"列不在本次数据分析中，可以删除该列，输入如下代码：

```
df=df.drop(labels='年龄',axis=1)
```

参数 labels 用于表示删除的列名；参数 axis 值默认是 0，表示删除行，若为 1，则表示删除列，结果如图 4.30 所示。

	姓名	性别	课酬标准	工作量	时间
0	张宁 教授	female	100.0	12	202003
2	李明 副教授	male	80.0	16	202003
3	池玄弈 讲师	male	60.0	20	202003
4	王一鸣 副教授	male	80.0	12	202003
5	张晓晓 副教授	female	80.0	16	202003
6	张宁 教授	female	NaN	12	202004
7	李明 副教授	male	80.0	16	202004
8	池玄弈 讲师	male	60.0	20	202004
9	王一鸣 副教授	male	80.0	12	202004
10	张晓晓 副教授	female	80.0	16	202004

图 4.30　drop 函数

4. isnull 函数

isnull 函数的功能是检测缺失值，返回一个布尔矩阵。输入如下代码：

```
df.isnull()
```

结果如图 4.31 所示。索引值是 6 的数据"课酬标准"是空值。

5. loc 和 iloc 函数

这两个函数的功能均是定位，loc 函数是针对索引值的定位，索引值可以设置为多种数据类型。iloc 函数是针对索引位置的定位，只能是整型数值，且与索引值无关。默认情况下，首条记录的索引位置是 0，有时也称为索引号是 0，并随着记录的增加逐步递增。

如定位显示包含空值的记录，输入如下代码：

```
df.loc[6]
```

或者

```
df.iloc[5]
```

二者的结果是一致的，如图 4.32 所示。

观察图 4.32，"张宁 教授"的课酬标准为空值，根据前面记录显示该教授的课酬标准应该是 100，为其赋值。输入如下代码：

```
df.iloc[5,2]=100
```

查看结果，输入如下代码：

```
df.loc[6]
```

图 4.31 isnull 函数

图 4.32 显示空值记录

结果如图 4.33 所示。

新建"酬金"列,是"课酬标准"和"工作量"两列之乘积。输入如下代码:

df['酬金']=df.loc[:,'课酬标准'] * df.loc[:,'工作量']

结果如图 4.34 所示。

图 4.33 为空值赋值

图 4.34 新建"酬金"列

6. split 函数

split 函数的功能类似 Excel 的分列功能。如"姓名"列包含姓名和职称,输入如下代码进行分列:

df['职称'] = df['姓名'].str.split(' ').str[1]
df['姓名'] = df['姓名'].str.split(' ').str[0]

结果如图 4.35 所示。

	姓名	性别	课酬标准	工作量	时间	酬金	职称
0	张宁	female	100.0	12	202003	1200.0	教授
2	李明	male	80.0	16	202003	1280.0	副教授
3	池玄弈	male	60.0	20	202003	1200.0	讲师
4	王一鸣	male	80.0	12	202003	960.0	副教授
5	张晓晓	female	80.0	16	202003	1280.0	副教授
6	张宁	female	100.0	12	202004	1200.0	教授
7	李明	male	80.0	16	202004	1280.0	副教授
8	池玄弈	male	60.0	20	202004	1200.0	讲师
9	王一鸣	male	80.0	12	202004	960.0	副教授
10	张晓晓	female	80.0	16	202004	1280.0	副教授

图 4.35 split 函数

7. groupby 函数

groupby 函数的功能是分组,输入如下代码:

```
df[['酬金','职称']].groupby(['职称']).mean()
```

结果如图 4.36 所示。返回根据"职称"分组的酬金均值。

8. sort_values 函数

sort_values 函数的功能是按照某个列中的数据进行排序。如对所有男性数据按"酬金"排序,输入如下代码:

```
df[df.性别=='male'].sort_values(by="酬金")
```

结果如图 4.37 所示。

职称	酬金
副教授	1173.333333
教授	1200.000000
讲师	1200.000000

图 4.36 groupby 函数

	姓名	性别	课酬标准	工作量	时间	酬金	职称
4	王一鸣	male	80.0	12	202003	960.0	副教授
9	王一鸣	male	80.0	12	202004	960.0	副教授
3	池玄弈	male	60.0	20	202003	1200.0	讲师
8	池玄弈	male	60.0	20	202004	1200.0	讲师
2	李明	male	80.0	16	202003	1280.0	副教授
7	李明	male	80.0	16	202004	1280.0	副教授

图 4.37 sort_values 函数

9. query 函数

query 函数的功能是使用布尔值对列的规则进行过滤操作,如根据"职称""性别"和"工作量"进行过滤,输入如下代码:

```
df.query("职称=='副教授' & 性别=='male' & 工作量>15")
```

结果如图 4.38 所示。

10. filter 函数

filter 函数的功能是根据指定的索引标签值对数据的行或列进行筛选，如对列进行筛选，输入如下代码：

```
df.query("酬金>1000 & 职称=='副教授'").filter(items=["姓名","酬金","职称"])
```

结果如图 4.39 所示。

	姓名	性别	课酬标准	工作量	时间	酬金	职称
2	李明	male	80.0	16	202003	1280.0	副教授
7	李明	male	80.0	16	202004	1280.0	副教授

图 4.38　query 函数

	姓名	酬金	职称
2	李明	1280.0	副教授
5	张晓晓	1280.0	副教授
7	李明	1280.0	副教授
10	张晓晓	1280.0	副教授

图 4.39　filter 函数

4.4　综合案例

4.4.1　使用 Excel 分析招聘数据

"招聘数据.xlsx"来自某招聘网站，包括与数据分析相关的招聘数据（在本书资源中获取，仅用于教学和科研使用）。备份"招聘数据.xlsx"为"招聘数据备份.xlsx"，避免后期修改后无法找到原始数据。

1. 理解数据，确定分析对象和基本思路

打开"招聘数据.xlsx"，看到数据包含 13 列、2991 条，理解每列数据的具体含义，选择重点分析的数据列，确定数据分析的基本思路。

本案例中的数据包括薪资、工作年限、学历要求、城市和公司规模等重点信息，确定数据分析的基本思路如下：

- 哪些城市对数据分析师相关工作的需求最多？
- 各城市平均薪资如何？
- 对哪些工作年限的需求最多？
- 哪些具体的福利待遇出现的频率最多？
- 应届毕业生去哪种规模的公司薪资高、待遇好？
- 不同工作年限的人员应该如何选择公司规模，以便得到更好的薪资？
- 单独分析实习生特征。

注意：每个人关注的信息点不同，对数据分析的思路也会有较大的差异，若关注本案例的其他信息点，可以根据需要适当调整分析思路。

2. 删除（隐藏）不需要的列、删除重复值、处理缺失值

首先，删除重复的行或列。本案例没有重复的列，但存在重复的行。如"岗位ID"是每条记录的唯一序号，不应该存在重复。单击"A列"左侧和"行1"上面的空格（也可以按组合键 Ctrl+A）以选择所有数据，选择【数据】|【删除重复项】选项，在出现的"删除重复项"对话框中勾选"列表包含标题"和"列A"，如图4.40所示，单击"确定"按钮。本次操作删除了164条重复记录，剩余2827行记录。

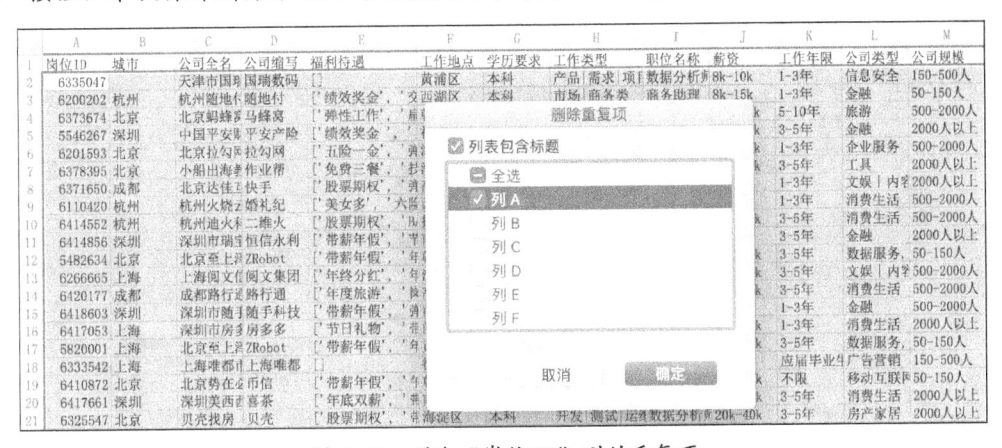

图 4.40 删除"岗位 ID"列的重复项

其次，处理缺失值。选择所有数据，再选择【编辑】|【查找】|【转到】选项，在"定位条件"对话框中选择"空值"，如图4.41所示，单击"确定"按钮。只有"城市"列存在空值，如图4.42所示。

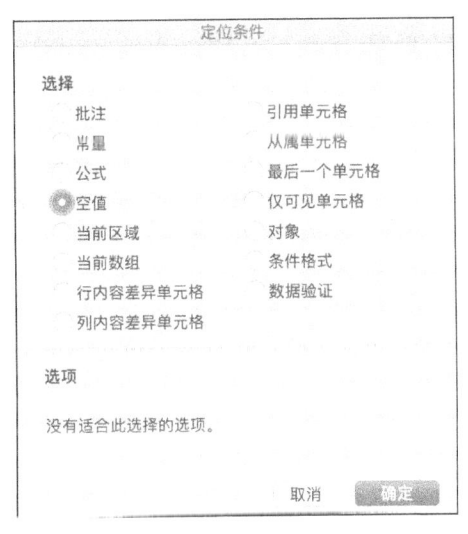

图 4.41 定位条件

图 4.42 部分空值记录

缺失的"城市"列根据"工作地点"手动添加，注意不能根据"公司全名"列添加，如第1行记录缺失的"城市"值，其"公司全名"是"天津市国瑞数码安全系统股份有限公司"，似乎公司地点应该是"天津"，但根据"工作地点"列值是"黄浦区"，其"城市"值应该是"上海"。

为了快速找到缺失的记录，可以单击"B"列的列头，以快速选择全部B列数据，选择【数据】|【筛选】选项，出现如图4.43所示的对话框。手动添加的缺失值分别是"上海""上海""上海""深圳""北京""南京"，结果如图4.44所示。

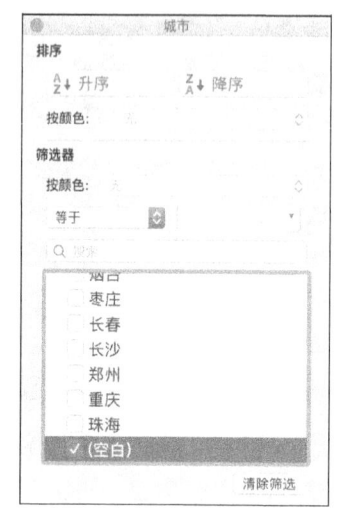

图4.43 "城市"列筛选"(空白)"

图4.44 手动添加缺失值

"福利待遇"列存在"[ ]"值，也可以理解为空值，但是不需手动添加缺失值，因为公司可以无任何福利待遇。

第三，将不进行分析的列删除或隐藏。本案例需要删除（隐藏）不需要的列，包括"公司全名""公司缩写""工作地点""工作类型""公司类型"。

经过上述处理后，数据共包含8列、2827行。

3. 数据一致化处理

单击C列的列头，选择C列所有数据，再选择菜单【编辑】|【查找】|【替换】选项，删除多余的双引号和方括号，如图4.45所示。

由于"福利待遇"列包含多个数值，为保证数据便于分析需要对该列进行分列。先在"福利待遇"列右侧增加3个列，再选择菜单【数据】|【分列】选项，选择分隔符号为逗号，并为4个列重新命名，如图4.46所示。

"薪资"列值是文本型数据，无法进行均值、最大值和最小值的计算。首先根据分隔符"-"分为2列，重命名得到的新列为"最低薪资"和"最高薪资"，然后替换"k"为"000"，增加"平均薪资"列，列值是"最低薪资"和"最高薪资"的均值，如图4.47

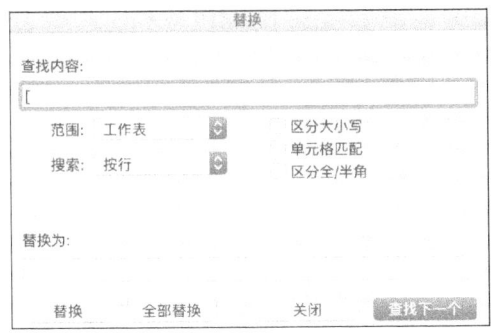

所示。

图 4.45 替换

图 4.46 "福利待遇"列分为 4 列

"工作年限"列是文本型数据，无论升序还是降序，都按照文本值排序，如图 4.48 所示。

图 4.47 "薪资"分列结果

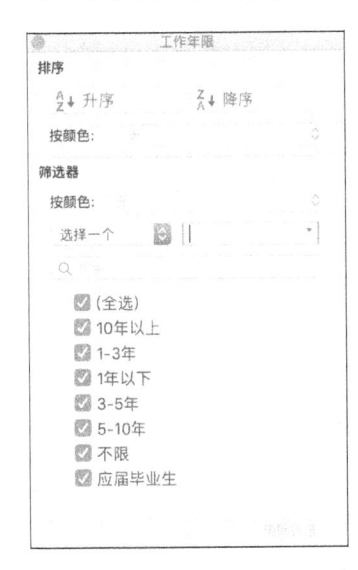

图 4.48 "工作年限"列修改前

如将"工作年限"列根据值的含义按工作的实际年限升序排序，希望的结果是"应届毕业生""1年以下""1-3年""3-5年""5-10年""10年以上""不限"。为达到这种效果，根据如上顺序替换该列值，结果如图 4.49 所示。

"公司规模"列与"工作年限"列类似，采用如上方法修改，结果如图 4.50 所示。

4. 数据筛选

本案例期望对数据分析相关职位的招聘数据进行数据分析，查看"职位名称"列，发现其与数据分析相关的职位包括"数据分析师""数据运营""数据产品"等，为进行精准分类，新建数据透视表，如图 4.51 所示，结果如图 4.52 所示。

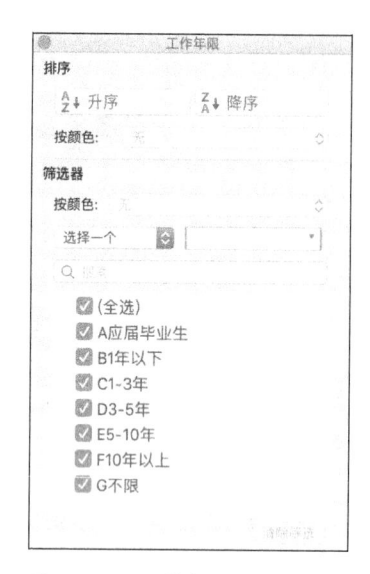

图 4.49 "工作年限"列修改后　　　　图 4.50 "公司规模"列修改后

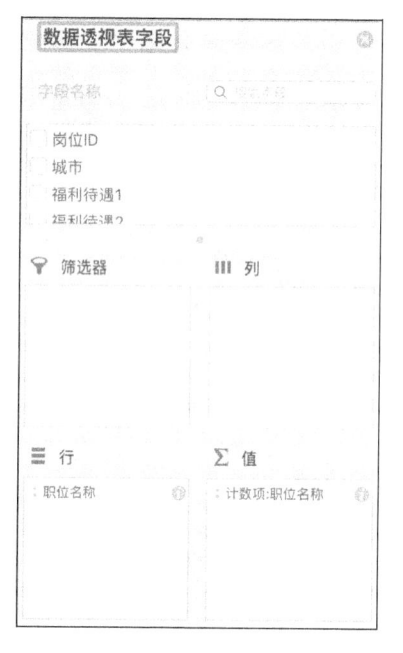

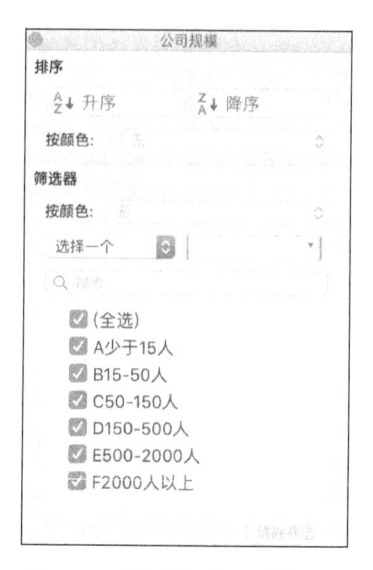

图 4.51 职位名称"数据透视表"　　　图 4.52 职位名称分类

职位名称中带有"实习生"和"实习"字样的均表示实习学生，薪资明显低于正常入职者，此类数据应单独分析。

不同的公司对职位名称的称谓有一定的差异，根据图 4.52，新建"是否数据分析"列，确定"职位名称"是否与本案例研究的数据分析相关，再新建"是否实习生"列，确定"职位名称"是否提供给实习学生，如图 4.53 所示。

		fx	=IF(COUNT(FIND({"数据分析","数据运营","数据产品"},H4)),"是","否")

	G	H	I	J	K	L	M
1	学历要求	职位名称	是否数据分析	是否实习生	薪资	最低薪资	最高薪资
4	本科	总行零售金融总部数据分析策略岗	是	否	15k-20k	15000	20000
18	本科	资深数据分析专家	是	否	20k-40k	20000	40000
19	本科	资深数据分析专家	是	否	30k-60k	30000	60000
20	本科	资深数据分析师-杭州-00544	是	否	15k-30k	15000	30000
21	本科	资深数据分析师-反作弊方向	是	否	25k-50k	25000	50000
22	本科	资深数据分析师-GZ	是	否	12k-20k	12000	20000

图 4.53 "是否数据分析"列

新建 "new_数据分析" 工作表，保存 "是否数据分析" 列值为 "是" 和 "是否实习生" 列值为 "否" 的记录，共 1852 条。新建 "实习生" 工作表，保存 "是否数据分析" 列值为 "是" 和 "是否实习生" 列值为 "是" 的记录，共 136 条。

5. "数据分析"相关工作岗位分析

用 MAX、MIN、AVERAGE 和 MEDIAN 函数计算最高薪资、最低薪资、平均薪资和薪资中位数。最高薪资的 "岗位 ID" 是 "6104932"，薪资范围是 "60k-100k" 元。最低薪资的 "岗位 ID" 是 "6095621"，薪资范围是 "1k-1k" 元。1852 条与数据分析相关的职位的平均薪资是 19728 元，薪资中位数是 20000 元。

如数据透视表图 4.54 所示，平均薪资排名前三的分别是北京、上海和深圳，最后三名分别是咸阳、梅州和青岛（如图 4.55 所示），最高平均薪资和最低平均薪资差距约为 6.5 倍。

行标签	平均值项:平均薪资
北京	22533
上海	20898
深圳	20564
佛山	18559
杭州	18355
南京	17000
厦门	16708
广州	15857
温州	15000
惠州	15000

图 4.54 平均薪资降序（前十）

行标签	平均值项:平均薪资
咸阳	3500
梅州	4000
青岛	4500
马鞍山	5500
济南	5625
潮州	6000
宁波	7000
长春	7000
徐州	7125
贵阳	7333

图 4.55 平均薪资升序（前十）

如图 4.56 和图 4.57 所示，平均薪资高的城市对数据分析类职位的需求相对较多，而平均薪资低的城市则恰好相反。从数量上，对工作年限在 "3-5 年" 的岗位需求最多，其次是 "1-3 年"，再次是 "5-10 年"。

如图 4.58 所示的透视表显示，虽然北京的平均薪资最高，但应届毕业生薪资最高的是厦门，其次是南京、北京、深圳、杭州和上海，均在万元以上。但图 4.59 显示厦门只有 1 个应届毕业生岗位，南京有 2 个，说明平均薪资不具有普遍性。从岗位数量上看，应届毕业生在北京、上海、广州、杭州和深圳具有更多的选择机会。

计数项:岗位ID	列标签							
行标签	A应届毕业生	B1年以下	C1-3年	D3-5年	E5-10年	F10年以上	G不限	总计
北京	38	8	171	313	106		48	684
上海	20	4	105	149	48	2	31	359
深圳	9	6	77	127	36	1	16	272
广州	11	3	43	65	19		23	164
杭州	11		25	51	23	1	13	124
成都	3	3	22	16	2		9	55
武汉	5		7	14	3		7	36
南京	2		7	5	5		3	22
佛山		1	3	7	4		2	17
长沙			4	3	3		2	12
厦门	1		3	8				12

图 4.56 平均薪资高的城市岗位数量

计数项:岗位ID	列标签				
行标签	A应届毕业生	C1-3年	D3-5年	G不限	总计
长春		1	1		2
徐州			2	2	4
咸阳		1			1
青岛				1	1
宁波		1			1
梅州				1	1
马鞍山		1			1
济南	1		2	1	4
贵阳		3			3
潮州		1			1
总计	2	8	4	5	19

图 4.57 平均薪资低的城市岗位数量

平均值项:平均薪资	列标签							
行标签	A应届毕业生	B1年以下	C1-3年	D3-5年	E5-10年	F10年以上	G不限	总计
北京	11553	7813	17143	24522	31410		20302	22533
上海	10300	13000	16557	22909	30688	40000	17403	20898
深圳	11056	10667	14403	22776	32542	22500	14656	20564
佛山		11500	12000	19286	23250		20000	18559
杭州	10818		11980	19196	29261	30000	13500	18355
南京	12500		11571	19300	28300		10000	17000
厦门	15000		11000	19063				16708
广州	8818	5833	10953	18485	26789		13239	15857
温州				15000				15000
惠州			15000				15000	15000

图 4.58 薪资与工作年限

工作年限	A应届毕业生
行标签	计数项:岗位ID
北京	38
上海	20
广州	11
杭州	11
深圳	9
武汉	5
珠海	3
成都	3
常州	2
南京	2
江门	1
长春	1
西安	1
南昌	1
厦门	1
天津	1
济南	1
总计	111

图 4.59 应届生岗位数量

北京工作年限在"1年以下"的岗位的平均薪资仅有 **7813** 元，明显低于其他城市，甚至低于应届毕业生。

如图 4.60 所示，对"本科"学历的需求量最多，尤其是岗位需求量大的城市，"本科"学历岗位占八成以上。其次是对学历为"不限"和"硕士"的需求量较多，这说明在数据分析相关岗位的招聘中更专注于对能力的要求，学历并非是必要的"敲门砖"，对"博士"的需求量则极少。

计数项:岗位ID	列标签					
行标签	本科	博士	不限	大专	硕士	总计
北京	610		31	11	32	684
上海	304		24	8	23	359
深圳	231	1	16	14	10	272
广州	136		10	17	1	164
杭州	103		10	6	5	124
成都	44		2	7	2	55
武汉	27		4	3	2	36
南京	16		3		3	22
佛山	14			2	1	17
长沙	8		2	1	1	12
厦门	11			1		12

图 4.60　岗位数量与学历

如图 4.61 所示，相同的工作年限更容易在规模大的公司获得更高的薪资，这个规律偶尔会被打破，如应届毕业生在规模是"500-2000人"的公司平均薪资是 12583 元，但是在规模为"2000人以上"的公司平均薪资仅是 10308 元，下降较多。

平均值项:平均薪资	列标签						
行标签	A少于15人	B15-50人	C50-150人	D150-500人	E500-2000人	F2000人以上	总计
A应届毕业生	6000	7375	9864	10768	12583	10308	10622
B1年以下		7167	6667	8750	11500	10600	8865
C1-3年	9833	12538	13764	14613	13965	15863	14567
D3-5年	14071	16880	20264	21127	21404	23836	22151
E5-10年	40000	26000	33842	27457	29384	30720	30028
F10年以上		30000	50000			26250	33125
G不限	7000	8500	11460	15268	13043	20697	15585
总计	13000	13342	17362	18303	19253	22272	19728

图 4.61　公司规模、工作年限与平均薪资

选中 4 列福利待遇，选择菜单【插入】|【名称】选项，为这个区域命名为"daiyu"，输入以下函数统计包含"扁平化管理"和"扁平管理"的单元格个数。

=COUNTIF(daiyu,"*扁平*")

使用如上方法，统计出福利待遇中出现的高频词，如图 4.62 所示，出现频率最高的是"带薪年假"，其次是"绩效奖金"。

带薪年假	685
绩效奖金	526
扁平	344
一金	343
股票期权	338
技能培训	337
年底双薪	328
节日礼物	322
弹性工作	322
岗位晋升	295

图 4.62　福利待遇高频词

数据分析总结：

① 平均薪资排名前三的分别是北京、上海和深圳，这三个城市也是数据分析岗位需求最多的城市。

② 从薪资上看，对应届毕业生最友好的城市是厦门、南京、深圳和杭州。但对应届毕业生需求最多的是北京、上海、广州、杭州和深圳。

③ 对有"3-5年"工作年限的需求最多。

④ 工作年限相同，在规模大的公司更容易获得高薪资。

⑤ "带薪年假"和"绩效奖金"是招聘岗位中出现频率最多的福利待遇。

6. "数据分析"相关实习岗位分析

MAX 和 MIN 函数可以计算出实习生岗位的最高薪资是 15000 元，最低薪资 1500 元，图 4.63 显示平均薪资 3915 元，MEDIAN 函数得出薪资中位数是 3500 元。

图 4.63 的数据透视表显示，实习生岗位需求量最大的是北京和上海，但其平均薪资并不是最高的，上海市的实习生岗位薪资甚至低于平均薪资。虽然青岛的实习生薪资高达 7000 元，但仅有 1 个岗位，不具有普遍性。南京、福州、重庆、西安和常州是实习生的雷区，薪资待遇最差，岗位又少。

根据图 4.64 的数据透视表显示，实习生岗位需求最大的依旧是"本科"（103 个）。"硕士"实习生岗位整体需求较少（17 个），在北京的岗位相对较多（11 个）。图 4.65 显示"不限""大专"和"本科"学历的平均薪资差异不大，"硕士"明显高于其他学历要求，"不限"学历薪资最低。

行标签	计数项:岗位ID	平均值项:平均薪资
北京	72	4083
上海	24	3771
广州	7	2714
成都	7	3214
深圳	6	4333
杭州	5	3900
武汉	4	5125
徐州	3	4500
西安	1	2500
重庆	1	2500
福州	1	2500
长沙	1	5000
南京	1	1500
常州	1	2500
珠海	1	3500
青岛	1	7000
总计	136	3915

图 4.63 实习岗位数量和平均薪资

计数项:岗位ID	列标签				
行标签	本科	不限	大专	硕士	总计
北京	55	5	1	11	72
上海	17	5		2	24
广州	7				7
成都	4	1	1	1	7
深圳	4		2		6
杭州	3		1	1	5
武汉	3		1		4
徐州	3				3
西安	1				1
重庆	1				1
福州	1				1
长沙	1				1
南京	1				1
常州	1				1
珠海	1				1
青岛				1	1
总计	103	11	5	17	136

图 4.64 实习生地区、学历与岗位数量

平均值项:平均薪资	列标签				
行标签	本科	不限	大专	硕士	总计
北京	4082	4000	2500	4273	4083
常州	2500				2500
成都	2500	3000	4000	5500	3214
福州	2500				2500
广州	2714				2714
杭州	3833		3500	4500	3900
南京	1500				1500
青岛				7000	7000
上海	3941	3400		3250	3771
深圳	4000		5000		4333
武汉	6000		2500		5125
西安	2500		2500		2500
徐州	4500				4500
长沙	5000				5000
重庆	2500				2500
珠海	3500				3500
总计	3879	3636	3900	4324	3915

图 4.65 实习生地区、学历与薪资

如图 4.66 和图 4.67 所示,"本科"学历是实习生岗位中需求量最大的。在公司规模为"150-500 人"和"2000 人以上"的岗位总计 53 个,从薪资情况看,在"150-500 人"公司规模的岗位薪金最高,达到了 4346 元,而"2000 人以上"的岗位薪金最低,为 3574 元。

平均值项:平均薪资	列标签						
行标签	A少于15人	B15-50人	C50-150人	D150-500人	E500-2000人	F2000人以上	总计
本科	4000	3125	3813	4346	4194	3574	3879
不限	2750		4000	3500	3625	4250	3636
大专			7000	3000	2500	4000	3900
硕士		3000	4750	4600	4667	3333	4324
总计	3583	3115	4071	4279	4155	3606	3915

图 4.66 实习生学历、公司规模与薪资

计数项:岗位ID	列标签						
行标签	A少于15人	B15-50人	C50-150人	D150-500人	E500-2000人	F2000人以上	总计
本科	4	12	16	26	18	27	103
不限	2		2	1	4	2	11
大专			1	2	1	1	5
硕士		1	2	5	6	3	17
总计	6	13	21	34	29	33	136

图 4.67 实习生学历、公司规模与岗位数量

实习生岗位出现的福利待遇高频词第一位是"带薪年假",其次是"年底双薪""股票期权""体检"和"绩效奖金",如图 4.68 所示。

带薪年假	56
年底双薪	29
股票期权	28
体检	27
绩效奖金	25
餐	23
一金	23
弹性工作	22
技能培训	20
节日礼物	20

图 4.68 实习生福利待遇高频词

数据分析总结:

① 实习生在北京和上海有更多的机会,而南京、福州、重庆、西安和常州这几个城市的岗位少、待遇差。

② 硕士学历实习生的薪资明显高于其他学历,虽然"大专"和"本科"学历薪资差异较小,但"大专"的实习岗位最少。

③ "本科"实习生在公司规模是"150-500 人"的岗位薪金最高,"2000 人以上"的岗位薪金最低。

④ 员工和实习生福利待遇的高频词基本相同。不同之处在于,实习生岗位关注"餐"和"体检",而员工关注"扁平管理"和"岗位晋升"。

4.4.2 使用 pandas 分析泰坦尼克号数据

若读者没有任何代码基础,则可以忽略本节,尝试自行使用 Excel 完成数据分析。

1912 年 4 月 15 日,泰坦尼克号在首航时撞上冰山后沉没,船上乘客和工作人员 2000 余人,获救仅 700 人左右。本案例仅是数据中的一部分,来源于 Kaggle,也可以到

本书资源中获取。本案例对获救的乘客进行数据分析，尝试发现其特征。虽然数据集中有数据缺失，但本案例只进行必要的数据清理，数据分析是重点。

1. 读取数据

path 是路径，可以根据"titanic.csv"文件的实际存储位置更改 path 值，输入代码如下：

```
import pandas as pd
path='/Users/yinghliu/Desktop/'
df=pd.read_csv(path+'titanic.csv')
```

2. 查看数据

首先观察数据包含的列，输入代码如下：

```
df.head()
```

结果如图 4.69 所示。用 head 函数查看数据集的前 5 行数据，共 12 列。

	PassengerId	Survived	Pclass	Name	Sex	Age	SibSp	Parch	Ticket	Fare	Cabin	Embarked
0	1	0	3	Braund, Mr. Owen Harris	male	22.0	1	0	A/5 21171	7.2500	NaN	S
1	2	1	1	Cumings, Mrs. John Bradley (Florence Briggs Th...	female	38.0	1	0	PC 17599	71.2833	C85	C
2	3	1	3	Heikkinen, Miss. Laina	female	26.0	0	0	STON/O2. 3101282	7.9250	NaN	S
3	4	1	1	Futrelle, Mrs. Jacques Heath (Lily May Peel)	female	35.0	1	0	113803	53.1000	C123	S
4	5	0	3	Allen, Mr. William Henry	male	35.0	0	0	373450	8.0500	NaN	S

图 4.69 查看"train.csv"数据集前 5 行

然后，输入代码如下：

```
df.tail()
```

结果如图 4.70 所示。用 tail 函数查看数据集的后 5 行数据，确定数据集共包含记录 891 行。

	PassengerId	Survived	Pclass	Name	Sex	Age	SibSp	Parch	Ticket	Fare	Cabin	Embarked
1304	1305	0	3	Spector, Mr. Woolf	male	NaN	0	0	A.5. 3236	8.0500	NaN	S
1305	1306	1	1	Oliva y Ocana, Dona. Fermina	female	39.0	0	0	PC 17758	108.9000	C105	C
1306	1307	0	3	Saether, Mr. Simon Sivertsen	male	38.5	0	0	SOTON/O.Q. 3101262	7.2500	NaN	S
1307	1308	0	3	Ware, Mr. Frederick	male	NaN	0	0	359309	8.0500	NaN	S
1308	1309	0	3	Peter, Master. Michael J	male	NaN	1	1	2668	22.3583	NaN	C

图 4.70 查看"train.csv"数据集后 5 行

其中：

"PassengerId"列表示乘客或工作人员ID。

"Survived"列表示是否获救，1表示获救，0代表遇难。

"Pclass"列表示船舱等级，"1"表示上等，"2"表示中等，"3"表示下等。

"Name"列包含乘客或工作人员姓名和称谓。

"Sex"列表示乘客或工作人员性别。

"Age"列表示乘客或工作人员年龄，小于1岁的婴儿用小数表示年龄。

"SibSp"列表示乘客或工作人员在船上的兄弟姐妹及配偶个数。

"Parch"列表示乘客或工作人员在船上的父母或子女数量。

"Ticket"列表示船票信息。

"Fare"列表示票价（因为1英镑等于20先令，1先令等于12便士，所以票价统一为英镑后会出现多位小数，本数据集的该列保留4位小数）。

"Cabin"列表示船舱位号，"NaN"表示无舱位号。

"Embarked"列表示乘客登船口岸，其中"S"表示出发地英国Southampton，"C"表示途径地法国Cherbourg，"Q"表示途径地爱尔兰Queenstown。

查看数据集整体信息，输入代码如下：

```
df.info()
```

结果如图4.71所示，显示每列的数据类型。12列数据中，"PassengerId""Survived""Pclass""Name""Sex""SibSp""Parch"和"Ticket"这8列无缺失数据，但"Age"列仅有1046行记录，缺失263行；"Fare"列有1308行记录，缺失1行；"Cabin"列有295行记录，缺失1014行；"Embarked"列有1307行记录，缺失2行。

```
<class 'pandas.core.frame.DataFrame'>
RangeIndex: 1309 entries, 0 to 1308
Data columns (total 12 columns):
 #   Column       Non-Null Count  Dtype
---  ------       --------------  -----
 0   PassengerId  1309 non-null   int64
 1   Survived     1309 non-null   int64
 2   Pclass       1309 non-null   int64
 3   Name         1309 non-null   object
 4   Sex          1309 non-null   object
 5   Age          1046 non-null   float64
 6   SibSp        1309 non-null   int64
 7   Parch        1309 non-null   int64
 8   Ticket       1309 non-null   object
 9   Fare         1308 non-null   float64
 10  Cabin        295 non-null    object
 11  Embarked     1307 non-null   object
dtypes: float64(2), int64(5), object(5)
memory usage: 122.8+ KB
```

图4.71 查看数据集整体信息

describe 函数返回描述性统计结果，输入代码如下：

```
df.describe()
```

结果如图 4.72 所示。从左向右看，统计"PassengerId"列共 1309 条记录，只有 37.74%的人获救。乘客或工作人员平均年龄是 29.88 岁，最年长者 80 岁，最小的 0.17 岁，约 2 个月大。船上的兄弟姐妹及配偶个数最多为 8 人，船上的父母或子女个数最多为 9 人。平均票价约为 33.30 英镑，最贵票价约为 512.33 英镑，最便宜票价为 0.00 英镑。

	PassengerId	Survived	Pclass	Age	SibSp	Parch	Fare
count	1309.000000	1309.000000	1309.000000	1046.000000	1309.000000	1309.000000	1308.000000
mean	655.000000	0.377387	2.294882	29.881138	0.498854	0.385027	33.295479
std	378.020061	0.484918	0.837836	14.413493	1.041658	0.865560	51.758668
min	1.000000	0.000000	1.000000	0.170000	0.000000	0.000000	0.000000
25%	328.000000	0.000000	2.000000	21.000000	0.000000	0.000000	7.895800
50%	655.000000	0.000000	3.000000	28.000000	0.000000	0.000000	14.454200
75%	982.000000	1.000000	3.000000	39.000000	1.000000	0.000000	31.275000
max	1309.000000	1.000000	3.000000	80.000000	8.000000	9.000000	512.329200

图 4.72 查看数据集统计结果（数值型）

进一步查看非数值型数据的描述性统计，输入代码如下：

```
df[['Name','Sex','Ticket','Cabin','Embarked']].describe()
```

结果如图 4.73 所示。姓名（"Name"列）共 1309 种，无重复。性别（"Sex"列）分为 2 种，男性多于女性，达到 843 人。船票（"Ticket"列）共 929 种，因为一家人的船票号是相同的，如船票号"CA. 2343"包含的乘客或工作人员最多，达到 11 位。共 295 位乘客或工作人员有舱位（"Cabin"列）位号，其中唯一舱位位号 186 种，"C23" "C25"和"C27"船舱的人数最多，达到 6 位，没有舱位号的有 1014 人（1309−295＝1014）。登船口岸 1307 个，仅缺失 2 个。共 3 个登船口岸，从始发地"S"（英国 Southampton）登船的乘客或工作人员最多，是 914 人。

	Name	Sex	Ticket	Cabin	Embarked
count	1309	1309	1309	295	1307
unique	1307	2	929	186	3
top	Kelly, Mr. James	male	CA. 2343	C23 C25 C27	S
freq	2	843	11	6	914

图 4.73 查看数据集统计结果（非数值型）

3. 船上人群特征分析

为显示获救和遇难人数，输入代码如下：

df[['Survived','Sex','PassengerId']].groupby(['Survived','Sex']).count()

结果如图 4.74 所示。本数据共包含泰坦尼克号上的乘客或工作人员 1309 人，获救 494 人（男性 109 人，女性 385 人），遇难 815 人（男性 734 人，女性 81 人）。从数据上看，获救的女性人数和比例都远高于男性。

分析船舱等级和人数，输入代码如下：

df[['Pclass','Survived','PassengerId']].groupby(['Pclass','Survived']).count()

结果如图 4.75 所示。709 名乘客或工作人员的船舱等级是 "3"，即下等船舱，是人数最多的船舱等级。获救比例明显低于上等和中等船舱。

		PassengerId
Survived	Sex	
0	female	81
	male	734
1	female	385
	male	109

图 4.74 遇难和获救人数

		PassengerId
Pclass	Survived	
1	0	137
	1	186
2	0	160
	1	117
3	0	518
	1	191

图 4.75 船舱等级与获救人数

查看船上票价为 0 的特殊人群，输入代码如下：

df[df.Fare==0]

结果如图 4.76 所示，"PassengerId" 值是 "807" 的 "Andrews, Mr. Thomas Jr" 是 Titannic 号的总设计师。

注意，并不是船上所有的工作人员票价均为 0，如显示 "Ticket" 列值是 "1601" 的 8 个人。输入代码如下：

df[df.Ticket=='1601']

结果如图 4.77 所示。观察 "Name" 列可以发现，这是典型的中国人的名字，结合历史可以确定，他们是船上烧锅炉的工人。从数据上看，他们的 "Fare" 值是 56.4958。

4. 家庭人数与获救情况分析

乘客在船上的兄弟姐妹及配偶个数与获救情况，输入代码如下：

df[['SibSp','Survived']].groupby(['SibSp']).mean()

	PassengerId	Survived	Pclass	Name	Sex	Age	SibSp	Parch	Ticket	Fare	Cabin	Embarked
179	180	0	3	Leonard, Mr. Lionel	male	36.0	0	0	LINE	0.0	NaN	S
263	264	0	1	Harrison, Mr. William	male	40.0	0	0	112059	0.0	B94	S
271	272	1	3	Tornquist, Mr. William Henry	male	25.0	0	0	LINE	0.0	NaN	S
277	278	0	2	Parkes, Mr. Francis "Frank"	male	NaN	0	0	239853	0.0	NaN	S
302	303	0	3	Johnson, Mr. William Cahoone Jr	male	19.0	0	0	LINE	0.0	NaN	S
413	414	0	2	Cunningham, Mr. Alfred Fleming	male	NaN	0	0	239853	0.0	NaN	S
466	467	0	2	Campbell, Mr. William	male	NaN	0	0	239853	0.0	NaN	S
481	482	0	2	Frost, Mr. Anthony Wood "Archie"	male	NaN	0	0	239854	0.0	NaN	S
597	598	0	3	Johnson, Mr. Alfred	male	49.0	0	0	LINE	0.0	NaN	S
633	634	0	1	Parr, Mr. William Henry Marsh	male	NaN	0	0	112052	0.0	NaN	S
674	675	0	2	Watson, Mr. Ennis Hastings	male	NaN	0	0	239856	0.0	NaN	S
732	733	0	2	Knight, Mr. Robert J	male	NaN	0	0	239855	0.0	NaN	S
806	807	0	1	Andrews, Mr. Thomas Jr	male	39.0	0	0	112050	0.0	A36	S
815	816	0	1	Fry, Mr. Richard	male	NaN	0	0	112058	0.0	B102	S
822	823	0	1	Reuchlin, Jonkheer. John George	male	38.0	0	0	19972	0.0	NaN	S
1157	1158	0	1	Chisholm, Mr. Roderick Robert Crispin	male	NaN	0	0	112051	0.0	NaN	S
1263	1264	0	1	Ismay, Mr. Joseph Bruce	male	49.0	0	0	112058	0.0	B52 B54 B56	S

图 4.76　票价为 0 的特殊人群

	PassengerId	Survived	Pclass	Name	Sex	Age	SibSp	Parch	Ticket	Fare	Cabin	Embarked
74	75	1	3	Bing, Mr. Lee	male	32.0	0	0	1601	56.4958	NaN	S
169	170	0	3	Ling, Mr. Lee	male	28.0	0	0	1601	56.4958	NaN	S
509	510	1	3	Lang, Mr. Fang	male	26.0	0	0	1601	56.4958	NaN	S
643	644	1	3	Foo, Mr. Choong	male	NaN	0	0	1601	56.4958	NaN	S
692	693	1	3	Lam, Mr. Ali	male	NaN	0	0	1601	56.4958	NaN	S
826	827	0	3	Lam, Mr. Len	male	NaN	0	0	1601	56.4958	NaN	S
838	839	1	3	Chip, Mr. Chang	male	32.0	0	0	1601	56.4958	NaN	S
930	931	0	3	Hee, Mr. Ling	male	NaN	0	0	1601	56.4958	NaN	S

图 4.77　"Ticket" 列值是 "1601" 的 8 个人

结果如图 4.78 所示。乘客在船上的兄弟姐妹及配偶个数为 1 人时，获救的比例最高，达到 52.04%；为 2 人时，获救的比例是 45.24%；无同船的兄弟姐妹或配偶时，获救的比例是 33.45%。随着乘客在船上的兄弟姐妹及配偶个数从 3 人增加到 8 人，获救比例逐步从 25% 下降到 11.11%。

显示乘客在船上的父母或子女个数与获救情况,输入代码如下:

```
df[['Parch','Survived']].groupby(['Parch']).mean()
```

结果如图4.79所示。乘客在船上的父母或子女个数为3人时,获救的比例高达62.50%;为1人时,获救的比例是54.70%;为2人时,获救的比例是53.10%;为4人时,获救的比例是33.33%,这与无同船的父母或子女的33.13%接近。随着乘客父母或子女的个数增加到5人和6人时,获救比例急剧下降,在9人时又上升到50%。

SibSp	Survived
0	0.334456
1	0.520376
2	0.452381
3	0.250000
4	0.181818
5	0.166667
8	0.111111

Parch	Survived
0	0.331337
1	0.547059
2	0.530973
3	0.625000
4	0.333333
5	0.166667
6	0.000000
9	0.500000

图4.78 兄弟姐妹及配偶人数与获救比例   图4.79 父母或子女人数与获救比例

为更准确地确定家庭成员人数与获救比例的关系,新建"family"列,该列是"SibSp"列和"Parch"列值的总和加1(包含乘客本人)。输入代码如下:

```
df['family']=df.loc[:,'SibSp']+df.loc[:,'Parch']+1
```

为显示乘客在船上的家庭总人数与获救情况,输入代码如下:

```
df[['family','Survived']].groupby(['family']).mean()
```

结果如图4.80所示。家庭成员人数为4人时,获救的比例最高,达到72.09%;为3人时,获救的比例为55.97%;为2人时,获救的比例是53.19%。单独一人的乘客获救的比例并不高,仅有29.24%。当家庭成员人数达到8人或11人时,获救比例急剧下降。

家庭成员人数达到8人或以上时,为什么获救比例如此低呢?进一步观察家庭人数与船舱等级的关系。输入代码如下:

```
df[['family','Pclass']].groupby(['family']).mean()
```

结果如图4.81所示。当家庭成员人数是7人或以上时,船舱等级的均值是3,说明乘坐的都是下等船舱,离甲板更远,逃生到甲板需要更长的时间。

	Survived
family	
1	0.292405
2	0.531915
3	0.559748
4	0.720930
5	0.227273
6	0.200000
7	0.312500
8	0.125000
11	0.181818

图 4.80　家庭总人数与获救比例

	Pclass
family	
1	2.394937
2	1.893617
3	2.226415
4	2.116279
5	2.500000
6	2.480000
7	3.000000
8	3.000000
11	3.000000

图 4.81　家庭总人数与船舱等级

进一步查看家庭总人数是 11 人的家庭成员详细信息，输入代码如下：

```
df[df.family==11].sort_values(by="Name")
```

结果如图 4.82 所示。该家庭共 11 人，只有母亲和一个 8 岁的女儿获救，男性全部遇难。

	PassengerId	Survived	Pclass	Name	Sex	Age	SibSp	Parch	Ticket	Fare	Cabin	Embarked	family
159	160	0	3	Sage, Master. Thomas Henry	male	NaN	8	2	CA. 2343	69.55	NaN	S	11
1251	1252	0	3	Sage, Master. William Henry	male	14.5	8	2	CA. 2343	69.55	NaN	S	11
1079	1080	1	3	Sage, Miss. Ada	female	NaN	8	2	CA. 2343	69.55	NaN	S	11
180	181	0	3	Sage, Miss. Constance Gladys	female	NaN	8	2	CA. 2343	69.55	NaN	S	11
863	864	0	3	Sage, Miss. Dorothy Edith "Dolly"	female	NaN	8	2	CA. 2343	69.55	NaN	S	11
792	793	0	3	Sage, Miss. Stella Anna	female	NaN	8	2	CA. 2343	69.55	NaN	S	11
846	847	0	3	Sage, Mr. Douglas Bullen	male	NaN	8	2	CA. 2343	69.55	NaN	S	11
201	202	0	3	Sage, Mr. Frederick	male	NaN	8	2	CA. 2343	69.55	NaN	S	11
324	325	0	3	Sage, Mr. George John Jr	male	NaN	8	2	CA. 2343	69.55	NaN	S	11
1233	1234	0	3	Sage, Mr. John George	male	NaN	1	9	CA. 2343	69.55	NaN	S	11
1256	1257	1	3	Sage, Mrs. John (Annie Bullen)	female	NaN	1	9	CA. 2343	69.55	NaN	S	11

图 4.82　家庭总人数是 11 人的家庭成员详细信息

进一步分析家庭人数、性别和男性获救率低的问题，输入代码如下：

df[['family','Sex','Survived']].groupby(['family','Sex']).mean()

结果如图 4.83 和图 4.84 所示。家庭人数为 4 个或以下的家庭，女性获救率接近九成，反之女性获救率均在五成或以下。家庭人数为 5 个或以上的家庭中，男性获救率几乎为零，仅在家庭人数是 7 的家庭中，男性获救率是 14.29%。

		Survived
family	Sex	
1	female	0.860825
	male	0.107383
2	female	0.869919
	male	0.160714
3	female	0.860750
	male	0.262500
4	female	0.896552
	male	0.357143

5	female	0.357143
	male	0.000000
6	female	0.500000
	male	0.000000
7	female	0.444444
	male	0.142857
8	female	0.333333
	male	0.000000
11	female	0.400000
	male	0.000000

图 4.83　家庭人数（1~4）　　　图 4.84　家庭人数（5~11）

为进一步确定家庭人数是 7 的获救男性乘客信息，输入代码如下：

df.query("family==7 & Sex=='male' & Survived==1")

结果如图 4.85 所示。该男性乘客是一个 3 岁的小男孩。

	PassengerId	Survived	Pclass	Name	Sex	Age	SibSp	Parch	Ticket	Fare	Cabin	Embarked	family
261	262	1	3	Asplund, Master. Edvin Rojj Felix	male	3.0	4	2	347077	31.3875	NaN	S	7

图 4.85　家庭人数是 7，获救的男性信息

综上分析，家庭人数多的家庭更多地选择了下等船舱，整体获救比例低。当家庭人数达到 5 或以上时，家庭中的成年男性获救率为零，女性获救率不高于 50%，均远低于平均获救率。

5. 乘客性别、船舱等级与获救情况

为显示乘客性别与获救率情况，输入代码如下：

df[['Sex','Survived']].groupby(['Sex']).mean()

结果如图 4.86 所示。女性获救率是 82.62%，远远高于男性获救比例 12.93%。

为显示乘客船舱等级与获救率情况，输入代码如下：

```
df[['Pclass','Survived']].groupby(['Pclass']).mean()
```

结果如图 4.87 所示。上等船舱的乘客获救率是 57.59%，远高于中等船舱的 42.24%，下等船舱的 26.94%。

	Survived
Sex	
female	0.82618
male	0.12930

图 4.86 性别与获救率

	Survived
Pclass	
1	0.575851
2	0.422383
3	0.269394

图 4.87 船舱等级与获救率

为显示乘客性别、船舱等级与获救率情况，输入代码如下：

```
df[['Pclass','Sex','Survived']].groupby(['Pclass','Sex']).mean()
```

结果如图 4.88 所示。上等船舱和中等船舱的女性乘客均超过九成，下等船舱仅有三分之二的女性乘客获救；上等船舱的男性乘客获救比例是 25.14%，但中等和下等船舱的男性乘客获救比例分别是 9.94%和 9.53%。

为显示乘客的性别、船舱等级与获救率情况，输入代码如下：

```
df[['Pclass','Sex','Survived','PassengerId']].groupby(['Pclass','Sex','Survived']).count()
```

结果如图 4.89 所示。上等船舱的女性共 144 人，有 141 人获救；中等船舱的女性共 106 人，有 100 人获救。

		Survived
Pclass	Sex	
1	female	0.979167
	male	0.251397
2	female	0.943396
	male	0.099415
3	female	0.666667
	male	0.095335

图 4.88 船舱等级、性别与获救率

			PassengerId
Pclass	Sex	Survived	
1	female	0	3
		1	141
	male	0	134
		1	45
2	female	0	6
		1	100
	male	0	154
		1	17
3	female	0	72
		1	144
	male	0	446
		1	47

图 4.89 船舱等级、性别与获救人数

综上分析，随着船舱等级的下降，获救比例也在下降；女性整体获救比例远远高于男性，且上等船舱和中等船舱的女性获救率远远高于低等船舱。

6. 乘客年龄与获救情况

根据图 4.73，查看数据集统计结果（数值型），显示年龄最大的乘客是 80 岁，年龄字段共 1046 个值，缺失了 263 个（1309-1046＝263），缺失数据占比 20.09%，虽然缺失数据较多，但接近 80% 是有年龄数据的，所以不建议填充年龄。

为显示乘客年龄与获救情况，将年龄分段。输入代码如下：

```
bins = [0,1,10,20,30,40,50,60,70,80]
df['GroupAge'] = pd.cut(df.Age, bins)
pd.crosstab(df['GroupAge'], df['Survived'])
```

结果如图 4.90 所示。1 岁以下不能自己走路的小婴儿共 22 人，其中 17 人获救，比例非常高；1~10 岁的青少年和 50~60 岁的成年人获救比例也较高；获救人数少、比例低的是 60~80 岁的老年人。

或者将所有乘客年纪分为 5 个年龄段，统计各年龄段获救比例。输入代码如下：

```
df['NewGroupAge'] = pd.cut(df['Age'], 5)
df[['NewGroupAge','Survived']].groupby(['NewGroupAge']).mean()
```

结果如图 4.91 所示。16 岁及以下的青少年的获救率高达 52.24%，但是 64 岁以上的老年人的获救率仅有 15.38%。

Survived	0	1
GroupAge		
(0, 1]	5	17
(1, 10]	33	31
(10, 20]	96	66
(20, 30]	232	129
(30, 40]	121	89
(40, 50]	84	48
(50, 60]	34	28
(60, 70]	20	7
(70, 80]	4	2

图 4.90　年龄段与获救人数

	Survived
NewGroupAge	
(0.0902, 16.136]	0.522388
(16.136, 32.102]	0.368321
(32.102, 48.068]	0.397770
(48.068, 64.034]	0.424528
(64.034, 80.0]	0.153846

图 4.91　年龄段与获救比例

综上分析，无论年龄段如何划分，都符合年轻人获救率远远高于老年人的规律。

7. 乘客称谓与获救情况

每位乘客的名字中都包括称谓信息，使用如下代码提取乘客的称谓：

df['Title'] = df['Name'].str.split('.').str[0].str.split(' ').str[-1]
df['Title'].value_counts()

结果如图4.92所示。拥有"Mr"称谓的乘客最多，共757名，此称谓用于成年男性，已婚或未婚均可，说明乘客中成年男性最多。"Miss"一般用于未婚女性（含女婴、女童），"Mrs"表示已婚女性。"Master"表示12岁以下的男童或男婴。其他称谓比较少，统一归为"ELSE"称谓。输入如下代码：

df['Title'][~df['Title'].isin(['Mr','Miss','Mrs','Master'])] = 'ELSE'
df[['Title', 'Survived']].groupby(['Title']).mean().sort_values(by='Survived', ascending=False)

结果如图4.93所示。拥有"Mrs"和"Miss"称谓的女性乘客获救的比例高于其他称谓，甚至高于"Master"称谓的小男孩。"Mr"称谓的男性获救比例最低，与前面的分析结果吻合。

```
Mr          757
Miss        260
Mrs         197
Master       61
Dr            8
Rev           8
Col           4
Major         2
Ms            2
Mlle          2
Capt          1
Dona          1
Lady          1
Mme           1
Jonkheer      1
Countess      1
Don           1
Sir           1
Name: Title, dtype: int64
```

图4.92 称谓信息

Title	Survived
Mrs	0.868020
Miss	0.788462
ELSE	0.411765
Master	0.377049
Mr	0.107001

图4.93 称谓与获救比例

8. 获救男性的深入分析

通过前面的分析，记录显示共1309人，获救的494人中包含女性385人、男性109人。本部分重点分析获救的109名男性。

查看获救男性的统计分析，输入如下代码：

df.query("Sex=='male' & Survived==1").describe()

结果如图 4.94 所示。"Pclass""Age""SibSp"和"Parch"列的均值均低于船上总人数的相应均值,但"Fare"列高于船上总人数的相应均值。从结果看,获救男性偏向于上等船舱、年轻、船上的兄弟姐妹及配偶个数少、船上的父母或子女数量少、船票价格高的群体。

	PassengerId	Survived	Pclass	Age	SibSp	Parch	Fare	family
count	109.000000	109.0	109.000000	93.000000	109.000000	109.000000	109.000000	109.000000
mean	475.724771	1.0	2.018349	27.276022	0.385321	0.357798	40.821484	1.743119
std	244.717482	0.0	0.922774	16.504803	0.636952	0.645826	71.355967	1.066351
min	18.000000	1.0	1.000000	0.420000	0.000000	0.000000	0.000000	1.000000
25%	272.000000	1.0	1.000000	18.000000	0.000000	0.000000	9.500000	1.000000
50%	508.000000	1.0	2.000000	28.000000	0.000000	0.000000	26.287500	1.000000
75%	680.000000	1.0	3.000000	36.000000	1.000000	1.000000	39.000000	2.000000
max	890.000000	1.0	3.000000	80.000000	4.000000	2.000000	512.329200	7.000000

图 4.94 获救男性的描述性分析

获救男性称谓统计,输入如下代码:

```
df.query("Sex=='male' & Survived==1").filter(items=["PassengerId",
"Title"]).groupby(['Title']).count()
```

结果如图 4.95 所示。获救男性中 12 岁以上的成年男性为 81 人,占比 74.31%。

获救男性家庭总人数统计,输入如下代码:

```
df.query("Sex=='male' & Survived==1").filter(items=["PassengerId",
"family"]).groupby(['family']).count()
```

结果如图 4.96 所示。获救男性中"family"列值为 1,即单身男性多达 64 人,占比 58.71%。

	PassengerId
Title	
ELSE	5
Master	23
Mr	81

图 4.95 获救男性的称谓

	PassengerId
family	
1	64
2	18
3	21
4	5
7	1

图 4.96 获救男性的家庭人数

获救男性船舱等级统计，输入如下代码：

df.query("Sex=='male' & Survived==1").filter(items=["PassengerId","Pclass"]).groupby(['Pclass']).count()

结果如图 4.97 所示。获救男性中上等船舱和下等船舱的人数较多，中等船舱的人数最少。

Pclass	PassengerId
1	45
2	17
3	47

图 4.97　获救男性与船舱等级

综上分析，单身、上等船舱、12 岁以上是获救的 109 名男性的典型特征。

小　结

本章首先介绍了数据的内部和外部合理性分析，然后介绍使用 Excel 进行简单数据分析的函数、筛选和数据透视表等工具，又介绍了需要编程基础的常见 pandas 数据分析函数，最后通过两个综合案例实践 Excel 和 pandas 数据分析的具体步骤和技巧。

习　题　4

对习题 3 第 1 个问题中电影票房清理后的数据集进行数据分析，尝试发现数据背后的规律，并回答以下问题：

1. 电影类型随时间变化的关系？
2. 电影类型与利润的关系？
3. Universal 和 Paramount 两家影视公司的对比情况如何？
4. 电影时长与电影票房及评分的关系？
5. 改编电影和原创电影的对比情况如何？

第 5 章　数据分析和可视化工具 Tableau

人类在实践中发现，图像和图表是一种非常有效地传达信息与知识的方法。有研究表明，人们通过感官从自然界获取各种信息，其中以人的视觉获取的信息量最多，约占信息总量的 80%。几个世纪以来，人们一直依赖于视觉表现，如早期的图表和地图，让人们更容易理解信息。

5.1　数据可视化

数据可视化（Data Visualization）是对数据的图像或图形格式的演示。通过数据可视化，数据新闻工作者能够看到数据背后的真相，尝试找到事件之间的相关性，并且通过简单易懂的方式呈现给读者。

本章教学资源

数据可视化的重要性在于数据本身是难于理解的。读者很难在一行接一行的数据中发现数据之间的规律和联系。数据可视化最大的好处是帮助读者更快地理解数据。数据可视化用另一种方式呈现数据，如在一个图表中突出显示某个大数据量，帮助读者快速发现关键点。尤其在现实的网络世界中，数据可视化可以更好地吸引网上冲浪者的眼球。

随着越来越多的数据产生，数据可视化可以帮助用户分析信息，让用户发现原本很难发现的模式和知识。大量的数据是很难被理解和接受的，数据可视化让这个过程变得更加容易。数据可视化适合展示大量的数据，如一张图表可能突出显示多种不同的事项，读者可以在数据上形成不同的意见。

数据可视化提高了解释信息的能力。从海量的数据和信息中寻找联系并不容易，但是图形和图表可以在几秒内提供信息。

5.2　数据可视化工具

数据可视化软件是用于展示数据的工具，选择正确的方式将数据用图像和图形来展示，以达到最佳的可视化效果。

数据新闻制作对数据可视化工具提出了更高的要求。首先，我们希望工具具有实时性，即必须适应大数据时代数据量的爆炸式增长需求，数据图表制作迅速。其次，工具必须简单操作，因为大部分新闻人没有太多的数学、统计分析和编程基础，只有功能丰富且易于操作的工具才能满足当下新闻人的需求。再次，支持多种数据格式和集成方式，因为数据的来源多种多样，只有支持团队协作数据、数据仓库或文本等多种方式才能适应数据新闻的需求。最后，输出便捷且能够通过互联网进行展现。

数据可视化软件用于传达并洞察复杂数据，本节重点关注那些不需要任何编程基础的软件。

1. Tableau

Tableau 是一款数据可视化工具，不需编程就可以创建地图、条形图、散点图和其他图形。Tableau 将数据运算与美观的图表完美地嫁接在一起。

Tableau 界面清晰、易于操作，适合没有统计和编程基础者使用。Tableau 对海量数据处理非常快，图表创建迅速；图形种类繁多，嵌入了地图，还包含统计预测和趋势预测；仪表板和动态数据更新快捷，所见即所得；数据源丰富且输出方便，容易共享。

Tableau 针对不同人群设置了多种版本，分别附带不同程度的支持和功能。如果是首次使用该软件，笔者建议从 Tableau Desktop 入手，并申请 Tableau public 账号。用户可以在官网下载 14 天试用版，学习成本低。Tableau 对高校学生和教师还有 1 年的免费试用期。Tableau 作品如图 5.1 所示。

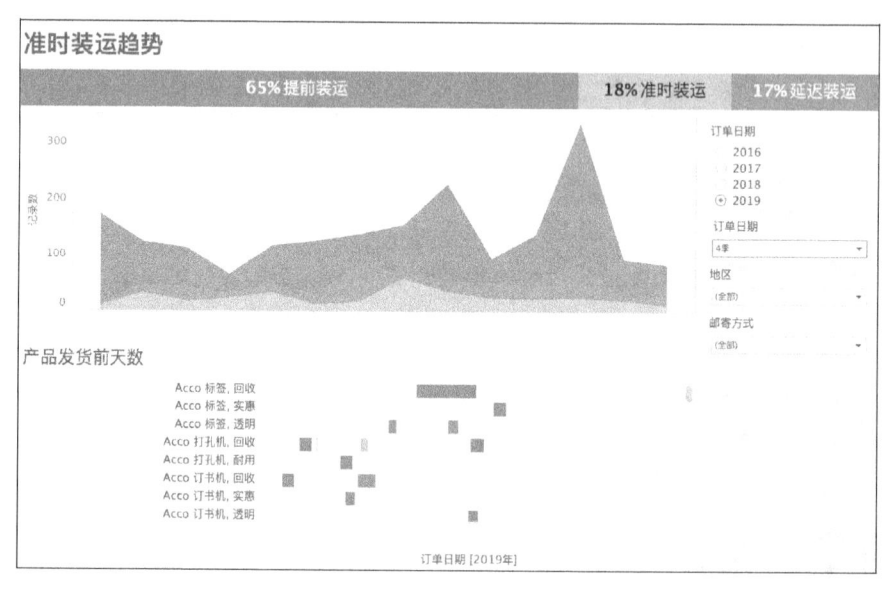

图 5.1 数据可视化工具 Tableau 作品

Tableau Desktop 版本每年更新 3 次左右，可以去官网查看最新版本和所有版本。

2. CartoDB

CartoDB 是一个专门制作地图的数据可视化工具，帮助用户将手机或网站里的位置数据进行可视化处理，不需任何编程，直接转化成直观的地图。它不仅能处理地理空间数据，还提供了数据分析、可视化和讲故事的功能。其网站包含丰富的帮助文档和教程。CartoDB 作品如图 5.2 所示。

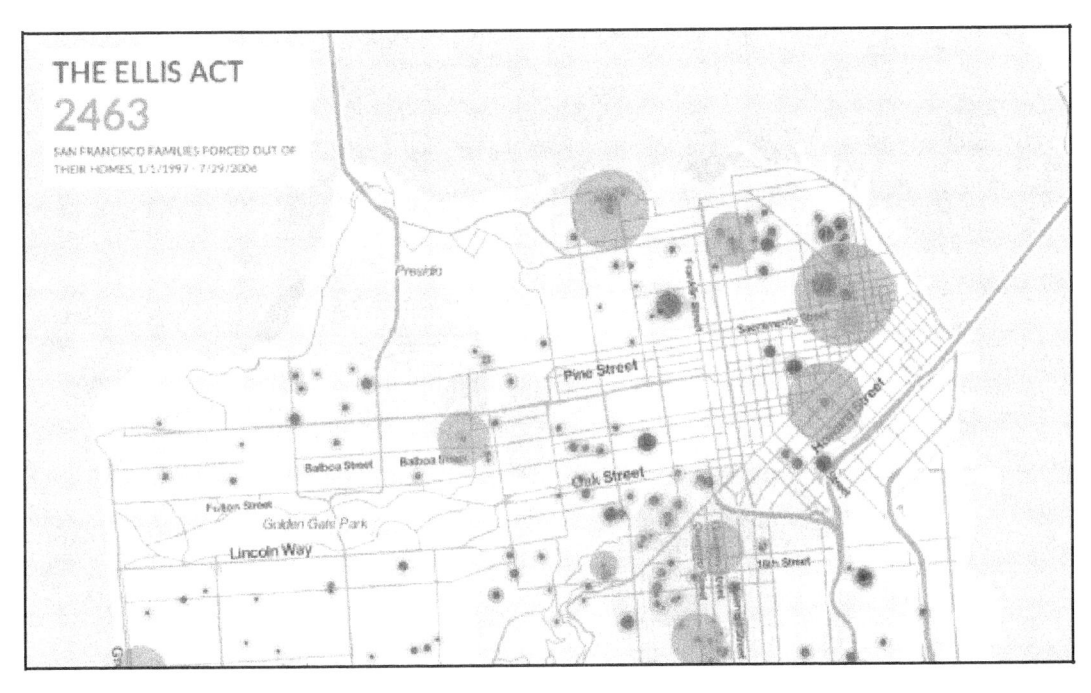

图 5.2 数据可视化工具 CartoDB 作品

3. Visual.ly

Visual.ly 允许用户从 Twitter、Facebook 和 GooglePlus 等社交网站采集数据，支持多种可视化模板。如分析某个账号建立一个描述其足迹的信息图，或者描述该账号最喜欢的图片和文章等。Visual.ly 是制作信息图的利器，其作品如图 5.3 所示。

4. Datawrapper

Datawrapper 是一个在线工具，可以创建交互式数据可视化效果，是一个由 Journalism++ Cologne 开发的开源工具，可以在几分钟内创建可嵌入的图表。因为它是开源的，所以任何人都可以贡献自己编写的代码，软件一直在不断改进和提升。Datawrapper 有一个非常棒的图表库，用户可以将作品保存到图表库中，方便其他人互相查看作品。Datawrapper 作品如图 5.4 所示。

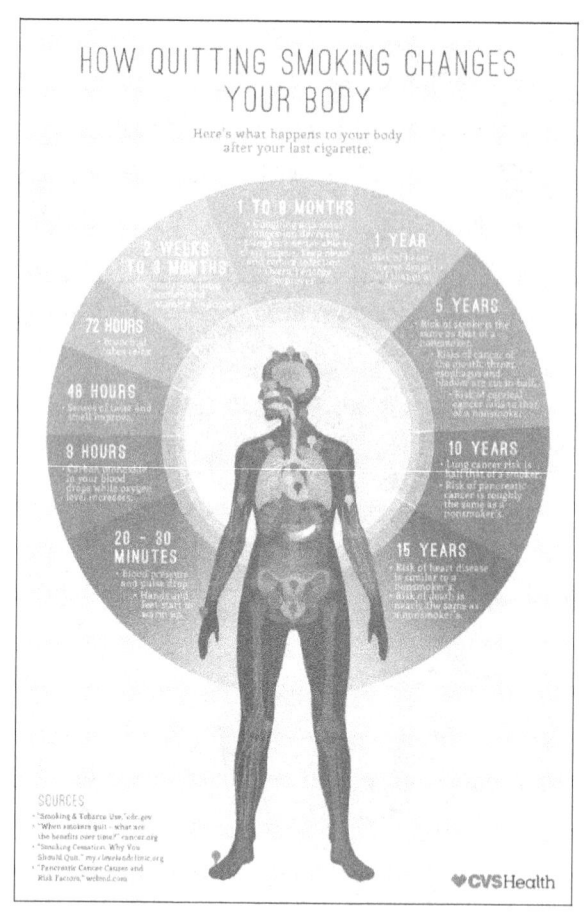

图 5.3　数据可视化工具 Visual.ly 作品

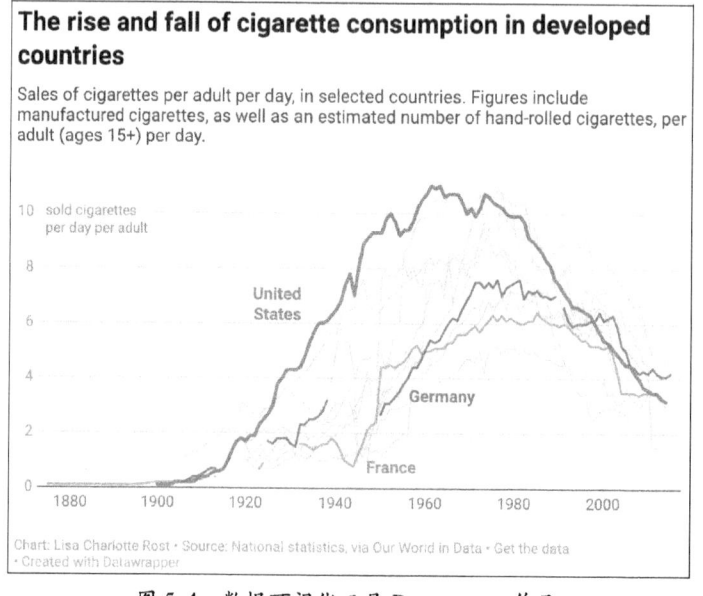

图 5.4　数据可视化工具 Datawrapper 作品

5.3 Tableau 的下载和安装

Tableau 针对不同用户设计了多个版本，其版本信息如下。Tableau Server 是面向企业的版本，费用非常高。Tableau Online 是 Tableau Server 软件和服务的托管版本。Tableau Desktop 是个人用户使用较多的版本。

虽然版本不同，但基本功能类似，Tableau Desktop 非常适合制作基于 Web 的交互式数据故事，可以方便地将作品保存在本地计算机，也可以发布在 Tableau Public 网站上，方便任何人查看和下载，还可以自行设置上传到云服务器的数据和可视化作品是否对他人公开。

本章以 Tableau Desktop（下文简称为 Tableau）为例，详细介绍下载和安装步骤。Tableau 可以在 Windows 和 Mac 操作系统中运行，也支持在 Citrix、Parallels 和 VMware 虚拟化环境中运行。

Tableau 对操作系统的要求不高。若是 Windows 操作系统，则要求 Windows 7 或以上版本（64 位），Intel Pentium4 或 AMD Opteron 处理器或更快的处理器，至少 2GB 内存，至少 1.5GB 可用硬盘空间。若是 Mac 操作系统，则要求 iMac/MacBook 2009 或更高版本，macOS HighSierra 10.13、macOS Mojave 10.14 和 macOS Catalina 10.15，至少 1.5GB 可用硬盘空间。

根据操作系统下载合适的版本。若下载的是 Windows 操作系统，则安装文件一般命名类似 "TableauDesktop-64bit-2020-2-4.exe"，名称分为三部分，首先是 Tableau 的 Desktop 版本，然后是 64 位 Windows 操作系统，最后是版本号 "2020-2-4"，扩展名是 "exe"。Tableau 版本更新较快，读者下载的时候可能有更新的版本。若下载的是 Mac 操作系统，则安装文件一般命名类似 "TableauDesktop-2020-2-4.dmg"，命名规则与 WIndows 相似。

安装文件一般为 500MB 左右，双击安装文件安装即可。Tableau 只有 14 天的免费试用期，试用期后请付费购买并安装正版，个人定价是 70 美元/用户/月（按年付费）。若是学生身份，则可以申请个人免费 1 年使用权，过期可续约。若是教师身份，则可以申请个人免费 1 年使用权、机房安装授权或授课班级学生授权，过期可续约。

安装完成并连接到数据后，Tableau 的主工作区界面如图 5.5 所示。这是工作表的主工作区，仪表板或故事工作区与此有很大区别。

区域①：菜单栏，包含 Tableau 的所有功能。

区域②：工具栏，包含常用功能，如撤销、重做和保存等，如表 5.1 所示。

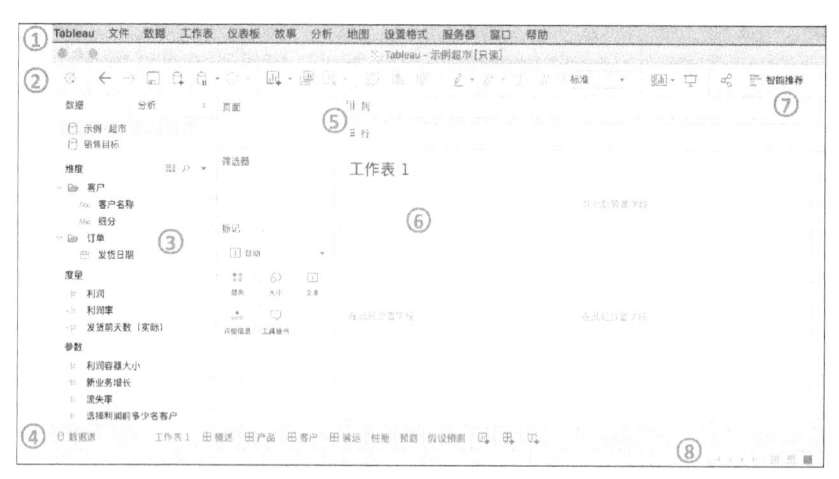

图 5.5 Tableau 主工作区界面

表 5.1 工具栏按钮功能

按　　钮	名　　称	功　　能
	Tableau 图标	转到开始页面
	撤销	撤销工作簿中的最近一次操作
	重做	重复使用"撤销"按钮撤销的最后一个操作
	保存	保存对工作簿所做的更改
	新建数据源	打开"连接"窗格,可以在其中创建新连接,或者从存储库中打开已保存的连接
	暂停自动更新	控制更改时 Tableau 是否更新视图。使用下拉菜单自动更新整个工作表,或只使用筛选器
	运行更新	在关闭自动更新后运行手动数据查询。使用下拉菜单更新整个工作表,或只使用筛选器
	新建工作表	新建空白工作表。使用下拉菜单可创建新工作表、仪表板或故事
	复制	创建与当前工作表完全相同的新工作表
	清除工作表	清除当前工作表。使用下拉菜单清除视图的特定部分,如筛选器、格式设置、大小调整和轴范围
	交换行和列	交换"行"功能区和"列"功能区上的字段。每次按此按钮,都会交换"隐藏空行"和"隐藏空列"设置
	升序排序	根据视图中的度量,以所选字段的升序来应用排序
	降序排序	根据视图中的度量,以所选字段的降序来应用排序
	突出显示	启用所选工作表的突出显示。使用下拉菜单定义突出显示的字段
	组成员	通过组合所选值来创建组。选择多个维度时,使用下拉菜单指定是对特定维度进行分组,还是对所有维度进行分组

续表

按　钮	名　称	功　能
T	显示标记标签	显示/隐藏当前工作表的标记标签
☆	固定轴	在仅显示特定范围的锁定轴，以及基于视图中的最小值和最大值调整范围的动态轴之间切换
标准 ▼	适合选择器	指定在应用程序窗口中调整视图大小的方式，可选择"标准适合""适合宽度""适合高度"或"整个视图"
▯▮▯ ▼	显示/隐藏卡	显示和隐藏工作表中的特定卡选项。在下拉菜单中选择要隐藏或显示的每个选项卡
🖳	演示模式	在显示和隐藏视图（即功能区、工具栏、"数据"窗格）之外的所有内容之间切换
⋖	与其他人共享工作簿	将工作簿发布到TableauServer或TableauOnline

区域③：边条区，包含"数据"和"分析"选项卡，也称为窗格。其中，"数据"窗格显示数据源、维度字段和度量字段等。"分析"窗格用于为图表添加分析信息，如汇总、模型和自定义等。

选择字段添加到行或列时，维度通常会产生标题。在默认情况下，Tableau将离散或分类的字段视为维度；将包含数字的字段视为度量，度量通常会产生轴。度量和维度也不是一成不变的，根据需要，有时可以将度量转换为维度，如邮编信息默认是数值型数据，即度量，但该字段并不需要计算，所以可以将该字段拖动到维度中。

区域④：标签栏，包含"数据源"、已经建好的"工作表""仪表板"和"故事"，以及"新建工作表""新建仪表板"和"新建故事"标签。

区域⑤：卡区，可以将数据拖放到该区域，并通过"页面""筛选器"和"标记"卡对图表进行设置。

每个工作表都包含可显示或隐藏的各种不同卡。卡是功能区、图例和其他控件的容器。如"标记"卡用于设置标记属性，包含标记类型选择器，以及"颜色""大小""标签""详细信息"和"工具提示"等。

区域⑥：画布区，也称为可视化图表区。显示在设置区进行设置后的可视化图表。

区域⑦：智能推荐区。显示在设置区进行设置后可选择的图表类型。

区域⑧：状态栏。显示当前视图下的基本信息和一些可选项。

5.4　创建第一个可视化作品

Tableau是一个数据发现、数据分析和数据叙事的数据可视化平台。本节通过案例说明Tableau的基础功能，包含数据连接、创建多种图表、使用数据地图、工作表和仪表板的使用和输出等。

5.4.1　首次数据连接

Tableau 允许连接到多种格式的文本和数据文件，如常见的文本文件（.txt）、Excel（.xls 或 .xlsx）和 Access（.mdb 或 .accdb）文件等。连接一个 Excel 文件的步骤如下。

（1）打开 Tableau，在开始页面选择"到文件"中的"Microsoft Excel"选项，如图 5.6 所示。在"打开"窗口中选择文件"GlobalSuperstore.xlsx"（可到本书资源中获取）后单击"打开"按钮。

（2）若连接数据时不在开始页面，可以选择菜单【数据】|【新建数据源】选项，创建数据连接，如图 5.7 所示；也可以单击工具栏的第一个按钮"转到开始页面"（见表 5.1），或者直接按 Ctrl+2 快捷键。

图 5.6　连接数据 1　　　　图 5.7　连接数据 2

（3）在"连接数据页面"左侧的"工作表"中选择"订单"表并拖动到数据区，如图 5.8 所示。页面右下方将显示该表的字段和记录。

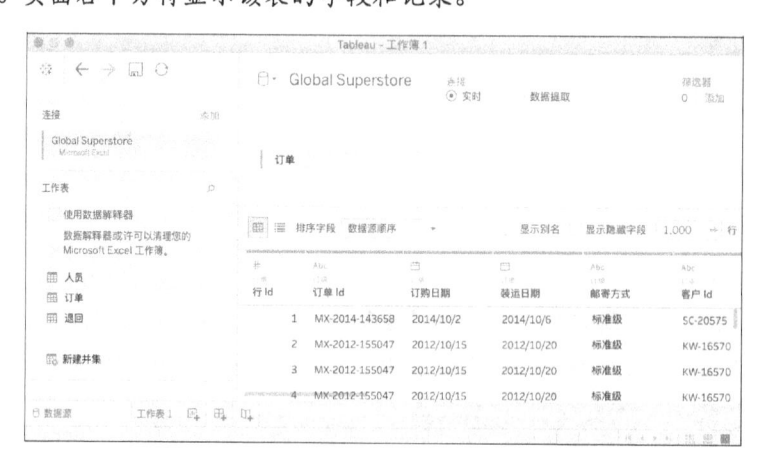

图 5.8　连接数据页面

注意：本例中的 Excel 文件"GlobalSuperstore.xlsx"共包含"人员""订单"和"退回"三个表，本案例仅使用其中的"订单"表。

（4）单击图5.8所示的窗口左下角的"工作表1"，进入 Tableau 主工作区。主工作区的数据包含"维度"和"度量"两部分。"维度"是离散的数据，如图5.9所示的"国家/地区"。"度量"是连续的数据，如图5.10所示的数量、利润和销售额。字段前面的符号表示数据类型，如"#"表示数值型数据，"Abc"表示文本型数据。

图5.9　维度部分

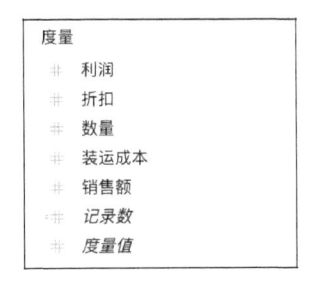

图5.10　度量部分

5.4.2　首次创建多种图表

1. 创建一个数据地图，显示国家和销售额的关系

"国家/地区"字段在"维度"区，默认为文本型数据，为制作数据地图，需要转换该字段的角色。右击"国家/地区"维度字段，在打开的快捷菜单中选择【地理角色】|【国家/地区】选项。注意查看转换角色后的"国家/地区"字段前面的符号，已经改变了。

选择"智能推荐"，在"维度"区选择"国家/地区"字段，按住 Ctrl 键的同时在"度量"区选择"销售额"字段，然后在"智能推荐"中单击"符号地图"。

2. 美化数据地图

在"维度"区选择"国家/地区"字段，拖到"标记"卡的"颜色"上，如图5.11所示，各国家/地区的圆形标记将呈现不同的颜色。

单击"标记"卡上的"颜色"，设置透明度是75%，并设置黑色边界，如图5.12所示。单击"标记"卡上的"大小"，增大标记到合适的大小。

图5.11　"标记"卡

图5.12　设置颜色

尝试使用筛选器筛选出美国的科罗拉多州数据，将"工作表1"重命名为"美国科罗拉多州销售总额"，最终效果如图5.13所示。

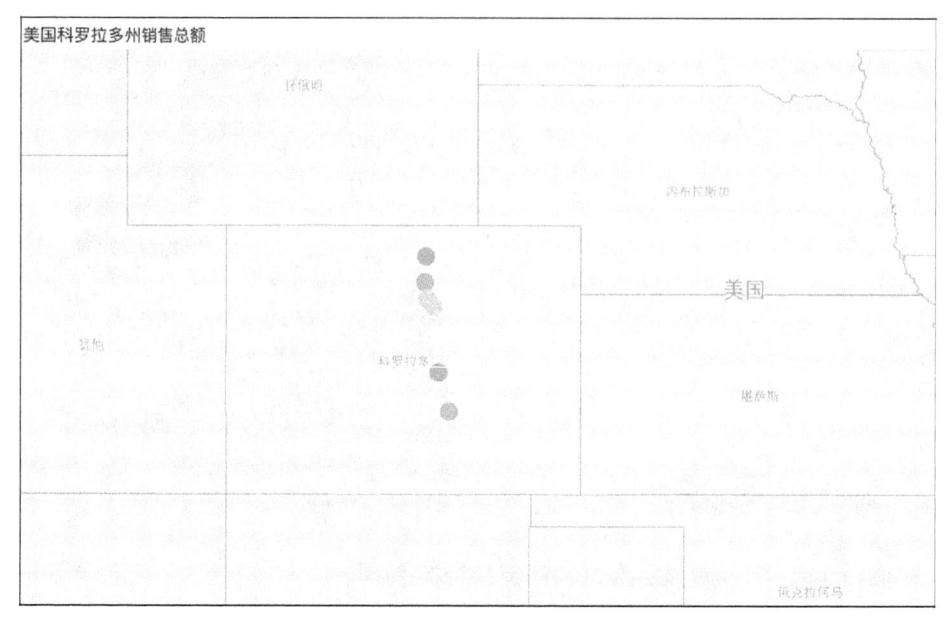

图5.13 数据地图"美国科罗拉多州销售总额"

3. 创建一个水平条图,显示类别和销售额的关系

新建工作表"工作表2"。将"销售额"度量字段拖动到"列"功能区，分别将"类别"维度字段、"子类别"维度字段拖动到"行"功能区（注意顺序），再将"类别"维度字段拖到"标记"卡的"颜色"上。

在"维度"区选择"类别"字段，单击字段右侧的三角形按钮，在打开的菜单中选择【显示筛选器】选项。将"类别"和"子类别"设置为筛选器。将"工作表2"重命名为"各类别销售额"，最终效果如图5.14所示。

注意："筛选器"可以指定要包含或排除的数据。可以使用度量、维度或同时使用这两者来筛选数据。

4. 创建一个折现图,按月显示历年销售额的情况

新建工作表"工作表3"。将"订购日期"维度字段拖到"列"功能区，将"销售额"度量字段拖到"行"功能区。单击"列"功能区的"订购日期"后的三角形按钮，在打开的菜单中选择【月五月】选项，然后将"订购日期"字段拖到"标记"卡的"颜色"上。

将"工作表3"重命名为"按月比较历年销售额"，最终效果如图5.15所示。创建图表的详细内容见5.6节和5.7节。

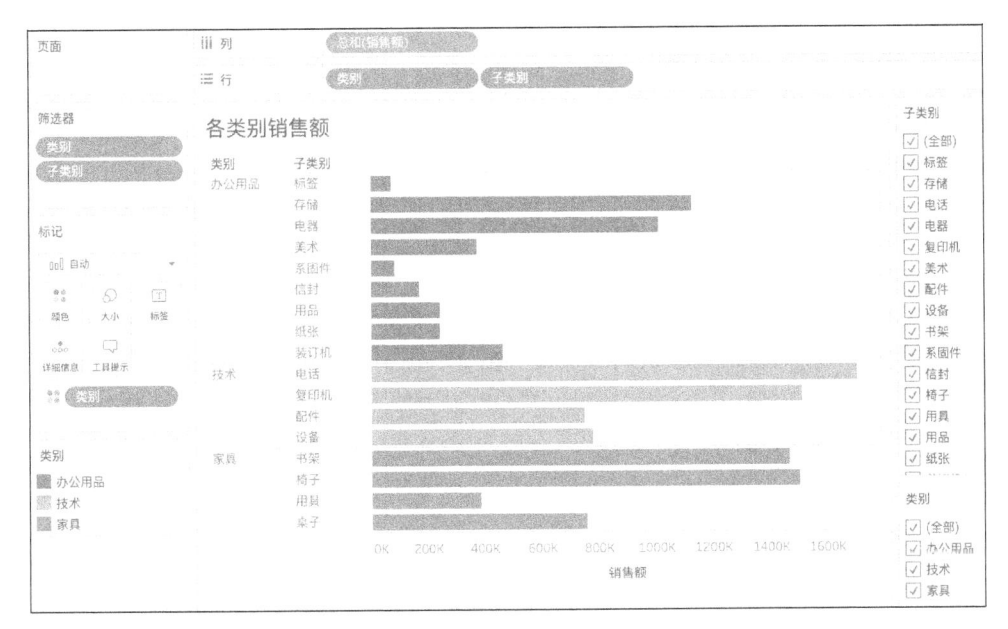

图 5.14 水平条图 "各类别销售额"

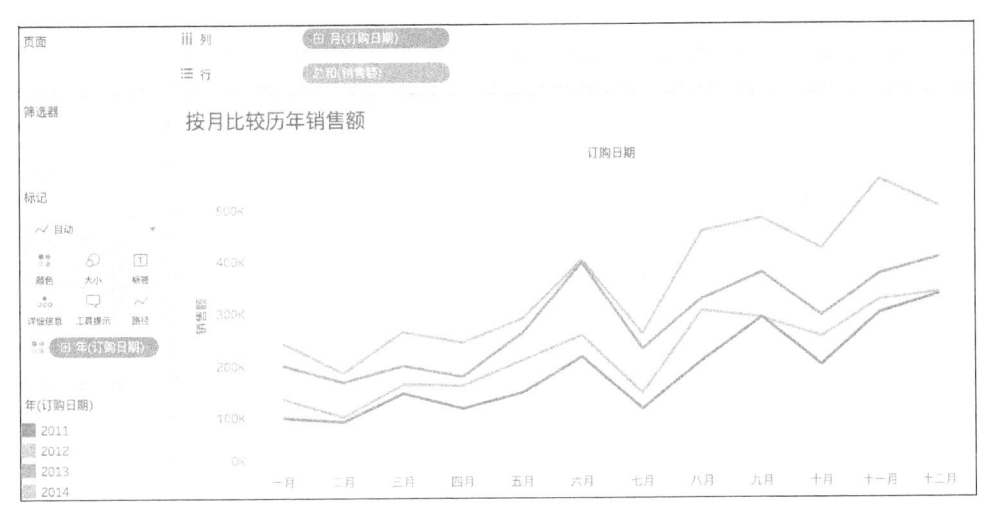

图 5.15 折线图 "按月比较历年销售额"

5.4.3 首次创建仪表板

单击标签栏的"新建仪表板"标签，创建"仪表板 1"。将"美国科罗拉多州销售总额""各类别销售额"和"按月比较历年销售额"三个工作表拖放到"仪表板 1"，删除"销售额""类别"和"国家/地区"图例。

1. 编辑标题

选择"订购日期年"图例，单击窗口的三角形按钮，在打开的下拉菜单中选择【编辑标题】选项，如图 5.16 所示，然后将标题修改为"年份"。

2. 工作表联动

单击"类别"筛选器中的"办公用品"，仅有"各类别销售额"工作表显示了筛选后的数据，其他两个工作表没有实现筛选。为实现其他工作表的筛选，单击"类别"筛选器，再单击窗口的三角形按钮，在打开的下拉菜单中选择【应用于工作表】|【选定工作表】选项，勾选所有的工作表，如图 5.17 所示。仪表板最终效果如图 5.18 所示。

图 5.16 选择"编辑标题"

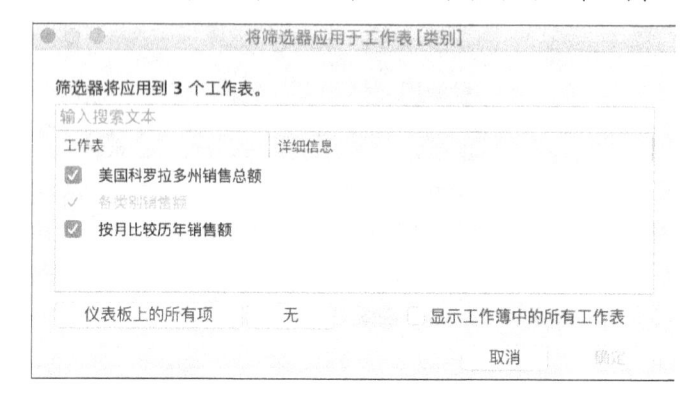

图 5.17 将筛选器应用于所有工作表

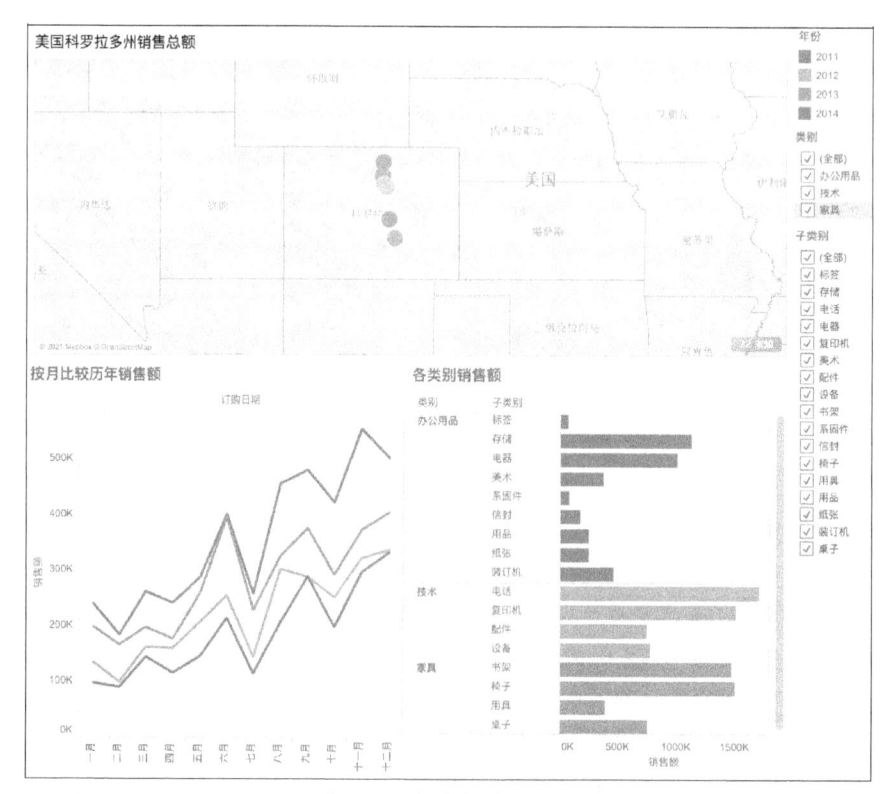

图 5.18 仪表板最终效果

5.4.4 首次输出

Tableau 作品可以输出为多种格式,最常见的格式是选择菜单【文件】|【导出打包工作簿】选项,输出为 Tableau 特有的文件格式,包含所有的数据、工作表和仪表板等,方便他人二次编辑。如将本案例打包工作簿保存为 "5.4 创建第一个可视化作品.twbx"。也可以选择菜单【文件】|【导出为 Powerpoint】选项,输出为演示文档,或者发布到 Tableau Public 网站,详细内容见 5.10 节。

本案例还有一个遗留问题,即在仪表板的数据地图"各国家/地区销售总额"右下角显示"7 未知",标明有 7 个国家或地区无法定位(Tableau 的不同版本可能显示的未知国家或地区个数不同)。单击"7 未知",在出现的"[国家/地区]的特殊值"对话框中单击"编辑位置",在"编辑位置"对话框中编辑匹配位置即可,如图 5.19 所示。

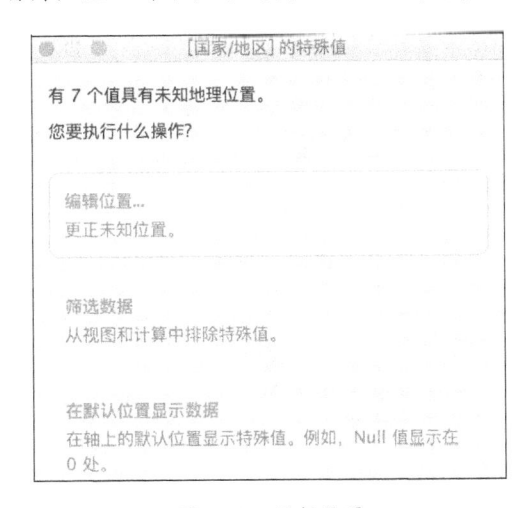

图 5.19 编辑位置

思考:尝试新建三个工作表和一个仪表板,呈现地区、类别、预计利润、订购日期与利润的关系,如图 5.20 所示。

第一个工作表是"地区分类利润",按"类别"和"子类别"显示"地区"的利润总和,利润总和用红色和绿色颜色区分,绿色表示盈利,红色表示亏损,用"突出显示"呈现效果。

第二个工作表是"利润与预计利润图",该靶心图按类别和细分市场呈现各个子类是否达到预计利润。参考线在条形图之上即为未达到预计利润。

第三个工作表是"月度利润销售额对比图",用折现和条形图"双组合"按月呈现订购日期与类别、利润与销售额的对比。

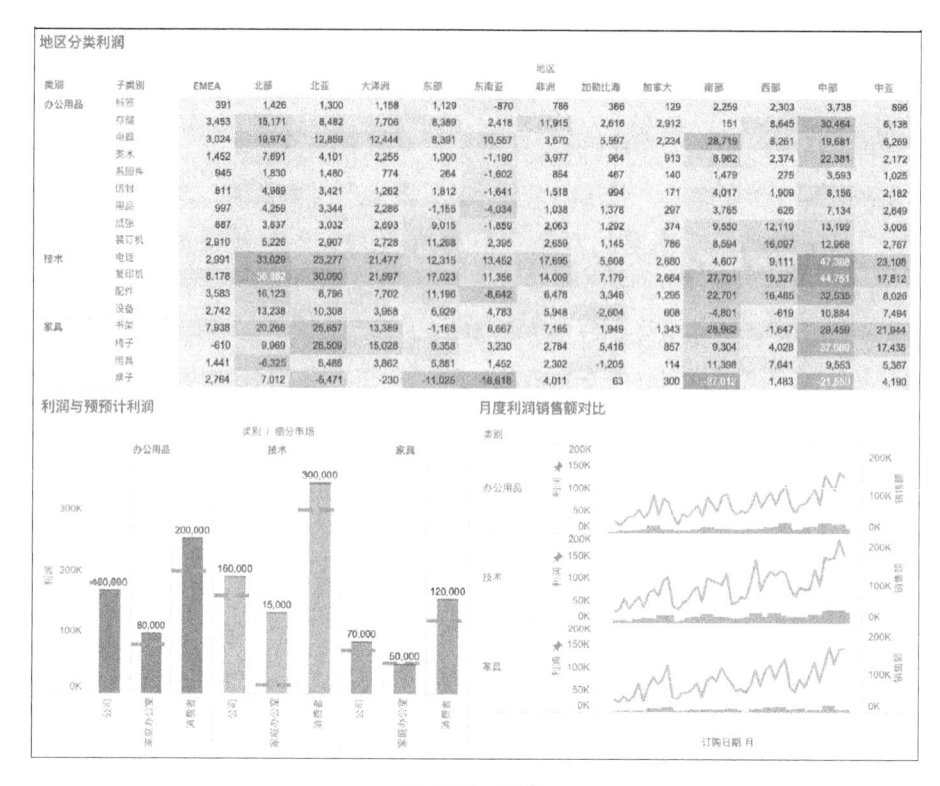

图 5.20 思考

可以尝试用自己喜欢的图表展现国家、地区、类别、订购日期与利润的关系，如加入筛选器或图例等（可以参考 5.6.6 节案例）。

5.5 连接数据

可视化效果依赖于数据，只有正确的连接数据才能保证可视化是正确的、美观的且有意义的。Tableau 可以连接一个或多个数据源，还可以提取数据。

5.5.1 在图表中查看数据

Tableau 用户可以是专业分析师，也可以是非专业技术人员，如记者和编辑。Tableau 可以轻松地实现数据的可视化、可交互实时展示与分析，这主要得益于 Tableau 的两个核心技术，一个是来自斯坦福的数据科学家独创的 VizQL 数据库，另一个是用户体验对易用性的完美呈现。二者结合使得 Tableau 在处理大规模、多维的数据时，也可以实时地从不同角度和设置下看到数据所呈现出的规律，图表让数据分析和数据挖掘变得平民化。

Tableau 使用 VizQL 数据库与其他各类源数据相连，并实现一定的操作。如图 5.21 所示是一个简单的水平条图，按类别显示利润。当把"类别"和"利润"分别拖到行和列时，Tableau 会自动产生一个 VizQL 查询，然后该查询转换为基于数据源的优化查询，如 SQL 查询。

普通用户不需关注 VizQL 查询、SQL 查询等，只需查看执行查询后的数据。选中图表中的"办公用品"，按 Ctrl 键选中其他两个类别，右击某个列表条形图，在打开的快捷菜单中选择【查看数据】选项，在打开的对话框的"摘要"选项卡中可以查看数据摘要信息，如图 5.22 所示。

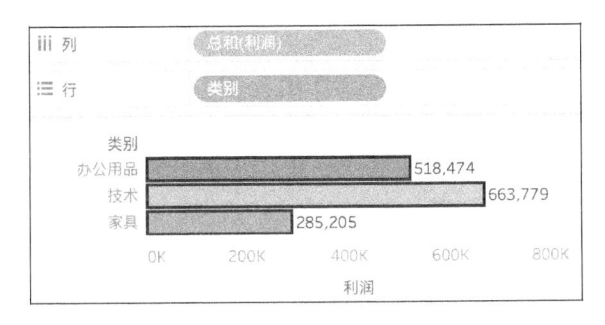

图 5.21 简单的水平条图

图 5.22 "摘要"选项卡

在"完整数据"选项卡中可以查看数据的每条记录信息，若字段过多，则可以取消"显示所有字段"复选框的勾选，仅显示行和列字段，如图 5.23 所示。

图 5.23 "完整数据"选项卡

单击"全部导出"按钮，可以将选中的数据导出为 CSV 格式文件。

5.5.2 简单数据连接

随着版本的升级，Tableau 对连接的数据源格式几乎没有限制，而且允许在一个工作表中使用多种格式的数据源。

建立数据连接的方式有以下三种。
- 在开始页面选择"连接到文件"。

- 选择菜单【数据】|【新建数据源】选项，或者按 Ctrl+D 快捷键。
- 在标签栏选择"数据源"，如图 5.5 所示的区域④。

数据源包含四种，可以分别连接到"搜索数据""到文件""到服务器"或"已保存数据源"。

"搜索数据"可以连接到 Tableau Server 或 Tableau Online，如图 5.24 所示。

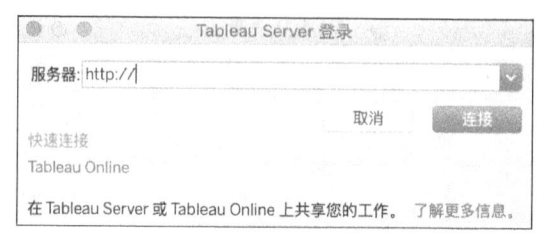

图 5.24　连接数据之"搜索数据"

"到文件"可以连接不同种类的本地或网络上的数据文件，常用的格式如下。
- "Microsoft Excel"，包含 .xls、.xlsx 和 .xlsm 文件。
- "文本文件"，包含 .txt、.csv、.tab、.tsv 等带分隔符的文件。
- "JSON 文件"。
- "PDF 文件"。
- "空间文件"，包含 Shapefile、MapInfo 表、KML 文件、TopoJSON、GeoJSON 和压缩的 Esri 地理数据库文件。
- "统计文件"，包含 .sav、.rda、.rdata、.sas7bdat 等 SPSS 软件，R 语言，SAS 软件生成的数据文件。
- "更多"，可以打开其他格式文件，如 Tableau 工作簿文件 .twb、打包工作簿文件 .twbx、数据源 .tds、打包数据源 .tdsx、数据提取 .tde 等，还可以打开本地多维数据集文件 .cub 等。

如图 5.25 所示，显示连接到文件"GlobalSuperstore.xlsx"。

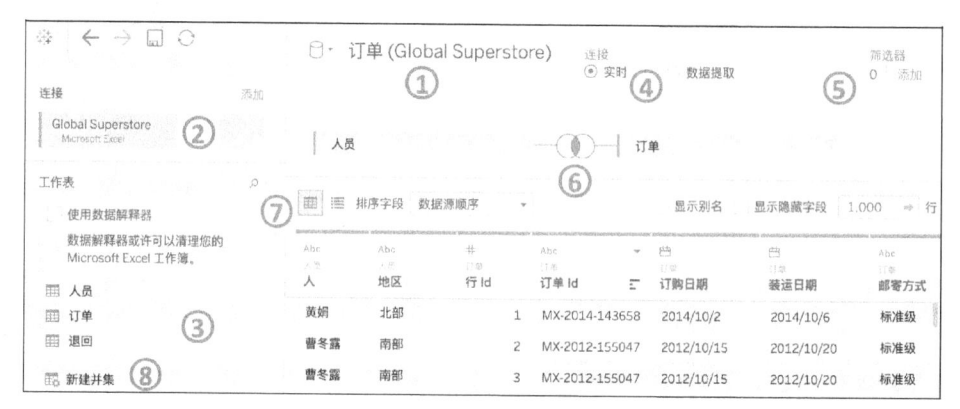

图 5.25　数据源界面

图 5.25 中各区域的说明如下。

区域①：显示连接名字，双击可以修改。单击名字左侧的三角型按钮，可以添加新的数据源。

区域②：显示连接的数据类型和文件名。图 5.25 中连接的是 Excel 文件。

区域③：显示当前工作簿中包含的工作表。

区域④：设置连接数据的方式，如"实时"或"提取"。连接本地数据多选择"实时"，"提取"的详细内容见 5.5.5 节。

区域⑤：数据筛选器，单击"添加"按钮可以添加数据筛选器。

区域⑥：连接区显示已用工作表的连接状态。连接到多个关系数据或基于文件的数据时，可以将一个或多个表拖动到该区域并设置数据源。本例选择了两个工作表，并且两个工作表自动进行了连接。

区域⑦：左侧的"预览数据源"按钮用于显示字段及数据源中的前 10000 行数据；"管理元数据"按钮以行的方式显示数据源中的字段，方便用户快速检查数据源的结构并执行日常管理任务，如重命名字段或一次性隐藏多个字段等；还可以设置是否显示别名和是否显示隐藏字段等。

区域⑧：并集是将具有相同数据结构的表合并。相同数据结构是指每个表具有相同的字段数，相关字段具有匹配的字段名称和数据类型。详细内容见 5.5.4 节。

"到服务器"表示连接数据库的数据或驻留在服务器上的服务。需要输入服务器名称和账号信息等登录到服务器，然后可以选择服务器的某个数据库的一个或多个数据表。

"已保存数据源"表示快速打开之前保存到"我的 Tableau 存储库"目录的 .tds 格式的数据源。默认情况下，正常安装 Tableau 后，系统已经提供了一些已保存的数据源，如"示例-超市"。

在 Tableau 主工作区界面边条区的"数据"窗格中，右击已经连接的数据，在打开的快捷菜单中选择【添加到已保存的数据源】选项，如图 5.26 所示，即将当前数据源保存，再次打开 Tableau 时会出现在"已保存数据源"中。

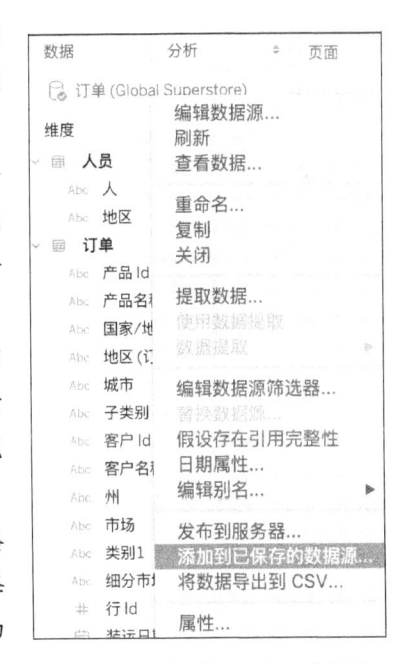

图 5.26 添加到已保存的数据源

5.5.3 使用多个数据源

Tableau 可以通过混合或连接等方式使用多个数据源。如已有两个 Excel 文件

"GlobalSuperstore.xlsx"和"利润计划.xlsx",前者包含3个工作表,后者包含1个工作表,可以通过以下多种方式使用这两个数据源中的数据。

1. 混合数据源

数据混合是一种合并多个数据源的方法,并不是真正合并数据,而是可以单独查询并在Tableau中使用每个数据源。混合后的每个数据源显示在"数据"窗格的顶部,每个工作表都有一个主数据源,可根据需要选择几个辅助数据源。

运行Tableau,首先连接第一个文件的"订单"工作表,连接命名为"超市订单"。新建Tableau"工作表1",单击工具栏的"新建数据源"按钮,打开"利润计划.xlsx"文件,连接命名为"利润计划"。回到"工作表1",效果如图5.27所示。此时两个数据源无主次之分,并列显示在"数据"窗格中。

其次,单击"超市订单"连接,将其中的"细分市场"拖到"列"功能区,将"类别"和"利润"拖到"行"功能区,再将"细分市场"拖到"标记"卡上的"颜色",此时单击"利润计划"链接,发现其"类别"和"细分市场"字段右侧有橙色链接图标,如图5.28所示,表示两个数据源已自动链接。至少有一个字段带有橙色链接图标,表示有一个活动链接时才能使用数据混合。单击该图标,则变为灰色断开的链接图标,此时表示非活动链接。使用"超市订单"数据源先制作图表后,该数据源为主,此时"超市订单"数据源前面有勾选符号,另一个数据源"利润计划"为次。

图5.27 无主次之分的数据源　　图5.28 有主次之分的数据源

最后,添加参考线。单击"利润计划"数据源,将"预计利润"拖到"标记"卡的"详细信息"上。右击Y轴,在弹出的快捷菜单中选择【添加参考线】选项,如图5.29所示。在打开的对话框中设置参考线的范围为"每单元格",在"线"选项区设置"值"为"总和(预计利润)",设置"标签"为"值",如图5.30所示。最终效果如图5.31所示。

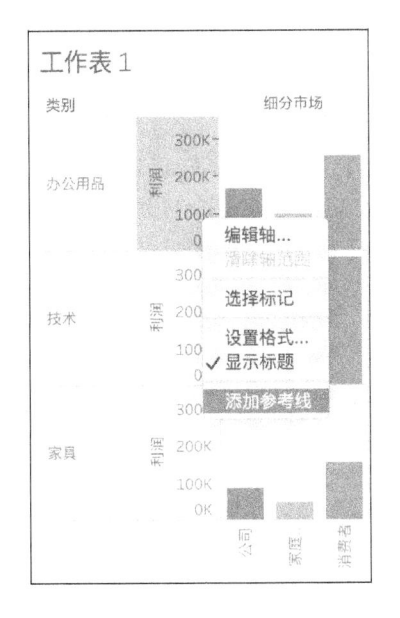

图 5.29　添加参考线

图 5.30　设置参考线

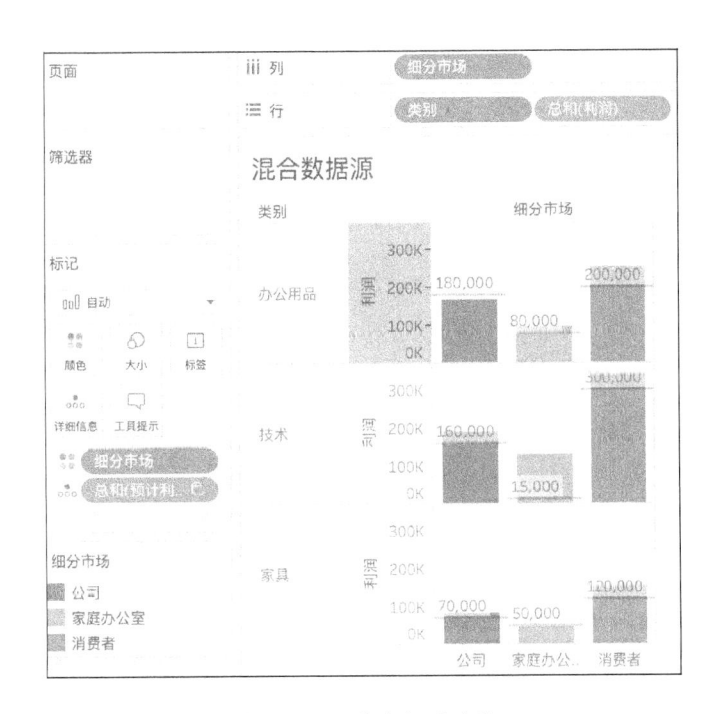

图 5.31　混合数据源效果

2. 关系多个数据源

关系是 Tableau 2020.2 版本的新增功能，目的是更灵活地分析来自多个数据源的数据。关系使用两个表的公共字段相互关联，但并不将两个表合并在一起，表之间保持独立，同时保持其单独的详细级别和域。关系可以理解为两个表之间的协定，当使用表中的字段时，使用该协定生成查询。

运行 Tableau，首先连接到"GlobalSuperstore.xlsx"，然后单击数据源界面"连接"右侧的"添加"按钮，连接到"利润计划.xlsx"。双击连接名字修改为"关系"。将"订单"和"利润计划"工作表拖入数据源右侧窗格，单击两表间的连线，在"编辑关系"对话框中设置关系分别是两个数据源的"类别"和"细分市场"字段，如图 5.32 所示。

新建"工作表 1"，在"数据"窗格中可以看到 1 个关系和"利润计划""订单"2 个表，如图 5.33 所示。

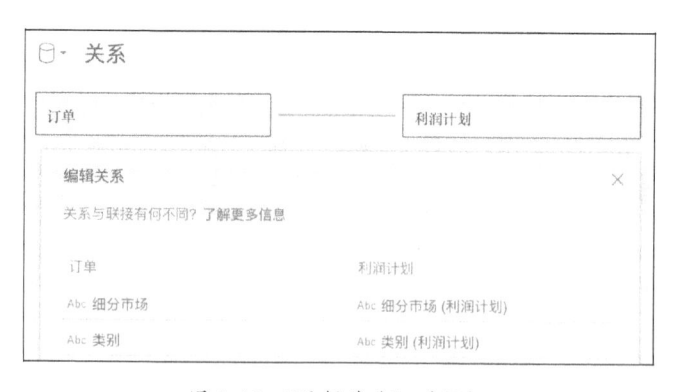

图 5.32 "编辑关系"对话框　　　　图 5.33 查看关系

注意：若使用"关系多个数据源"的方法制作图 5.31 所示的效果，要手动将"总和（预计利润）"拖到"详细信息"，才可以在"线"选项区设置"值"为"总和（预计利润）"，否则无此字段可选。

3. 联接多个数据源

联接合并数据后生成一个横向扩展的表。运行 Tableau，首先连接到"GlobalSuperstore.xlsx"，然后单击数据源界面"连接"右侧的"添加"按钮，连接到"利润计划.xlsx"。双击连接名字，修改为"联接"。将"订单"工作表拖入数据源右侧窗格，双击"订单"或者右击，在弹出的选择快捷菜单中选择【打开】选项，则从逻辑表进入一个同名的物理表，如图 5.34 所示。将"利润计划"拖入物理表，默认为两个数据源的内部联接，如图 5.35 所示。

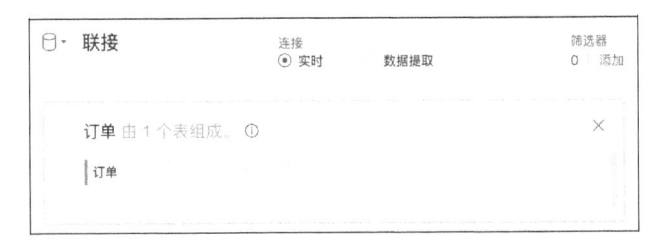

图 5.34　物理表

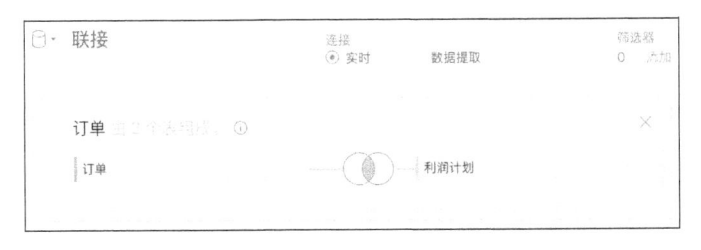

图 5.35　内部联接

新建"工作表 1",在"数据"窗格中可以看到连接的名字,在维度和度量中包含"订单"和"利润计划"两个工作表的所有字段。注意,为区分二者相同的字段,将图 5.35 右侧连接的"利润计划"工作表加到字段上,结果如图 5.36 所示的"类别(利润计划)"。单击图 5.35 所示两个表的蓝色连接部分,打开"联接"对话框,如图 5.37 所示。

联接的方式有"内部""左侧""右侧"和"完全外部"四种,如图 5.37 所示。

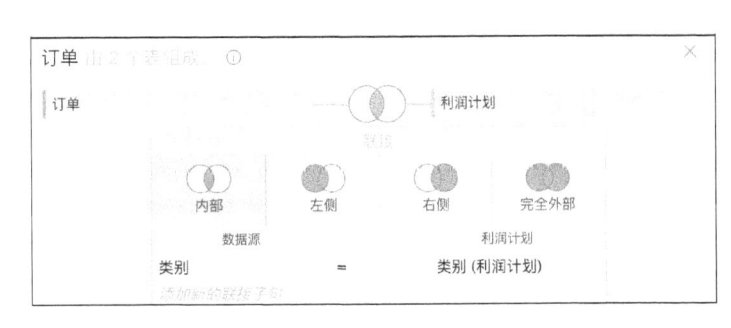

图 5.36　联接不同数据库的表　　　　图 5.37　四种联接方式

- "内部"联接是两个表的连接字段完全相同时才生成连接记录。
- "左侧"联接将左侧表(主数据源)中的所有数据与右侧表(次要数据源)中的数据进行匹配。当主数据源的特定成员不存在匹配项时,次要数据源的连接结果将为空值(NULL)。
- "右侧"联接将右侧表(次要数据源)中的所有数据与左侧表(主数据源)中的数据进行匹配。当次要数据源的特定成员不存在匹配项时,主数据源的连接结果将为空值（NULL）。
- "完全外部"联接显示左右表中的所有行。若某个表中没有匹配的行，则另一个表的选择列表包含空值（NULL），否则显示全部数据。

联接的前提是两个表必须拥有相同的公共字段，如图 5.37 中的"类别"字段。联接不仅可以应用于多个数据源，还可以应用于同一个数据源的多个表。如文件"GlobalSuperstore.xlsx"包含三个数据表，分别是"人员""订单"和"退回"，为呈现各位员工的利润，可以用"人员"和"订单"表的共有字段"地区"联接。

Tableau 建议在使用多个数据源时最好使用关系，仅在必要时使用联接，因为关系数据源更易于定义、更改和重用。

5.5.4 合并数据

混合、关系和联接等方法使用多个数据源，根本目的是使用多个数据源的不同列，而合并数据的功能是合并多个表的行。**注意**：合并数据时，多个表必须来自 Tableau 的同一个连接。一般使用并集进行合并数据，要求所有合并的表必须具有相同的数据结构。

连接到数据后"新建并集"选项显示在数据源页面的左侧窗格中，如图 5.25 的区域⑧。若数据源页面没有此选项，请升级 Tableau 版本。

1. 手动合并表

例如，"薪酬.xlsx"文件中按月份命名的三个工作表分别存储了教师的薪酬信息，通过"并集"操作合并为一个表。

运行 Tableau，连接数据源"薪酬.xlsx"；在数据源页面上双击"新建并集"选项，从左侧窗格中将"3 月薪酬"（如图 5.38 所示）"4 月薪酬"和"5 月薪酬"三个表逐个拖到"并集"对话框，如图 5.39 所示，单击"确定"按钮。

并集结果如图 5.40 所示，包含三个工作表的全部内容，共 13 条记录，最后一列"Table Name"显示该行数据的来源。

	A	B	C	D	E	F
1	姓名	性别	年龄	课酬标准	工作量	时间
2	张宁 教授	female	52	100	12	202003
3	李明 副教授	male	41	80	16	202003
4	池玄弈 讲师	male	32	60	20	202003
5	王一鸣 副教授	male	44	80	12	202003
6	张晓晓 副教授	female	49	80	16	202003

图 5.38 "3 月薪酬"工作表

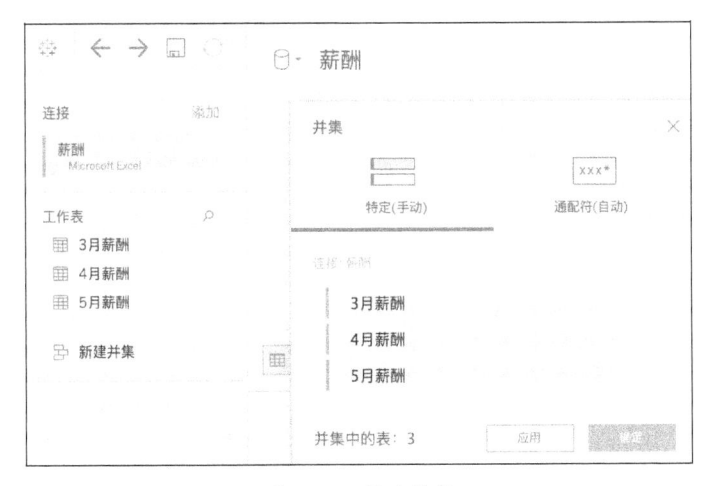

图 5.39 新建并集

图 5.40 并集结果

2. 通配符搜索合并表

通配符"*"用于匹配 Excel 工作簿和工作表，以及其他格式的文件名等，特别适合合并某文件夹中的多个文件。如"3月薪酬.xlsx""4月薪酬.xlsx"和"5月薪酬.xlsx"三个文件中的"薪酬"工作表分别保存了三个月的薪酬信息，可以使用通配符"*"搜索到匹配的表后合并。

运行 Tableau，连接数据源"3月薪酬.xlsx"，然后单击"添加"按钮，分别添加"4月薪酬.xlsx"和"5月薪酬.xlsx"，如图 5.41 所示。在数据源页面上，双击"新建并集"选项，在弹出的"并集"选项卡中选择"通配符（自动）"选项，设置工作表和工作簿的匹配模式，如图 5.42 所示。

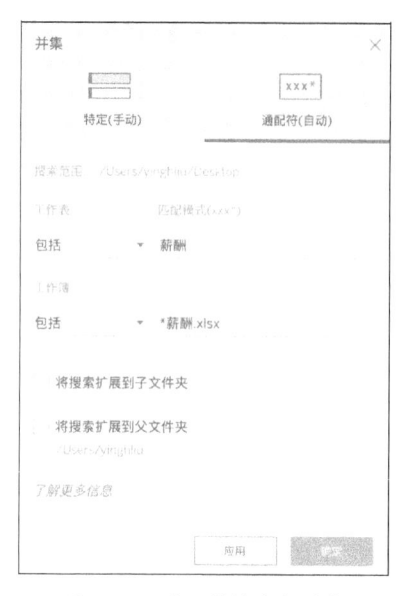

图 5.41　三个数据源　　　　　　　图 5.42　通配符搜索合并表

5.5.5　提取数据

提取数据是提高计算机性能经常使用的一种方法，目的是保存数据源的一个子集。而且，提取数据提供了对数据的脱机访问，将数据提取到本地计算机方便用户使用。从 Tableau 10.5 版本开始，数据提取用 .hyper 扩展名保存（取代了老版本的 .tde 格式）。创建一个数据提取的步骤如下。

（1）打开文件"5.4 创建第一个可视化作品 .twbx"，单击"数据"窗格的"维度"右侧的三角形下拉按钮，在下拉菜单中选择【隐藏所有未使用的字段】选项，如图 5.43 所示，则工作表中未使用的字段被隐藏了，这样可以限制记录的列数。

（2）右击数据源，在弹出的快捷菜单中选择【提取数据】选项，如图 5.44 所示。

图 5.43　隐藏所有未使用的字段　　　　　图 5.44　提取数据

提取数据也可以在"数据源"页面的右上角选择"数据提取"单选按钮,如图 5.45 所示,然后单击"编辑"按钮,打开"提取数据"对话框。在"提取数据"对话框中可以设置筛选器,还可以设置聚合以尽量减少数据的提取量,如图 5.46 所示。单击"确定"按钮,即可提取数据。提取的数据仅包含可见字段,且数据将按指定的方式聚合。

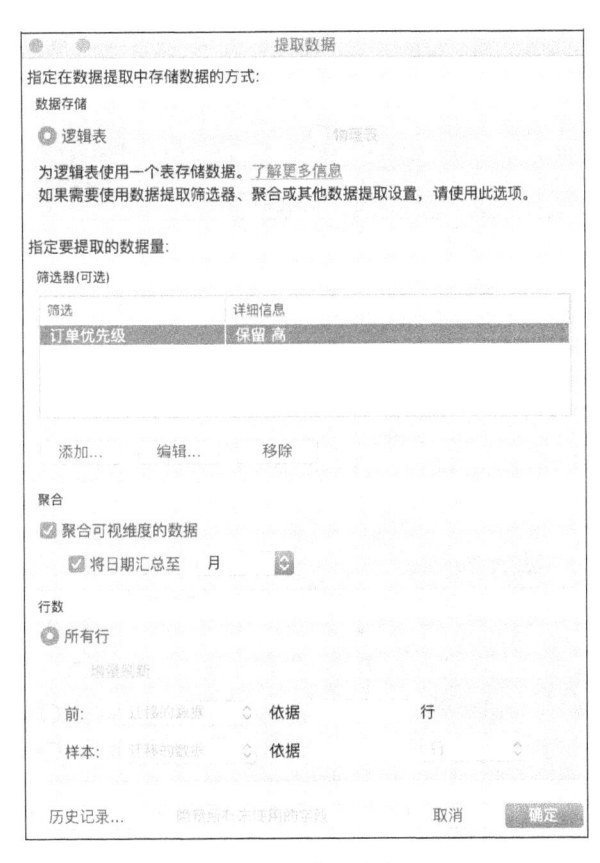

图 5.45 在"数据源"页面提取数据

图 5.46 提取数据

注意数据提取后数据源图标的变化。提取数据的时间与数据源的大小相关,若数据源很大,则数据提取可能需要较长的时间,但提取数据并保存在本地计算机后,计算机性能将大幅提高。

(3)右击数据源,在弹出的快捷菜单中选择【提取数据】选项,可以实现刷新、优化和追加数据等操作,如图 5.47 所示。单击任意一个工作表标签页,启动数据提取创建,选择保存数据提取的位置和名称,单击"保存"按钮。

(4)如需查看数据提取位置,可以通过【数据提取】|【属性】选项查看,如图 5.47 所示。

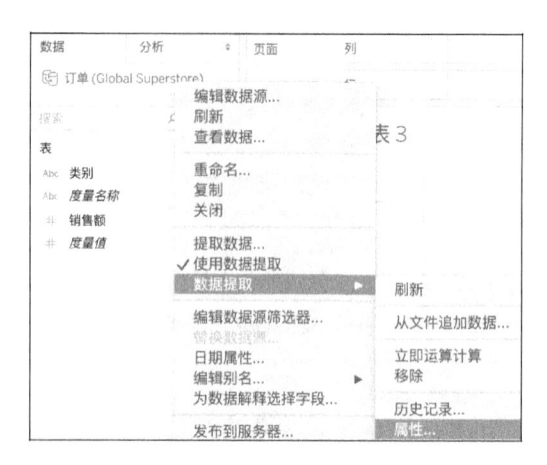

图 5.47 查看提取属性

5.5.6 数据类型

Tableau 支持文本、日期、日期和时间、数字、布尔和地理六种数据类型。数据类型不同，图标亦不同，如表 5.2 所示。

表 5.2 数据类型

图　标	说　明	图　标	说　明
Abc	文本值	T|F	布尔值（仅限关系数据源）
📅	日期值	⊕	地理值（用于地图）
📅🕐	日期和时间值	#	数字值

文本数据类型是以单引号或双引号开头和结尾的字符串文本，如"China"；日期数据类型以"#"表示，如#2020/1/15#；日期和时间数据类型在日期后加上时间，如#January 23, 1972 12:32:00AM#；数字数据类型表示数值，如123、123.45 等；布尔数据类型也称为逻辑数据类型，只包含两种取值，如 true 或 false；地理数据类型是指如"北京""安徽省"或"郫县"等地理位置。若列中存在混合数据类型，则通过前 1024 行（CSV 文件）或前 10000（Excel 文件）行中的大多数数据类型来确定该列的数据类型。

若 Tableau 没有正确地赋予字段正确的数据类型，则可以在"数据源"页面、"数据"窗格或视图中进行更改。

1. 在"数据源"页面中更改数据类型

在"数据源"页面中单击待更改字段的数据类型图标（见表 5.2），在出现的下拉列表中选择一种新的数据类型即可，如图 5.48 所示。

2. 在"数据"窗格中更改数据类型

在"数据"窗格中单击字段名称左侧的数据类型图标，在出现的下拉列表中选择一种新的数据类型即可，如图 5.49 所示。

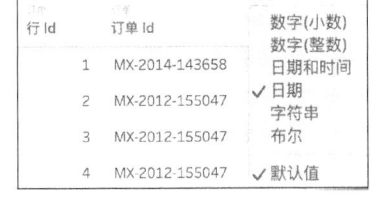

图 5.48 "数据源"页面中更改数据类型　　图 5.49 "数据"窗格中更改数据类型

3. 在视图中更改数据类型

在"数据"窗格中单击待更改字段右侧的三角形按钮，或者单击右键，在弹出的快捷菜单中选择【更改数据类型】选项，然后从下拉列表中选择一种新的数据类型即可，如图 5.50 所示。

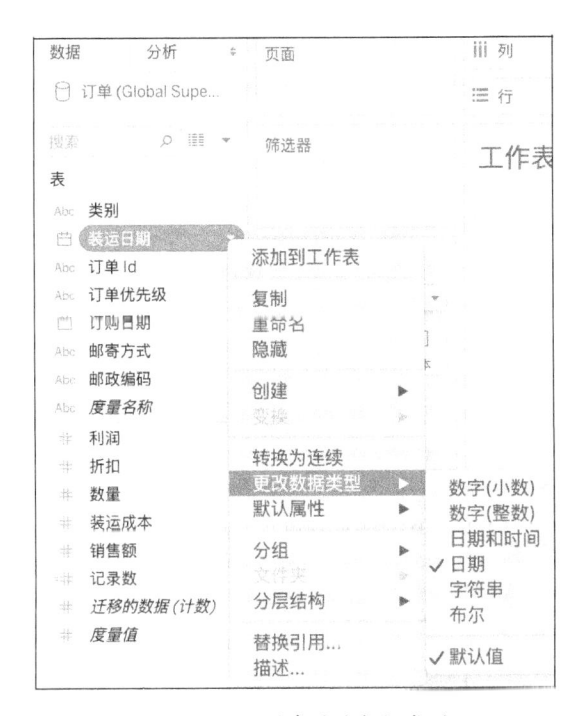

图 5.50 视图中更改数据类型

5.6 数据视图

数据可视化是将现实生活中的数据转换成视觉线索，如颜色、形状、长度或位置等，目的是让读者通过简单的图表快速理解大量的数据。数据可视化要注意以下三个问题。

- **可视化的目的**。可视化能让读者理解什么？它回答了什么问题？
- **可视化的内容**。可视化包括哪些内容？即可视化中使用哪些字段？
- **可视化的结构**。究竟使用哪种图表适合？展示的是度量还是维度？

创建可视化的数据视图是 Tableau 的重要功能之一，数据视图包含表组件和可选组件两部分。其中，表组件是视图的一部分，包括标题、轴、窗格、单元格和标记等。可选组件根据需要启用或禁用，如说明、字段标签和图例等。

5.6.1 工作表和工作簿

Tableau 使用了与 Excel 类似的工作表和工作簿文件结构。一个工作簿包含一个或多个不同类型的工作表，如工作表（也称视图）、仪表板或故事。工作表包含单个视图、功能区、图例和"数据"窗格。仪表板是多个工作表的集合，故事是多个仪表板的集合。

1. 创建工作簿

每次启动 Tableau，都将自动创建一个空白工作簿，打开现有工作簿的方法如下。

- 单击开始页面的工作簿缩略图（开始页面显示的是最近使用的工作簿）。
- 选择菜单【文件】|【打开】选项，可以打开 .twb 或 .twbx 扩展名的工作簿。
- 双击一个工作簿文件。
- 将工作簿文件拖到 Tableau 图标或已打开的 Tableau 应用程序。

Tableau 可以同时打开多个工作簿，每个工作簿显示在自己的应用程序窗口中。工作簿名称显示在 Tableau 的标题栏中。

2. 创建工作表

工作表的创建可以选择菜单【工作表】|【新建工作表】选项，也可以单击标签栏的"新建工作表"标签，如图 5.51 所示的区域④。

3. 创建仪表板

仪表板的创建可以选择菜单【仪表板】|【新建仪表板】选项，也可以单击标签栏的"新建仪表板"标签，如图 5.51 所示的区域⑤。

4. 创建故事

故事的创建可以选择菜单【故事】|【新建故事】选项，也可以单击标签栏的"新建故事"标签，如图 5.51 所示的区域⑥。

图 5.51 标签栏

区域①：已创建的"国家利润地图"工作表。
区域②：已创建的"利润分析"仪表板。
区域③：已创建的"利润"故事。
区域④：新建工作表标签。
区域⑤：新建仪表板标签。
区域⑥：新建故事标签。

5. 隐藏工作表

工作表往往包含在仪表板或故事中，不单独使用。过多的工作表显示在标签栏中会导致查找不便且让标签栏显示复杂，可以使用隐藏功能隐藏工作表。单击工作表标签，选择一个工作表，按住 Ctrl 键选择多个工作表，右击工作表标签，在弹出的快捷菜单中选择【隐藏工作表】选项，即可隐藏工作表。**注意**：只有已经在仪表板中使用的工作表才可以隐藏。

6. 查看隐藏工作表

在仪表板【视图】菜单中选择【转到工作表】选项，或者单击仪表板中的"转到工作表"图标，均可以显示工作表。

7. 取消隐藏工作表

若需要显示隐藏的工作表，则右击"工作表"标签，在弹出的快捷菜单中选择【取消隐藏】选项即可。

8. 删除工作表

选择一个或多个工作表，右击工作表标签，在弹出的快捷菜单中选择【删除工作表】选项即可。**注意**：已经包含在仪表板或故事中的工作表是不能删除的，而且一个工作簿中始终至少包含一个工作表。

5.6.2　数据视图界面

数据视图如图 5.52 所示。其中，区域①是标题；区域②是字段标签；区域③是 Y 轴，也称为行标题；区域④是说明；区域⑤是摘要；区域⑥是数据视图；区域⑦是 X 轴，也称为列标题；区域⑧是图例。

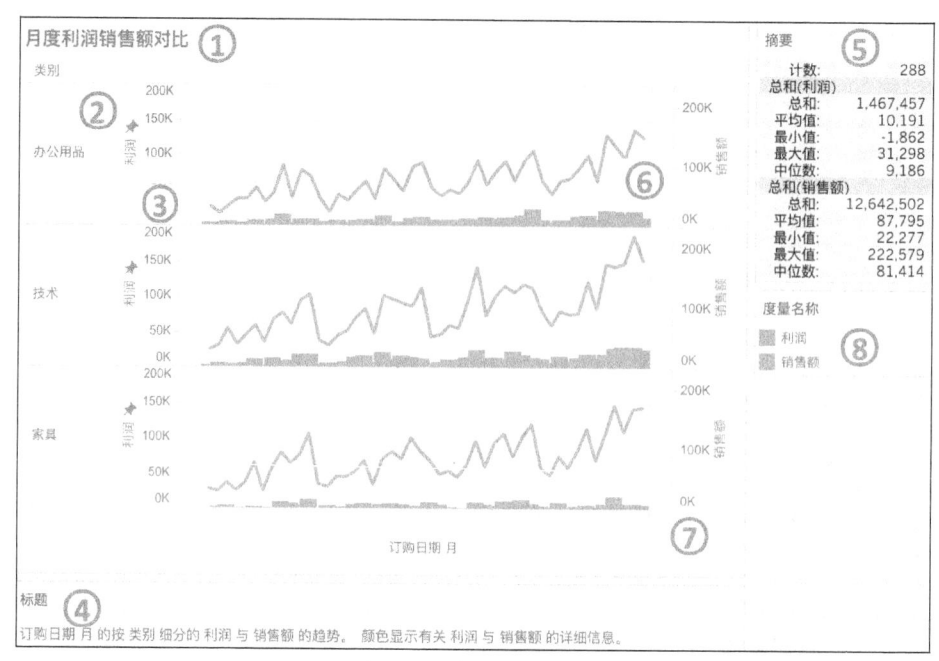

图 5.52　数据视图界面

1. 编辑标题

右击"标题",在弹出的快捷菜单中选择【编辑标题】选项,或者双击"标题",在打开的"编辑标题"对话框中输入新标题即可。使用对话框顶部的格式设置选项,可更改字体、颜色、样式和对齐方式,如图 5.53 所示。单击"插入"下拉按钮,选择下拉菜单中的选项,可以添加页码、工作表名称和参数值等。

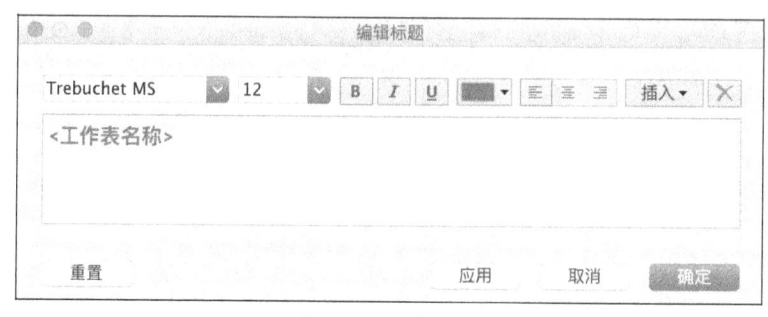

图 5.53　编辑标题

"说明"和"摘要"的编辑方法与"标题"类似。

2. 编辑图例

为"标记"卡的"颜色""大小"和"形状"添加字段时会显示图例,以方便用户了解数据的编码方式。图例可以移动到合适的位置,也可以隐藏。在工作表中单击"图例"右上角的三角形按钮,在下拉菜单中选择【隐藏卡】选项,也可以在仪表板中单击"图例"右上角的三角形按钮,在下拉菜单中选择【从仪表板移除】选项。

3. 构建视图

可以手动构建视图，如拖动字段到"行"功能区和"列"功能区，也可以使用"智能推荐"功能或"双击"自动生成视图。自动生成视图特别适合初学者，尤其在不确定使用哪种图形更适合的时候。而且，自动生成视图更节约时间。在制作复杂视图时一般建议先使用自动生成视图，再手动深入细化。

5.6.3 制作文本表、突出显示表和热图

文本表，也称为交叉表或数据透视表。通过在"行"功能区和"列"功能区分别放置一个维度创建，然后将一个或多个度量拖到"标记"卡的"文本"上来完成视图的创建。本节以"GlobalSuperstore.xlsx"为数据源完成创建。

案例：制作"地区"和"类别"文本表，如图 5.54 所示。

地区	办公用品	技术	家具
EMEA	276,686	300,855	228,621
北部	374,733	495,802	377,630
北亚	198,555	314,039	335,716
大洋洲	281,714	408,003	410,468
东部	205,516	264,974	208,291
东南亚	241,285	329,751	313,387
非洲	266,756	322,367	194,651
加勒比海	89,575	116,333	118,372
加拿大	30,034	26,299	10,595
南部	515,161	569,996	515,750
西部	220,853	251,992	252,613
中部	923,435	1,038,450	860,418
中亚	162,766	305,697	284,363

图 5.54 文本表

（1）连接数据。数据源连接到文件"GlobalSuperstore.xlsx"。

（2）制作文本表。先将"类别"拖到"列"功能区，再将"地区"拖到"行"功能区，最后将"销售额"拖到"标记"卡的"文本"上。

"列"功能区用于创建表列，"行"功能区用于创建表行。可以将任意数量的字段放置在这些功能区上。将维度置于"行"或"列"功能区上时，将为该维度的成员创建标题。将度量置于"行"或"列"功能区上时，将创建该度量的定量轴。向视图添加更多字段时，表中会包含更多标题和轴。"行"和"列"功能区的内层字段决定默认标记类型。例

如，内层字段为度量和维度，则默认标记类型为条形图。可以使用"标记"卡下拉菜单手动选择其他标记类型。

文本表的效果类似 Excel，以数据为主，一般配合其他类型的图表放在仪表板中，主要目的是方便用户查看具体数据。

（3）突出显示表。为了能用颜色区分销售额的高低，可以使用突出显示表。单击"智能推荐"，选择"突出显示表"查看效果，如果"列"和"行"功能区发生了转换，可以单击工具栏的"交换行和列"按钮（见表 5.1），效果如图 5.55 所示。

（4）转换为"热图"。热图（也称为压力图）用方块标明销售额的高低。本案例将"类别"拖到"标记"卡的"颜色"上进行区分，效果如图 5.56 所示。

地区	类别		
	办公用品	技术	家具
EMEA	276,686	300,855	228,621
北部	374,733	495,802	377,630
北亚	198,555	314,039	335,716
大洋洲	281,714	408,003	410,468
东部	205,516	264,974	208,291
东南亚	241,285	329,751	313,387
非洲	266,756	322,367	194,651
加勒比海	89,575	116,333	118,372
加拿大	30,034	26,299	10,595
南部	515,161	569,996	515,750
西部	220,853	251,992	252,613
中部	923,435	1,038,450	860,418
中亚	162,766	305,697	284,363

图 5.55 突出显示表

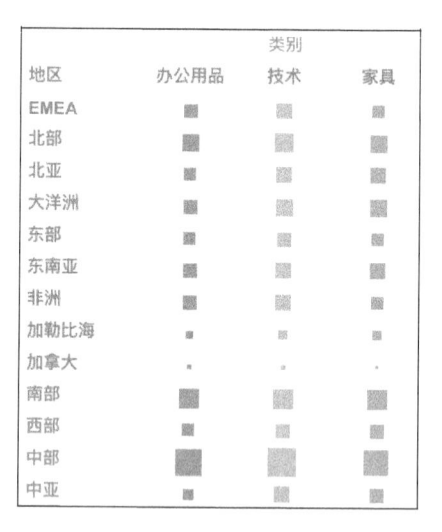

图 5.56 热图

5.6.4 制作条形图

条形图，也称为水平条图，是用户使用最广泛的图表类型之一，特别适合在类别之间比较数据，即用来比较不同分类（如性别、民族、城市、省份或部门等）的维度值，但条形图往往不显示底层的数据细节。

制作条形图有两种方式，一是直接制作条形图，二是将已经制作的其他图表转换为条形图。本节使用 Excel 数据"省会城市空气质量.xlsx"制作条形图，来呈现一个月中各省会城市的天气情况。该数据来源于中华人民共和国生态环境部官方网站，案例获取了 2015 年 11 月中国大陆 367 座重点城市每日空气质量报告（包含 AQI 指数、空气质量级别及首要污染物），然后筛选出省会城市、直辖市和自治区首府，以下简称省会城市。

案例：制作简单条形图"AQI 均值排序"。

该条形图按 AQI 均值进行排序，方便用户查看空气质量均值最差和最优的省会城市。

（1）链接数据。数据源连接到文件"省会城市空气质量.xlsx"。

（2）制作基础图表。将"省会城市"维度字段拖到"列"功能区，将"AQI 指数"度量字段拖动到"行"功能区。"行"功能区默认显示的是"总和（AQI 指数）"，此时呈现简单的条形图效果。单击"总和（AQI 指数）"右侧的三角形按钮，在打开的下拉菜单中选择【度量（总计）】|【平均值】选项。"行"功能区显示为"平均值（AQI 指数）"。单击工具栏的"降序排序"按钮，或者单击 Y 轴的"平均值 AQI 指数"后的"降序排序"按钮，图表按"平均值 AQI 指数"字段降序排列。

（3）显示标记标签。单击工具栏的"显示标记标签"按钮，在图表中显示当前工作表的标记标签，即显示各省会城市的"AQI 指数"的平均值，也可以在"标记"卡中选择"标签"，勾选"显示标记标签"复选框。

（4）编辑颜色。此时的图表虽然显示了标签并且按降序排列，但颜色单一，可以添加颜色区分空气质量。按住 Ctrl 键，拖动"行"功能区的"平均值（AQI 指数）"到"标记"卡的"颜色"上，如图 5.57 所示。单击"标记"卡的"颜色"，在打开的面板中单击"编辑颜色"按钮，在打开的"编辑颜色"对话框中设置色板为"红色-蓝色发散"，设置渐变颜色为"4 阶"，"开始"为 0，"结束"为 200，"中心"为 100，如图 5.58 所示。单击"确定"按钮。

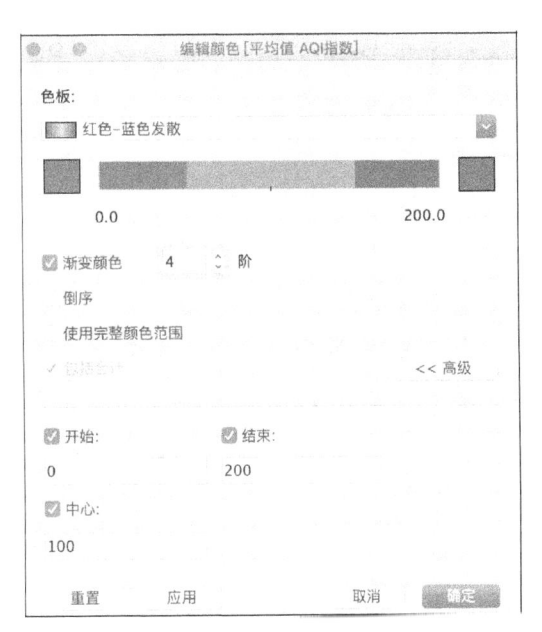

图 5.57 添加颜色　　图 5.58 编辑简单条形图"AQI 均值排序"的颜色

注意：空气质量与 AQI 指数相关，一般选用的规则是：AQI 指数为 0～50，空气质量是"优"；AQI 指数为 51～100，空气质量是"良"；AQI 指数为 101～150，空气质量是"轻度污染"；AQI 指数为 151～200，空气质量是"中度污染"；AQI 指数为 201～300，空气质量是"重度污染"；AQI 指数超过 300，空气质量是"严重污染"。渐变颜色设置为 4 阶，是因为平均空气质量从海口的 42.3 到哈尔滨的 177.7，分为 4 个阶段，可以体现平均空气质量的"优""良""轻度污染"和"中度污染"的差异。

最终效果如图 5.59 所示，显示了省会城市 2015 年 11 月共 30 天的 AQI 指数均值降序图。由此可知，11 月份东北和华北地区省会城市的空气质量较差，其中东北三省的省会城市高居 AQI 指数均值前三名，石家庄、北京次之，这五个省会城市的 AQI 指数均值超过 150，平均空气质量是"轻度污染"。"福州"和"海口"两个省会城市的 AQI 指数均值最低，低于 50，平均空气质量是"优"。

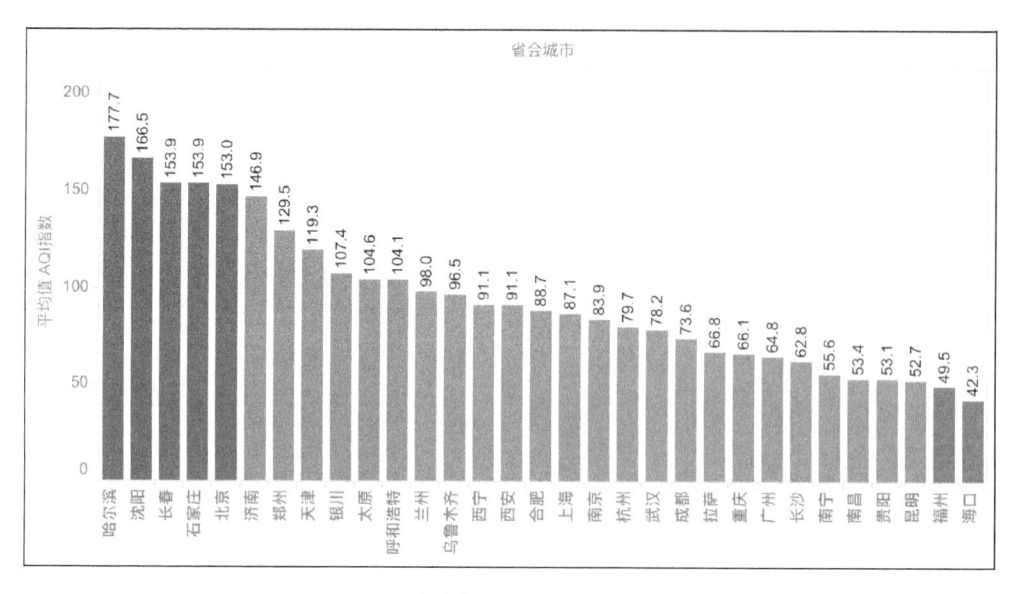

图 5.59 简单条形图"AQI 均值排序"

案例：制作包含计算的堆叠条形图"各省会城市空气质量天数统计图"。

该条形图统计 2015 年 11 月各省会城市六种空气质量（"优""良""轻度污染""中度污染""重度污染"和"严重污染"）的天数，方便用户查看各省会城市的空气质量情况。

（1）创建计算字段。单击"维度"中的"空气质量级别"字段后面的三角形按钮，在下拉菜单中选择【创建】|【计算字段】选项，在打开的"计算字段"对话框中输入字段名称"计数：空气质量级别"，然后输入公式"count（[空气质量级别]）"，如图 5.60 所示。单击"确定"按钮。

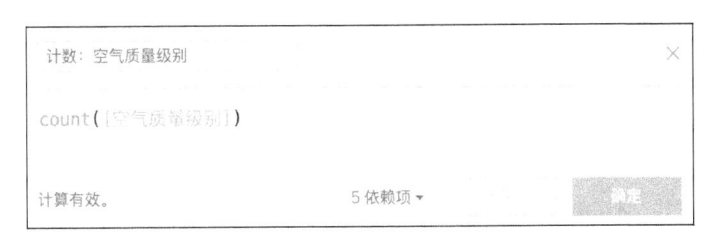

图 5.60　计算字段"计数：空气质量级别"

注意：公式中除字段名称外均为半角英文，特别注意英文括号。当左下角提示"计算有效"时表明公式正确，显示"计算包含错误"时说明公式有错误，单击"计算包含错误"后的三角形按钮，可以查看公式错误的具体原因。

（2）制作堆叠条形图。同时选择"省会城市""空气质量级别"两个维度字段和"计数：空气质量级别"度量字段，展开"智能推荐"，单击"堆叠条"选项。

（3）修改图例次序。默认情况下，"空气质量级别"图例显示的顺序是"良""轻度污染""严重污染""优""中度污染"和"重度污染"，即默认情况下按中文升序排序，如图 5.61 所示。但用户更关心按空气实际质量的级别排序，即按"优""良""轻度污染""中度污染""重度污染"和"严重污染"的序列排序。可以单击"空气质量级别"图例右上角的三角形按钮，在下拉菜单中选择【排序】选项，在出现的对话框中选择排序依据为"手动"，拖动排序后效果如图 5.62 所示。

图 5.61　默认图例　　　　图 5.62　"排序"对话框

（4）显示标记标签。单击工具栏的"显示标记标签"按钮，显示各省会城市"优""良""轻度污染""中度污染""重度污染"和"严重污染"六种空气质量的天数，如图 5.63 所示。

由此可知，绝大多数省会城市的空气质量以"优"和"良"为主，即红色和蓝色的天数较多。其中，"海口"的空气质量以"优"的天数最多，高达 24 天；而"沈阳""哈尔滨"和"济南"却以"轻度污染"的天数最多，分别是 13 天、8 天和 7 天。虽然通过简单条形图"AQI 均值排序"可以看出，哈尔滨的平均 AQI 指数最高，即平均空气质量最差,但"严重污染"天数最多的却是"长春",共 6 天,然后是"北京""石家庄"和"哈尔滨",均为 4 天。

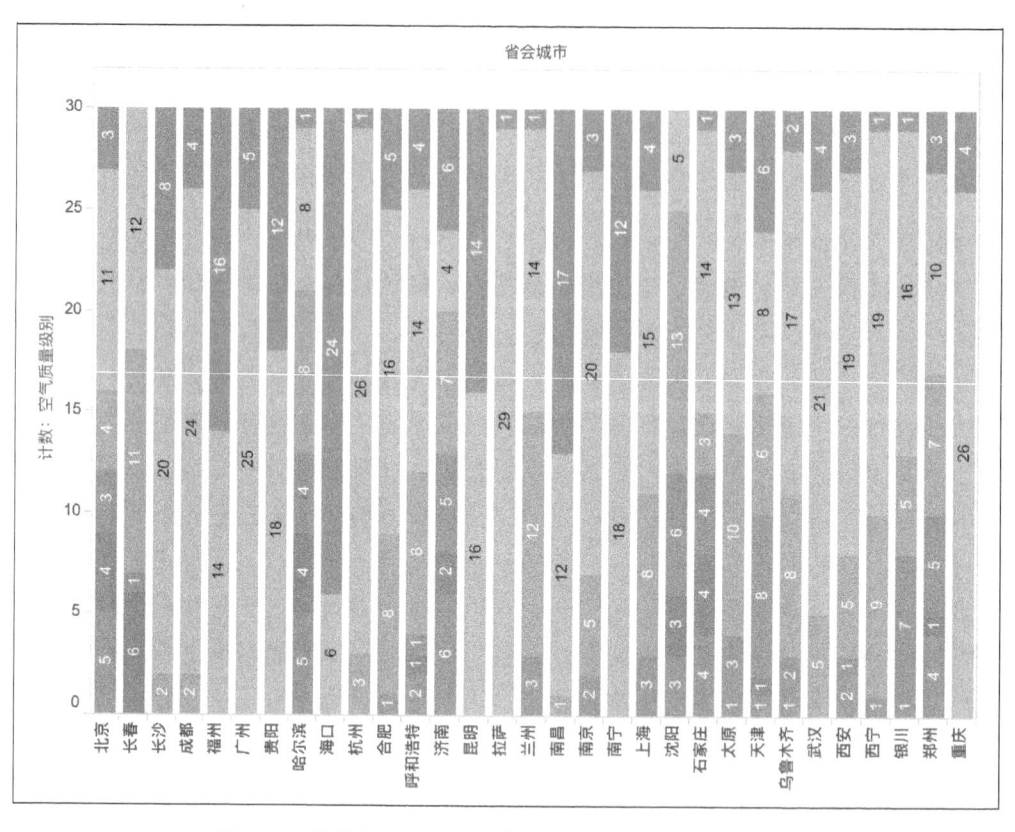

图 5.63 堆叠条形图"各省会城市空气质量天数统计图"

案例:将其他图形转换为条形图"各省会城市空气质量百分比降序统计图"。

(1)制作文本表。该图统计 2015 年 11 月各省会城市六种空气质量天数的比例,以方便用户查看各省会城市的空气质量情况。使用"省会城市""空气质量级别"维度字段和"计数:空气质量级别"度量字段制作文本表,在"空气质量级别"中选择"优",按住鼠标左键拖到首行的位置。用同样的方法,将六种空气质量拖到合适的位置,部分效果如图 5.64 所示。

图 5.64 文本表"空气质量百分比统计"

(2)降序排列。按"空气质量级别"中"优"的天数降序排列,在"空气质量级别"中选择"优",单击右侧的"降序排序"按钮,或者单击工具栏的"降序排序"按钮,部分效果如图 5.65 所示。

（3）转换图表类型。展开"智能推荐"，单击"堆叠条"，将"文本表"转换为"堆叠条"。

（4）添加表计算。统计各省会城市空气质量的百分比。单击"行"功能区的"聚合（计数：空气质量级别）"字段右侧的三角形按钮，在下拉菜单中选择【添加表计算】选项；在弹出的"表计算"对话框中设置"计算类型"为"合计百分比"，设置"计算依据"为"特定维度"，勾选"空气质量级别"复选框，如图5.66所示。

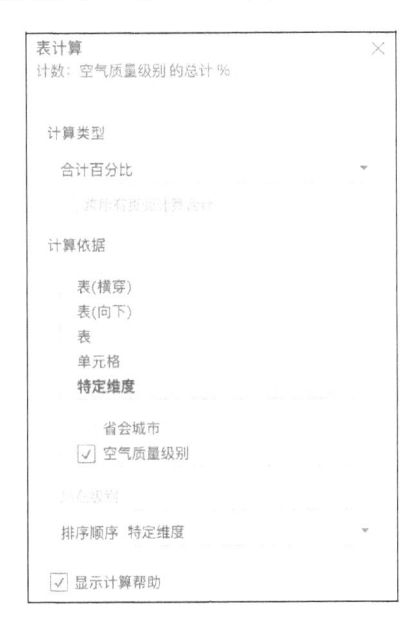

图5.65 按"优"降序排序　　图5.66 添加"计数：空气质量级别"的表计算

（5）显示标记标签。单击工具栏的"显示标记标签"按钮。

（6）添加常量线。在"分析"选项卡中单击"常量线"（如图5.67所示），按住鼠标左键拖到图表中，选择"表"，设置值为0.5。可以根据用户个人兴趣设置常量线的值，也可以添加多根常量线，如用同样方法再添加一根参考线，设置值为0.25。

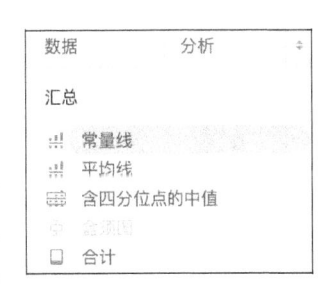

图5.67 添加"常量线"

（7）设置百分比格式。图表中的百分比默认显示2位小数，数据略显凌乱，可将百分比设置为整数，缩短标签显示内容。单击"行"功能区的"聚合（计数：空气质量级别）"字段右侧的三角形按钮，在下拉菜单中选择【设置格式】选项。在打开的对话框中选择"区"选项卡，如图5.68所示，单击"默认值"中"数字"右侧的三角形按钮，设置"百分比"的小数位数是"0"，如图5.69所示。也可以用类似的方法设置"轴"选项卡。

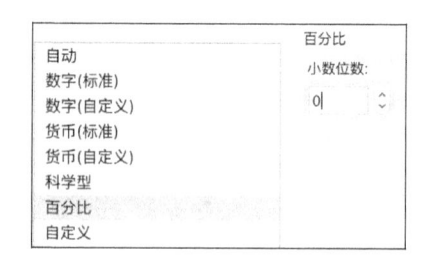

图 5.68　"区"选项卡　　　　图 5.69　设置"百分比"小数位数

最终效果如图 5.70 所示，通过"各省会城市空气质量百分比降序统计图"，可以方便地查看出空气质量是"优"的天数比例最多的城市是"海口""南昌"和"福州"，分别是 80%、57%和 53%；"长春"和"沈阳"整个月份空气质量是"优"的天数比例均是零；"海口""福州""昆明""贵阳""南宁""广州""重庆"和"拉萨"这 8 座城市整个月份空气质量均为"优"和"良"，属于宜居城市。

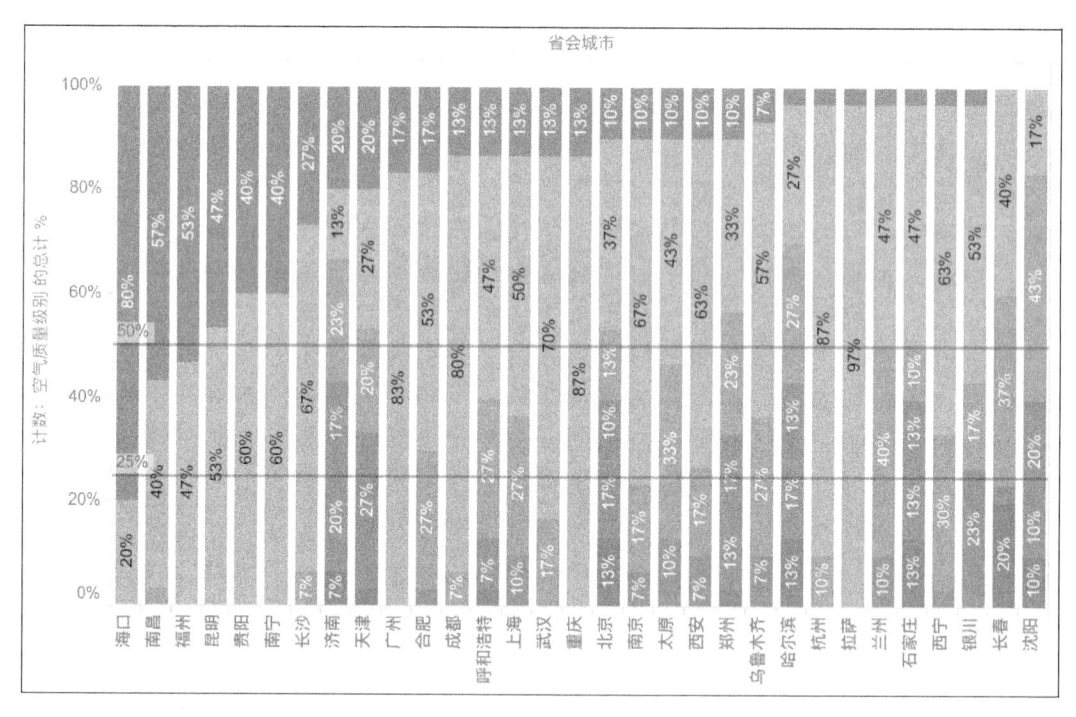

图 5.70　转换的条形图"各省会城市空气质量百分比降序统计图"

通过参考线可以看出，仅有"济南""天津""北京""郑州""哈尔滨""长春"和"沈阳"这 7 座城市整个月份超过一半的空气质量是"良"以下。

假设一个月里超过 25%的空气质量是"重度污染"或"严重污染"的城市是有必要

继续改善空气质量的，那么根据参考线可以看出，"济南""北京""哈尔滨"和"石家庄"均是需要改善空气质量的城市，因为这4座城市空气质量是"重度污染"或"严重污染"的比例分别是27%、30%、30%和26%。

5.6.5 制作线图

线图（也称为折线图）是将数据视图中的各数据点连接起来形成的图形。线图为直观显示一系列数值提供了一种简单的方法。线图非常适合显示数据随时间变化的趋势，或者预测未来的数值。折线图和条形图是数据可视化时使用最多的两种图表类型。

案例：制作简单线图"每天省会城市AQI均值图"。

该线图按日期统计所有省会的AQI均值，方便用户查看全国各省会城市的整月空气质量趋势。

首先，连接数据"省会城市空气质量.xlsx"。然后，同时选择"日期"维度字段和"AQI指数"度量字段，展开"智能推荐"，单击"线（连续）"图标。单击"列"功能区的"年（日期）"字段后面的三角形按钮，在下拉菜单中选择"天"，再单击工具栏的"显示标记标签"按钮，效果如图5.71所示。

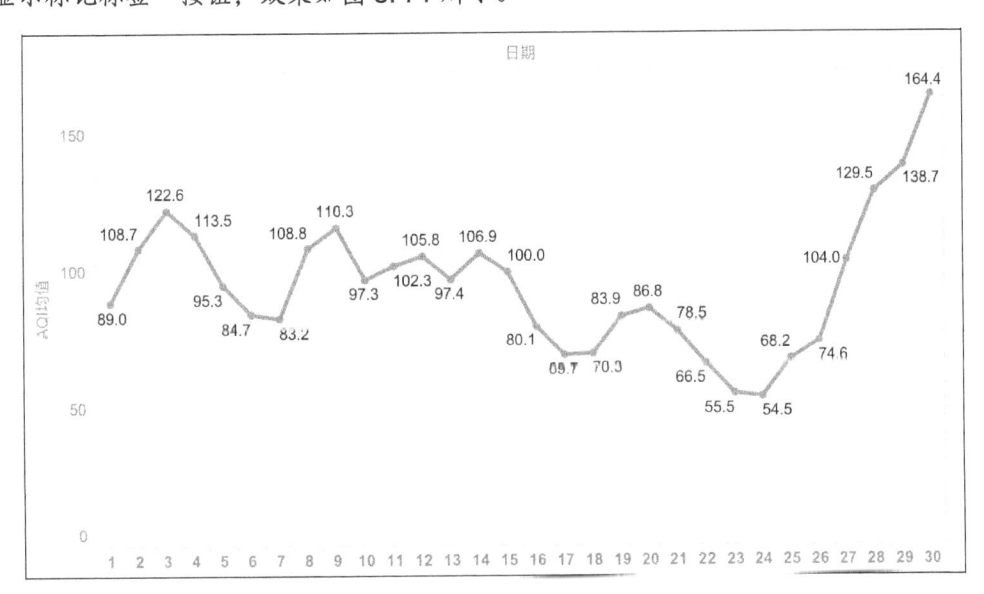

图5.71 简单线图"每天省会城市AQI均值图"

最终效果显示出2015年11月中国大陆所有省会城市AQI均值的情况，可以发现随着时间的推移，AQI均值整体呈现升高的趋势。省会城市AQI均值最低的是2015年11月24日，均值是54.5。11月24日以后，AQI均值逐日迅猛增加，最高到164.4。

案例：制作线图"重点省会城市 AQI 值"。

为深入分析 AQI 均值，结合前面的分析结果，可以对重点城市进一步分析，这 7 座城市分别是"济南""天津""北京""郑州""哈尔滨""长春"和"沈阳"（因为它们整个月份超过一半时间的空气质量是"良"以下）。

可以在"每天省会城市 AQI 均值图"的基础上编辑修改制作"重点省会城市 AQI 值图"。首先复制图表，然后进行编辑。

（1）复制图表。右击"每天省会城市 AQI 均值图"工作表标签，在弹出的快捷菜单中选择【复制】选项，得到新工作表"每天所有省会 AQI 均值图（2）"。

（2）重命名图表。右击"每天省会城市 AQI 均值图（2）"工作表标签，在弹出的快捷菜单中选择【重命名工作表】选项，输入新名称"重点省会城市 AQI 值图"。

（3）筛选城市。在"维度"区选择"省会城市"字段，拖到"标记"卡的"颜色"上，在弹出的警告框中单击"筛选后添加"。在打开的"筛选器[省会城市]"对话框中勾选"济南""天津""北京""郑州""哈尔滨""长春"和"沈阳"，如图 5.72 所示。单击"确定"按钮。

（4）编辑颜色。筛选的 7 座城市的颜色可能相近，不方便区分。可以为 7 座城市重新设置颜色。单击"标记"卡的"颜色"，再单击"编辑颜色"按钮，在打开的"编辑颜色[省会城市]"对话框中设置"选择调色板"为"Tableau Classic 20"，如图 5.73 所示。单击"分配调色板"按钮，可以根据自己的喜好为每座城市设置颜色。

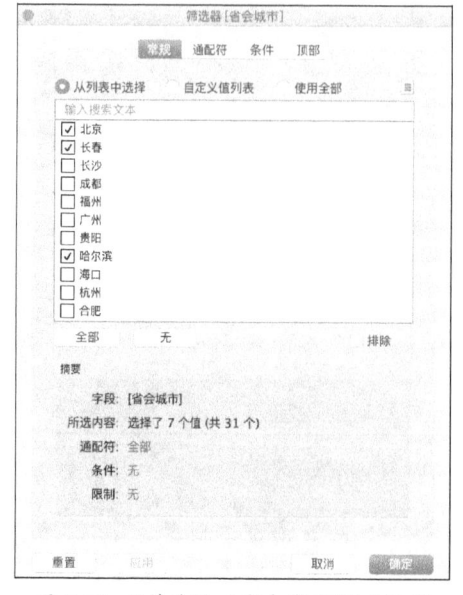

图 5.72 "筛选器[省会城市]"对话框 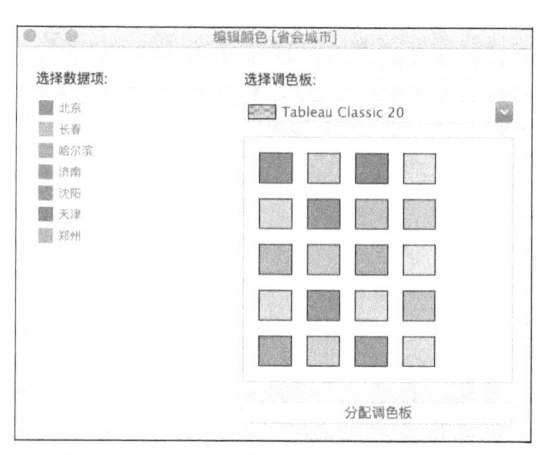   图 5.73 "编辑颜色[省会城市]"对话框

（5）取消显示标记标签。7座城市共210个标记标签的显示方式略显凌乱，单击工具栏的"显示标记标签"按钮，取消标记标签的显示。

（6）编辑工具提示信息。单击"标记"卡的"工具提示"，在打开的"编辑工具提示"对话框中输入提示信息，如图5.74所示。**注意**：尖角号中的内容是字段名称或计算字段等，不能修改，其他内容可以根据自己的喜好修改。

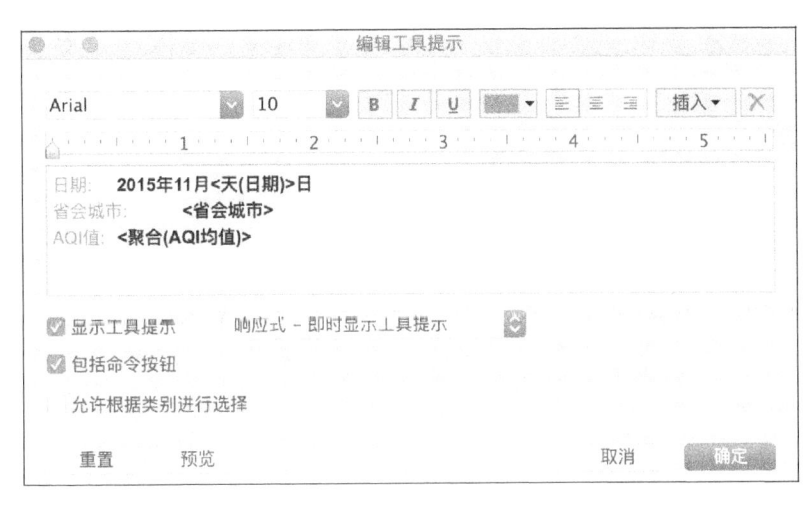

图5.74 "编辑工具提示"对话框

（7）设置格式。AQI数值显示时带有1位小数，而实际上AQI值均为整数。单击"行"功能区的"聚合（AQI均值）"字段右侧的三角形按钮，在下拉菜单中选择【设置格式】选项；在打开的对话框中选择"区"选项卡，单击"默认值"中"数字"右侧的三角形按钮，在下拉菜单中选择"数字（自定义）"的小数位数是"0"。

最终效果如图5.75所示。查看这7座城市的AQI值，可以发现"北京""济南"和"天津"和"郑州"这4座城市的AQI值随着时间逐步升高，而"长春""哈尔滨"和"沈阳"正好相反，均有下降的趋势。

案例：制作线图"重点城市首要污染物"。

不同的省会城市首要污染物也是不同的，该线图按日期统计重点省会城市AQI值与首要污染物的关系，以查看AQI值高的重点城市以哪种首要污染物为主（重点城市是"济南""天津""北京""郑州""哈尔滨""长春"和"沈阳"）。

（1）制作线图。同时选择"日期""省会城市""首要污染物"和"AQI指数"字段，展开"智能推荐"，选择"线（连续）"图标，将"列"功能区展开为"天（日期）"，筛选7座重点城市。

（2）编辑形状。在"标记"卡中选择"形状"，然后将"维度"中的"首要污染物"字段拖到"标记"卡的"形状"上，最终效果如图5.76所示。

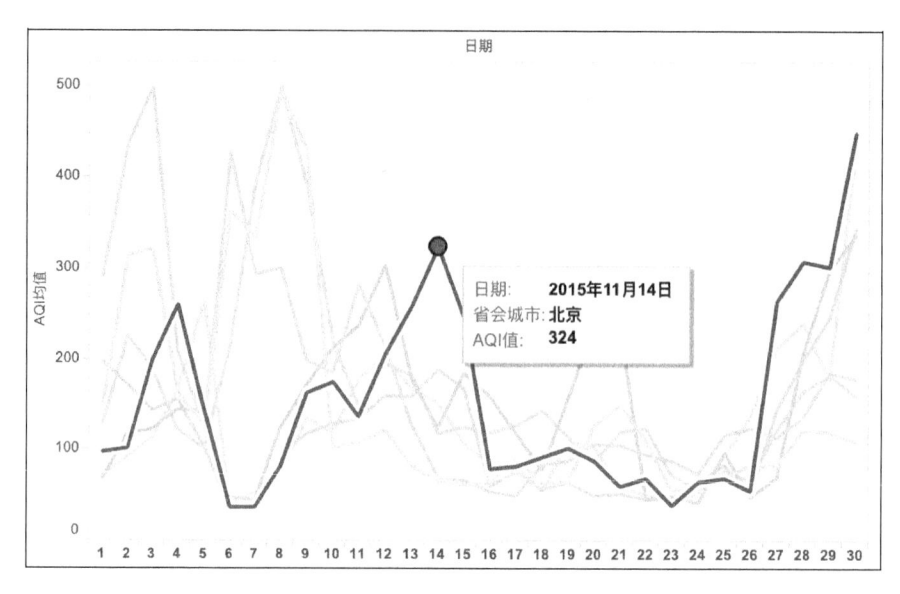

图 5.75　线图"重点省会城市 AQI 值"

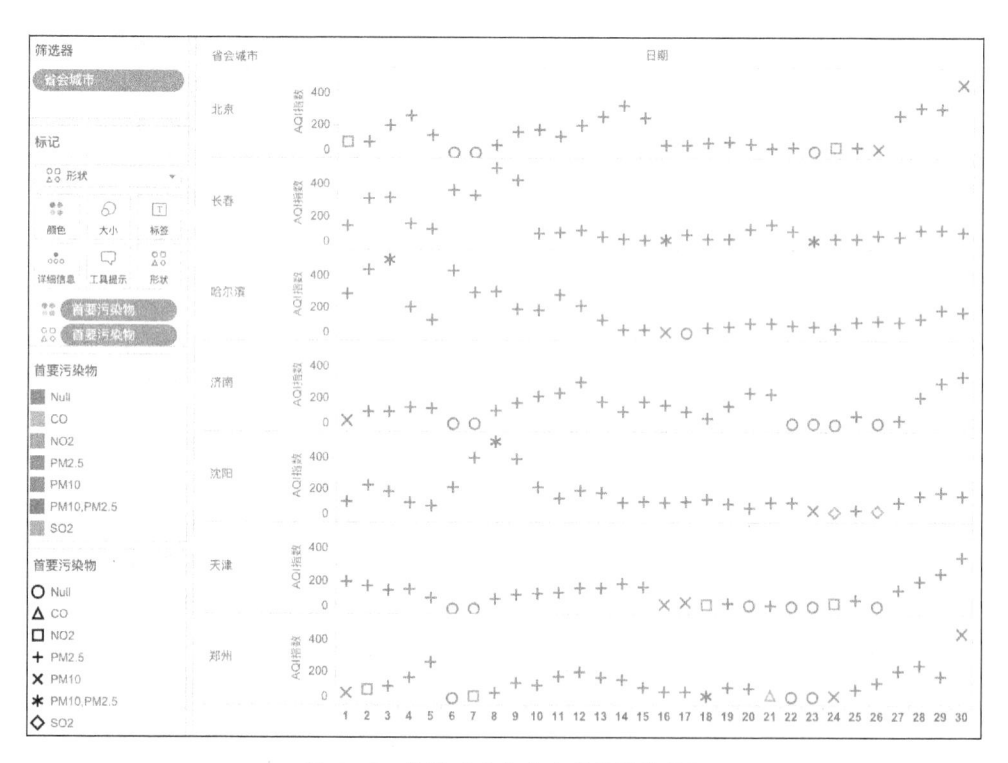

图 5.76　线图"重点城市首要污染物"

因 Tableau 的版本不同，可能各种污染物的形状与图 5.76 略有差异，可以单击"标记"卡的"形状"，进入"编辑形状"对话框进行形状修改。最终效果显示这 7 座重点城市的首要污染物是PM2.5（即"+"最多）。因此，改善空气质量等级的首要任务是防治PM2.5。其中，"天津""济南"和"长春"3座城市空气质量最差时的首要污染物是PM2.5，"北京"和"郑州"空气质量最差时的首要污染物是PM10，"哈尔滨"和"沈阳"空气质量最差时的首要污染物是PM2.5和PM10。

案例：可视化图表类型转换。

线图可以直接制作条形图，也可以通过已制作的其他图表类型转换。注意，并不是任何一种图表类型均可以转换为其他图表类型。

（1）制作一个并排条图。将"空气质量级别"和"省会城市"两个维度字段拖到"列"功能区（注意顺序），再将"计数：空气质量级别"度量字段拖到"行"功能区。将"省会城市"维度字段拖到"标记"卡的"颜色"上，并筛选"济南""天津""北京""郑州""哈尔滨""长春"和"沈阳"7座城市（这7座城市整个月份超过一半的空气质量是"良"以下，筛选方法见图5.72）。

（2）编辑并排条图。空气质量级别按"优""良""轻度污染""中度污染""重度污染"和"严重污染"排序显示（方法见图5.62），显示标记标签。

（3）图表适应整个视图。单击工具栏的"适合选择器"下拉按钮（见表5.1），在下拉列表中选择"整个视图"。

（4）图表类型转换。展开"智能推荐"，线图的颜色都是虚的，说明并排条图不能转换为线图，但可以转换为其他有颜色的图表类型，如树状图或气泡填充图等。

最终效果如图5.77所示，可视化图表类型可以互相转换，但并不一定转换为某种特定的类型，是否可以转换与可视化图表的维度个数和度量个数有关。

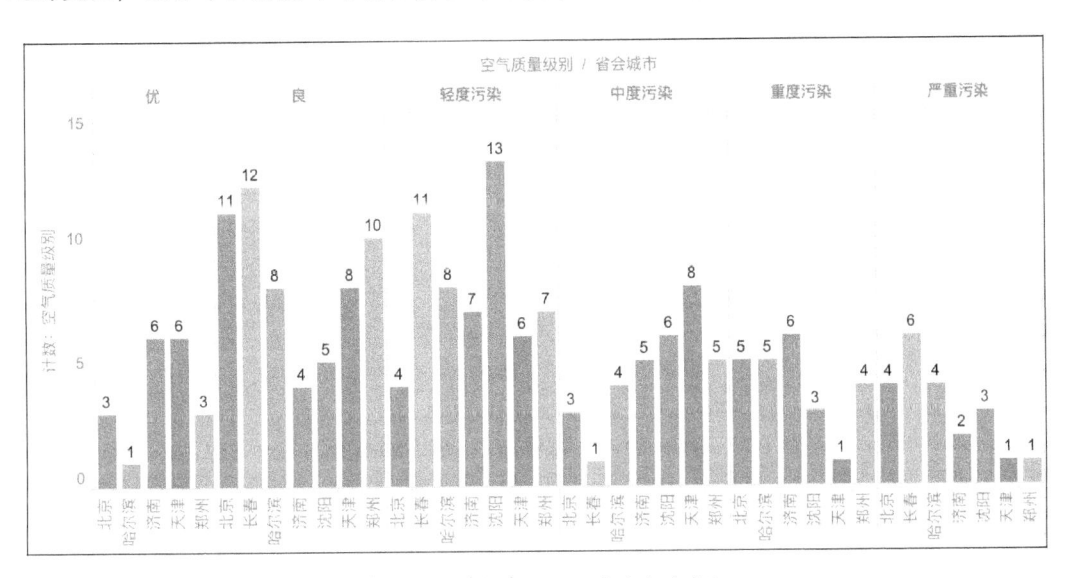

图5.77 并排条图"7座重点城市"

5.6.6 制作地图

地理地图简称为地图，是一种非常有用的图表类型，适合呈现包含地理位置信息字段的图表。地理位置信息可以是经度、纬度、城市、国家/地区、县、省/市/自治区和邮政编码等。只有包含地理位置信息的数据才可以制作地图，但并不是包含地理位置信息就必须使用地图展示数据，有时候条形图和线图也是很好的选择，特别是有聚合函数或分组的时候。

地图分为符号地图和填充地图（也称为热力地图）两种。符号地图是为地图上的每个位置显示一个标记，标记可以是圆形、正方形或饼形等形状。填充地图是根据数值大小用颜色填充地理区域的多边形。例如，根据各省份 GDP 值用颜色填充省份多边形区域。

案例：制作符号地图"AQI 均值地图"。

（1）连接数据。数据源连接到文件"省会城市空气质量.xlsx"。

（2）新建计算字段。单击"度量"中的"AQI 指数"字段后的三角形按钮，在下拉菜单中选择【创建】|【计算字段】选项，在打开的"计算字段"对话框中输入字段的名称"AQI 均值"，输入公式"AVG（[AQI 指数]）"，单击"确定"按钮。

（3）转换字段角色。"省会城市"字段在"维度"区，默认为文本型数据，为制作数据地图，需要转换该字段的角色。右击"省会城市"字段，在弹出的快捷菜单中选择【地理角色】|【城市】选项。Tableau 可进行地理编码的信息类型如表 5.3 所示。

表 5.3　Tableau 可进行地理编码的信息类型

地理角色	说　　明
机场	国际航空运输协会（IATA）或国际民航组织（ICAO）机场代码。例如，北京大兴国际机场 IATA 是 PKX，ICAO 是 ZBAD；北京首都国际机场 IATA 是 PEK，ICAO 是 ZBAA
区号（美国）	美国地区代码，仅限数字。例如，206 表示华盛顿州
CBSA/MSA（美国）	美国行政管理和预算局定义的美国核心基础统计区域（CBSA），包括大都市统计区域（MSA）。例如，TX 表示得克萨斯州
城市	全世界人口达到或超过 15000 的城市。例如，Seattle、北京
国会选区（美国）	美国国会选区名称。例如，1stDistrict、2、District3、4th
国家/地区	全球的国家、地区和领地。包括名称和缩写。例如，AF 表示阿富汗
郡县	国家或地区的二级行政区域
NUTS 欧洲	NUTS（地域统计单位命名法）1~3 级代码。例如，BE 表示比利时
纬度	以十进制度数为单位的纬度，只能用于数字字段
经度	以十进制度数为单位的经度，只能用于数字字段
州/省/市/自治区	全世界范围内的州/省/市/自治区，以及其他一级行政区域
邮政编码	所选国家/地区的邮政编码。例如，法国邮政编码 75000、英国邮政编码 SO163ZG

（4）制作符号地图。按住 Ctrl 键，同时选择"省会城市"维度字段和"AQI 均值"度量字段，展开"智能推荐"，选择符号地图。

（5）美化数据地图。在"维度"区选择"省会城市"字段，拖到"标记"卡上的"颜色"，各城市的圆形标记呈现出不同的颜色。单击"标记"卡的"颜色"，设置黑色边界，灰色光环。单击"标记"卡的"大小"，调整标记到合适的大小。单击"标记"卡顶部的三角形下拉按钮，在下拉菜单中选择"饼图"，如图 5.78 所示。单击"标记"卡的"标签"，勾选"显示标记标签"和"允许标签覆盖其他标记"复选框，如图 5.79 所示。

图 5.78 设置"饼图"　　　　图 5.79 设置"标签"

最终效果显示了城市与 AQI 均值的关系。各省会城市按颜色区分，显示在相应的地理位置，AQI 均值显示在圆圈内。分析地图发现，东北和华北地区在 2015 年 11 月份的空气质量最差，其中东北三省省会城市的空气质量高居 AQI 指数前三名，石家庄、北京次之。沿海省会城市的 AQI 均值较低，如上海、福州、广州、海口和南宁，越接近内陆城市 AQI 值越高。建议读者自行完成符号地图的制作。

（6）未标记地理位置的处理。如果存在某个城市无法匹配的情况，就可以在匹配位置查询匹配城市，也可以用网络查找该城市的经纬度，然后输入到"匹配位置"，如"海口"的纬度和经度分别是 20.02 和 110.35，如图 5.80 所示。

注意：地图可以匹配"北京"和"海口"，可以匹配地图上该城市的经纬度，也可以匹配"北京市"和"海南省"。地图可以帮助用户快速查找位置和分析全球范围内的数据。通过地图搜索以及平滑平移和缩放体验，可以轻松地浏览地图中的数据。

单击 🔍 图标并在搜索框中输入位置名称，地图将平移和缩放到该位置。搜索框可以输入洲名、国家/地区、省/市/自治区、县、城市或邮政编码等。

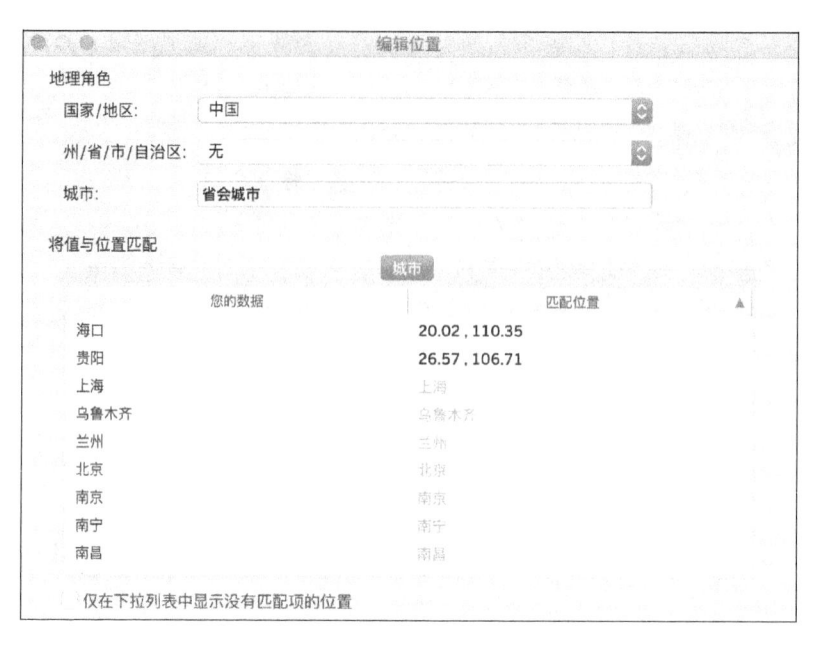

图5.80 "编辑位置"对话框

若要平移,可在地图视图的任何位置单击并拖动。若要缩放,可以双击地图的某个区域,或者使用视图左上角视图工具栏中的缩放（➕或➖）控件。若要在浏览后返回到地图的初始视图,则可以单击视图工具栏上的⚲按钮。

案例：制作填充地图"利润地图"。

此地图按国家（或地区）计算利润总和,并用颜色填充,颜色越绿表示盈利越多,颜色越红表示亏损越多。

（1）连接数据。数据源连接到文件"GlobalSuperstore.xlsx",将"订单"表拖到数据区。

（2）制作填充地图。在"维度"区选择"国家/地区"字段,按住 **Ctrl** 键的同时在"度量"区选择"利润"字段,在"智能推荐"中单击"填充地图"。

（3）设置地图选项。创建地图视图时,有多个选项可以帮助编辑地图的外观。选择菜单【地图】|【地图层】选项,进入"地图层"选项卡,可以修改地图背景、隐藏和显示层（如海岸线、国家/地区边界等）、添加数据层等,如图5.81所示。地图背景的样式如图5.82所示。建议读者自行完成填充地图的制作。

可以自定义用户与地图的交互方式,如希望限制用户与地图的某些交互方式。常见的交互方式包含以下两种。

一是隐藏地图搜索。选择菜单【地图】|【地图选项】选项,取消勾选"显示地图搜索"复选框,则用户无法在地图中搜索位置,见图5.83。

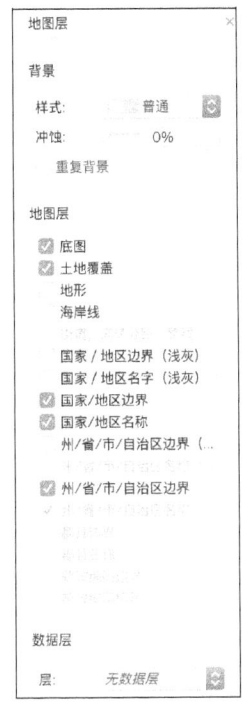

图 5.81 "地图层"选项卡　　图 5.82 背景样式　　图 5.83 地图选项

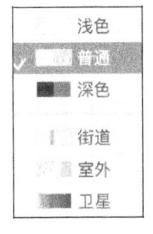

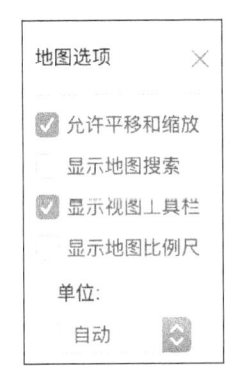

二是隐藏视图工具栏。在地图中单击右键，在弹出的快捷菜单中选择【地图选项】选项，取消勾选"显示视图工具栏"复选框，用户则无法将地图锁定到适当的位置，或将地图自动缩放到显示所有的数据。**注意**：隐藏"视图工具栏"后，用户仍然可以使用键盘快捷方式来缩放视图、进行平移和选择标记。

5.6.7 制作饼图

饼图特别适合显示比例，尤其适合分组较少的情况下使用（如空气质量分为 6 个等级），且每个分组的百分比不能太大或太小。

本节使用 5.6.4 节的数据"省会城市空气质量.xlsx"制作"北京空气质量饼图"，显示 2015 年 11 月北京各种空气质量级别的累计天数百分比。利用饼图与地图结合制作数据化图表"各省会城市空气质量等级百分比地图"，在地图上显示各省会城市空气质量等级百分比数据。

案例：制作饼图"北京空气质量饼图"。

（1）连接数据。数据源连接到文件"省会城市空气质量.xlsx"。

（2）制作饼图。将"省会城市"维度字段拖到"列"功能区，将"空气质量级别"维度字段拖到"行"功能区，再将"空气质量级别"维度字段拖到"行"功能区。单击

"行"功能区第二个"空气质量级别"字段后的三角形按钮,在下拉菜单中选择【度量】|【计数】选项。展开"智能推荐",选择饼图。筛选"北京",显示标记标签"空气质量级别"和"百分比:空气质量级别"。

最终效果如图 5.84 所示。为更好地显示空气质量天数百分比,我们希望效果如图 5.85 所示。

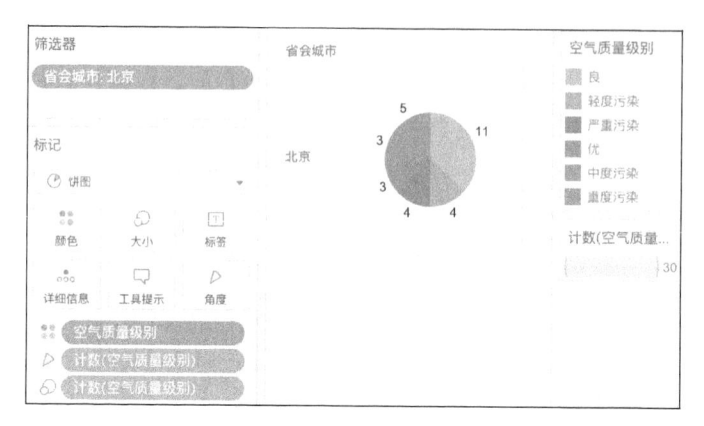

图 5.84 北京空气质量饼图 1

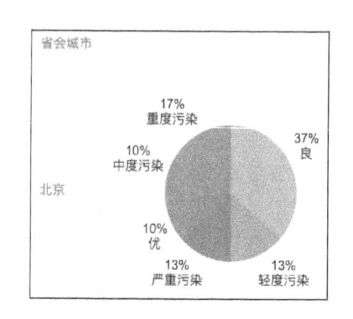

图 5.85 北京空气质量饼图 2

(3)新建计算字段。单击"维度"中的"空气质量级别"字段后的三角形按钮,在下拉菜单中选择【创建】|【计算字段】选项,在打开的"计算字段"对话框中输入字段名称"百分比:空气质量级别",输入公式"count([空气质量级别])/30",单击"确定"按钮。

(4)美化饼图。将"百分比:空气质量级别"字段拖到"标记"卡的"标签"上,按空气质量级别统计的比例(小数)将显示在饼图上,单击"标记"卡的"聚合(百分比:空气质量级别)"后的三角形按钮,在下拉菜单中选择【设置格式】选项,然后在打开的对话框中选择"区"选项卡,单击"默认值"中"数字"右侧的三角形按钮,选择"百分比"的小数位数是"0"。

得到如图 5.85 所示的效果,显示 2015 年 11 月北京空气质量以"良"为主,占比 37%,其次是"重度污染",占比 17%。

案例:制作饼图"天津空气质量饼图"和"上海空气质量饼图"。

用上述方法制作"天津空气质量饼图"和"上海空气质量饼图",将"省会城市"拖到"列",效果如图 5.86 和图 5.87 所示。注意图 5.87 和图 5.88 的差异,饼图建议零点的右侧是占比最大的区域,零点左侧逆时针方向依次是占比第二到最小的区域,调整数据在饼图中的排序(方法见 5.6.4 节的图 5.62)。

如果标签过小或未看到标签,可以放大饼图,以确保大多数单独的标签均可见。放大饼图的快捷键是 Ctrl+Shift+B。若标签过大,可以缩小饼图,快捷键是 Ctrl+B。若标

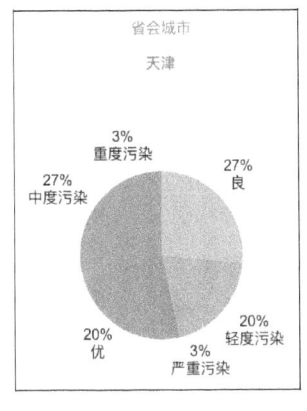

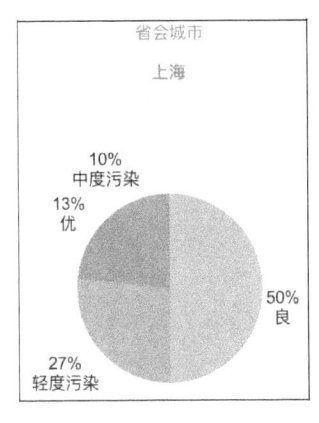

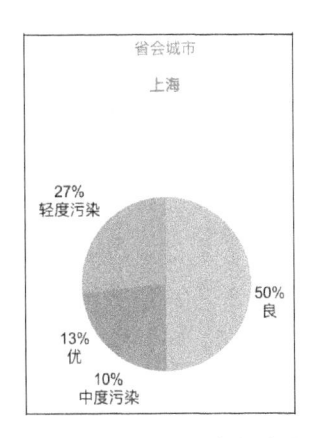

图 5.86 天津空气质量饼图　　图 5.87 上海空气质量饼图　　图 5.88 修改后的上海空气质量饼图

签显示不全，可以单击"标记"卡的"标签"，勾选"允许标签覆盖其他标记"复选框。

案例：饼图与地图结合制作"各省会城市空气质量等级百分比地图"。

饼图和堆叠条形图均适合显示比例，饼图更适合分组较少的情况，堆叠条形图对分组没有具体要求，但有时更适合使用饼图与地图共同呈现图表信息。在地图的基础上增加饼图，可以展现各省会城市空气质量等级百分比。

（1）复制工作表。复制"AQI 均值地图"，重命名为"各省会城市空气质量等级百分比地图"。

（2）编辑图表。将"空气质量级别"维度字段拖到"标记"卡的"颜色"上，每个省会城市均显示一个饼图。但标签显示的是 AQI 均值，且标签互相覆盖，过于紧密的标签并不美观。单击"标记"卡的"标签"，取消"显示标记标签"和"允许标签覆盖其他标记"复选框的勾选。将"百分比：空气质量级别"字段拖到"标记"卡的"标签"上。单击"标记"卡的"聚合（百分比：空气质量级别）"后的三角形按钮，在下拉菜单中选择【设置格式】选项，然后在打开的对话框中选择"区"选项卡，单击"默认值"中"数字"右侧的三角形按钮，选择"百分比"的小数位数是"0"。

虽然 Tableau 从不使用饼图作为自动标记类型，但可以在"标记"卡的下拉菜单中选择"饼图"。

最终效果中饼图的大小可以了解 AQI 均值，通过饼图可以清楚地分析出东北和华北空气质量等级为"严重污染"的天数比例最高的是"长春"，高达 20%，即 2015 年 11 月份"长春"有 20%的天数空气质量等级为"严重污染"，紧随其后的是"石家庄""北京"和"哈尔滨"，均有 13%的天数空气质量等级为"严重污染"。当然，也可以通过堆叠条图"省会城市空气质量百分比降序统计图"分析得出类似结论。建议读者自行完成该案例。

5.6.8　制作树状图

树状图（也称为树地图）是一种相对简单的数据可视化形式，通过具有视觉吸引力的矩形块呈现信息。树状图是在嵌套的矩形块中显示数据的。制作树状图时，可以使用维度定义树状图的结构，使用度量定义各个矩形块的大小或颜色。

树状图包含两个度量，一个度量控制大小，另一个度量控制颜色。树状图可以包含任意数量的维度，但只能通过一个维度控制颜色，实现视图的多样性，其他维度只能用于增加视图中矩形块的数量。

案例：制作树状图"利润树状图"，显示各子类产品的聚合总利润。

（1）连接数据。数据源连接到文件"GlobalSuperstore.xlsx"。

（2）制作树状图。将"子类别"维度字段拖到"列"功能区，将"利润"度量字段拖到"行"功能区。此时将默认生成一个条形图（当"列"功能区上有一个维度且"行"功能区上有一个度量时的默认图表类型）。展开"智能推荐"，选择树状图。将"销售额"字段拖到"标记"卡的"大小"上。在"标记"卡的"标签"中修改字体和字号，如图 5.89 所示。

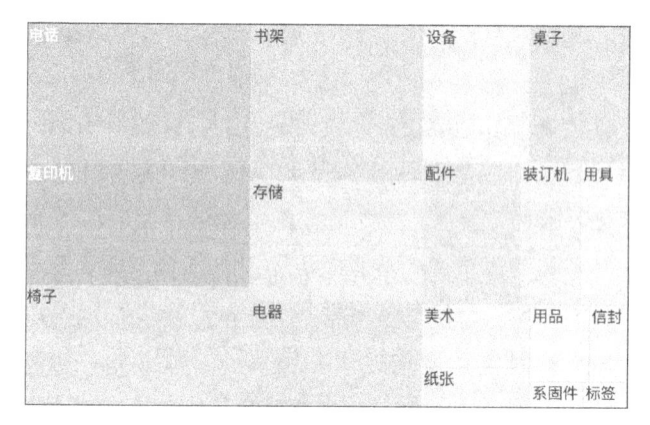

图 5.89　利润树状图

在最终效果中，"利润"决定矩形块的颜色，"销售额"决定矩形块面积的大小，值越大，矩形块面积越大。通过矩形块大小可以快速看出"电话"的销售额总和最高，"标签"的销售额总和最低。销售额和利润的关系并不是呈现正比的规则，通过颜色可以查看到"复印机"利润总和最高，"桌子"利润总和是负数，虽然"桌子"的销售额总和并不是最差的，利润却是最低的。

5.6.9　制作填充气泡图

使用填充气泡图可以在一组圆中显示数据。其中，维度定义各气泡，度量定义各圆的大小和颜色。

案例：制作填充气泡图"装运成本填充气泡图"，显示各子类产品的聚合总装运成本。

（1）连接数据。数据源连接到文件"GlobalSuperstore.xlsx"。

（2）制作填充气泡图。选择"类别""子类别"维度字段和"装运成本"度量字段，展开"智能推荐"，选择填充气泡图。

（3）美化填充气泡图。标签中包含的"类别"和"子类别"文字大小一样，不方便区分。可以单击"标记"卡的"标签"，在打开的面板中单击"文本"右侧的按钮，在打开的"编辑标签"对话框中将"<类别>"的字号修改为"12"。

各子类别的装运成本总计决定气泡的大小，"类别"决定气泡的颜色，绿色表示"家具"类产品，蓝色表示"办公用品"类产品，橙色表示"技术"类产品。可以发现，"电话"类产品的装运成本最高，"标签"类产品的装运成本最低，如图5.90所示。

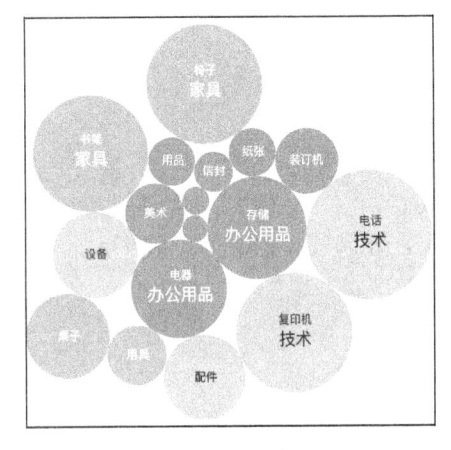

图5.90　装运成本填充气泡图

5.6.10　制作甘特图

甘特图（也称为甘特条形图）适合查看日期、项目计划或不同定量变量之间的关系。甘特图中每个标记的长度都与"标记"卡的"大小"上放置的度量成正比。

案例：制作甘特图"订发时间差甘特图"，显示订购日期和发货日期的间隔天数。

（1）连接数据。数据源连接到文件"GlobalSuperstore.xlsx"。

（2）计算订发时间差字段。右击"数据"窗格中的空白处，在弹出的快捷菜单中选择【创建计算字段】选项，在打开的"计算字段"对话框中输入字段名称"订发时间差"，输入公式"DATEDIFF('day',[订购日期],[装运日期])"，单击"确定"按钮。该公式计算"订购日期"和"装运日期"字段值的差，用"天数"作为计量单位。

（3）制作甘特图。选择"订购日期"和"邮寄方式"维度字段，展开"智能推荐"，选择甘特图。在"列"功能区单击"订购日期"下拉按钮，然后在下拉菜单中选择"周数"。将"子类别"拖到"行"功能区，并放到"邮寄方式"的左边（注意顺序）。

（4）美化甘特图。根据订购日期和发货日期之间的间隔天数来确定标记的大小。将"订发时间差"维度字段拖到"标记"卡的"大小"上。该字段默认聚合为"总和"，单击"标记"卡的"总和（订发时间差）"字段的三角形按钮，在下拉菜单中选择【度量（总和）】|【平均值】选项。将"邮寄方式"拖到"标记"卡的"颜色"上。

（5）筛选时间。制作完成的甘特图中标记又多又密，其实可以仅显示筛选的部分时间。按住 Ctrl 键并将"周（订购日期）"字段从"列"功能区拖到"筛选器"功能区（必须按住 Ctrl 键，否则"周（订购日期）"字段将移除"列"功能区）。在打开的"筛选器字段[订购日期]"对话框中选择"日期范围"，然后单击"下一步"按钮。在打开的"筛选器[订购日期]"对话框中设置日期范围是"2014/1/1"至"2014/3/31"，如图 5.91 所示，然后单击"确定"按钮（可以使用滑块确定日期，也可以直接在"日期"文本框中输入所需的数字或使用日历选择日期）。

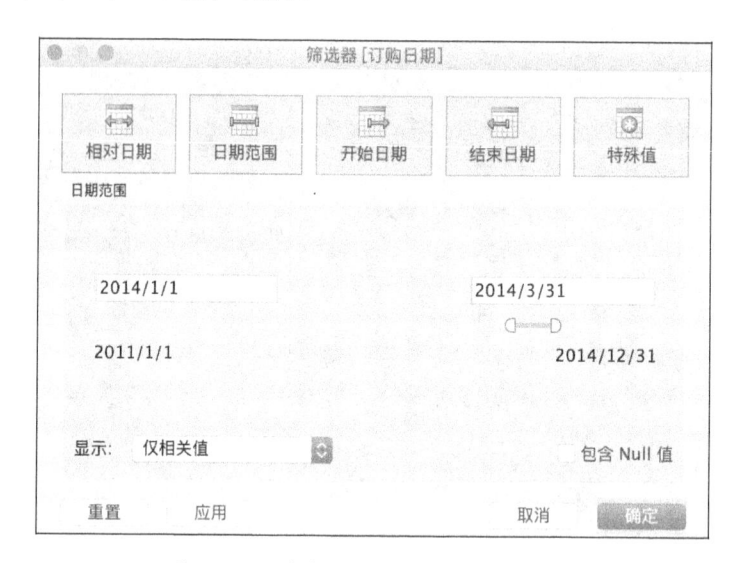

图 5.91 "筛选器[订购日期]"对话框

最终效果如图 5.92 所示，可视化图表按"子类别"分类显示订购时间与发货时间之间的滞后天数，可以看出哪些邮寄方式更容易有较长的滞后时间、滞后时间是否因类别有异，以及滞后时间在一段时间内是否一致等具体问题。

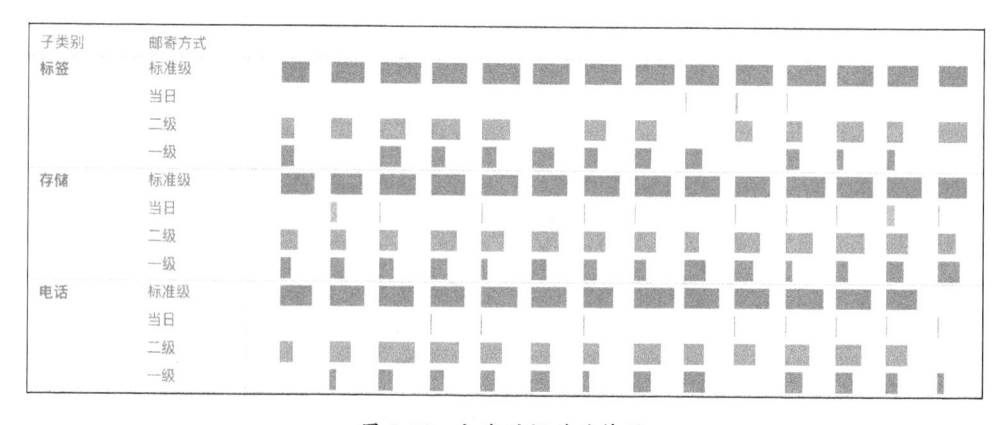

图 5.92 订发时间差甘特图

5.6.11 制作散点图

散点图可以直观地显示数字变量之间的关系。在"列"功能区和"行"功能区分别放置至少一个度量来创建散点图。如果这些功能区同时包含维度和度量,那么度量将被设置为最内层字段,这意味着度量始终位于同样放置在这些功能区上的任何维度的右侧。散点图可以包含零个或几个维度,但至少包含两个度量字段,最多包含四个度量字段。

案例:制作散点图"利润与销售额散点图",显示利润和销售额之间的关系及趋势线。趋势线可以提供利润和销售额两个字段数值之间关系的统计定义。

(1)连接数据。数据源连接到文件"GlobalSuperstore.xlsx"。

(2)制作散点图。选择"利润"和"销售额"度量字段,展开"智能推荐",选择散点图。Tableau 默认将两个度量聚合为总和。将"类别"维度字段拖到"标记"卡的"颜色"上,"地区"字段拖到"标记"卡的"详细信息"上。数据被分成了三种颜色标记,标记的数量等于数据源中不重复的地区数和类别数的乘积。

(3)添加趋势线。将"分析"窗格的"趋势线"模型拖到散点图,选择"线性"趋势线,如图 5.93 所示。

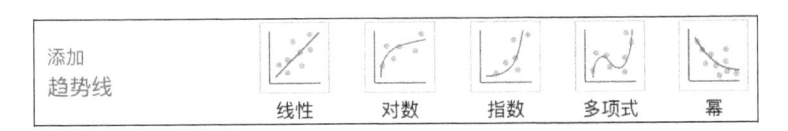

图 5.93 趋势线种类

最终效果如图 5.94 所示,将鼠标悬停在线性趋势线上,可以查看有关用于创建该线的模型的统计信息为"利润 = 0.125556 * 销售额 + 3306.39,R 平方值: 0.79381,P 值: <0.0001"。

在散点图的空白处单击右键,在弹出的快捷菜单中选择【趋势线】|【编辑所有趋势线】选项,在出现的"趋势线选项"对话框中,可以尝试"对数""指数""幂"或"多项式"等模型类型,还可以勾选"显示置信区间"复选框等选项查看效果,如图 5.95 所示。

(4)模型的显著性比较。尝试分别添加不同种类的趋势线,通过查看 P 值(显著性)确定模型的拟合优度,即分析模型预测的质量。在散点图的空白处单击右键,在弹出的快捷菜单中选择【趋势线】|【描述趋势模型】选项。描述趋势模型中的 P 值等于或小于 0.05 是正常的,P 值越小,模型的显著性越高。自行尝试可以发现,本案例中线性趋势线好于 3 度多项式趋势线。

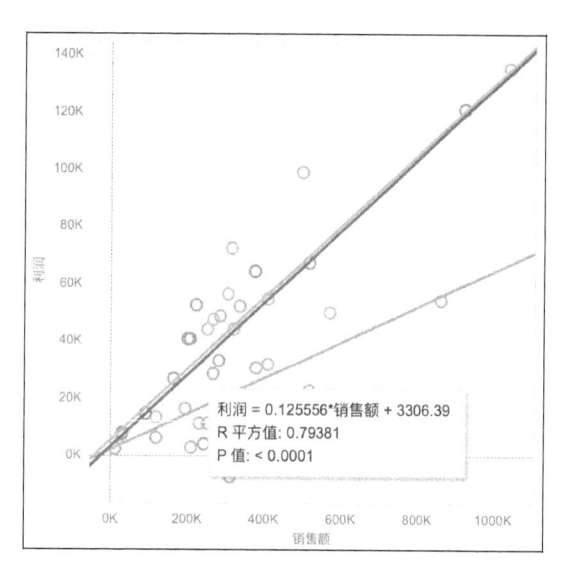

图 5.94　利润与销售额散点图　　　　图 5.95　趋势线选项对话框

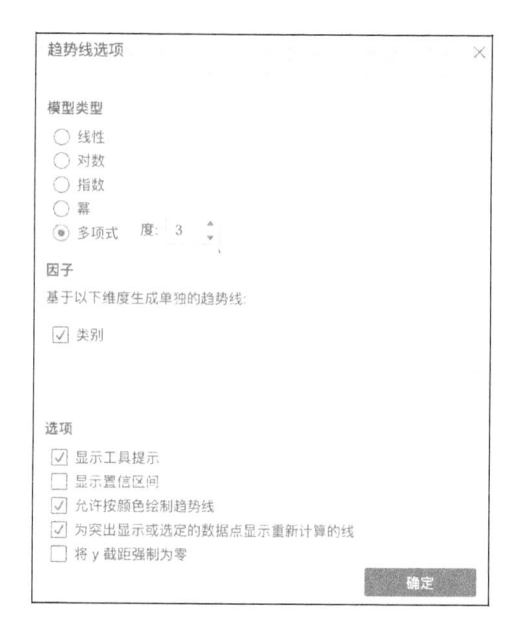

5.6.12　制作双组合图和面积图

双组合图是用两种可视化图表类型呈现信息的方法，包含一个日期和至少两个度量字段。面积图又称为区域图，强调数量随日期变化的程度，也可用于引起用户对总值趋势的注意，面积图包含一个日期和至少一个度量字段。

下面通过制作双组合图"利润与销售额双组合图"和面积图"利润与销售额面积图"，显示订购日期、类别、利润和销售额之间的关系。

案例：制作双组合图"利润与销售额双组合图"。

（1）连接数据。数据源连接到文件"GlobalSuperstore.xlsx"。

（2）制作双组合图。同时选择"订购日期"和"类别"维度字段，"销售额"和"利润"度量字段，展开"智能推荐"，选择双组合图。Tableau 默认将"订购日期"按年份聚合，并创建具有年份标签的列标题"年（订购日期）"，用折线图和条型图显示"销售额"和"利润"。双组合图显示了 2011 年至 2014 年每年的"销售额"和"利润"总和，共 4 个数据，可视化图表稀疏，如图 5.96 所示。

（3）美化双组合图。单击视图"列"功能区的"年（订购日期）"字段的三角形按钮，在下拉菜单中选择【月　2015 年 5 月】选项，视图比原来的视图更加详细，可查看 4 年内"销售额"和"利润"的连续范围，如图 5.97 所示。

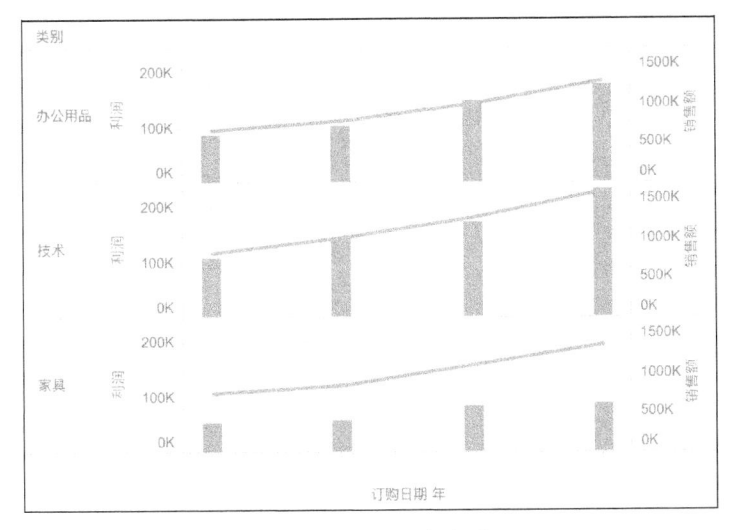

图 5.96 初始双组合图

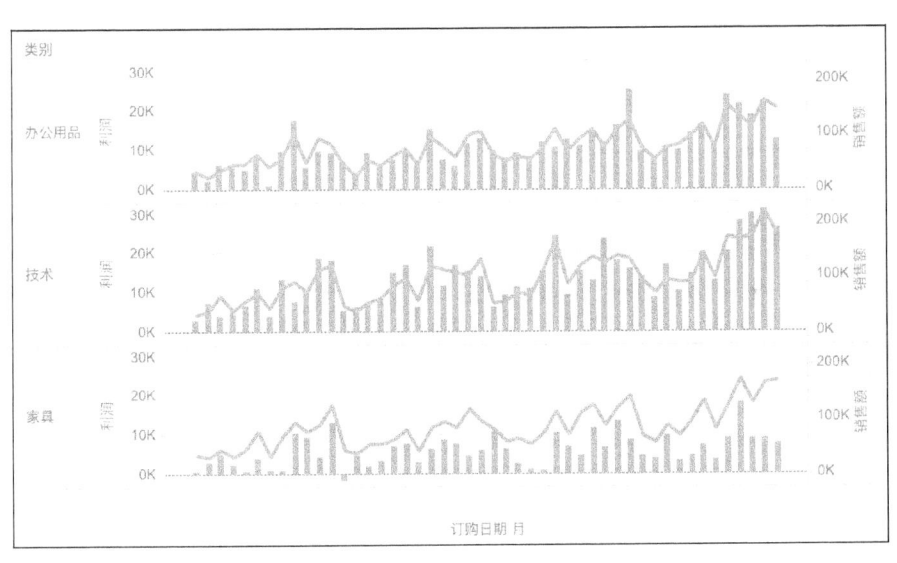

图 5.97 美化后双组合图

（4）编辑轴。如图 5.97 所示左右两侧显示的利润和销售额的数值相差不多，这从理论上是不太可能的（一般情况下，利润要远远小于销售额），仔细查看，发现两幅图 Y 轴的刻度是不一样的。利润的刻度间隔是"10K"，而销售额的刻度间隔是"100K"，二者相差 10 倍。为更好地对比利润和销售额的实际值，需要同步轴。

右击"利润"轴，在弹出的快捷菜单中选择【同步轴】选项，则利润和销售额轴刻度相同。

（5）编辑图表种类。为了美观可以对图表类型进行修改，右击"利润"轴，在弹出的快捷菜单中选择【标记类型】|【区域】选项，则"利润"由条型图改为面积图，如图 5.98 所示。最终效果按月份显示了"销售额"和"利润"的关系。

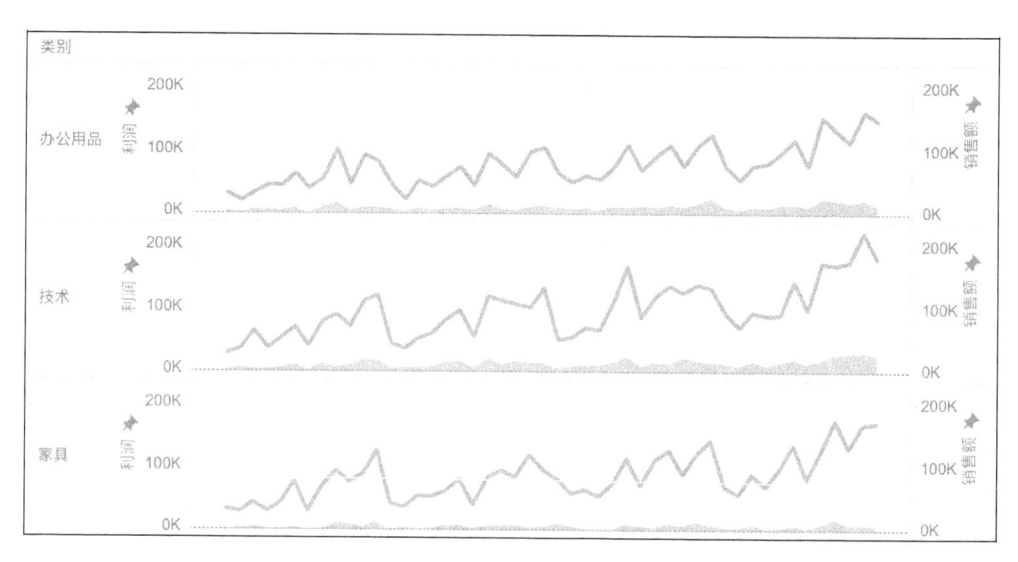

图 5.98　利润与销售额双组合图

案例：制作面积图"利润与销售额面积图"。

可以在"利润与销售额双组合图"的基础上编辑修改制作"利润与销售额面积图"。先复制图表，再编辑。

（1）复制图表。右击"利润与销售额双组合图"工作表标签，在弹出的菜单中选择【复制】选项，得到新工作表"利润与销售额双组合图（2）"。

（2）重命名图表。右击"利润与销售额双组合图（2）"工作表标签，在弹出的快捷菜单中选择【重命名工作表】选项，输入新名称"利润与销售额面积图"。

（3）编辑图表类型。展开"智能推荐"，单击"面积图（连续）"，效果如图 5.99 所示。展开"智能推荐"，单击"面积图（离散）"，效果如图 5.100 所示。

图 5.99 与图 5.100 的区别在于"订购日期"是否是连续的，在甘特图、折线图和面积图中查看趋势时，"订购日期"连续十分有用，用图 5.99 更容易发现"利润"与"销售额"的趋势。

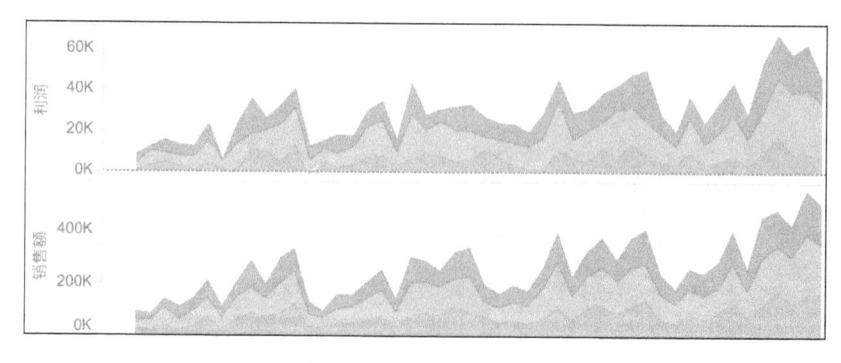

图 5.99　面积图（连续）

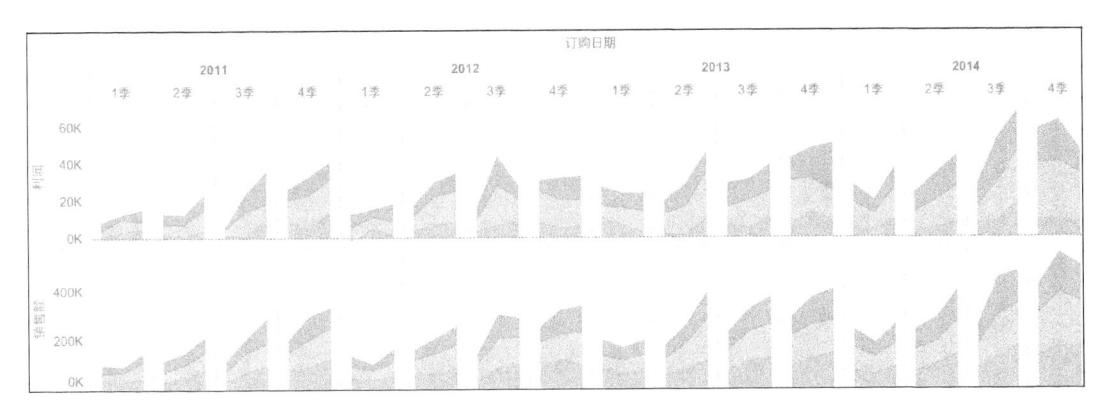

图 5.100 面积图（离散）

默认情况下，"离散"字段拖到"行"或"列"功能区时会绘制标题，"连续"字段添加到视图中会产生轴。字段可以在"连续"和"离散"角色之间切换。默认情况下，日期维度是离散字段，如"订购日期"字段，在将其放入功能区时，Tableau 会自动为其选择日期级别（如年、月或周等）。

右击"数据"窗格中的"订购日期"字段，在弹出的快捷菜单中选择【转换为连续】选项，该字段变为绿色，再使用该字段时会自动转换为"连续"字段。若要恢复为"离散"字段，则右击"数据"窗格中的"订购日期"字段，在弹出的快捷菜单中选择【转换为离散】选项即可。在"数据"窗格中，蓝色字段是"离散"字段，绿色字段是"连续"字段。

5.6.13 制作盒须图

盒须图（也称为盒形图、箱图、箱线图或盒子图）可以对数据的分布情况进行快速而深入的分析。盒须图显示值沿轴的分布情况，盒子围住中间 50% 的数据，线（也称为须）可配置为在显示时包括四分位距 1.5 倍内的所有点，或配置为在数据的最大范围处显示。盒须图结构如图 5.101 所示。

上四分之一数和下四分之一数组成的矩形框是盒须图的主体，中间是数据的中位数，中位数是数据中占据中间位置的数，即数据中有一半大于中位数（在其之上），另一半小于中位数（在其之下）。上四分之一数（也称较高四分位点）表示数据中有四分之一的数大于上四分位数，即在矩形框之上；下四分之一数（也称较低四分位点）表示数据中有四分之一的数小于下四分位数，即在矩形框之下。上边缘（也称上须线）是变量值本体最大值，下边缘（也称下须线）是变量值本体最小值。

案例：制作盒须图"地区细分市场折扣盒须图"，显示不同地区所有细分市场折扣之间的关系。

（1）连接数据。数据源连接到文件"GlobalSuperstore.xlsx"。

（2）制作盒须图。同时选择"细分市场""地区"维度字段和"折扣"度量字段，展开"智能推荐"，选择盒须图。默认情况下，"行"功能区聚合"总和（折扣）"。

（3）解聚数据。分析度量时，如果需要在视图中独立使用度量，就可以解聚数据后查看数据源的每一行数据。可以选择菜单【分析】|【聚合度量】选项，解聚数据，"行"功能区变为"折扣"。

（4）美化盒须图。将"地区"从"标记"卡拖到"列"功能区"细分市场"右侧。右击 Y 轴，在弹出的快捷菜单中选择【编辑参考线】选项，在打开的对话框中设置"填充"为橙色，"边界"为绿色，"须状"为红色，如图 5.102 所示。

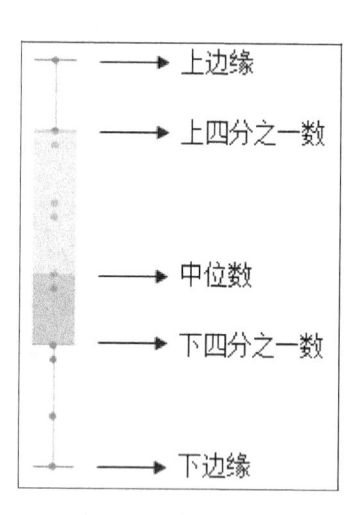

图 5.101 盒须图结构

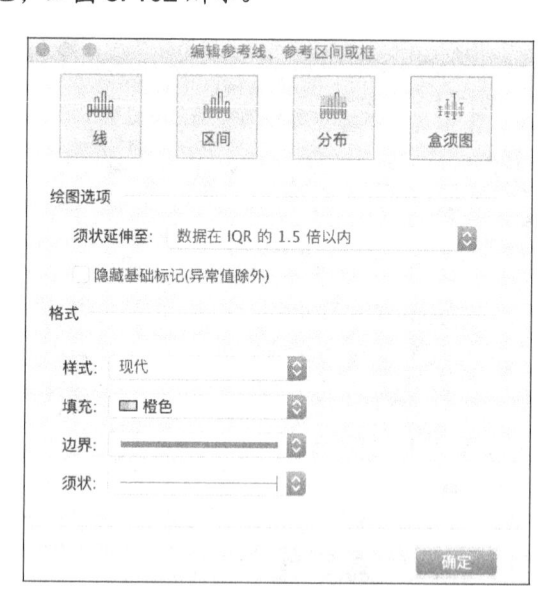

图 5.102 编辑盒须图格式

（5）设置轴格式。右击 Y 轴，在弹出的快捷菜单中选择【设置格式】选项，在打开的对话框中选择"轴"选项卡，设置数字"百分比"的小数位数是"0"。再选择"区"选项卡，单击"默认值"中"数字"右侧的三角形按钮，选择"百分比"的小数位数是"0"。

最终效果如图 5.103 所示，显示 EMEA（Europe, the Middle East and Africa 的字母缩写，即欧洲、中东和非洲地区）地区对于三个细分市场的折扣相同，且市场细分最大。

5.6.14 制作靶心图

靶心图，也称为标靶图，是一种特殊形式的条形图，通常以定性的绩效范围（如"优""良""中"和"差"等）比较一个度量与其他度量的关系。靶心图至少包含两个度量字段。

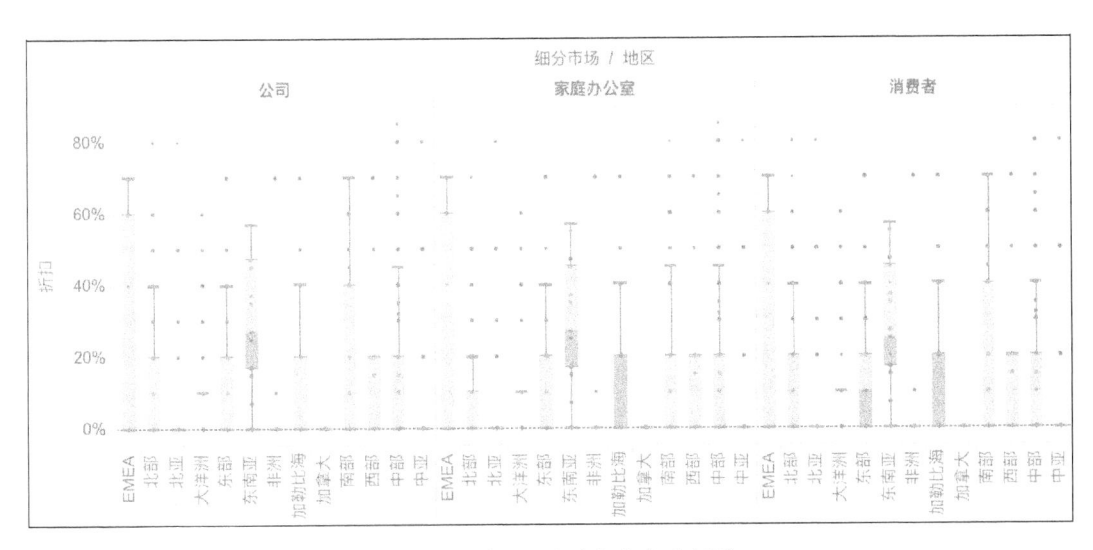

图 5.103 地区细分市场折扣盒须图

案例：制作靶心图"利润和预计利润靶心图"，显示利润和预计利润之间的关系。

（1）连接数据。数据源连接到文件"GlobalSuperstore.xlsx"。

（2）连接另一个数据源。在"已保存数据源"中打开"超市订单（GlobalSuperstore）"，然后单击工具栏的"添加新的数据源"按钮，在"已保存数据源"中打开"利润计划（利润计划）"。此时两个数据源无主次之分，并列显示在"数据"窗格。

（3）制作靶心图。同时选择"类别"和"细分市场"维度字段，拖到"列"功能区，将"利润"和"预计利润"度量字段拖到"行"功能区，Tableau 默认将"利润"和"预计利润"聚合为"总和"，展开"智能推荐"，选择靶心图。靶心图包含一条标记"预计利润"度量的平均值的参考线，还包含一个"预计利润"度量平均值60%和80%的参考分布。**注意**：快速交换两个度量的方法是右击连续轴，即本案例的 X 轴（利润），在弹出的快捷菜单中选择【交换参考线字段】选项。

（4）美化靶心图。单击工具栏的"交换行和列"按钮，实现"行"功能区和"列"功能区的字段交换。将"类别"维度字段拖到"标记"卡的"颜色"上，将"预计利润"度量字段拖到"标记"卡的"标签"上。

（5）编辑参考线。右击视图中的 Y 轴，在弹出的快捷菜单中选择【编辑参考线】选项，然后选择要修改的参考线"平均值预计利润"，最后为参考线及格式设置新值，如图 5.104 所示。

最终效果如图 5.105 所示。

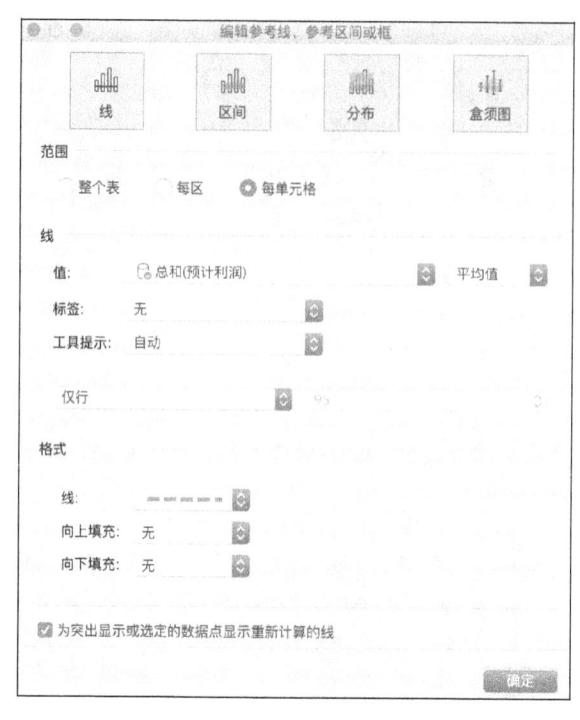

图 5.104 编辑参考线

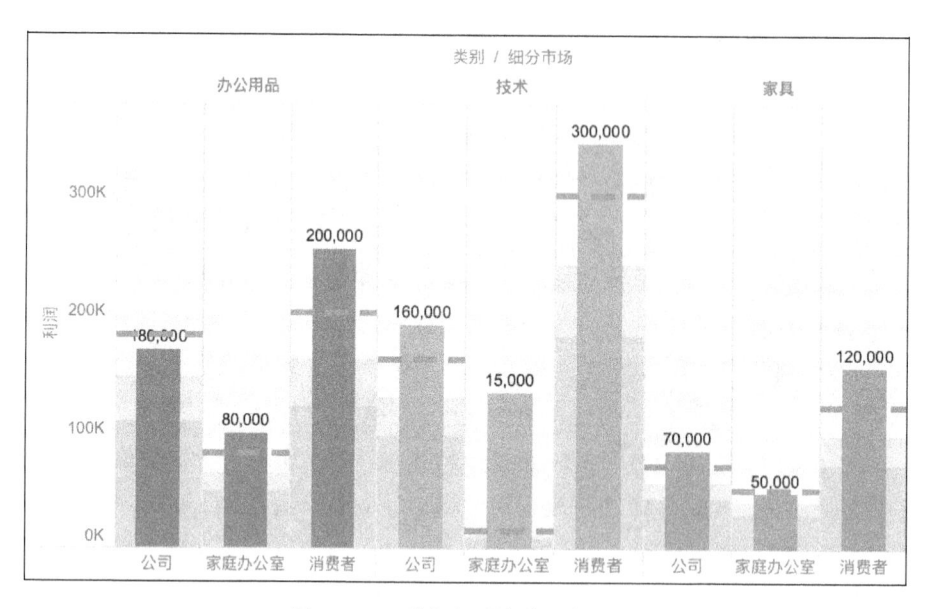

图 5.105 利润和预计利润靶心图

5.6.15 制作特殊图形

Tableau 的常见图形经过设置后可以变成很漂亮的特殊图形，如环形图。

案例：通过两个饼图的叠加制作环形图。

（1）新建计算字段"0"，复制为常量0。

（2）将计算字段"0"拖到行两边，默认为"总和（0）"。

（3）将"标记"卡上边的"总和（0）"设置为"饼图"，将"标记"卡的"大小"设置得大一些。将"细分市场"分别拖到"颜色"和"标签"，再将"销售额"分别拖到"角度"和"标签"，如图5.106所示。

（4）将"标记"下边的"总和（0）（2）"设置为"圆"，将"标记"卡的"大小"设置得小一些，如图5.107所示。

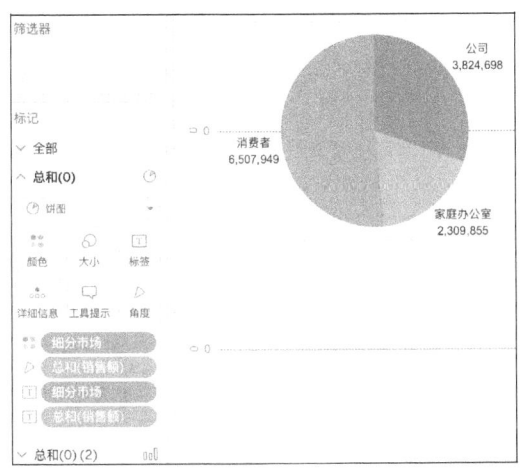

图5.106　设置"总和（0）"　　　　图5.107　设置"总和（0）（2）"

（5）设置双轴。单击"行"右边"总和（0）"右侧的三角形按钮，在弹出的快捷菜单中选择【双轴】选项。设置"标记"下边的"总和（0）（2）"的"颜色"为白色，在"大小"中调整到合适的大小。

（6）删除轴标题。右击Y轴，在弹出的快捷菜单中取消"显示标题"复选框的勾选，如图5.108所示。

（7）删除零值线。选项菜单【设置格式】|【线】选项，在"列"选项卡中设置零值线为"无"，最终效果如图5.109所示。

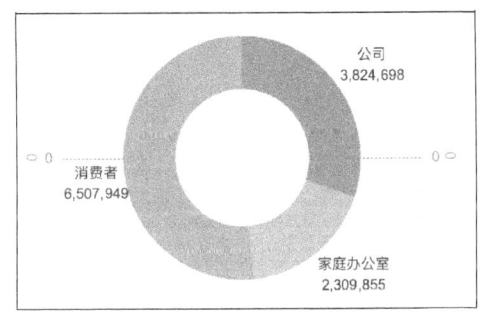

图5.108　删除轴标题　　　　图5.109　删除零值线

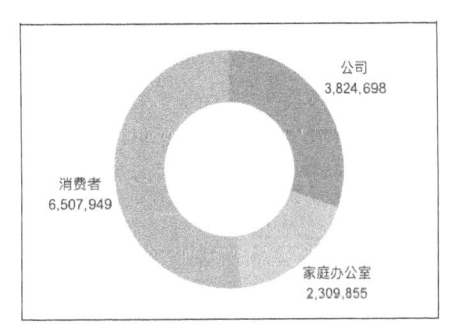

5.7 高级分析功能

本节介绍 Tableau 的高级分析功能，包括创建自定义计算、使用内置统计数据工具、利用动态参数、分层和分组等。

5.7.1 Tableau 常用函数

Tableau 包含数字函数、字符串函数、日期函数、类型转换函数、逻辑函数、聚合函数、直通函数（RAWSQL）、用户函数、表计算函数和空间函数等。其中数字函数和字符串函数与 Excel 的相关函数类似，本节重点介绍聚合函数和日期函数。

聚合函数用于汇总或更改数据的粒度，Tableau 提供了 17 种聚合函数，经常使用的聚合函数如下。

（1）AVG（expression）

功能：返回表达式中所有值的平均值。AVG 函数只能用于数字字段，忽略 Null 值。

（2）SUM（expression）

功能：返回表达式中所有值的总和。SUM 函数只能用于数字字段，忽略 Null 值。

（3）COUNT（expression）和 COUNTD（expression）

功能：COUNT 函数返回表达式中的项目数，COUNTD 函数返回表达式中不同项目的项目数。这两个函数均忽略 Null 值。

（4）MAX（expression）和 MIN（expression）

功能：返回表达式中所有值的最大值/最小值。

Tableau 提供多种日期函数，如表 5.4 所示。其中 date_part 表示一个常量字符串参数。

表 5.4 日期型数据

date_part	值
'year'	四位数表示的年份
'quarter'	季节，值域 1~4
'month'	月份，值域 1~12 或"January"、"February"等
'dayofyear'	一年中的第几天。值域 1~366
'day'	天。值域 1~31
'weekday'	星期几。值域 1~7 或"Sunday"、"Monday"等
'week'	一年中的第几周，值域 1~52
'hour'	小时，值域 0~23
'minute'	分钟，值域 0~59
'second'	秒，值域 0~60

常见的日期函数如下。

（1）DATEDIFF（date_part,date1,date2,start_of_week）

功能：返回参数 date1 和 date2 之差。

start_of_week 参数是可选参数。如果省略，那么一周的开始由数据源确定。

例如：

```
DATEDIFF('week',#2020-01-05#,#2020-01-07#,'monday')=1
DATEDIFF('week',#2020-01-05#,#2020-01-07#,'sunday')=0
```

第一个表达式返回 1，因为当 start_of_week 为"Monday"时，1 月 5 日（星期日）和 1 月 7 日（星期二）不属于同一周。第二个表达式返回 0，因为当 start_of_week 为"Sunday"时，1 月 5 日（星期日）和 1 月 7 日（星期二）属于同一周。

（2）DATENAME（date_part，date，start_of_week）

功能：以字符串的形式返回 date 的 date_part。start_of_week 参数是可选参数。如果省略，一周的开始由数据源确定。

例如：

```
DATENAME('year',#2020-10-25#)="2020"
DATENAME('month',#2020-10-25#)="October"
```

（3）DAY(date)

功能：以整数的形式返回参数 date 的天。

例如：

```
DAY(#2020-10-25#)=25
```

（4）MONTH(date)

功能：以整数的形式返回参数 date 的月份。

例如：

```
MONTH(#2020-10-25#)=10
```

（5）NOW()

功能：返回系统当前日期和时间。

例如：

```
NOW()=2020-10-25 3:28:25PM
```

（6）TODAY()

功能：返回系统当前日期。

例如：

```
TODAY()=2020-10-25
```

（7）YEAR(date)

功能：以整数的形式返回参数 date 的年份。

例如：

YEAR(#2020-10-25#)=2020

5.7.2 数据聚合

Tableau 可以聚合度量（如图 5.110 所示）或维度（如图 5.111 所示），但更多的时候是对度量聚合。如在工作表视图的行或列添加度量时，Tableau 会自动对其聚合，默认的聚合是总和，其他常见的聚合还有平均值、中位数和计数等，见 5.7.1 节。

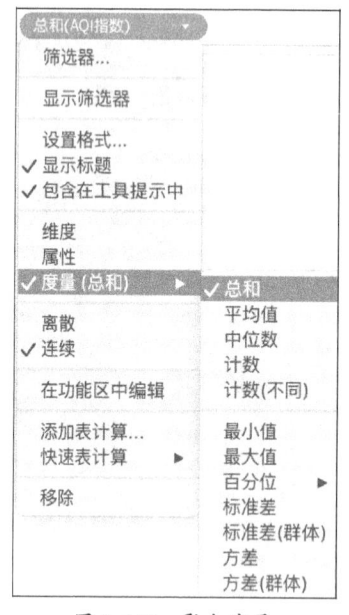

图 5.110　聚合度量　　　　图 5.111　聚合维度

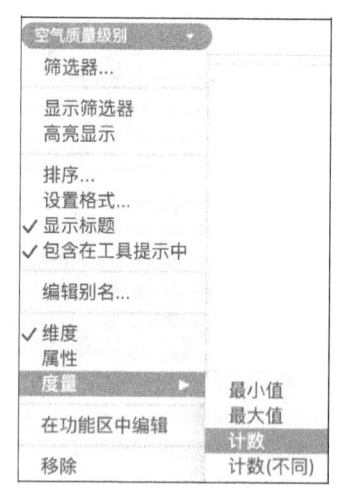

Tableau 提供的预定义数据聚合的具体功能如表 5.5 所示。

表 5.5　预定义数据聚合

聚　　合	说　　明	1、2、2、3
属性	如果组中所有行都只有单个值，就返回给定表达式的值，否则显示星号（*）字符。忽略空值	不可使用
维度	返回度量或维度中的所有唯一值	1、2、3
总计	返回度量中数字的总和。忽略空值	8
平均值	返回度量中数字的算术平均值。忽略空值	2
中位数	返回度量中数字的中值。忽略空值	2
计数	返回度量或维度中的行数。可对数字、日期、布尔值和字符串进行计数。忽略空值	4
计数（不同）	返回度量或维度中唯一值的个数。可对数字、日期、布尔值和字符串进行计数。忽略空值	3

续表

聚　　合	说　　明	1、2、2、3
最小值	返回度量或连续维度中的最小数字。忽略空值	1
最大值	返回度量或连续维度中的最大数字。忽略空值	3
百分位	返回度量中指定百分位处的值。选择此聚合时，必须从提供百分位值范围的子菜单中进行选择：5、10、25、50、75、90、95。在某个字段上设置此聚合时，该字段将显示 PCT 和分配的百分比值	PCT50 的值为 2
标准偏差	基于样本总体返回给定表达式中所有值的标准差。忽略空值	0.8165
标准偏差（群体）	基于有偏差总体返回给定表达式中所有值的标准差。假定其参数由整个总体组成。此函数适用于较大的样本大小	0.7071
方差	基于样本返回给定表达式中所有值的方差。忽略空值	0.6667
方差（群体）	基于有偏差总体返回给定表达式中所有值的方差。假定其参数由整个总体组成。此函数适用于较大的样本大小	0.5000
解聚	返回基础数据源中的所有记录	1、2、2、3

5.7.3　注释

注释（也称为旁注）用来引起对视图中特定标记、点或区域的注意，注释包含标记、点（如轴上的值或参考线）和区域（如一组分散的标记）三种，通常以文本框的形式存在，并用一条线指向特定点或标记。也可以添加区域注释，作为多个标记或某个视图区域的注释。对注释可以进行编辑内容、修改位置、定义格式和删除等操作。三种注释的具体含义如下。

- **标记注释**。添加与所选标记相关联的注释。只有选择标记后，此选项才可用。
- **点注释**。为视图中特定的点添加注释。
- **区域注释**。为视图中的区域（如视图中的一组离群点）添加注释。

案例：为图表添加三种注释。

（1）复制 5.6.14 节的工作表"利润和预计利润靶心图"，并重命名为"5.7.3 注释"。

（2）添加标记注释。右击最高利润，在弹出的快捷菜单中选择【添加注释】|【标记】选项，修改"编辑注释"对话框，可以手动调整标记注释的位置、大小和指示线长短、粗细等。

（3）添加点注释。右击最左侧没有达到预计利润的视图，在弹出的快捷菜单中选择【添加注释】|【点】选项，修改"编辑注释"对话框中的内容为"没有达到预计利润！"。可以手动调整标记点的位置、大小、指示线长短、粗细等。

（4）添加区域注释。右击最右侧的家具区，在弹出的快捷菜单中选择【添加注释】|【点】选项，修改"编辑注释"对话框中的内容为"家具市场整体不景气"。调整文字的大小和颜色，然后手动调整区域注释到合适的位置，最终效果如图 5.112 所示。

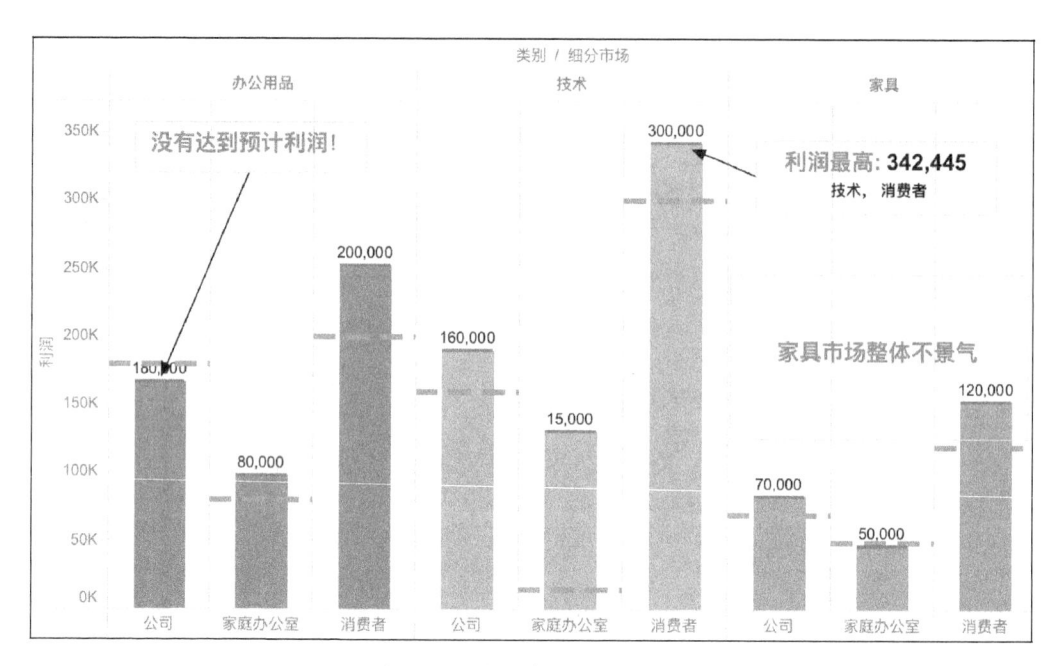

图 5.112　为图表添加三种注释

5.7.4　计算

计算是根据已存在的数据字段创建新的数据。计算主要分为"基本计算""详细信息级别（LOD）表达式"和"表计算"三种，然后根据计算类型创建、编辑和使用"计算字段"。"计算字段"是使用标准函数和运算符定义一个基于现有字段和其他计算字段公式的新字段，然后将其保存为数据的一部分。可以使用计算编辑器或通过双击功能区的字段构建临时计算来创建计算字段。在 5.6.4、5.6.6、5.6.7 和 5.6.10 节中均使用到了"计算字段"。"表计算"是应用于整个表中值的计算，通常依赖于表结构本身。在 5.6.4 节中使用"表计算"，见图 5.66。本书不涉及复杂的"详细信息级别（LOD）表达式"计算，具体内容可参见 Tableau 官网。

本节将详细说明计算字段、临时计算、表计算的功能和使用方法，并使用案例说明"表计算"的 8 种计算类型。

1. 计算字段

创建计算字段的方法主要有以下 4 种，可以根据实际需要选择合适的方法。

- **使用"数据"窗格创建**。单击"数据"窗格的"维度"右侧的三角形按钮，在弹出的快捷菜单中选择【创建计算字段】选项。
- **使用菜单创建**。选择菜单【分析】|【创建计算字段】选项。
- **使用快捷菜单创建**。右击"数据"窗格的空白处，在弹出的快捷菜单中选择【创建计算字段】选项。

- **根据字段创建**。单击"数据"窗格中某个维度或度量字段,在下拉菜单中选择【创建】|【计算字段】选项。

"计算字段"对话框的顶端是创建字段的名称和新建字段保存的数据源。对话框的中间是"计算编辑器",可以输入字段(字段包含在方括号中,可以将字段从"数据"窗格或工作区的任何位置直接拖动到计算编辑器,默认橙色)、运算符(默认黑色)、参数(具体内容见5.7.7节,默认紫色)和注释(注释以两条正斜杠开始,直至该行结束。可编写多行注释,默认绿色)。对话框的底端提示计算是否有效,并显示该新建字段影响的工作表(即显示使用该新建字段的工作表),如图5.113所示。

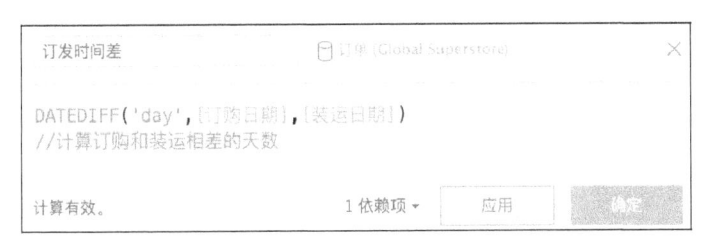

图5.113 创建计算字段

单击"计算字段"对话框右侧的三角形折叠按钮,可以显示函数列表,可以使用函数列表中的搜索框搜索函数,也可以直接输入函数。

"计算字段"对话框的默认文本较小,可以按住 **Ctrl** 键并使用鼠标滚动调整文本大小。但下一次打开编辑器时,文本还是默认大小。

编辑计算字段。在"数据"窗格中右击要编辑的计算字段,在弹出的快捷菜单中选择【编辑】选项即可。

2. 临时计算

临时计算(也称为调用类型输入计算或内联计算)是在视图功能区上可创建和更新的字段。与创建计算字段不同的是,该功能不会为临时计算命名,但关闭工作簿时可将其保存。如果保存临时计算以在其他工作簿的工作表中使用,可将其复制到"数据"窗格。

注意:"行""列""标记"和"度量值"功能区均可以使用临时计算,但不能在"筛选器"或"页面"功能区使用。

打开5.6.12节的"面积图(连续)"工作表,行工作区显示"总和(利润)"和"总和(销售额)",双击"总和(销售额)"字段可以进行编辑,编辑后的临时计算如图5.114所示。也可以在功能区空白处直接双击,新建一个临时计算。

选择要修改的临时计算,按住鼠标左键拖到"数据"窗格的维度部分,重命名后,可以新建一个计算字段。

图 5.114　临时计算

3. 表计算

右击视图中的某个度量，或者单击视图中的某个度量右侧的三角形按钮，如图 5.115 "行"功能区的"总和（利润）"，在下拉菜单中选择【添加表计算】选项。设置完成后（具体设置见如下案例），单击"确定"按钮，该度量标记为表计算（三角符号），如图 5.116 所示。

案例：制作 8 种不同的"表计算"。

（1）连接数据。数据源连接到文件"GlobalSuperstore.xlsx"。

（2）第一种计算类型为"差异"，显示绝对变化值。例如，计算每年订单利润的差异。

用"订购日期"维度字段和"利润"度量字段制作文本表，如图 5.116 所示。

订购日期			
2011	2012	2013	2014
248,941	307,415	406,935	504,166

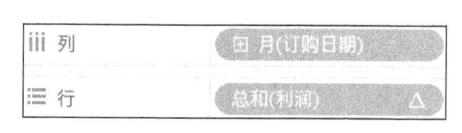

图 5.115　为"总和（利润）"添加表计算　　　图 5.116　每年订单利润

单击"标记"卡的"总和（利润）"右侧的三角形按钮，在下拉菜单中选择【添加表计算】选项，设置"表计算"对话框中的"计算类型"为"差异"，"计算依据"为"特定维度"，勾选"订购日期　年"复选框，"相对于"为"前一"，如图 5.117 所示。

如图 5.118 所示为每年与上一年订单的利润差异值。2012 年对应的"58474"是 2012 年利润总计"307415"与 2011 年利润总计"248941"之差，其他以此类推。

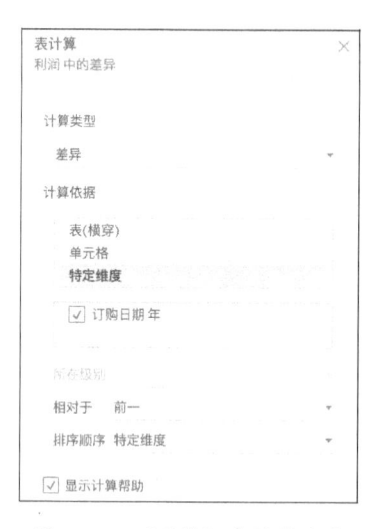

图 5.117　"差异"表计算设置

（3）第二种计算类型为"百分比差异"，用于显示变化率。若设置"表计算"对话框中的"计算类型"为"百分比差异"，则"计算依据"为"特定维度"，勾选"订购日期　年"复选框，"相对于"为"后"。如图 5.119 所示为每年与下一年订单的利润百分比差异值。其中，2011 年对应的

	订购日期			
2011	2012	2013	2014
	58,474	99,520	97,231

图 5.118 "差异"表计算结果

	订购日期			
2011	2012	2013	2014
-19.021%	-24.456%	-19.285%	

图 5.119 "百分比差异"表计算结果

"-19.021%"是 2011 年与 2012 年的利润总计之差"-58474"与 2012 年利润总计"307415"的百分比。

(4) 第三种计算类型为"百分比"。百分比显示为其他指定值的百分比。"百分比"与"百分比差异"的相似之处在于，可以以百分比的形式计算两个值之间的变化，但是"百分比"计算绝对变化，如图 5.120 所示。其中，2012 年对应的"123.489%"是 2012 年利润总计"307415"除以 2011 年利润总计"248941"的百分比。

(5) 第四种计算类型为"合计百分比"，以总额百分比的形式显示值。用"订购日期""类别"维度字段和"利润"度量字段制作文本表，如图 5.121 所示。

	订购日期			
2011	2012	2013	2014
	123.489%	132.373%	123.893%

图 5.120 "百分比"表计算结果

	订购日期			
类别	2011	2012	2013	2014
办公用品	85,997	103,306	149,246	179,926
技术	109,247	145,977	173,627	234,928
家具	53,697	58,133	84,063	89,312

图 5.121 按类别每年订单利润总计

添加表计算，设置"表计算"对话框中的"计算类型"为"合计百分比"，"计算依据"为"表（横穿）"，表示寻址为计算整个表，沿水平方向移动通过每个分区，效果如图 5.122 所示。其中，2011 年办公用品对应的"16.59%"是 2011 年办公用品利润总计"85997"除以 4 年的办公用品利润总计"518474"的百分比。

	订购日期			
类别	2011	2012	2013	2014
办公用品	16.59%	19.92%	28.79%	34.70%
技术	16.46%	21.99%	26.16%	35.39%
家具	18.83%	20.38%	29.47%	31.32%

图 5.122 "总额百分比"表计算结果

值汇总范围还有其他多种选择，其中“表（向下）”将寻址设置为对整个表计算，沿垂直方向移动通过每个分区。“表（横穿，然后向下）”将寻址设置为先横向后竖向计算整个表。“表（向下，然后横穿）”先沿表的长度向下运算，然后横穿表的长度进行运算。“区（横穿）”设置为对区进行横向计算。区中横向排列的字段是寻址字段。但是，分隔区的字段现在是分区字段。“区（向下）”将寻址设置为对表中的区向下进行计算。“区（横穿，然后向下）”将寻址设置为在区内横向计算，然后移至下一行继续横向计算。寻址字段是在表中横向排列和竖向排列的字段。“区（向下，然后横穿）”先沿整个区向下运算，然后横穿区进行运算。“单元格”将寻址设置为表中的单个单元格，即所有字段都是分区字段。在计算总额百分比时，此选项通常最常用。“特定维度”是在指定的维度内运算。

（6）第五种计算类型为“排序”，即对数值进行排序。为显示不同子类别每年的利润排名，可以添加“排序”表计算。在打开的“表计算”对话框中设置“计算类型”为“排序”“降序”和“竞争排序（1，2，2，4）”，“计算依据”为“表（向下）”，具体设置如图 5.123 所示，结果如图 5.124 所示。

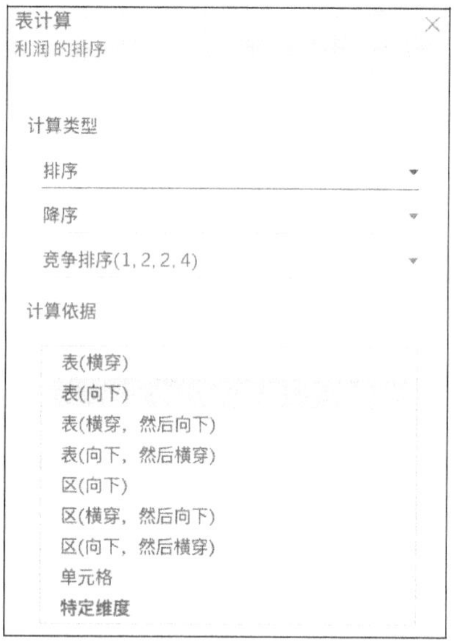

图 5.123 “排序”表计算设置

		订购日期			
类别	子类别	2011	2012	2013	2014
办公用品	标签	15	15	15	15
	存储	6	7	7	7
	电器	5	6	4	4
	美术	10	10	10	10
	系固件	16	16	16	16
	信封	13	13	13	13
	用品	14	14	14	14
	纸张	9	11	9	9
	装订机	8	8	8	8
技术	电话	1	2	2	2
	复印机	2	1	1	1
	配件	7	3	6	5
	设备	11	9	11	11
家具	书架	4	5	3	3
	椅子	3	4	5	6
	用具	12	12	12	12
	桌子	17	17	17	17

图 5.124 “排序”表计算结果

重复值的排序方法有 4 种，如表 5.6 所示。

表 5.6 重复值选项及含义

选 项	含 义
竞争排序（1，2，2，4）	重复值的排序全部相同。重复值下一个值的计算方式是将已经计算值的数量加 1

续表

选　项	含　义
调整后竞争排序（1，3，3，4）	重复值的排序全部相同，计算方式是将重复值前面的值数量添加到重复值数量中。重复值下一个值的计算方式是将已经计算值的数量加 1
密集（1，2，2，3）	重复值的排序全部相同，也就是排序序列中的下一个数字。将按照重复值（就是单个值那样）计算重复值后面的下一个值
唯一（1，2，3，4）	将根据计算排序的方向为重复值指定不同的排序

（7）第六种计算类型为“百分位”，用于计算百分位值。为了查看不同年份各子类别的利润是否有波动，可以添加“百分位”表计算。在打开的“表计算”对话框中设置“计算类型”为“百分位”和“升序”，“计算依据”为“表（向下）”，结果如图 5.125 所示。可以看出，2011 年至 2014 年的 4 年中，各子类别的利润整体比较稳定。

（8）第七种计算类型为“汇总”，用于显示累积总额，可沿维度或表结构计算累计总额。在打开的“表计算”对话框中设置“计算类型”为“汇总”和“总和”，“计算因素”为“表（横穿）”，结果如图 5.126 所示。2014 年办公用品对应的“518474”是 2011 年至 2014 年利润总计之和（参考图 5.121 中的数据）。

		订购日期			
类别	子类别	2011	2012	2013	2014
办公用品	标签	12.5%	12.5%	12.5%	12.5%
	存储	68.8%	62.5%	62.5%	62.5%
	电器	75.0%	68.8%	81.3%	81.3%
	美术	43.8%	43.8%	43.8%	43.8%
	系固件	6.3%	6.3%	6.3%	6.3%
	信封	25.0%	25.0%	25.0%	25.0%
	用品	18.8%	18.8%	18.8%	18.8%
	纸张	50.0%	37.5%	50.0%	50.0%
	装订机	56.3%	56.3%	56.3%	56.3%
技术	电话	100.0%	93.8%	93.8%	93.8%
	复印机	93.8%	100.0%	100.0%	100.0%
	配件	62.5%	87.5%	68.8%	75.0%
	设备	37.5%	50.0%	37.5%	37.5%
家具	书架	81.3%	75.0%	87.5%	87.5%
	椅子	87.5%	81.3%	75.0%	68.8%
	用具	31.3%	31.3%	31.3%	31.3%
	桌子	0.0%	0.0%	0.0%	0.0%

图 5.125 “百分位”表计算结果

	订购日期 年			
类别	2011年	2012年	2013年	2014年
办公用品	85,997	189,302	338,548	518,474
技术	109,247	255,224	428,851	663,779
家具	53,697	111,830	195,893	285,205

图 5.126 “汇总”表计算结果

（9）第八种计算类型为“移动计算”。通常用于平滑短期数据波动，可以查看长期趋势，如查看证券数据、市场行情等。如图 5.127 显示了按“周（订购日期）”总计利润的情况，用户很难从视图中分析出趋势，添加“移动计算”表计算后，就会方便对视图的理解。

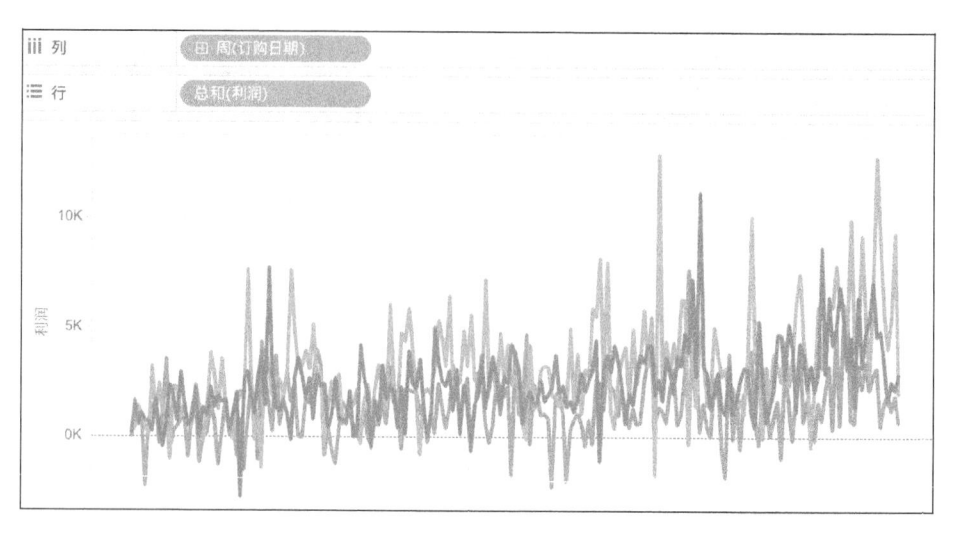

图 5.127　按"周（订购日期）"总计利润

为"行"功能区的"总和（利润）"添加表计算，在打开的"表计算"对话框中设置"计算类型"为"移动计算"，"平均值"的详细设置如图 5.128 所示，勾选"当前值"复选框，"计算依据"为"表（横穿）"，如图 5.129 所示。

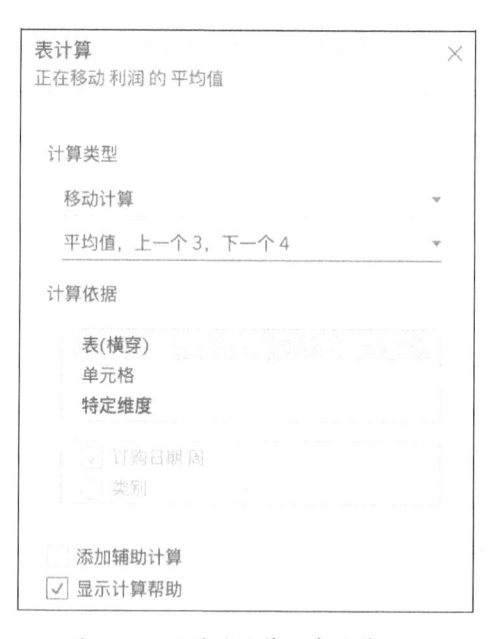

图 5.128　"平均值"设置　　　　图 5.129　"移动计算"表计算设置

结果如图 5.130 所示，为沿着视图中的行将这些值汇总为平均值。每个值都是围绕当前值的七天（之前三天，之后四天）的平均值。从该图可以明显看出三种类别的利润趋势，技术类产品利润增加的趋势最明显。

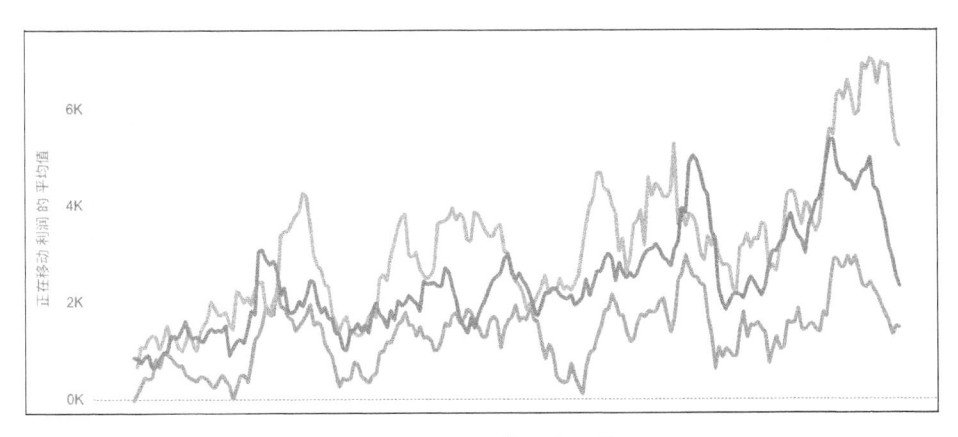

图 5.130 "移动计算"表计算结果

5.7.5 简单预测

预测是根据已知数据和当前趋势对未来趋势进行的计算。Tableau 中使用预测时，要求视图中至少包含一个日期字段和一个度量字段。已有 2011 年至 2014 年按"（月）订购日期"总计的利润视图，选择菜单【分析】|【预测】|【显示预测】选项，效果如图 5.131 所示，显示了 2015 年的预测利润，预测值在图的右侧，比原始数据的颜色更浅。

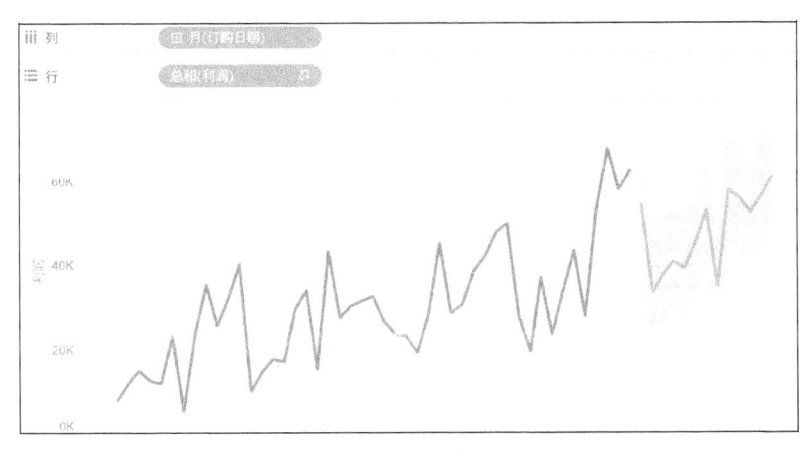

图 5.131 简单预测

选择菜单【分析】|【预测】|【预测选项】选项，可以修改预测选项。选择菜单【分析】|【预测】|【描述预测】选项，可以查看预测模型，了解用于创建预测的参数。

5.7.6 合计

合计包含总和（也称总计）和小计两种。总和是对"行"或"列"计算总和。小计是对选定的维度或所有符合条件的维度计算总和。

1. 计算利润总和

已有按"类别"和"邮寄方式"统计的利润总和文本表视图，选择菜单【分析】|【合计】|【显示行总和】选项，启用行总计；选择菜单【分析】|【合计】|【显示列总和】选项，启用列总计，效果如图5.132所示。

图5.132 行、列利润总和

计算总和时必须保证视图中"列"功能区或"行"功能区中有一个维度。如果显示列标题，就计算列总和。如果显示行标题，就计算行总和。图5.132既有行标题，也有列标题，所以行列总计均有，总和不能应用于连续维度。

首次使用总和时，将对解聚数据计算总和。如计算利润均值总和时，是对解聚后的所有符合条件的数据求均值。

2. 计算利润均值总和

启用行列总和，修改"标记"卡的"文本"为"平均值（利润）"，并设置格式为"货币（标准）"，效果如图5.133所示。

视图的第一行包含四个数据，分别是"¥16.44""¥66.28""¥29.80"和"¥28.94"，但"¥16.44""¥66.28"和"¥29.80"的均值是"¥37.51"，并不是"¥28.94"。原因在于"总和"的计算方法是解聚数据，即统计邮寄方式为"标准级"的所有原始数据的总和，结果是"890596"，再计数是"30775"，最后求出均值是"¥28.94"。

若希望得到"¥16.44""¥66.28""¥29.80"和"¥28.94"的均值，可以在图5.133的基础上，选择菜单【分析】|【合计】|【全部汇总依据】|【平均值】选项，效果如图5.134所示。这种汇总称为双步汇总，因为在总计列中看到的平均值被聚合了两次，第一次聚合获得了列值或行值，第二次聚合跨列或跨行得出了总和。**注意：**图5.134第一行的均值是"¥37.51"，与5.133第一行的均值"¥28.94"是不同的。

3. 计算小计

任何数据视图均可以包括小计。常使用菜单为所有字段添加小计，选择菜单【分析】|【合计】|【添加所有小计】，效果如图5.135所示。

图 5.133 行、列利润均值总和（解聚数据）

邮寄方式	类别			
	办公用品	技术	家具	总和
标准级	¥16.44	¥66.28	¥29.80	¥28.94
当日	¥16.92	¥56.06	¥37.00	¥28.20
二级	¥17.73	¥67.98	¥21.71	¥28.38
一级	¥15.44	¥61.84	¥32.01	¥27.73
总和	¥16.58	¥65.45	¥28.88	¥28.61

图 5.134 行、列利润均值总和（非解聚数据）

邮寄方式	类别			
	办公用品	技术	家具	总和
标准级	¥16.44	¥66.28	¥29.80	¥37.51
当日	¥16.92	¥56.06	¥37.00	¥36.66
二级	¥17.73	¥67.98	¥21.71	¥35.80
一级	¥15.44	¥61.84	¥32.01	¥36.43
总和	¥16.63	¥63.04	¥30.13	¥36.60

图 5.135 利润均值的总和和小计

细分市场	邮寄方式	类别			
		办公用品	技术	家具	总和
公司	标准级	¥17.49	¥66.73	¥26.61	¥36.95
	当日	¥18.03	¥30.50	¥46.25	¥31.60
	二级	¥19.92	¥61.04	¥18.12	¥32.69
	一级	¥18.03	¥54.25	¥38.72	¥37.00
	合计	¥18.12	¥53.13	¥32.42	¥34.56
家庭办公室	标准级	¥15.56	¥71.56	¥35.36	¥40.83
	当日	¥19.82	¥64.65	¥6.96	¥30.48
	二级	¥21.73	¥69.03	¥16.65	¥35.80
	一级	¥15.55	¥83.13	¥15.67	¥38.11
	合计	¥18.16	¥72.09	¥18.66	¥36.31
消费者	标准级	¥16.14	¥64.18	¥29.78	¥36.70
	当日	¥15.34	¥64.97	¥42.87	¥41.06
	二级	¥15.62	¥71.88	¥25.66	¥37.72
	一级	¥13.97	¥59.20	¥33.70	¥35.62
	合计	¥15.27	¥65.06	¥33.00	¥37.78
总和		¥17.18	¥63.43	¥28.03	¥36.21

· 261 ·

若维度较多，可以仅为选定的维度添加小计。首先确保选定的维度已经启用了"总和"，然后在"行"功能区或"列"功能区右击选定的维度，在弹出的快捷菜单中选择【小计】选项，即可对选定的维度启用小计。

5.7.7 参数

参数是可在计算中替换常量值的一个变量。如根据数据"省会城市空气质量.xlsx"制作的视图，可以依据 AQI 值确定某天哪些省会城市适合户外活动，此处的 AQI 值可以设置为一个常量"50"，即 AQI 值低于"50"的城市适合户外活动，但很多时候可以将这个常量用一个可变的量替代，并显示参数控件，方便用户设置该变量。

（1）制作符号地图"5.7.7 参数"工作表。选择"省会城市"维度字段和"AQI 指数"度量字段，展开"智能推荐"，选择"符号地图"。将"日期"维度字段拖到"筛选器"卡并设置为"天"，单击"下一步"按钮并选择"1"，即仅筛选"1 日"的信息，单击"确定"按钮。右击"筛选器"选项卡中的"（天）日期"，在弹出的快捷菜单中选择"显示筛选器"。单击"（天）日期"筛选右上角的三角形按钮，在弹出的快捷菜单中选择"单值（滑块）"。

（2）创建计算字段"适合户外活动"。单击"数据"窗格的"AQI 指数"度量字段，在下拉菜单中选择【创建】|【计算字段】选项，创建的字段名称是"适合户外活动"，输入"IF（[AQI 指数]）<= 70 THEN "Yes" ELSE "No" END"，如图 5.136 所示。

图 5.136 新建计算字段"适合户外活动"

注意：虽然字段名或字符串均可以是中文，但依然建议除了方括号中的字段名，其他所有内容均为英文半角状态，特别注意引号、四则运算符和函数的圆括号等是英文状态下的。

创建计算参数的方法主要包含以下三种，可以根据实际需要选择合适的方法。

- 使用"数据"窗格创建。单击"数据"窗格的"维度"右侧的三角形按钮，在下拉菜单中选择【创建参数...】选项。
- 根据字段创建。单击"数据"窗格中某个维度或度量字段，在下拉菜单中选择【创建】|【参数】选项。

- 使用"筛选器"创建。在"筛选器"对话框的"顶部"选项卡中选择"按字段"或"按公式"后,再选择"创建新参数...",如图 5.137 所示。

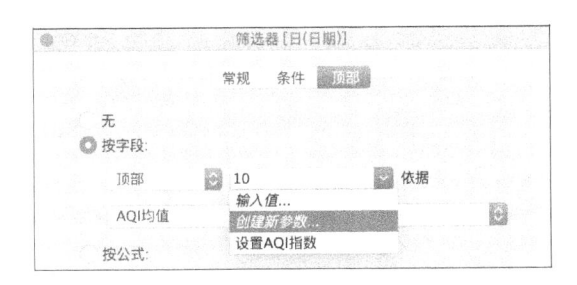

图 5.137 使用"筛选器"创建参数

本案例使用"数据"窗格创建参数,打开"创建参数"对话框,设置"名称"为"设置 AQI 指数",填写注释信息描述该参数;设置"数据类型"为"整数","当前值"描述参数的初始值,设置为"0";"显示格式"用来设置值的格式,设置为"自动";"允许的值"可以定义为"全部""列表"或"范围",本案例选择"范围";设置"最小值"为"0","最大值"为"200","步长"为"5",如图 5.138 所示。

图 5.138 创建参数"设置 AQI 指数"

在"创建参数"对话框中,"允许的值"有三个选项,各选项的含义如下。
- "全部":表示参数控件是字段中的简单类型。
- "列表":表示参数控件提供一个可供选择的值列表。
- "范围":表示参数控件可用于选择指定范围中的值。

（3）使用参数。将新建的参数"设置AQI指数"连接到计算字段"适合户外活动"。在"数据"窗格中右击"适合户外活动"维度字段，在弹出的快捷菜单中选择【编辑】选项，在出现的"计算字段"对话框中将常量"70"修改为"［设置AQI指数］"，如图5.139所示。

图5.139 用参数替换计算字段"适合户外活动"中的常量

（4）显示参数控件。在"数据"窗格中右击参数"设置AQI指数"，在弹出的快捷菜单中选择【显示参数】选项。默认情况下，参数控件显示在右侧。用鼠标拖动参数控件和筛选器到左下角，美化视图。建议读者自行完成制作。

手动选择适合户外运动图例、滑动调整日期，设置AQI指数参数后（AQI值小于该参数的城市是橙色的，反之是蓝色的），城市的颜色与选择的日期和设置的AQI指数相关。

参数的使用方法与常量值类似，既可以在计算中使用参数，也可以在筛选器、参考线中使用参数。

5.7.8 分层

连接数据"GlobalSuperstore.xlsx"。新建工作表，将"订购日期"拖到"行"功能区，Tableau会自动将该字段分隔为分层结构，即默认情况下该字段以"年（订购日期）"的方式呈现数据，单击前面的"＋"，可以按季度、月和天等方式细分视图，这就是典型的分层结构。

用户可以根据需要创建自定义的分层结构，创建分层结构的方法有以下两种。

1. 使用"数据"窗格创建

在"数据"窗格中选择"国家/地区""城市"和"州"三个字段，单击右键，在弹出的快捷菜单中选择【分层结构】|【创建分层结构】选项，打开"创建分层结构"对话框，如图5.140所示。

2. 手动创建

在"数据"窗格中选择一个字段并拖到"数据"窗格中其他字段的上方，即可创建分层结构。

图 5.140 "创建分层结构"对话框

无论使用哪种方法创建分层，创建后的效果均相同，如图 5.141 所示。可以将其他字段拖到已创建好的分层结构，也可以在分层结构中拖动字段重新排序，如图 5.142 所示。

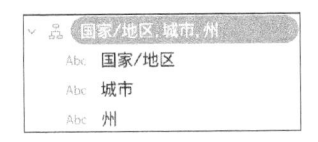

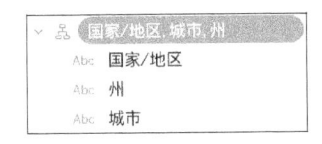

图 5.141 默认分层结构图　　图 5.142 调整顺序后的分层结构图

拖动创建好的分层到"行"或"列"功能区，可以单击"+"或"-"按钮进行"下钻"或"上钻"，如图 5.143 所示。"下钻"或"上钻"均对数据进行了筛选，视图呈现的数据是不同的。

图 5.143 下钻或上钻

编辑、删除分层结构。在"数据"窗格中，可以将其他字段移动到分层结构"国家/地区,城市,州"，也可以将分层结构内的字段移除该分层结构。单击分层结构"国家/地区,城市,州"右侧的三角形按钮，在弹出的快捷菜单中选则【移除分层结构】选项，即可删除该分层结构。

5.7.9 分组

分组是将维度的某几个数据成员合并为一个类别，如将"子类别"中的"标签""信封"和"纸张"合并为"办公小件"分组。

1. 创建分组

将"子类别"拖到行，选择要分组的"标签""信封"和"纸张"三个子类别，如图 5.144 所示。单击工具栏的"组成员"图标 ⌀，默认分组名称是"子类别"，因为选择的三个成员都来源于"子类别"，如图 5.145 所示。

图 5.144　选择分组成员

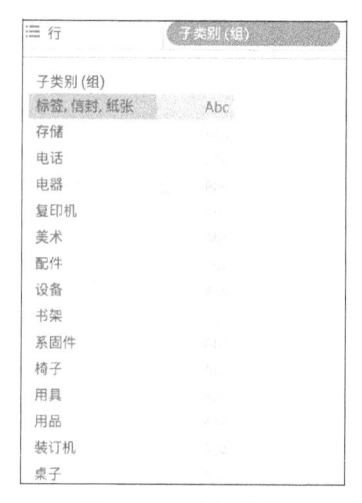

图 5.145　分组结果

还可以在视图中选择内容，然后单击右键，在弹出的快捷菜单中选择【组】选项来创建分组，如图 5.146 所示。或者，在弹出的工具提示框上选择【组成员】选项来创建分组，如图 5.147 所示。

图 5.146　【组】选项

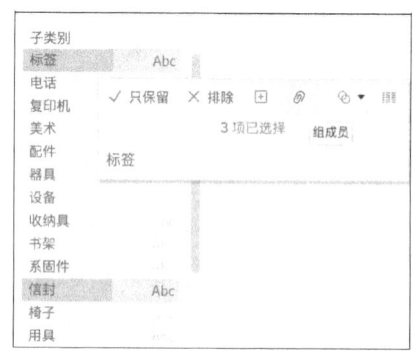

图 5.147　【组成员】选项

2. 重命名分组

在"数据"窗格中单击"子类别（组）"右侧的三角形按钮，或者右击该分组字段名，在弹出的快捷菜单中选择【重命名】或【编辑组】选项，将字段名称修改为"办公小件"。

3. 编辑分组

在"编辑组"对话框中，如图 5.148 所示，将列表框中的选定成员拖到组中即可添加成员，从列表框中拖出选定成员即可删除成员。

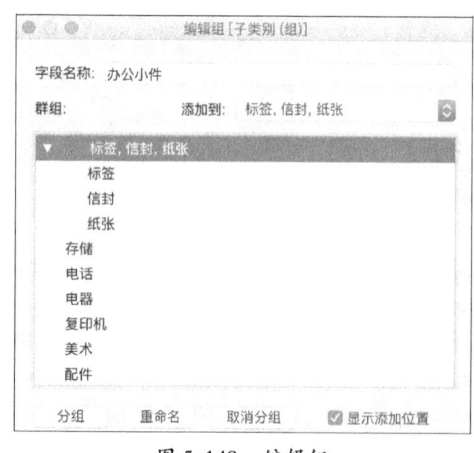

图 5.148　编辑组

5.7.10 "页面"功能区

默认情况下,"页面"功能区在视图的左上角,可以将视图划分为一组多个页面,每个页面包含不同的视图,方便用户更准确地分析特定字段对视图中其他字段的影响。

将某个维度字段放到"页面"功能区时,将为该维度字段的每个成员添加一个新行。将某个度量字段放到"页面"功能区时,该度量将自动转换为离散度量。将字段移到"页面"功能区添加到视图的控件中时,用户可以在一个公共轴上翻阅每页视图并进行比较。

新建一个视图,"列"功能区包含"总和(利润)"字段,"行"功能区包含"天(订购日期)"字段和"总和(销售额)"字段,用"类别"字段区分颜色,整个图表共31行,为查看每天的信息,用户需要使用右侧的滚动条,如图 5.149 所示,仅显示了前 3 天的数据。

将"行"功能区的"天(订购日期)"字段拖到"页面"功能区,默认在视图右侧添加页面控件,为美化视图可将此页面控件移动到合适的位置,如将页面控件移动到"页面"功能区下方,如图 5.150 所示。

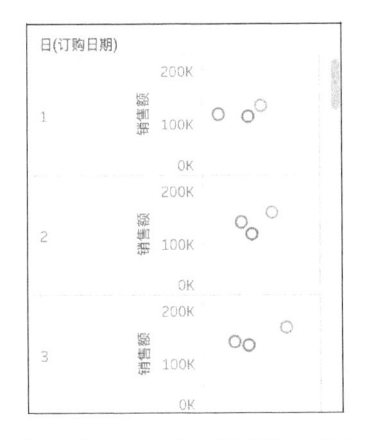

图 5.149 原始无"页面"功能区　　　图 5.150 增加"页面"功能区

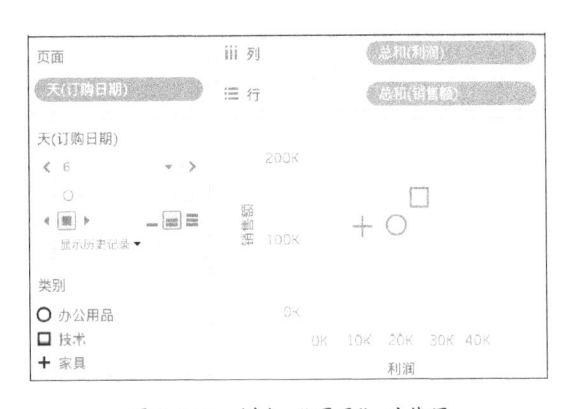

可以使用手动翻阅页面、跳转到特定页面或自动翻阅页面三种方式,在一组页面之间浏览。手动翻阅页面是指单击下拉列表左右两侧的向前或向后三角形按钮,每次向前或向后一个页面,或者使用下拉列表下方的页面滑块向前和向后滚动。跳转到特定页面是指从下拉列表中选择要查看的特定页面。自动翻阅页面是指使用播放控件自动播放所有页面。播放控件右侧的"慢""普通"和"快"三个速度按钮控制播放速度。勾选"显示历史记录"复选框,以显示页面的历史记录,单击"显示历史记录"右侧的三角形按钮,在打开的对话框中可以设置历史记录的属性,如图 5.151 所示,最终效果如图 5.152 所示。

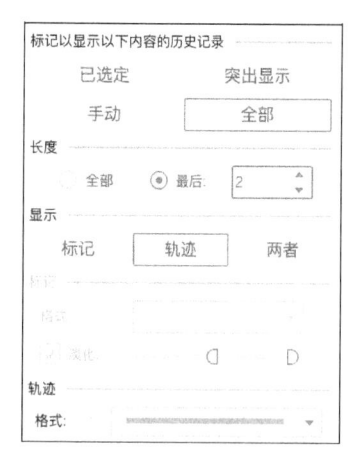

图 5.151　设置历史记录　　　　　图 5.152　历史记录效果

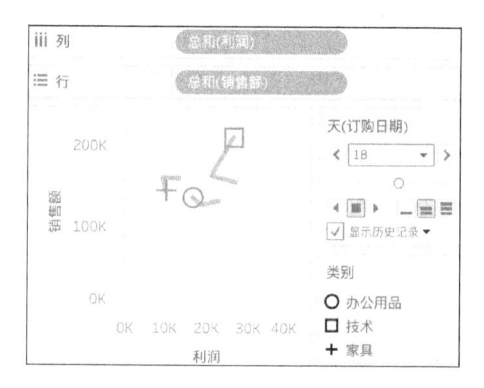

5.7.11　制作直方图

在使用数据创建直方图时，Tableau 默认自动创建数据桶，也可以手动创建分桶制作直方图。数据桶是将原始数据中的某个度量字段的值分成不同的类（类似数据挖掘中的分类），如按照某种方式将销售额分类。

1. 手动创建数据桶

在"数据"窗格中，选择"装运成本"度量字段，右击该字段或者单击该字段右侧的三角形按钮，在下拉菜单中选择【创建】|【数据桶】选项，在打开的"编辑数据桶"对话框中输入"新字段名称"为"装运成本（数据桶）"，单击"建议数据桶大小"按钮，将"数据桶大小"设置为系统建议的最佳数据桶大小，如图 5.153 所示，单击"确定"按钮。创建的数据桶被显示在"数据"窗格的"维度"区域，因为数据桶字段是离散的字段。

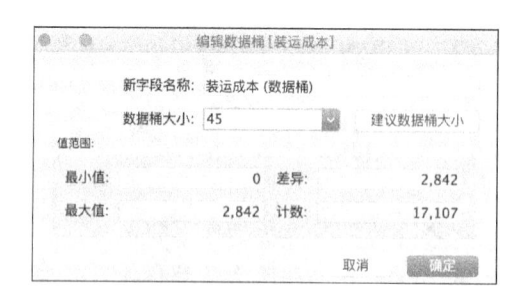

图 5.153　"编辑数据桶"对话框

2. 制作直方图

将"装运成本"度量字段拖到"行"功能区，将"装运成本（数据桶）"字段拖到

"列"功能区，创建的直方图如图 5.154 所示。**注意**：该直方图 X 轴很长，可以使用滑块左右移动查看完整的直方图。

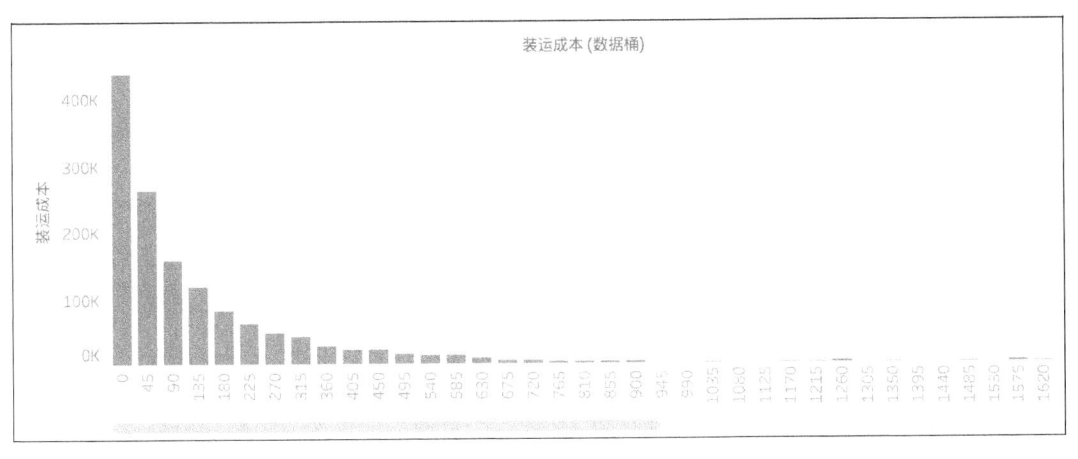

图 5.154 建议数据桶大小

也可以直接指定或修改数据桶大小。右击"装运成本（数据桶）"字段或单击该字段右侧的三角形按钮，在下拉菜单中选择【编辑】选项，在打开的"编辑数据桶"对话框中输入"数据桶大小"为"150"，直方图效果如图 5.155 所示。数据桶变大后，桶数明显减少了。注意图 5.154 与图 5.155 的 X 轴刻度的差异。

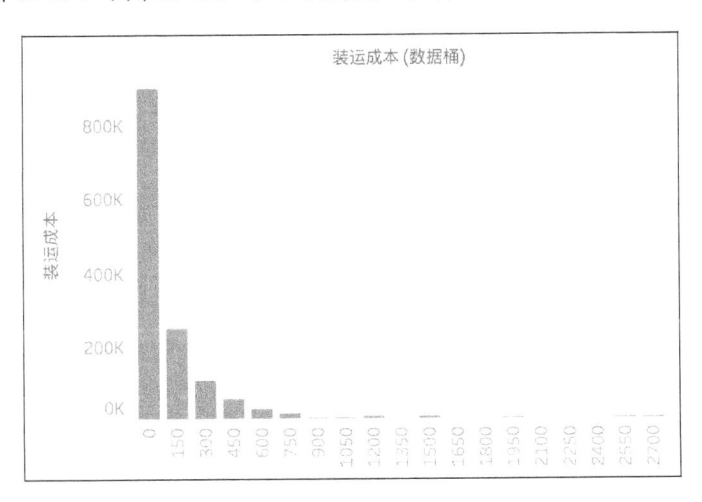

图 5.155 自定义数据桶大小

默认情况下，所有数据桶的大小是相等的。每个数据桶相当于一个容量相同的容器，汇总特定数据。数据桶的标签标明该数据桶所包含数字范围的下限，如图 5.153 所示数据桶大小是"150"，则标签为"300"的数据桶的数据值范围是大于或等于 300 但小于 450。

5.7.12 背景图像

背景图像是视图中显示在数据下面的图片。Tableau 允许用户使用在线或离线提供商提供的动态地图，也允许用户设置个性化静态或动态背景图像。

案例：制作工作表中的背景图。

（1）连接数据。数据源连接到文件"GlobalSuperstore.xlsx"。

（2）制作散点图。在"数据"窗格中选择"细分市场""销售额"和"利润"，展开"智能推荐"后选择"散点图"，将"细分市场"拖到"标记"卡的"形状"上，结果如图 5.156 所示。

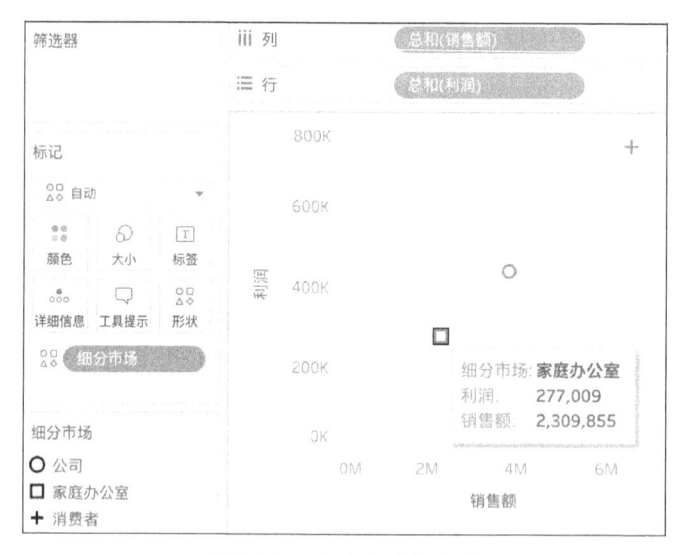

图 5.156　细分市场散点图

（3）添加背景。选择菜单【地图】|【背景地图】|【订单（Globalsuperstore）】选项，在"背景图像"对话框中单击"添加图像..."按钮，如图 5.157 所示。

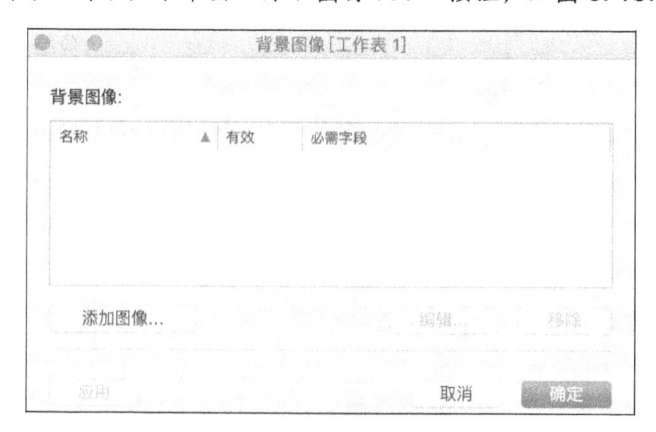

图 5.157　背景图像

在打开的"添加背景图像"对话框中单击"浏览..."按钮,选择图片文件"静态背景.JPG"(可到本书资源中下载),设置"X字段"为"销售额","左"为"0","右"为"7000000"(此数据要大于图 5.154 中销售额的最高值 6507949),"Y字段"为"利润","下"为"0","上"为"800000"(此数据要大于图 5.156 中利润的最高值 749240),移动"冲蚀"滑块调整图像饱和度,如图 5.158 所示。

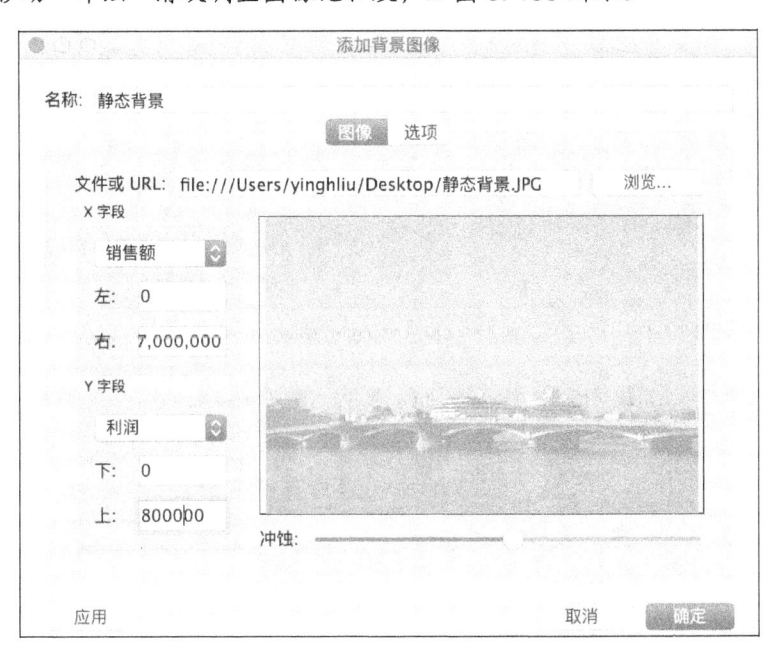

图 5.158 "添加背景图像"对话框

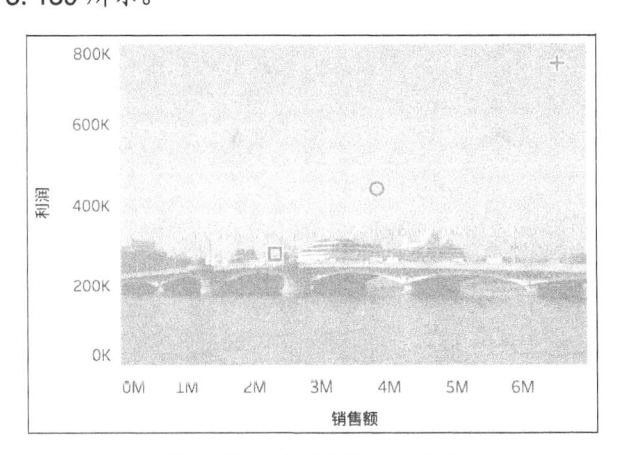

最终效果如图 5.159 所示。

图 5.159 背景图像最终效果

案例:制作仪表板中的透明背景图。

(1)连接数据。数据源连接到文件"GlobalSuperstore.xlsx"。

（2）删除案例背景。选择菜单【地图】|【背景地图】|【订单（Globalsuperstore）】选项，在"背景图像"对话框中勾选"静态背景"复选框，然后单击"移除"按钮，如图5.160所示。

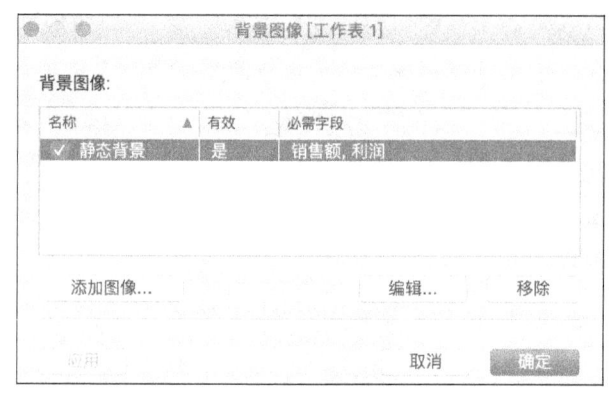

图5.160 移除背景图像

（3）在仪表板中插入背景图片。新建仪表板，单击选择仪表板左下方的"平铺"选项，然后双击仪表板左下方的"图像"选项，如图5.161所示。在出现的"编辑图像对象"对话框中单击"选择"按钮，选择图片"静态背景.JPG"，勾选"适合图像"和"使图像居中"复选框，如图5.162所示。

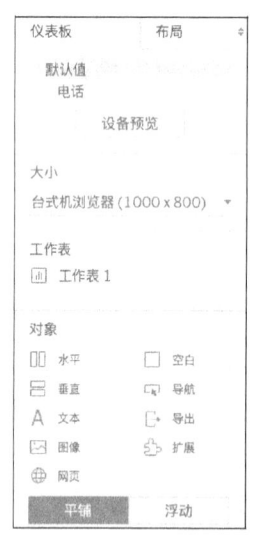

图5.161 "仪表板"选项卡　　　图5.162 "编辑图像对象"对话框

（4）设置工作表。选择仪表板左下方的"浮动"，将工作表拉进仪表板，调整工作表的大小和位置。选择工作表右侧的三角形按钮，在下拉菜单中取消"标题"的勾选，然后将图例放置到合适的位置。选择工作表后，再选择菜单【设置格式】|【阴影】选项，将工作表的默认值设置为"无"，最终效果如图5.163所示。

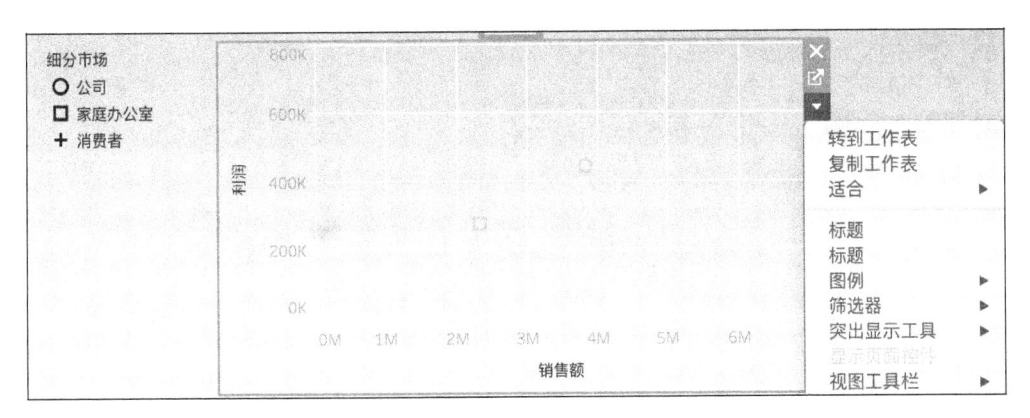

图 5.163　透明背景效果

案例：制作动图背景。

（1）连接数据。数据源连接到文件"GlobalSuperstore.xlsx"。

（2）获取动图 URL。网络搜索一个 GIF 动图地址。**注意**：直接插入仪表板的 GIF 是静态的并不会动。

（3）新建仪表板，然后双击仪表板左下方的"网页"选项，在弹出的对话框中输入 GIF 动图的 URL 地址，再将工作表拉进仪表板，微调即可，最终效果如图 5.164 所示。

图 5.164　动图背景

5.7.13　集

集是 Tableau 连接数据的子集，可以在视图中创建，也可以使用计算创建。由于创建集的方式不同，集的图标也有多种形式，最常见的是两个重叠的圆 ⊘ ▼。

集包含动态集和固定集两种。基础数据发生变化而数据成员不会更改的集是固定集，固定集可使用一个或多个维度。反之，数据成员会根据基础数据的变化而更改的集是动态集，动态集只能基于一个维度。

1. 创建固定集

在"数据"窗格中选择"销售额"和"利润"字段，分别拖到"列"和"行"功能区，"子类别"放到"标记"卡的"形状"上，效果如图 5.165 所示。

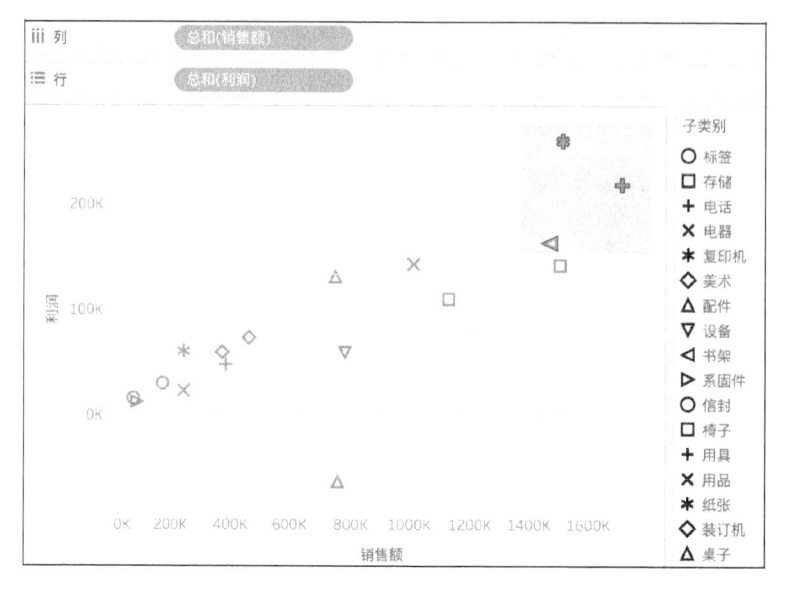

图 5.165 按"子类别"分类的"销售额"和"利润"工作表

用鼠标框选利润最高的三个子类别，如图 5.165 右上角所示。单击右键，在弹出的快捷菜单中选择【创建集...】选项，如图 5.166 所示，在打开的"创建集"对话框中设置"名称"为"子类别利润TOP3"，单击"确定"按钮，如图 5.167 所示。

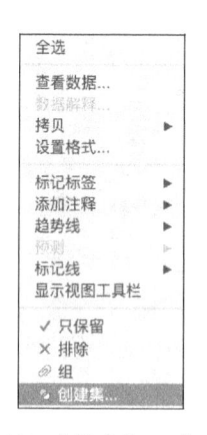

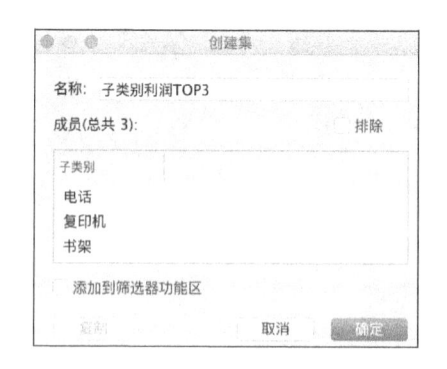

图 5.166 【创建集...】选项　　图 5.167 "创建集"对话框

注意：若勾选图 5.167 中的"排除"复选框，则表示除本对话框的 3 个成员外的其他所有成员。

基于视图标记生成的集也称为"常量"。顾名思义,"常量"集是固定集。

2. 编辑数据点

若固定集"子类别利润TOP3"的成员选择错误,当需要添加数据点时,可以框选其他一个或多个数据点后,单击右键,在弹出的快捷菜单中选择"添加到子类别利润TOP3",即可在该集中添加数据点。当需要删除数据点时,则选择"从子类别利润TOP3中移除",即可在该集中移除数据点。还可以在"数据"窗格中单击"子类别利润TOP3"右侧的三角形按钮,在下拉菜单中选择【编辑集】选项后添加或移除数据点,如图5.168所示。

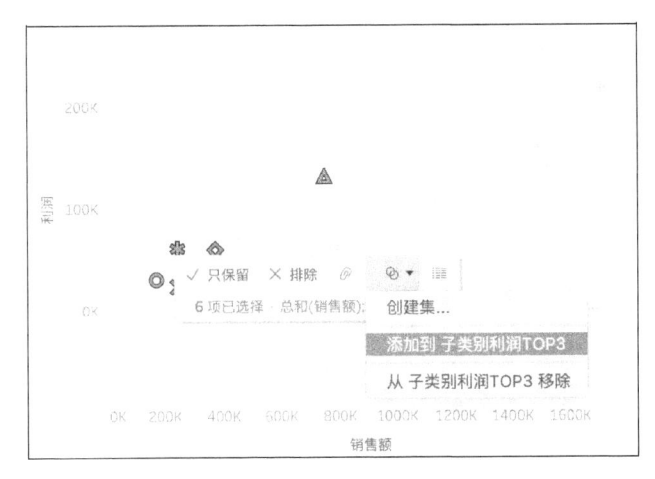

图5.168 编辑数据点

3. 使用集

在"数据"窗格中选择"子类别利润TOP3"和"利润",展开"智能推荐",选择"饼图"。单击"标记"卡的角度"总和(利润)"右侧的三角形按钮,在下拉菜单中选择【快速表计算】|【合计百分比】选项。单击"标记"卡的"工具提示",修改提示信息,最终效果如图5.169所示。

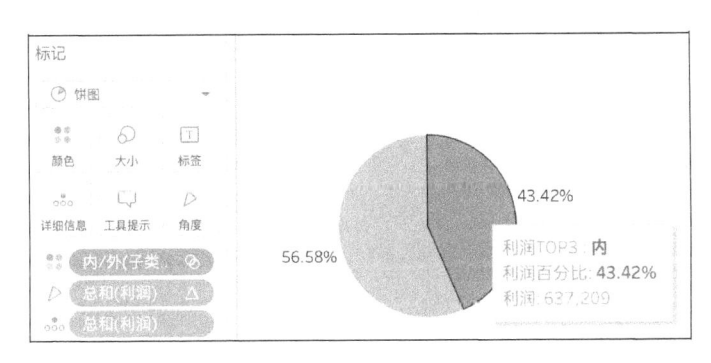

图5.169 使用集

4. 创建动态集

假设数据源文件"GlobalSuperstore.xlsx"每年增加新的订单数据,则采用上述方法创建固定集就不能随着数据源的变化而变化,这时需要创建动态集来解决这个问题。

在"数据"窗格中,右击"子类别"维度,在弹出的快捷菜单中选择【创建】|【集...】选项,在出现的"创建集"对话框的"条件"和"顶部"选项卡中选择"按字段"创建,具体设置如图5.170和图5.171所示,也可以选择"按公式"创建,具体设置如图5.172所示。

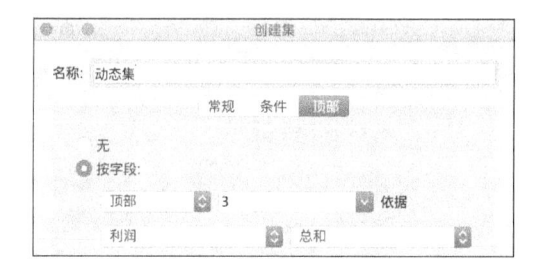

图5.170 在"条件"选项卡"按字段"创建集

图5.171 在"顶部"选项卡"按字段"创建集

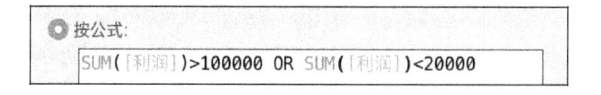

图5.172 按"公式"创建集

5. 合并集

集可以合并,如图5.173所示根据"子类别利润TOP3"和"动态集"创建一个合并集,合并集包含四个选项。**注意**:具有相同维度的集才可以合并,如前三名客户的集与前三种产品的集是无法合并的。

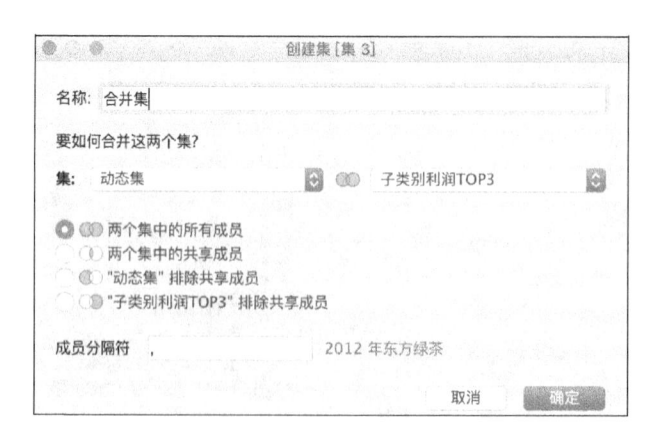

图5.173 创建合并集

5.7.14 空间文件

空间文件是可以创建点、线或多边形地图的文件。Tableau 可以使用的空间文件包括两种：一是 Shapefile 文件（包含 .shp，.shx，.dbf 等格式）、MapInfo 表、KML 文件、GeoJSON 文件、TopoJSON 文件和 Esri 文件地理数据库；二是封装在 .zip 或 .rar 压缩包中的 KML、GeoJSON、TopoJSON、EsriShapefile 和 .gdb.zip 文件。

空间文件可以到美国政府开放数据网站、日本地理空间信息局的 Global Map Japan、英国政府开放数据之伦敦边界地理信息系统、南非政府开放数据之环境地理信息系统等网址下载。

案例：制作北京市地铁线路图。

1. 准备北京市空间文件

北京市 SHP 格式空间边界数据文件可以到本书资源下载，也可以网络搜索获取，如阿里云地图选择器网站、高德开放平台和百度地图开放平台均可以定制行政区的空间文件。

本案例以阿里云地图选择器为例，进入网站后，在左上角输入"北京市"，在网站上可以查看到北京市及其下一级区的边界。单击下载图标 ，就可以得到"北京市.json"文件。

将得到的 JSON 文件转换为 SHP 格式。进入开源在线转换网站 Mapshaper，将"北京市.json"文件拖到网站后，单击导航栏右上角的"Export"按钮，在出现的"Export menu"对话框中设置导出为"Shapefile"格式，如图 5.174 所示。单击"Export"按钮，得到文件"北京市.zip"。

解压后的"北京市"文件夹包含 4 个文件，如图 5.175 所示。

图 5.174　json 转换为 shp 格式　　　　图 5.175　"北京市"文件夹

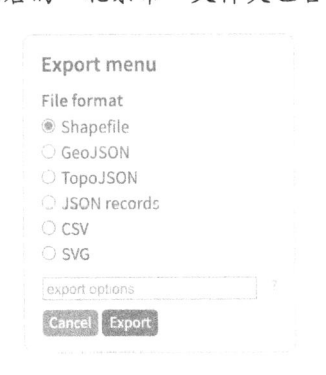

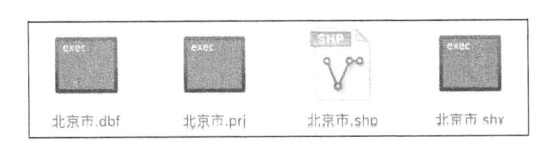

2. 准备北京地铁经纬度文件

北京地铁官方网站提供了详细的地铁线路和站名，在坐标获取系统中可以根据地名获得经度和纬度值，如高德坐标获取系统和百度拾取坐标系统。以"方庄地铁站"为例，在高德坐标获取系统获得的经纬度值是"116.440244,39.865868",如图 5.176 所示。百度拾取坐标系统获得的经纬度值是"116.446697,39.871735",如图 5.177 所示,二者有细微的差异。

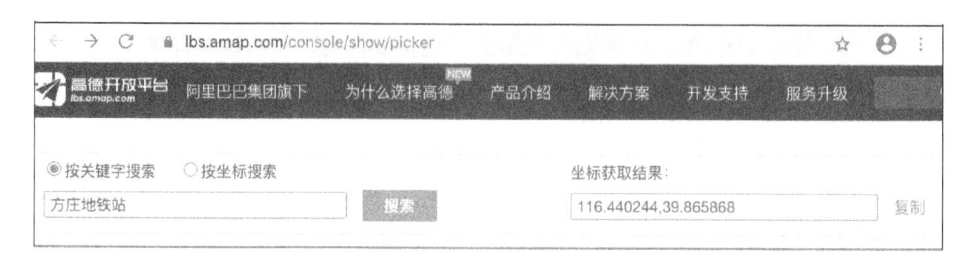

图 5.176　高德坐标获取系统

图 5.177　百度拾取坐标系统

北京各条地铁线路及其站名的经纬度可以采用上述方法获取,也可以到本书资源下载"北京地铁站.xlsx"文件,该文件内容如图 5.178 所示,"线路"表示地铁线路名称,"序号"表示是该线路的第几站。

图 5.178　北京市地铁经纬度

3. 连接数据

打开 Tableau,在开始页面选择"到文件"中的"空间文件",然后选择"北京市"文件夹中的"北京市.shp"文件。在数据源界面单击"添加"按钮,打开"北京地铁站.xlsx"文件。

创建内部连接如图 5.179 所示,"北京市.shp"文件的"几何"与"北京地铁站.xlsx"文件新建的联接计算"MAKEPOINT([纬度],[经度])"采用"Intersects(相交)"连接。

几何,也称为几何图形(Geometry),是空间文件的默认字段名称,是存储地理要素的几何关系。MAKEPOINT 函数将纬度和经度列中的数据转换为空间对象,就可以与"北京市.shp"文件的"几何"相交（Intersects），相交用于空间文件，类似数据的"内部"连接。

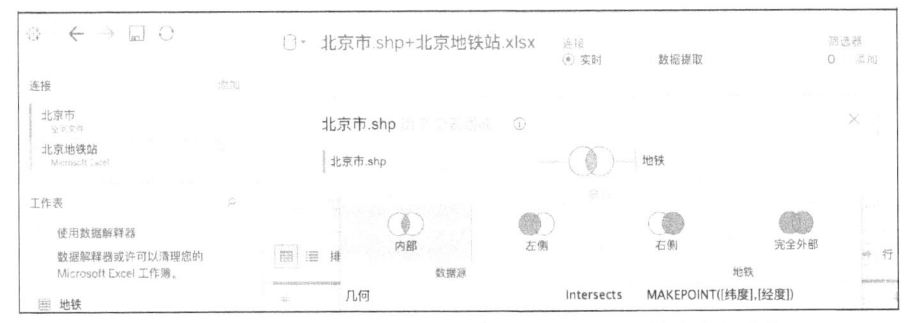

图5.179 "北京市.shp"和"北京地铁站.xlsx"创建内部连接

单击"数据"窗格中"地铁"的"纬度"字段右侧的三角形按钮，在下拉菜单中选择【地理角色】|【纬度】选项，用同样方法将"经度"转变地理角色。

新建工作表"地铁1"，同时选择"数据"窗格中"地铁"的"纬度"和"经度"字段，展开"智能推荐"，选择"符号地图"，如图5.180所示。选择菜单【分析】|【聚合度量】选项，制作符号地图。

为了更直观地显示地铁在北京市范围的线路情况，可以设置双轴。

按住CTRL键拖动列中的"经度"，复制后，列上包含两个"经度"。将左侧地图"标记"卡上的图形格式由"自动"改为"地图"。将"Name"和"几何"字段拖到左侧地图"标记"卡的"详细信息"上，"颜色"设置为"浅蓝色"，修改"工具提示"仅显示"Name"字段。

单击"行"上右侧"经度"字段的三角形按钮，在下拉菜单中选择【双轴】选项（如图5.181所示），在"标记"卡中调整右侧符号地图的"大小"。

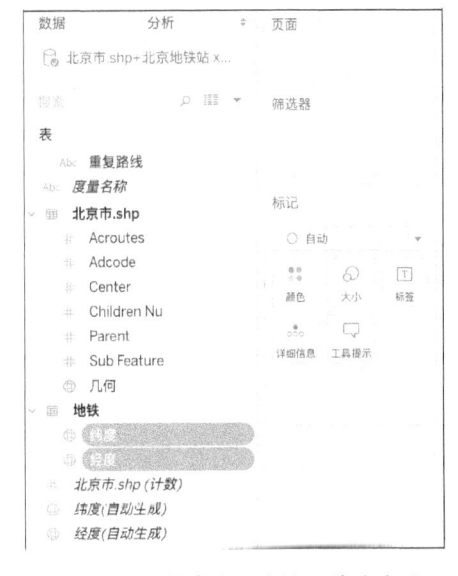

图5.180 制作的"地铁"符号地图

4. 美化地铁图

在"标记"卡的"颜色"中设置左侧地图的"不透明度"是"5%"，如图5.182所示。单击菜单【地图】|【地图层】选项，在"地图层"对话框中设置"背景"的"样式"为"街道"，其他具体设置如图5.183所示，美化后的地图效果见案例素材。

最后，可以根据个人喜好设置地铁线路的颜色、粗细和线形，放大地图到合适的大小等，最终效果见案例素材。

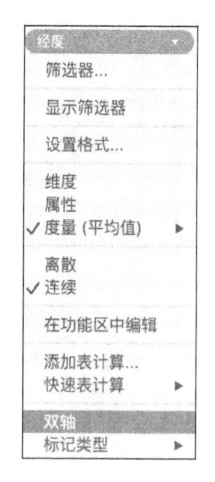

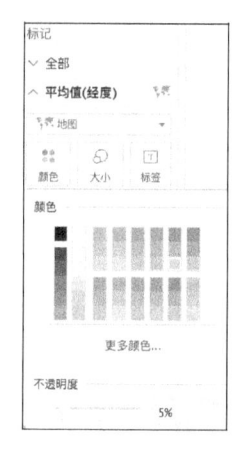

图 5.181 双轴　　　　图 5.182 设置不透明度　　　　图 5.183 设置地图层

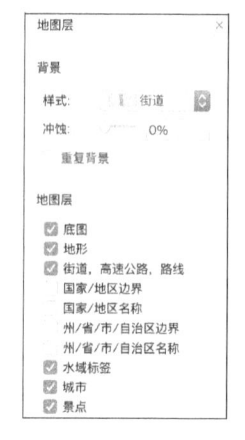

5.8 仪表板

仪表板包含多个视图、对象、图例或筛选器等，其中视图是仪表板最重要的组成部分。一般情况下，仪表板中包含一个或多个相关的工作表视图，可以方便地汇总、对比和浏览数据表。

创建仪表板时，可以选择工作簿中的任何一个或多个工作表添加到视图，也可以为仪表板添加文本区域、网页和图像等对象。仪表板中的视图连接至它们表示的工作表，所以仪表板的内容会在更改工作表后实时更新，对仪表板进行的更改也会影响其包含的工作表。从仪表板可以方便地转到选定工作表的原始编辑视图，也可以在仪表板中复制工作表或隐藏仪表板。

5.8.1 创建仪表板

仪表板的创建包含新建仪表板，向仪表板中添加工作表视图和添加其他仪表板对象（如图像、文本或网页等）。

1. 新建仪表板

选择菜单【仪表板】|【新建仪表板】选项，或者单击标签栏的"新建仪表板"标签，工作表的底部标签栏处会显示新建的仪表板，默认名称为"仪表板1"。

2. 仪表板工作区界面

新建仪表板后，该仪表板自动打开。仪表板界面与工作表界面类似，主要区别是左侧的"仪表板"窗格替代了工作表的"数据"窗格。"仪表板"窗格列出了当前在工作簿中的全部工作表，如图 5.184 所示。

3. 添加工作表视图

单击工作表并按住鼠标左键，将其从仪表板窗口拖至右侧的仪表板工作区中，拖动过程中出现的灰色阴影区域提示该工作表预计放置的位置，到达合适的位置后松开鼠标即可。**注意**：仪表板窗口中有勾选标记的工作表表明该工作表已经应用于仪表板，如图 5.184 所示新建的仪表板包含三个工作表。

"布局"区域显示了仪表板包含的工作表和对象的布局方式，如图 5.185 所示。

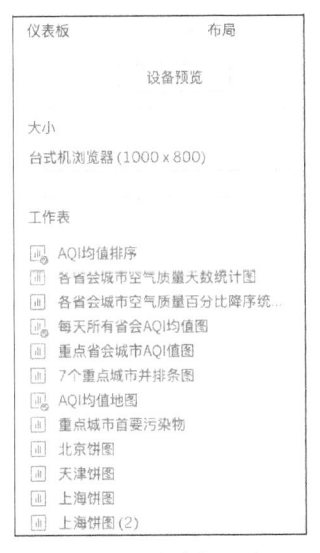

图 5.184 "仪表板"窗口　　　　图 5.185 "布局"区域

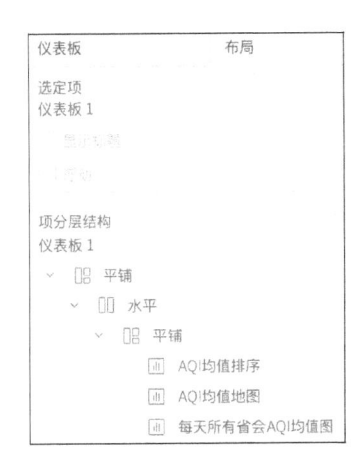

布局包含"平铺"和"浮动"两种，图 5.185 显示了工作表的布局方式为"平铺"。"平铺"是将仪表板中的工作表和对象放在一个布局容器中，工作表和对象自动调整大小以适应仪表板，如图 5.186 所示。"浮动"是将仪表板中的工作表和对象放在多层布局容器中，工作表和对象可以层叠在其他对象上面。

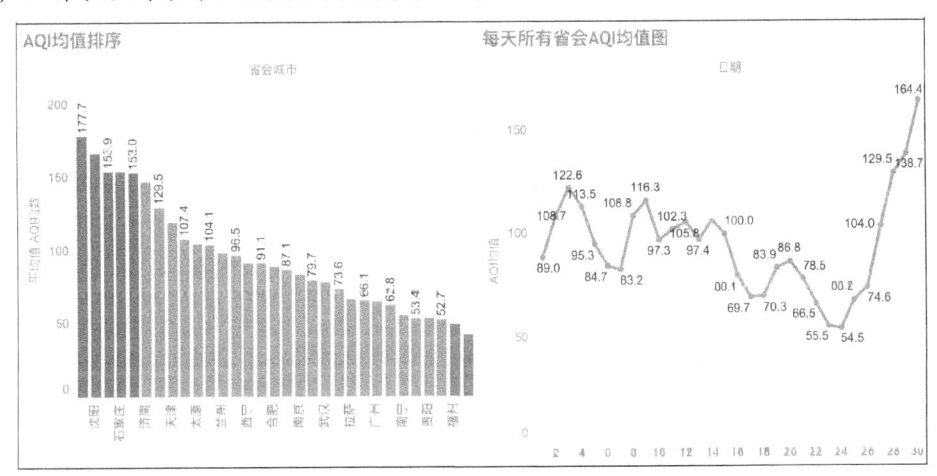

图 5.186 "平铺"布局

默认情况下，仪表板设置为"平铺"布局。"浮动"布局往往是为合理利用仪表板中某个工作表或对象的空白部分。工作表和对象的布局可以任意切换，如将"AQI 均值地图"工作表切换为"浮动"布局，需要在仪表板中单击选中"AQI 均值地图"工作表，在仪表板左下角的"AQI 均值地图"窗格中勾选"浮动"复选框，如图 5.187 所示。拖动该浮动工作表到合适的位置，注意窗格中 X 值和 Y 值的变化。也可以手动调整该工作表的大小，或在该窗格中设置宽和高。

图 5.187 切换布局

4. 添加其他仪表板对象

仪表板最主要的内容是工作表视图，也可以根据情况添加其他对象，如文本、图像、网页和空白区域，如图 5.188 所示。

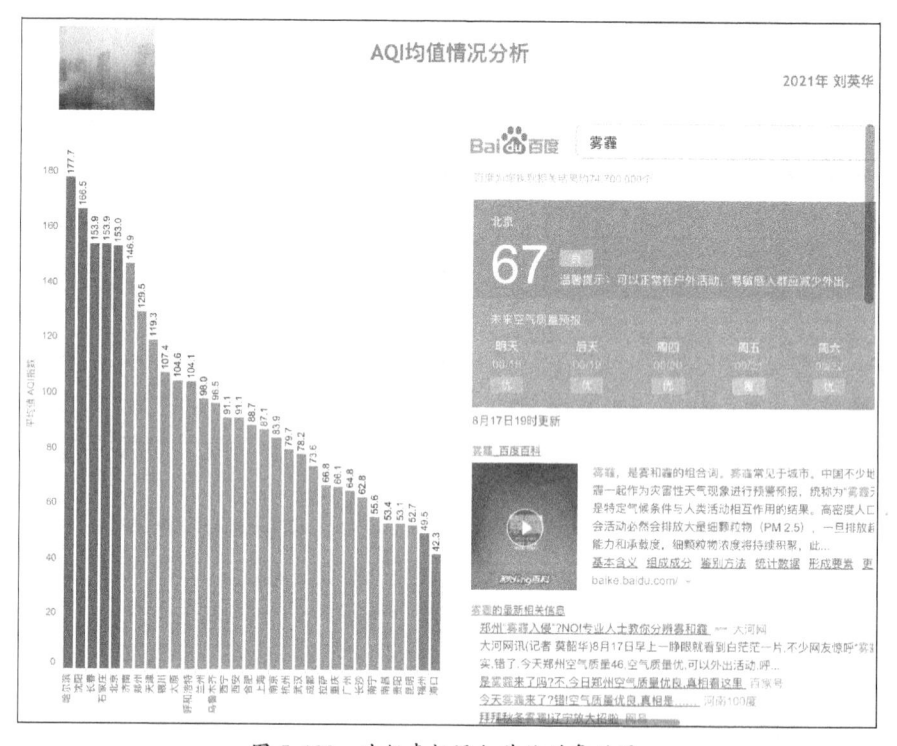

图 5.188 为仪表板添加其他对象效果

图 5.188 所示的仪表板顶部包含仪表板标题、图片和文本，左侧包含 1 个工作表视图"AQI 均值排序"（平铺）右侧包含一个网页。

单击"仪表板"窗口的一个对象，设置对象的布局方式后即可为仪表板添加其他对象，如图 5.189 所示。

注意：为仪表板添加指定网页的 URL 时，必须在连

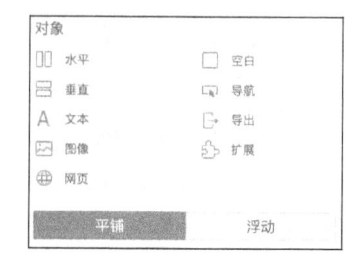

图 5.189 添加其他仪表板对象

接到 Internet 的前提下才能查看嵌入到仪表板中的网页内容。

5.8.2 布局容器

布局容器方便用户在仪表板中组织工作表视图和对象。布局容器是仪表板中的一块区域，在此区域中，可以放置一个或多个工作表视图和对象，工作表视图根据容器中其他对象的大小和位置自动调整大小和位置。

1. 添加布局容器

单击图 5.189 左上方的"水平"和"垂直"布局容器按钮，将"水平"或"垂直"布局容器拖至仪表板工作区，可以添加一个"水平"或"垂直"布局容器，然后将工作表和对象添加到布局容器中。一个布局容器中既可以添加一个或多个工作表视图和对象，也可以添加一个或多个布局容器。

2. 删除布局容器

单击选定仪表板网页对象右上角的三角形按钮，在下拉菜单中选择【选择容器：平铺】选项，如图 5.190 所示。布局容器被选择后四周呈现蓝色框，单击右上角的三角形按钮，在下拉菜单中选择【从仪表板移除】选项，如图 5.191 所示，该布局容器及其包含的对象将从仪表板移除。

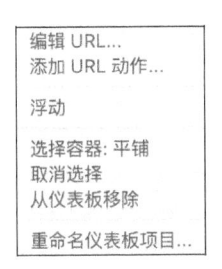

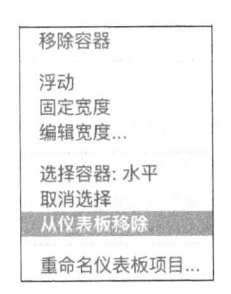

图 5.190　选择布局容器　　　图 5.191　布局容器下拉菜单

注意：下拉菜单中的【移除容器】选项表示该布局被移除，但容器包含的对象依旧存在。

5.8.3 编辑仪表板

仪表板的命名、重命名、删除、复制和移动等操作与工作表的相关操作类似。

1. 设置仪表板大小

根据展示仪表板的设备需求，用户可以设置合适的仪表板尺寸。使用仪表板选项卡顶部的区域可以设置仪表板的尺寸。默认情况下，仪表板尺寸是 1000×800 像素，单击"大小"下面的三角形下拉按钮，在打开的下拉菜单中可以选择其他尺寸，如图 5.192 所示。

图 5.192　设置仪表板大小

仪表板大小的选项如下。
- "固定大小"选项表示从多种预先设定好的固定尺寸中选择，如"台式机浏览器""已嵌入博客""PowerPoint"或"A4 横向"等。若选择的预设尺寸比实际窗口大，则仪表板显示滚动条。
- "自动"选项表示仪表板自动调整大小，以适应应用程序窗口。
- "范围"选项表示仪表板在指定的最小和最大尺寸之间进行缩放，之后将显示滚动条或空白。

2. 显示/隐藏工作表的组成部分

根据需要可以设置是否显示工作表的组成部分，如是否显示标题、图例或筛选器等。单击选定视图右上角的三角形下拉按钮，在弹出的快捷菜单中勾选要显示/隐藏的项即可，如图 5.193 所示。

3. 移动工作表视图/对象

根据需要，可以重新排列仪表板中的工作表视图、图例、文本、网页或筛选器等。选择要移动的工作表视图或对象，单击视图或对象顶部的移动控制柄，将其拖到仪表板的其他位置。

4. 移除工作表视图/对象

仪表板中可以移除工作表视图或对象，最常见且简单的方法是选择要移除的工作表视图或对象，单击右上角的"关闭"按钮。也可以选择要移除的工作表视图或对象，单击视图或对象顶部的移动控制柄，将其拖到仪表板工作区外。还可以在仪表板窗口选择要移除的工作表并右击，在弹出的快捷菜单中选择【从仪表板移除】选项，如图 5.194 所示。

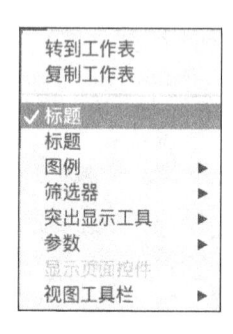

图 5.193 显示/隐藏工作表的组成部分 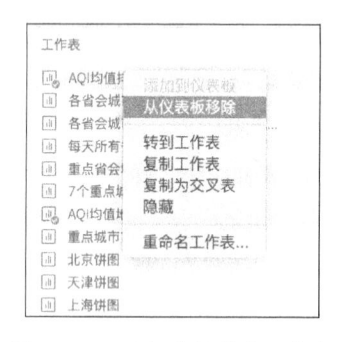　　图 5.194 从仪表板移除工作表

5.8.4 仪表板和工作表

仪表板是工作表的展示和汇总，二者互相更新，对工作表的修改会影响包含该工作表的仪表板，反之亦然。用户可以从仪表板转到工作表，方便编辑工作表，还可以从仪表板复制工作表，隐藏/显示仪表板中的工作表。

1. 转到工作表

从仪表板可以快速地转到工作表视图，并对工作表进行编辑等操作。选择视图中的一个工作表，单击仪表板右上角的三角形按钮，在弹出的快捷菜单中选择【转到工作表】选项，如图 5.195 所示。

图 5.195　仪表板下拉菜单

2. 复制工作表

在仪表板中可以复制一个与当前仪表板中的工作表完全相同的新工作表。选择视图中的一个工作表，单击仪表板右上的三角形按钮，在弹出的快捷菜单中选择【复制工作表】选项。

3. 隐藏工作表

因为仪表板可以快速转到工作表，所以可以隐藏工作表，避免过多的工作表显示在标签栏上。右击工作簿底部标签栏的一个工作表，在弹出的快捷菜单中选择【隐藏工作表】选项，则该工作表被隐藏，工作表将不再出现在标签栏上。

4. 显示已经隐藏的工作表

虽然工作表被隐藏，但使用该工作表的仪表板并没有任何变化，而且可以使用【转到工作表】选项，快速地从仪表板转到该工作表的编辑视图。

5.8.5　操作

操作，也称为动作，是为工作表添加上下文和数据交互性，并将分析结果直接链接到网页、文件或其他工作表的过程。早期 Tableau 版本的操作包含"筛选器""突出显示"和"转到 URL"三种。如在显示利润的仪表板中，用"筛选器"快速筛选符合条件的类别，并突出显示相关信息，同时用"URL"打开产品网页。新版本增加了"转到工作表""更改参数"和"更改集值"操作。"转到工作表"可以快速地导航到其他工作表、仪表板或故事；"更改参数"可以使用可视化项上的标记直接更改参数；"更改集值"可以使用可视化项上的标记直接更改集。

如 5.4.4 节的图 5.20 所示，一个仪表板中包含三个工作表，分别显示了地区、国家和月度利润的情况。当一个表有变化时，其他两个表并没有发生相应的变化，可以为三个工作表添加互动效果。下面以"筛选器"为例学习操作的具体使用方法。

筛选器操作可以显示源工作表与其他一个或多个目标工作表之间的关联信息。源工作表和目标工作表通过一个共有字段相连，将这些工作表放入一个仪表板中展示时，源工作表通过共有字段筛选后，仪表板中其他目标工作表的显示内容也将更新为筛选后的相关信息。筛选器操作特别适合数据量大时使用，可以仅筛选用户感兴趣的内容。

1. 添加操作

选择菜单【仪表板】|【操作】选项，在打开的"操作"对话框中单击"添加操作"

按钮，然后选择"筛选器"，如图 5.196 所示。

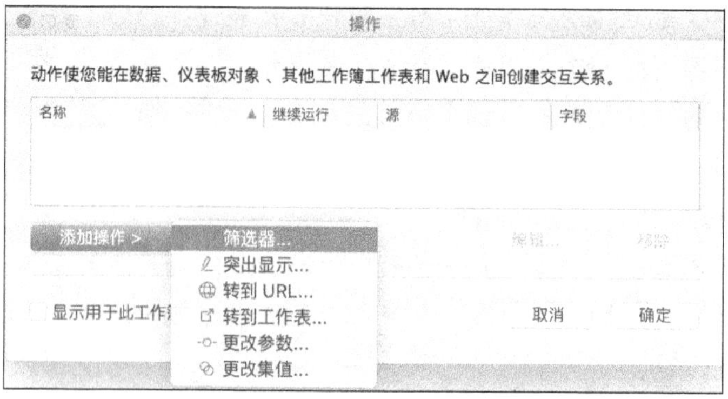

图 5.196 在"操作"对话框中添加操作

在打开的"编辑筛选器操作"对话框中输入名称"选择筛选"，勾选"源工作表"中的全部工作表，设置"运行操作方式"为"选择"，勾选"目标工作表"中的全部工作表，设置"清除选定内容将会"为"保留筛选器"，如图 5.197 所示，单击"确定"按钮。**注意**：如图 5.196 所示共有 6 种操作，其编辑方式均类似于图 5.197。

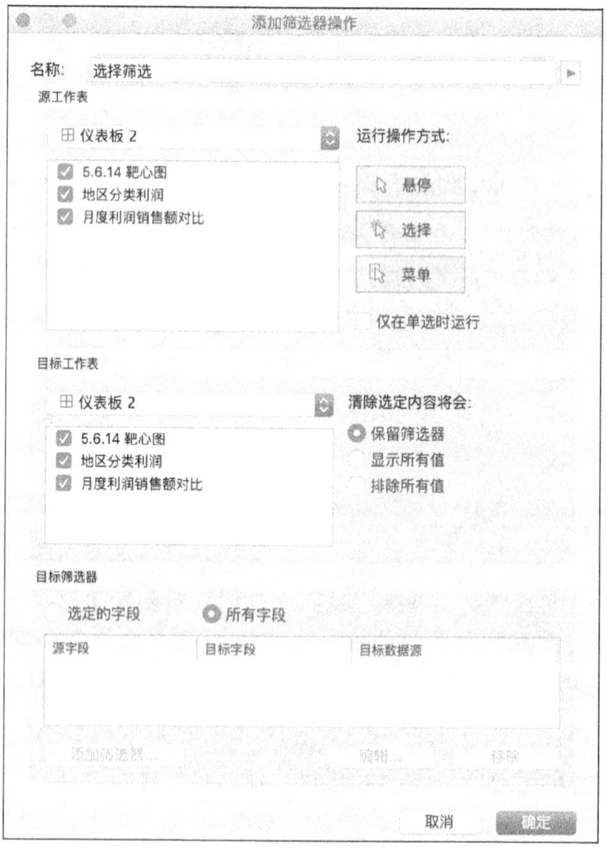

图 5.197 "编辑筛选器操作"对话框

"运行操作方式"选项决定如何启动操作，包含"悬停""选择"和"菜单"三种。"悬停"选项表示通过将光标放置在视图的标记上运行操作，适合在仪表板中突出显示和筛选器操作。"选择"选项表示通过单击视图中的标记运行操作，适合所有类型的操作。"菜单"选项表示右击视图中选定的标记，然后在弹出的快捷菜单中选择一个选项，适合筛选器和 URL 操作。

"清除选定内容将会"选项决定在清除视图中的选择后执行的操作，包含"保留筛选器""显示所有值"和"排除所有值"三种。"保留筛选器"选项表示将筛选器保留在目标工作表上，仪表板上的目标视图将显示筛选结果。"显示所有值"选项表示将筛选器更改为包括所有值。"排除所有值"选项表示将筛选器更改为排除所有值。如果在另一个工作表中选择了值，那么可使用此选项生成只显示部分工作表的仪表板。

"目标筛选器"选项指定要在目标工作表中显示的数据。本例选择的是筛选"所有字段"，也可以对"选定的字段"定义筛选器。若要定义特定字段的筛选器，可单击"添加筛选器"按钮进行添加。

2. 查看操作效果

筛选器操作设置完成后，选择任意一个工作表中的类别将影响其他工作表，如选择"地区分类利润"工作表中的"技术"，则"国家利润地图"工作表中显示的颜色，即利润会发生变化，"月度利润销售额对比"工作表也仅显示"技术"的利润和销售额信息，如图 5.198 所示。

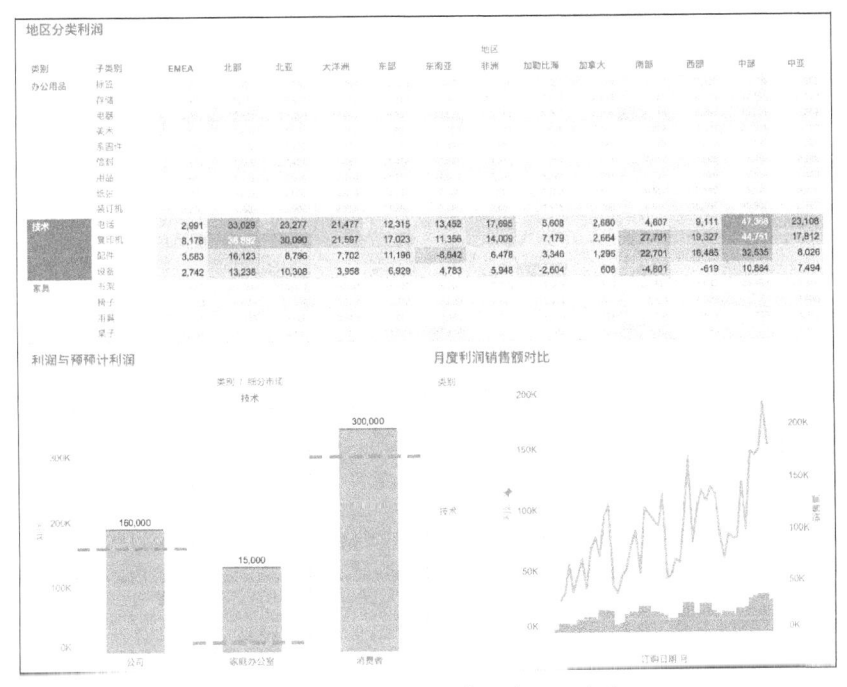

图 5.198 "筛选器操作"最终效果图

3. 编辑操作

选择菜单【仪表板】|【操作】选项，在打开的"操作"对话框中选择"选择筛选"操作，如图 5.199 所示，单击"编辑"按钮，将"运行操作方式"由"选择"改为"悬停"，查看效果。

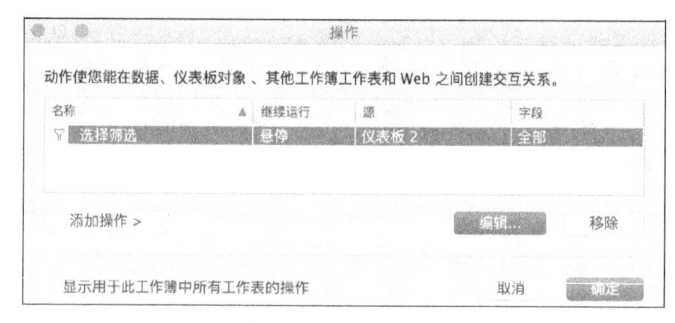

图 5.199 在"操作"对话框中编辑操作

思考：逐个尝试使用"突出显示""转到 URL""转到工作表""更改参数"和"更改集值"等操作，通过实践了解其具体功能和使用方法。

5.9 故事

故事包含多个呈现相关信息的工作表和仪表板，可以完整地展示工作表和仪表板之间的关系，帮助用户演示决策与结果的关系。故事可以保存在本地计算机，也可以发布到网络，共享给其他用户。

故事中包含的多个工作表和仪表板按顺序排列，每个工作表或仪表板包含一个说明，也称为"故事点"。故事中的每个"故事点"连接至工作表和仪表板，所以故事呈现的内容会在更改工作表或仪表板后实时更新，对仪表板进行的更改也会影响其包含的工作表和仪表板。因此，故事是动态的。故事发布后，用户可以使用筛选器与故事互动。

新闻记者或编辑可以使用故事分析数据背后的新闻真相，显示数据随时间变化的效果，也可以实现假设分析，分析新闻可能带来的其他问题，还可以用故事讲述一个新闻事件，方便读者的理解。

1. 创建故事

选择菜单【故事】|【新建故事】选项，也可以单击标签栏的"新建故事"图标，工作表底部标签栏处会显示新建的故事标签，默认名称"故事1"。为第一个故事点添加说明，将工作表或仪表板拖动到故事中并放在视图的中央，然后单击"故事"窗格顶端的"空白"按钮添加新故事点，如图 5.200 所示。

2. 故事工作区界面

新建故事后该故事自动打开。故事界面左侧是"故事"和"布局"窗格，右侧是故事标题和故事导航器。

"故事"窗格上部是新建故事点,"空白"按钮用于添加一个新的空白故事点,"复制"按钮用于复制当前故事点。中部显示可以使用的工作表和仪表板,下部是"拖动以添加文本""显示标题"复选框和"大小"设置选项,如图 5.200 所示。

"拖动以添加文本"(有些 Tableau 版本翻译为"说明")可以向故事点添加说明。在"故事"窗格中双击或拖动"拖动以添加文本"到故事工作区,可以添加说明。一个故事点可以添加多个说明,可以放置到故事工作区的任意位置。"拖动以添加文本"仅存在于故事点上,不会影响原始工作表或仪表板。其添加后将出现一个描述框,可以选择并将该描述框移动到合适的位置。选择"拖动以添加文本"时,单击三角按钮,在下拉菜单中可以编辑说明、设置说明格式、浮动顺序、取消选择说明,或从故事点将其移除,如图 5.201 所示。

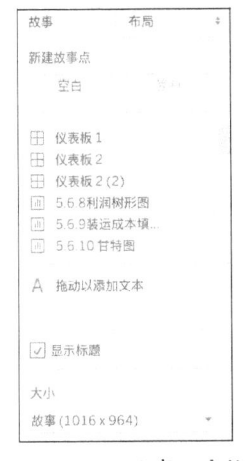

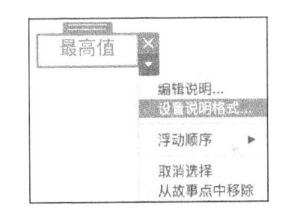

图 5.200 "故事"窗格　　　　图 5.201 设置"说明"格式

设置故事大小。根据展示故事的设备需求,可以设置合适的故事尺寸。默认情况下,故事尺寸是 1016×964 像素,单击"大小"下面的三角形按钮,在下拉菜单中可以选择其他尺寸。

故事标题和故事导航器如图 5.202 所示。导航器用来显示和组织所有故事点。使用"故事"窗格的"空白"和"复制"两个按钮可以创建或复制故事点。

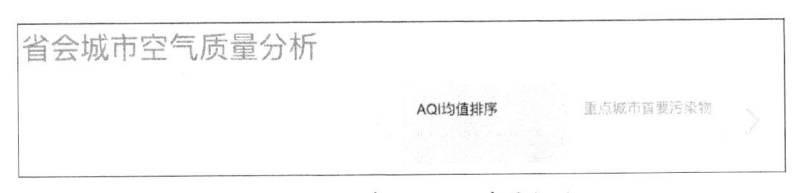

图 5.202 故事标题和故事导航器

3. 编辑故事格式

选择菜单【故事】|【设置格式】选项,在打开的"设置故事格式"窗口中可以编辑阴影、标题、导航器和文字对象。阴影用于设置故事是否有阴影、阴影的颜色和透明度。

标题用于设置标题的字体、对齐方式、阴影和边界。导航器用于设置导航器的字体和阴影。文字对象用于设置说明的字体、对齐方式、阴影和边界。单击"设置故事格式"窗格底部的"清除"按钮，可以清除所有格式设置。

4. 演示故事

故事制作完成后，可以进入演示模式演示故事。单击工具栏的"演示模式"按钮或按 F7 键进入演示模式，再次单击"演示模式"按钮，或按 Esc 键或 F7 键可以退出演示模式。

5. 编辑故事点

故事点可以被删除、更新或重新排序。在导航器中单击要编辑的故事点，单击上方的删除图标，可以删除该故事点。选中故事点后，按住鼠标左键拖动该故事点到合适的位置，也可以双击故事点，以更新故事点的内容。

5.10 作品发布

Tableau Public 是 Tableau 公司提供的一个将交互数据发布到 Web 的免费服务。任何人均可使用 Tableau Public 与数据交互、下载数据或创建自己的数据可视化项。保存到 Tableau Public 的工作簿的数据不得超过 100 万行。

5.10.1 文件类型

Tableau 使用了工作簿和工作表文件结构，这与 Excel 十分类似。Tableau 包含多种文件类型，如工作簿、书签、打包数据文件、数据提取和数据连接文件。

工作簿文件的扩展名为 .twb。工作簿包含一个或多个工作表、仪表板和故事，其中仪表板和故事不是必须包含的内容。工作表包含单个视图、功能区、图例和"数据"窗格等。仪表板是多个工作表中视图的集合，故事是多个工作表和仪表板的集合。

书签文件的扩展名为 .tbm。书签包含单个工作表，是快速分享所做工作的简便方式。选择菜单【窗口】|【书签】|【创建书签】选项，在打开的"创建书签"对话框中指定书签文件名和位置后，可以创建书签。书签文件默认的保存位置是 Tableau 存储库的"Bookmarks"文件夹。

打包工作簿文件的扩展名为 .twbx。打包工作簿是一个压缩文件，包含一个工作簿和任何支持本地文件的数据源、背景图像。这种文件适合不能访问该数据的他人查看。

数据提取文件的扩展名为 .hyper。数据提取文件是部分或整个数据源的一个本地副本，可用于共享数据、脱机工作并提高数据库性能。

数据源文件的扩展名为 .tds。数据源文件是快速连接到经常使用的数据源的快捷方式。数据源文件不包含实际数据，只包含连接到数据源所必需的信息和在"数据"窗格中所做的修改，如默认属性或计算字段等。

打包数据源文件的扩展名为 .tdsx。打包数据源是一个压缩文件，包含数据源文件（.tds）及任何本地文件数据源，如数据提取文件、文本文件、Excel 文件和本地多维数据集文件等。此文件可以与无法访问本地计算机存储的原始数据的他人分享。

以上文件保存在"我的 Tableau 存储库"目录中的关联文件夹中，还可以更改存储库位置为任意一个文件夹。选择菜单【文件】|【存储库位置】选项，在打开的"选择存储库"对话框中选择一个新文件夹，以作为新的存储库位置，如图 5.203 所示。然后单击"打开"按钮，重新启动 Tableau，则使用新存储库。

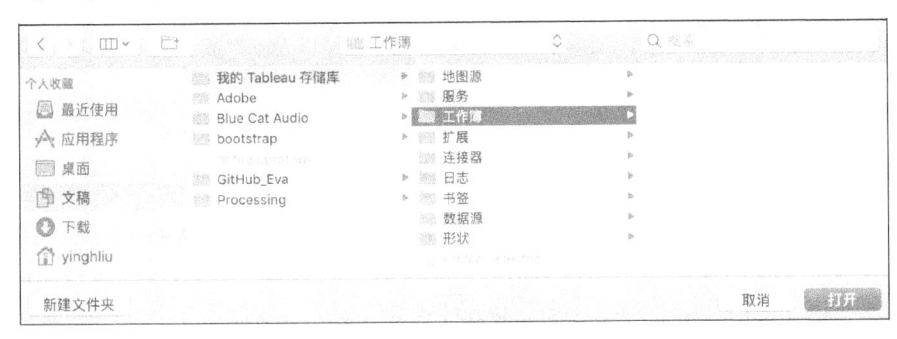

图 5.203　更改存储库位置

5.10.2　发布

Tableau Public 是一个免费的云服务，用户可以将工作簿发布到 Tableau Public 上，以便与更多的人分享自己的 Tableau 作品，具体操作如下。

（1）选择菜单【服务器】|【Tableau Public】|【保存到 Tableau Public】选项。

（2）使用个人账号信息登录 Tableau Public，如图 5.204 和图 5.205 所示。如果没有账号，可以免费创建。**注意**：只有登录账号后才能共享、下载、删除和上传 Tableau 作品。

图 5.204　个人账号登录　　　　　　　图 5.205　登录后显示个人信息

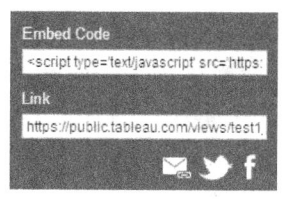

图 5.206　链接信息

（3）显示已发布的工作簿，用户可以预览所有保存的工作表。选择一个工作表并单击视图左下角的"共享"按钮，以获得一个链接，如图 5.206 所示。用户可将此链接通过电子邮件发送到网页或嵌入网页，方便他人使用。

5.10.3　打印

Tableau 作品制作完成后，可将这些视图打印出来。首先使用"页面设置"指定打印页面的外观，然后可以打印或者发布为 PDF 文件。

"页面设置"对话框的"常规"选项卡可以设置打印时显示的元素，如显示或隐藏标题、查看、标题、颜色图例、形状图例、大小图例和地图图例，如图 5.207 所示。

"页面设置"对话框中的"布局"选项卡可以设置图例布局、边距和居中选项。如果包括图例，那么可以为打印页面上的图例显示方式选择一个选项。"边距"选项区用于设置上、下、左、右的边距，还可以在页面上将视图设置为水平或垂直居中，如图 5.208 所示。

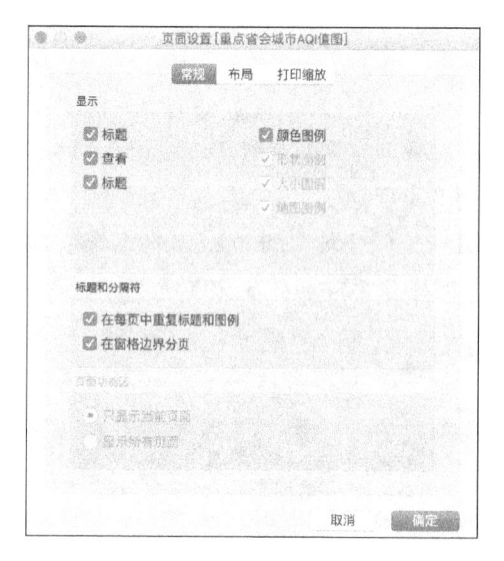

图 5.207　"常规"选项卡

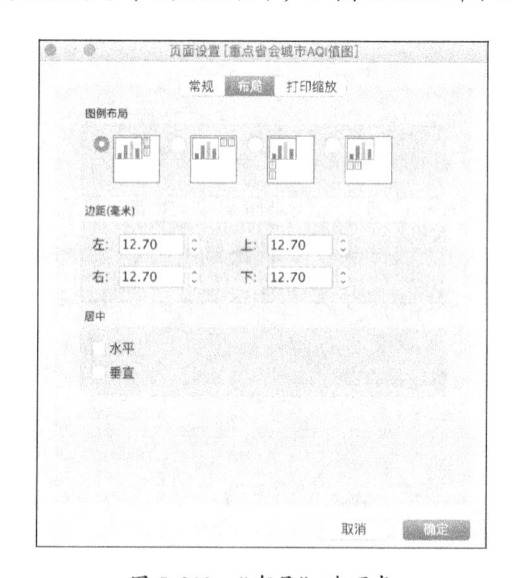

图 5.208　"布局"选项卡

"页面设置"对话框中的"打印缩放"选项卡中可将视图调整到特定尺寸或更改页面方向，如图 5.209 所示。"打印缩放"选项区用于设置缩放，以使其适合一个页面或跨多个页面缩放。"页面方向"选项区用于设置视图在打印页面上的方向。其中，"使用打印机设置"表示使用打印机指定的页面方向，"纵向"表示垂直显示，"横向"表示水平显示。

"页面设置"对话框设置完成后，选择菜单【文件】|【打印】选项进行打印，也可以存储为 PDF 文件，如图 5.210 所示。

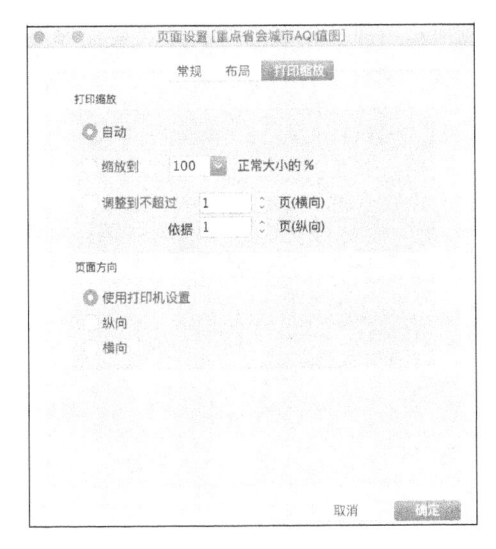

图 5.209 "打印缩放"选项卡　　　　　图 5.210 存储为 PDF

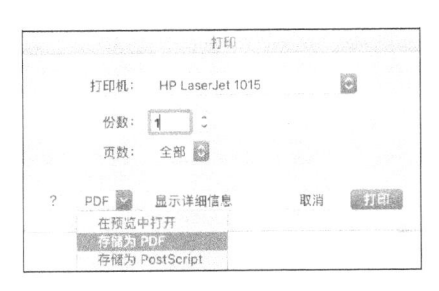

5.11 作品赏析

Tableau Public 为用户提供了一个创建交互式的图表、地图、仪表板和应用的公共区域。用户的作品可以发布到 Tableau Public，方便互相学习。Tableau Public 上的优秀作品适合初学者学习，也值得专业制作人赏鉴。本节选取三个作品，展示 Tableau 的呈现效果（建议通过网络查看）。

5.11.1　Is Your Country Good at Reducing CO_2 Emissions?

该作品的中文名称是"你们国家的二氧化碳排放量是多少？"[1]，作者是 YvanFornes，发布于在巴黎举办的第 21 届联合国气候变化大会(COP21)召开前夕。该作品呈现了全球二氧化碳总排放量与人口和 GDP 的关系，并使用工具计算每个人必须减少的二氧化碳排放量，以实现全球 2050 年目标。

该作品的数据来源于世界银行。该作品是动态的，包含四部分。第一部分展示了全球的二氧化碳来自哪个国家和地区。矩形框展现 2011 年二氧化碳总排放量，二氧化碳总排放量前 5 名的国家的矩形框中间显示该国家或地区的国旗，其面积的大小与二氧化碳排放量成正比。鼠标移动到该矩形框，以千万吨为计量单位显示该国家或地区的二氧化碳总排放量和排名，以吨为计量单位显示该国家或地区的人均二氧化碳排放量和排名，并用颜色

---

[1] http://public.tableau.c**/s/gallery/your-country-good-reducing-co2-emissions.

区分人均二氧化碳排放量，如图 5.211 所示。以中国为例，二氧化碳总排放量是世界第 1 名，但人均二氧化碳排放量列世界第 49 名。

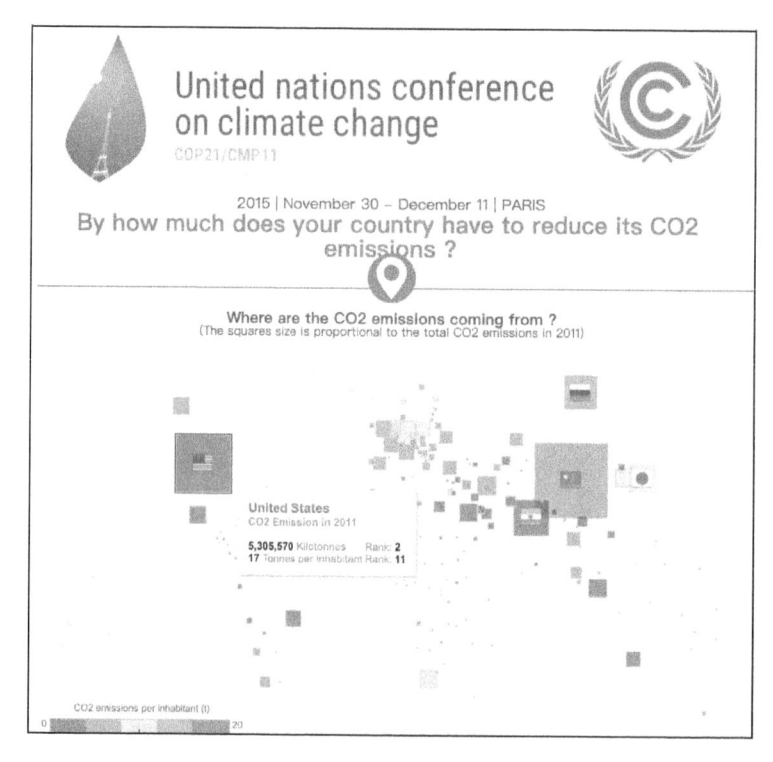

图 5.211　第一部分

第二部分展示了"我们怎样才能改善这种情况"。选择国家或地区，并设置其二氧化碳排放目标，可以看到，为配合全球 2050 年目标，我们每个人必须减少的二氧化碳排放量。如在左侧蓝色方框中输入"United Kingdom"，在右侧蓝色方框中拖动指针可以设置减排目标为"-45%"，下方显示 2011 年和 2050 年人均二氧化碳排放量，即英国二氧化碳排放量下降比例，如图 5.212 所示。第二部分使用了筛选器，方便用户选择感兴趣的国家或地区，而且 2050 年目标的设置简单易懂。

第三部分展示了二氧化碳总排放量前 5 名的国家或地区与其他国家或地区的对比。排在前五名的国家分别是中国、美国、印度、俄罗斯和日本。气泡大小与该国 2011 年二氧化碳排放总量成正比。该部分还展示了人口与二氧化碳排放总量的关系，如图 5.213 所示，使用散点图并使用人均二氧化碳排放量平均线（2011 年全球人均二氧化碳排放量是 4.6）划分国家或地区。

第四部分展示了二氧化碳排放量与 GDP 的关系，选取了 10 个人口最多的国家，呈现 1960 年至今二氧化碳排放量与 GDP 的关系图，如图 5.214 所示。

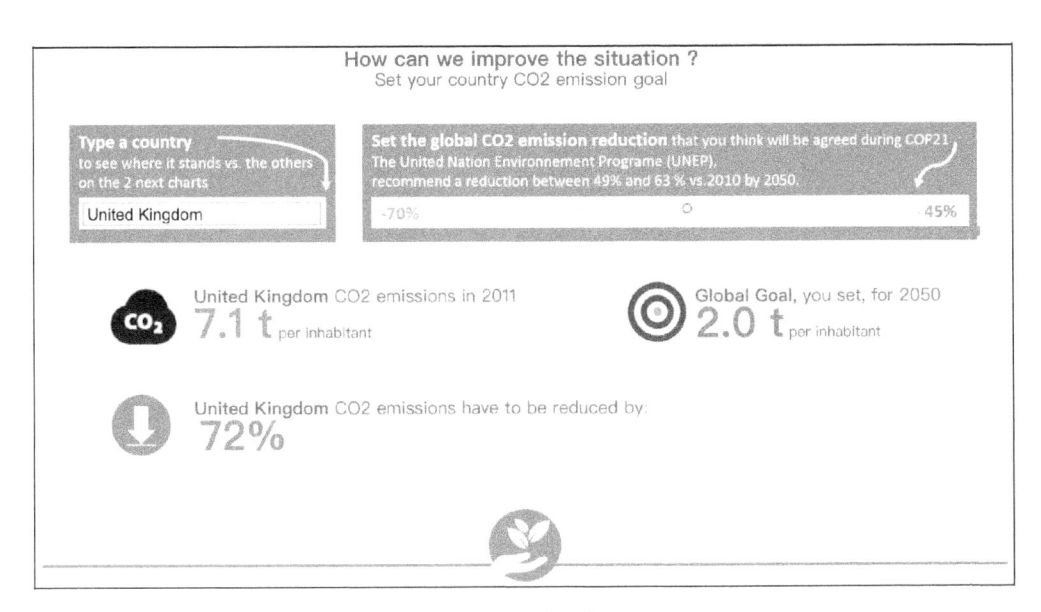

图 5.212　第二部分

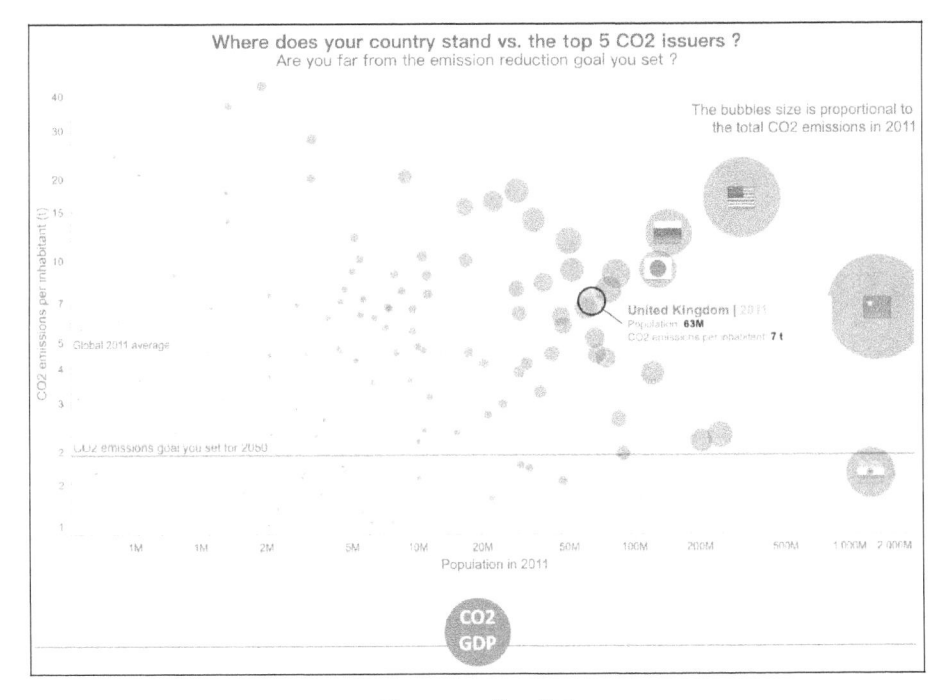

图 5.213　第三部分

在作品的右下角单击"下载"按钮，可以下载 TWB 格式、PDF 格式或图片格式的文件，也可以在 "http://public.tableau.com/workbooks/2015UnitedNationsClimateChange-ConferenceCOP21.twb" 直接下载作品的 TWB 格式。

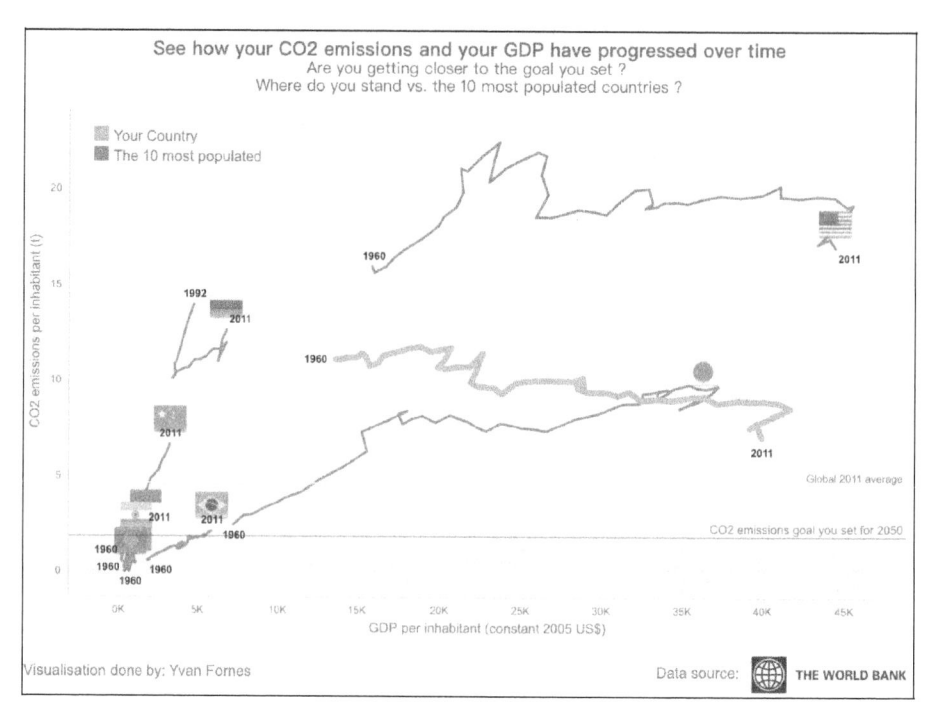

图 5.214　第四部分

5.11.2　Cabs in NYC

该作品的中文名称是"纽约市出租车"①，作者是 AdrienCharles，最初发布于其个人网站②，呈现了纽约市 3 天内出租车路线图，使用了超过 500 万个点用于用户导航，显示了白天特定时间出租车的活动情况，在底部单击"小时"，即可查看出租车在这个特定时间的活动情况，如图 5.215 所示。

该作品的数据来源于 NYC Taxi and Limousine Commission（纽约出租车和轿车委员会）③。该作品是动态的，包含四部分共 11 个工作表。左上角展示了人们上下出租车的地点，蓝色表示上车地点，黄色表示下车地点。左侧是统计数据，右侧地图可以用鼠标滚轮放大，也可以单击自己感兴趣的地点高亮显示。左下角展示了人们乘坐出租车出行的时间，能够使用户方便地查看高峰出行时段并了解该时段出租车的平均车速（单位是英里/小时）及每次乘坐的时间，蓝色表示乘坐时间短，橘色表示乘坐时间长。可以单击感兴趣的时间点，高亮显示相应信息。右上角部分展示了人们从帝国大厦出发乘坐出租车的情况，一半左右的乘客的路程在 12 英里之内。右下角展示了乘客从肯尼迪机场出发乘坐出租车的情况。

---

① http://public.tableau.c＊＊/profile/adrien.charles#!/vizhome/Taxi-F1/Tableaudebord2.
② http://www.adriencharles.c＊＊.
③ http://archive.o＊＊/details/nycTaxiTripData2013.

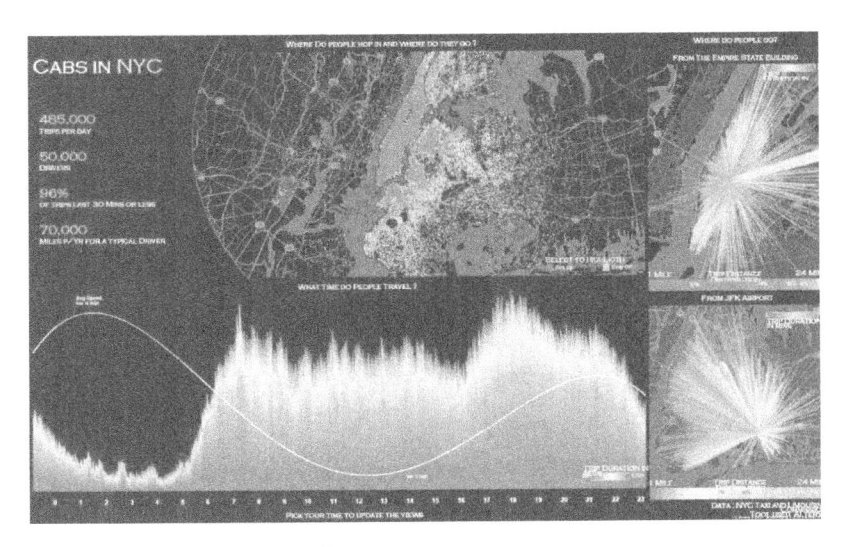

图 5.215 Cabs in NYC

5.11.3 Measuring the Penguinsat Palmer Station

该作品的中文名称是"在帕尔默站测量企鹅"①，作者是 UNMESHPANIGRAHY，呈现了南极洲 Palmer 群岛的 344 只企鹅的测量结果，显示了 Adelie、Chinstrap 和 Gentoo 三种企鹅在体形上有何不同。使用右上角的下拉菜单可以设置作品 6 个小图的轴信息，将鼠标悬停在标记上可以获取详细信息。该作品简洁大方，在有限的范围中呈现出多种视图效果，如图 5.216 所示。

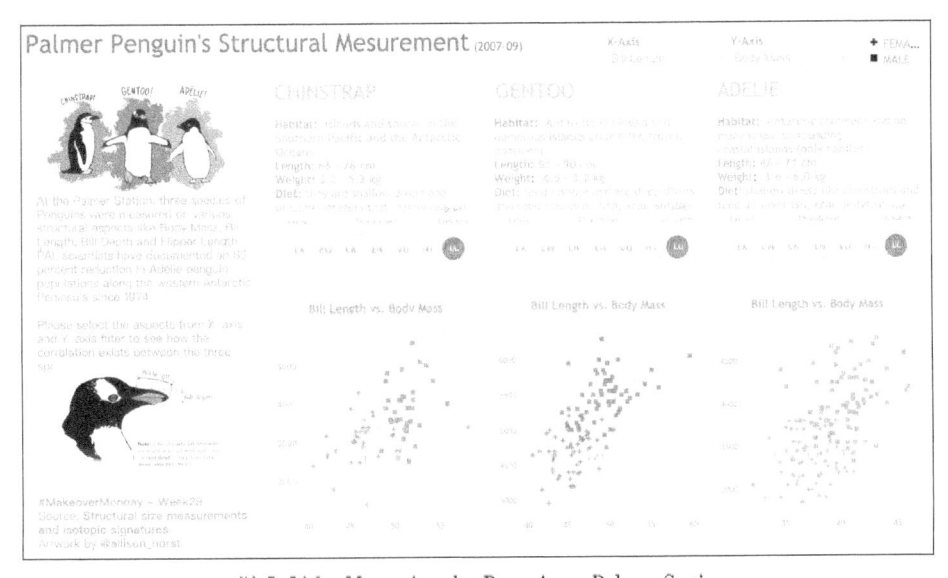

图 5.216 Measuring the Penguinsat Palmer Station

---

① http://public.tableau.c**/zh-cn/gallery/measuring-penguins-palmer-station?tab=viz-of-the-day&type=viz-of-the-day.

5.12 综合案例：动态热带气旋图

中国气象局热带气旋资料中心包含 1980 年至 2016 年西北太平洋所有被卫星捕捉到的热带气旋，下载资料后重命名为"1980_2016_热带气旋.csv"，该文件包含 14998 行、7 列数据。以第 1 行为例说明各列的含义。

"198003040518,13.16,177.34,990,24.3,137.7,GOE-3"

第 1 列前 4 位是年份，然后是 2 位的热带气旋序号，2 位月份、2 位日期、2 位小时；第 2 列是热带气旋中心纬度；第 3 列是热带气旋中心经度；第 4 列是热带气旋中心最低气压；第 5 列是热带气旋近中心最大风速；第 6 列是热带气旋的尺度；第 7 列是用于反演的卫星。

1. 连接数据并简单处理数据

（1）连接数据。运行 Tableau，在开始页面选择"到文件"中的【更多…】选项，选择文件"1980_2016_热带气旋.csv"后单击"打开"按钮。

（2）重命名列。单击列后面的三角按钮，在下拉菜单中选择【重命名】选项，如图 5.217 所示，为"F2"~"F7"列分别重命名为"纬度""经度""最低气压""最大风速""尺度"和"卫星"。

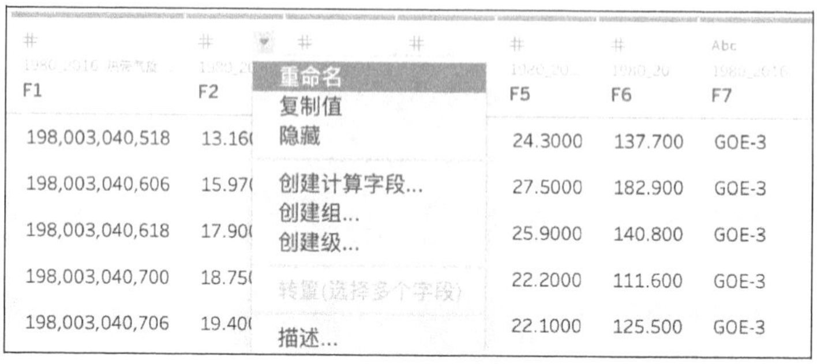

图 5.217　重命名列

（3）修改列的数据类型。单击列前面的数据类型图标，如第一列的"#"，在弹出的快捷菜单中选择【字符串】选项，如图 5.218 所示。用类似方法修改"纬度"和"经度"列的数据类型为【地理角色】的【纬度】和【经度】选项。

2. 生成新字段

第 1 列的数据值包含了年份、热带气旋序号、月份、日期和小时，共 5 部分信息，需要将信息整合为"日期和时间"数据类型。

（1）创建计算字段"序号"。单击"F1"列后的三角按钮，在下拉菜单中选择【创建

		纬度	经度	最低气压	最大风速	尺度	卫星
数字(小数)		13.1600	177.3400	990	24.3000	137.700	GOE-3
✓ 数字(整数)		15.9700	177.2000	987	27.5000	182.900	GOE-3
日期和时间							
日期		17.9000	178.2800	987	25.9000	140.800	GOE-3
字符串							
布尔		18.7500	179.0100	992	22.2000	111.600	GOE-3
✓ 默认值		19.4000	179.6800	994	22.1000	125.500	GOE-3
地理角色 ▶							

图 5.218　修改列的数据类型

计算字段】选项，在打开的对话框中输入内容如图 5.219 所示。"序号"列包含年份和热带气旋序号共 6 位数字。

序号

mid(TRIM([F1]),0,6)

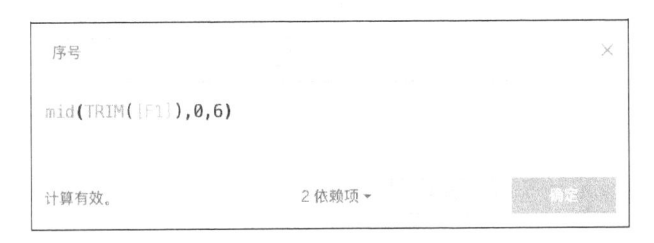

计算有效。　　　2 依赖项 ▼　　　确定

图 5.219　创建计算字段"序号"

用上述方法创建计算字段"年"，值是"INT(MID(TRIM([F1]),1,4))"；计算字段"月"，值是"INT(MID(TRIM([F1]),7,2))"；计算字段"日"，值是"INT(MID(TRIM([F1]),9,2))"。再根据"年""月"和"日"三个字段创建计算字段"日期"，值是"MAKEDATE([年],[月],[日])"。再根据"日期"和"F1"字段创建计算字段"日期时间"，值是"MAKEDATETIME([日期],MAKETIME(INT(MID(TRIM([F1]),11,2)),0,0)"。

（2）隐藏无关列。单击列后的三角按钮，在下拉菜单中选择【隐藏】选项，即可隐藏该列。隐藏无关列后，最终的 8 个列如图 5.220 所示。**注意**：不要勾选图 5.218 右上角的"显示隐藏字段"复选框。

日期时间	序号	纬度	经度	最低气压	最大风速	尺度	卫星
1980/4/5 下午6:00:00	198003	13.1600	177.3400	990	24.3000	137.700	GOE-3
1980/4/6 上午6:00:00	198003	15.9700	177.2000	987	27.5000	182.900	GOE-3
1980/4/6 下午6:00:00	198003	17.9000	178.2800	987	25.9000	140.800	GOE-3

图 5.220　最终的 8 个列

3. 新建工作表"热带气旋"

（1）同时选择"数据"窗格的"纬度"和"经度"字段，单击"智能推荐"，选择"符号地图"，将"序号"拖到"标记"卡的"详细信息"上。

（2）添加筛选器。将"日期时间"字段拖到"筛选器"功能区，在打开的"筛选器字段"对话框中选择"年"，如图 5.221 所示，然后单击"下一步"按钮。在"筛选器"对话框的"常规"选项卡中勾选"1988"复选框，如图 5.222 所示，然后单击"确定"按钮。

图 5.221　"筛选器字段"对话框　　　　图 5.222　"筛选器"对话框

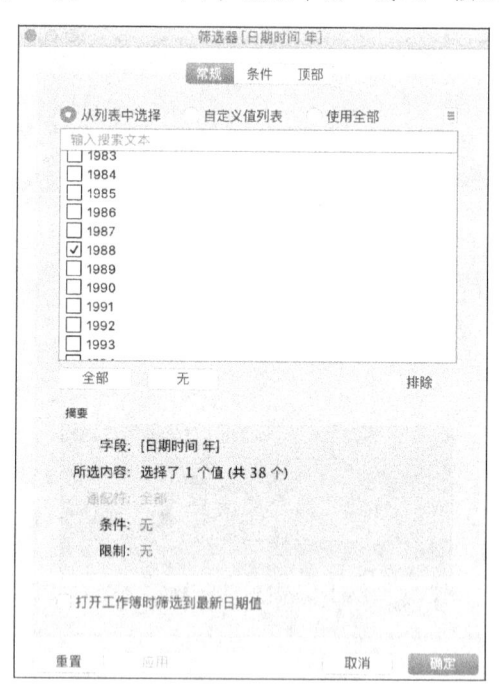

4. 美化图表

（1）将"标记"卡的图标类型设置为"线"，将"日期时间"字段拖到"标记"卡的"路径"上。右击"标记"卡的"日期时间"右侧的三角按钮，在下拉菜单中选择"精确日期"，将"序号"字段拖到"标记"卡的"颜色"上；将"最大风速"字段拖到"标记"卡的"大小"上，右击"标记"卡的"最大风速"右侧的三角按钮，在下拉菜单中选择【度量（总和）】|【平均值】选项，"热带气旋"工作表效果如图 5.223 所示。

（2）设置"页面"动态效果。将"日期时间"字段拖到"页面"卡，单击"页面"卡的"日期时间"右侧的三角形按钮，在打开的快捷菜单中选择"天"，如图 5.224 所示。

（3）设置"天（日期时间）"控件如图 5.225 所示，设置速度并勾选"显示历史记录"复选框。

单击"显示历史记录"右侧的三角按钮，在打开的对话框中设置历史记录，如图 5.226 所示，最终效果如图 5.227 所示。

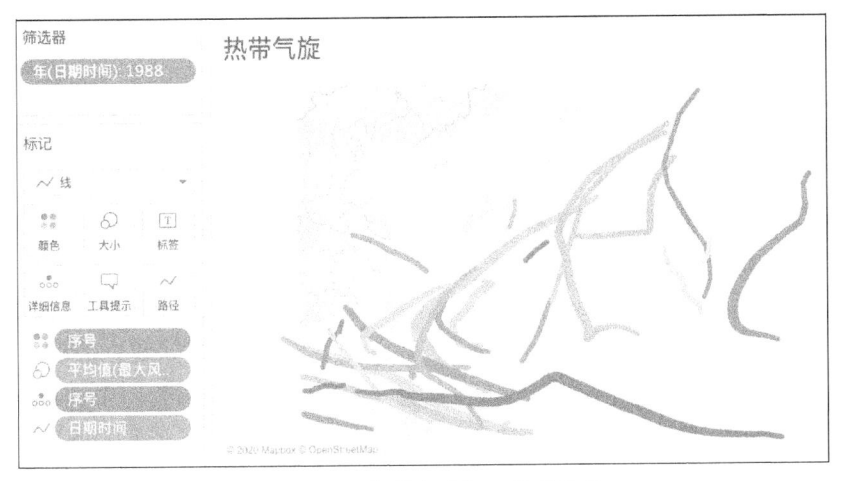

图 5.223 "热带气旋"工作表效果

图 5.224 设置"页面"

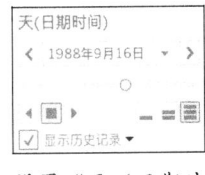

图 5.225 设置"天（日期时间）"控件

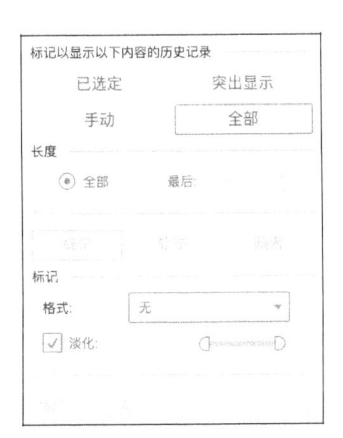

图 5.226 设置历史记录

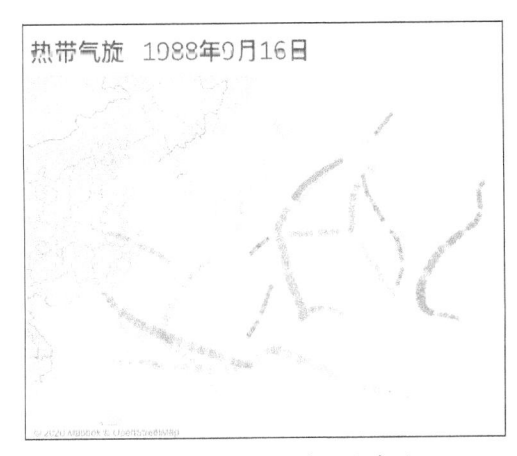

图 5.227 最终动态效果截图

小　结

本章首先介绍了常见的数据可视化工具，然后以可视化工具 Tableau 为例详细介绍其下载和安装的步骤，连接多种数据的方法，Tableau 的 16 种图表，以及高级分析、仪表板和故事、作品发布，同时赏析了 3 个 Tableau 作品，最后通过 1 个综合案例实践 Tableau 数据可视化的具体步骤和技巧。

习　题　5

对习题 4 进行数据分析后，尝试将发现的数据规律或关系用 Tableau 可视化，具体包含以下内容：

1. 绘制电影类型的条形图和饼图。
2. 绘制电影类型随时间变化的折线图。
3. 绘制电影时长与电影票房及评分的散点图。
4. 自选合适的图表类型，呈现电影类型与利润的关系。
5. 自选合适的图表类型，呈现 Universal 和 Paramount 两家影视公司的对比情况。
6. 自选合适的图表类型，呈现改编电影和原创电影的对比情况。
7. 根据制作电影的国家或地区，制作数据地图。
8. 根据以上图表，制作仪表板和故事并发布作品。

第 6 章 其他数据新闻制作工具

数据可视化工具 Tableau 并不是制作数据新闻的唯一工具，随着数据新闻包含的媒体种类越来越多，客户对数据新闻的要求和期待也在不断提高，为达到最佳的视觉效果，制作数据新闻时会根据需要使用到很多其他类型的工具。

6.1 图表绘制工具库 ECharts

黄志敏（前财新传媒 CTO，现为数可视创始人）认为，"ECharts 是我接触过的最优秀的可视化工具，也是进步最快的软件，希望它早日成为世界级的开源项目。"

本章教学资源

ECharts 是 Enterprise Charts 的缩写，是商业级数据图表，最初目的是满足百度公司商业体系各种业务系统的报表需求。

ECharts 本身是一个 JavaScript 图表库。2013 年 6 月 30 日，ECharts 发布了 1.0 版本，目前的最高版本是 5.2.0（截至 2021 年 9 月）。ECharts 可以运行在 PC 平台上，也可以运行在移动设备上，设计快速，能提供直观、生动、可交互且个性化的数据可视化图表。

ECharts 与 Tableau 均可实现数据的可视化，但二者的区别很大，Tableau 几乎不需要编写代码，而 ECharts 需要修改代码，甚至编写代码。在数据的可视化呈现上，两个工具各具特色。

6.1.1 获取 ECharts

用户可以通过多种方式获取 ECharts。最常见的方法是在 ECharts 官网下载界面中选择版本下载。下载的文件不需安装，解压缩即可。使用 ECharts 只需要像普通的 JavaScript 库一样用 "<script>" 标签引入即可，代码如下：

```
<script src="echarts.min.js"></script>
```

然后就可以如其他 JavaScript 库一样使用了。

6.1.2 绘制一个简单的图表

DOM（Document Object Model，文档对象模型）以一种独立于平台和语言的方式访问、修改一个文档的内容和结构。DOM 设计是以对象管理组织（OMG）的规约为基础的，因此可以用于任何编程语言。如通过 JavaScript 代码对 HTML 和 XML 数据进行 DOM 方式的操作，从而做到页面的动态修改、更新和数据的提取处理等。

首先，引入 ECharts 后，需要为 ECharts 准备一个具备高和宽的 DOM 容器。代码如下：

```
<div id="main" style="width:600px; height:400px;"></div>
```

<div>标签用于把文档分割为独立的、不同的部分，一般用作严格的组织工具，并且不使用任何格式与其关联。

然后，通过 echarts.init 方法初始化一个 ECharts 对象实例。

最后，使用 setOption 方法生成一个简单的柱状图。

完整代码如图 6.1 所示，来源于 ECharts 官网，作者添加了注释，方便读者学习和理解。

```html
<!-- <!DOCTYPE>声明用于指示web浏览器关于页面使用哪个HTML版本进行编写的指令。 -->
<!DOCTYPE html>
<!-- 告知浏览器其自身是一个HTML文档。 -->
<html>
<!-- 此标签用于定义文档的头部，它是所有头部元素的容器。 -->
<head>
    <!-- charset属性规定此HTML文档的字符编码。 -->
    <meta charset="utf-8">
    <!-- 此标签定义文档的标题。 -->
    <title>ECharts</title>
    <!-- 引入 echarts.min.js -->
    <script src="echarts.min.js"></script>
</head>
<body>
    <!-- 为ECharts准备一个具备大小（宽高）的Dom -->
    <div id="main" style="width: 600px;height:400px;"></div>
    <!-- type 属性规定脚本的MIME类型。JavaScript的MIME类型是"text/javascript"。 -->
    <script type="text/javascript">
        // 基于准备好的dom，初始化echarts实例
        var myChart = echarts.init(document.getElementById('main'));
        // 指定图表的配置项和数据
        var option = {
            title: {
                text: 'ECharts 入门示例'    //设置图表的主标题文本
            },
            tooltip: {},                    //设置图表的提示框组件,默认显示提示框
            legend: {
                data:['销量']               //设置图表的图例组件的数据
            },
            xAxis: {                        //设置图表X轴的类目数据
                data: ["衬衫","羊毛衫","雪纺衫","裤子","高跟鞋","袜子"]
            },
            yAxis: {},                      //可在此处设置图表的Y轴
            series: [{                      //设置系列列表
                name: '销量',                //设置图表系列的名称
                type: 'bar',                //设置图表类型是柱形图
                data: [5, 20, 36, 10, 10, 20]//设置系列数据
            }]
        };
        // 使用刚指定的配置项和数据显示图表。
        myChart.setOption(option);
    </script>
</body>
</html>
```

图 6.1 绘制一个简单图表的源代码

EditPlus 是一款功能强大的文本编辑器，支持颜色标记、HTML 标记等功能，还能内建完整的 HTML 和 CSS 标签功能。初学者也可以使用"记事本"工具编写简单的代码。

将图 6.1 所示的源代码保存为 HTML 文档"test.html"，并确保该文件与"echarts.min.js"在同一个文件夹下，使用浏览器打开"test.html"，查看图表效果，如图 6.2 所示。

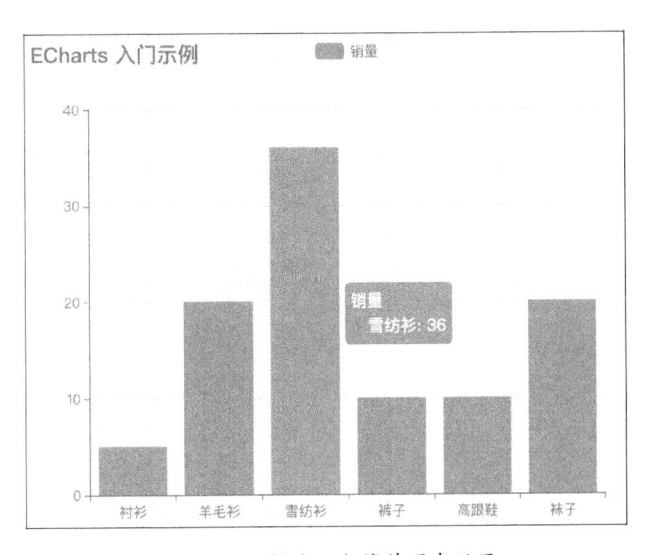

图 6.2　绘制的一个简单图表效果

为保证浏览效果，建议将浏览器升级到最高版本以支持 HTML5。也可以通过 http://www.w3school.com.cn/html5/html_5_video.asp 页面测试用户浏览器是否支持 HTML5。

6.1.3　编辑图表

编辑图表需要了解 ECharts 的功能，具体内容请参考 ECharts 的 API 和配置项手册文档。本节仅对图表做基本的类型修改、增加图表显示内容等操作。

1. 修改图表类型

ECharts 可以实现多种图表的制作，如常规的折线图、柱状图、散点图、饼图、地图、热力图、关系图、漏斗图和仪表盘等，并且支持图与图之间的混搭。

修改 series 中的 type 属性，可以编辑图表类型，如"line"表示折线图，折线图是用折线将各个数据点标志连接起来的图表，用于展现数据的变化趋势；如"pie"表示饼图，适合表现不同类目的数据在总和中的占比关系。下面的代码修改了图表类型，效果如图 6.3 所示。

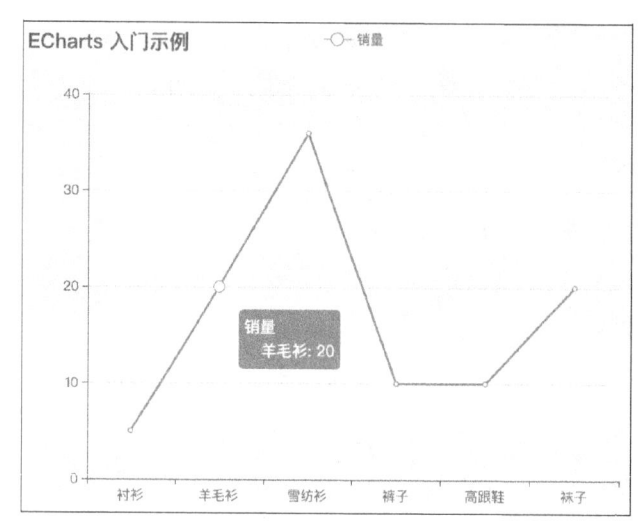

图 6.3 折线图

代码如下：

```
series:[{                            //设置系列列表
    name:'销量',                     //设置图表系列的名称
    type:'line',                     //设置图表类型是折线图
    data:[5,20,36,10,10,20]          //设置系列数据
}]
```

2. 增加图表标签

为了更好地显示折线图 6 个数据点的标签，在 series 中增加"label"，效果如图 6.4 所示。

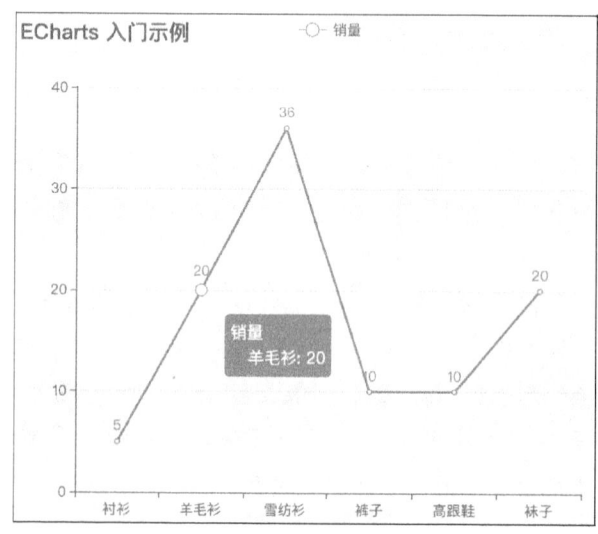

图 6.4 显示标签的折线图

代码如下：

```
series:[{                              //设置系列列表
    name:'销量',                        //设置图表系列的名称
    type:'line',                       //设置图表类型是折线图
    label:{                            //设置显示图表标签
        normal:{
            show:true,
        }
    },
    data:[5,20,36,10,10,20]            //设置系列数据
}]
```

3. 增加图表均值和最大、最小值

为更好地理解数据点在均值之上还是在均值之下，可以增加一条"平均值"参考线，方便读者理解各数据点的大小，效果如图 6.5 所示。

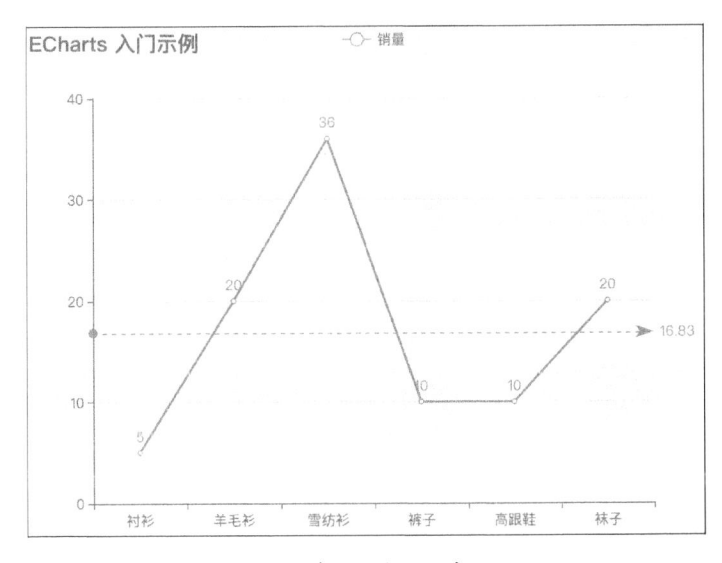

图 6.5 带均值线的图表效果

代码如下：

```
markLine:{
    data:[{
        type:'average',name:'平均值'}
    ]
}
```

为了方便读者快速查看到数据点中的最大值和最小值，在已绘制的图表中增加相关信息，效果如图6.6所示。

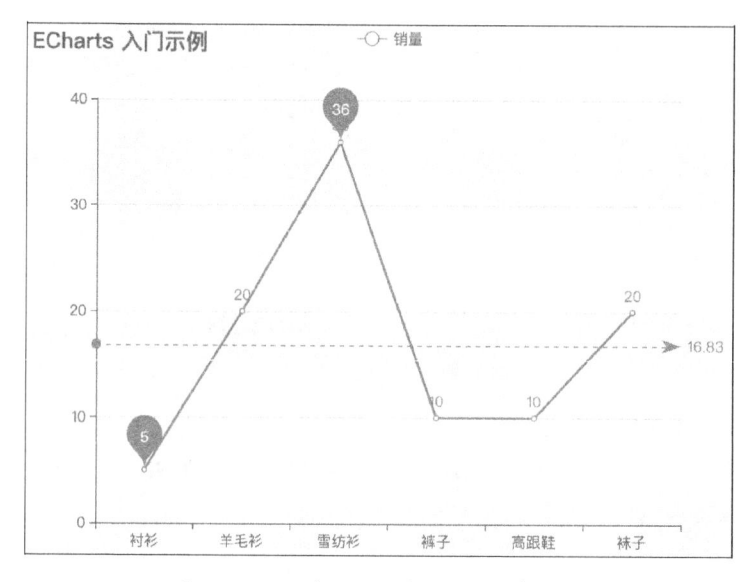

图6.6 显示最大值和最小值的图表效果

代码如下：

```
markPoint：{
    data：[
    {type：'max', name：'最大值'},
    {type：'min', name：'最小值'}
    ]
}
```

6.2 标签云

标签云（Tag Cloud），也称为文字云，是对关键词的视觉化描述，用于汇总用户生成的标签或一个网站的文字内容。标签一般是独立的词汇，经常按字母顺序排列，通过改变字体大小或颜色来表现其重要程度，所以标签云可以灵活地依照字母顺序或热门程度来检索一个标签。大多数标签本身就是超级链接，直接指向与标签相关联的一系列条目。照片共享网站Flickr是最先使用标签云的高知名度网站，随后标签云逐渐被各大网站使用并流行起来。

标签云工具很多，其属性一般有四种。"字号"属性一般与数量相关，数量越多字号越大；"排列"属性用于设置文本的排列方式；"颜色"属性用于固定渐进色、是否增加背景等；"字体"属性用于设置文本字体。

早期，新闻工作者使用 Excel 等软件制作简单的标签云，方法复杂，效果欠佳。随后，他们开始使用 DIV、CSS 和 JS 等技术制作复杂的标签云，效果好但需要编写代码，制作周期长。现在，大量的标签云制作工具如雨后春笋般出现并被大多数没有代码编写经验的大众接受并使用。

常用的标签云制作工具有 Wordle、WordItOut、WordArt 和 Tagxedo 等，具体功能如下。

- Wordle 支持三种内容来源：自己输入、URL 和 del.icio.us 的账号。该工具可以设置样式、字体，布局和配色方案等，但是不支持导出为图片，可以打印、共享，还提供可以嵌入网页的 HTML 代码。Wordle 在高级设置中实现了颜色和权重的设置，但不支持中文。
- WordItOut 支持中文，可以设置权重和颜色，还可以选择颜色变化规则。
- WordArt 功能强大，需要申请账号，支持中文，颜色、形状、字体均可以设置。
- Tagxedo 是一个功能相对完整的文字云工具，支持中文，但速度不太理想。

本节以标签云工具 WordArt 为例详细介绍标签云的制作方法。

打开 WordArt 官方网站，注册账号并登录。账号信息显示在页面右上角，如图 6.7 所示。主界面显示已经制作完成的标签云，如图 6.7 所示，包含了 7 个制作完成的标签云，分别显示了标签云的名字、创建日期和是否公开等信息。**注意：**标签云的"Privacy"不同，既有公开的（"Public"），也有私有的（"Private"），如果希望标签云分享到社交

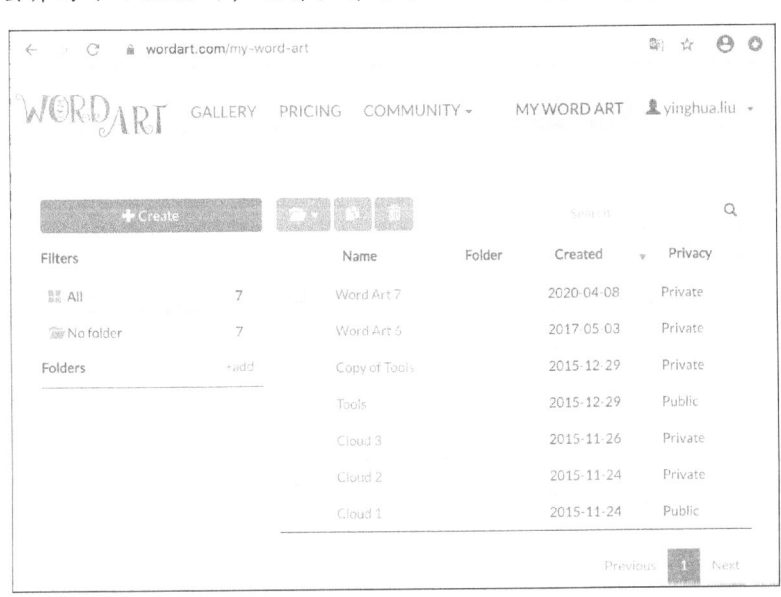

图 6.7 WordArt 账号界面

网站，那么标签云必须是公开的。单击"Delete"按钮，可以删除所选标签云，单击"Duplicate"按钮，可以复制标签云进行备份。若制作完成的标签云过多，可以创建文件夹分别存放，也可以使用搜索窗口筛选标签云，还可以单击页面右下角的"Previous"和"Next"按钮，翻页查找。

1. 创建标签云

单击图6.7所示左上角的"Create"按钮，可以创建一个新的标签云。在打开的WordArt主界面的右上方输入标签云的名字，如"第一个作品"，如图6.8所示。然后在左侧默认展开的"WORDS"选项卡中输入几个英文单词后，单击"Visualize"按钮，创建的标签云效果如图6.8所示。WordArt是一个在线工具，速度很快，所见即所得。若单词过多且网络速度很差，则生成标签云需要较长的时间。

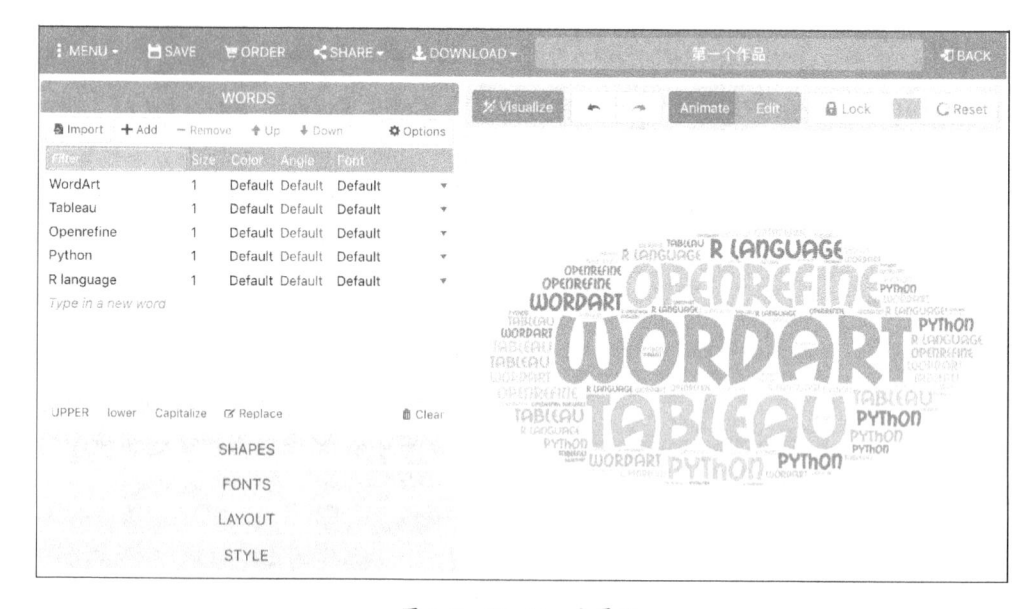

图6.8 WordArt主界面

2. 编辑标签云文字

在图6.8所示的"WORDS"选项卡中可以直接输入文字，也可以通过"Import"按钮从URL导入文字，或导入Excel、CSV或纯文本格式的文字。

单击"Add"按钮，可以添加文字，单击"Remove"按钮，可以删除文字。大部分情况下，标签云中的文字并不是特别复杂，自行输入即可。"Up"和"Down"按钮用于调整文字的前后顺序，排在前面的文字显示得大，排在后面的文字显示得小。每行文字的Size（大小）默认为"1"，Color（颜色）、Angel（角度）和Font（字体）默认为"Default"。可以根据个人喜好修改属性，每次编辑修改后，单击"Visualize"按钮，可以查看效果。

"Upper"按钮将文本全部变成大写,"Lower"按钮将文本全部变成小写,"Capitalize"按钮将文本首字母变成大写,"Replace"按钮用于替换文字,"Clear"按钮用于删除所有文字。

3. 保存标签云

编辑标签云后要及时保存,单击图6.8所示左上方的"Save"按钮,保存修改。

4. 设置标签云形状

如图6.9所示的"SHAPES"选项卡提供了常用的标签云格式,可以根据需要为标签云选择合适的形状,也可以添加个性化形状。单击"Add image"按钮,可以添加本地计算机图片或者网络图片的URL为标签云形状,也可以单击"Add text"按钮,添加文字为标签云形状。

5. 设置标签云字体

如图6.10所示的"FONTS"选项卡可以设置标签云的文本字体,WordArt默认只提供英文字体。单击"Add font"按钮,可以添加本地计算机字体,以更好地呈现文字效果。若标签云中包含中文字体,则显示乱码或者不显示该中文,建议添加中文字体,以正确显示,如图6.10所示添加了中文古隶简"FZGuLi-S12S"字体。

图6.9 "SHAPES"选项卡　　　　　图6.10 "FONTS"选项卡

6. 设置标签云布局

如图6.11所示的"LAYOUT"选项卡可以设置标签云的文本排列位置及文字的数量和密度。

7. 设置标签云颜色和动画效果

如图6.12所示的"STYLE"选项卡可以设置标签云的文本颜色、颜色强调比例、背景颜色、背景图像、动画速度、动画是否放大、是否旋转、翻滚框文字颜色和翻滚框颜色。

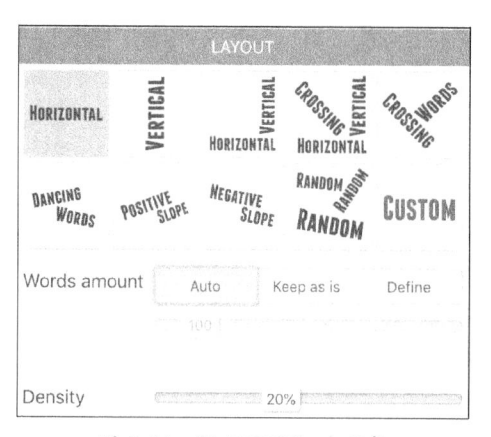

图 6.11 "LAYOUT" 选项卡

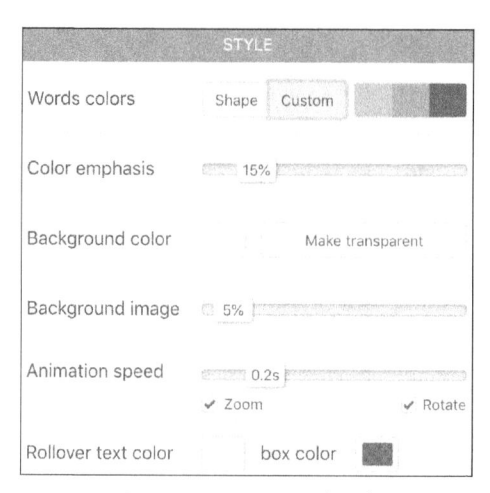

图 6.12 "SYTLE" 选项卡

8. 设置标签云模式

在"Animate"（动画）模式下，当用鼠标点选文本时，呈现动画效果，如图 6.13 所示。在"Edit"（编辑）模式下，可以编辑选择的文本，如文本大小、颜色和位置等，如图 6.14 所示。

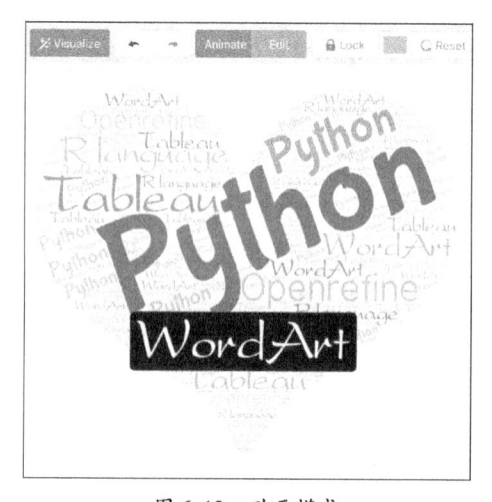

图 6.13 动画模式

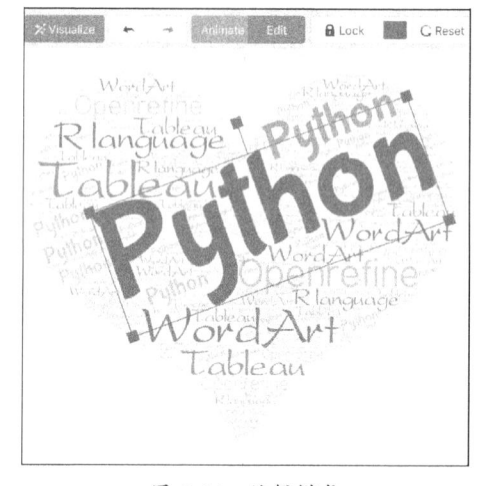

图 6.14 编辑模式

9. 查看标签云效果

单击主界面右上角的"Visualize"按钮，可以查看标签云效果，特别适合展示有动画效果的标签云。

10. 分享标签云

单击"SHARE"的三角按钮，在下拉菜单中可以选择分享标签云的方式，如图 6.15 所示。如设置标签云是否分享到 Facebook、Twitter 和 Link，或者将标签云以邮件的形式发送给他人，或者下载嵌入 Web 页面的代码，将该链接嵌入某个网页，如图 6.16 所示。

注意：标签云设置为私有时不能嵌入到其他 Web 页面中。

图 6.15　"SHARE"分享　　　　图 6.16　嵌入 Web 页面的代码

11. 下载标签云

单击"Download"右侧的三角按钮，在下拉菜单中可以选择下载标签云的方式，如图 6.17 所示。标签云可以下载保存为 PNG、JPEG、SVG 和 PDF 等格式，也可以保存为 HTML 格式。如图 6.18 所示是一个中文标签云下载的 PNG 格式效果。

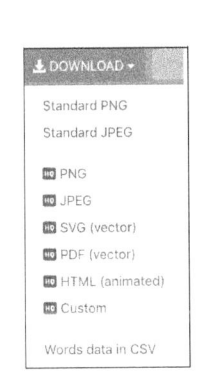

图 6.17　"DOWNLOAD"下载　　　　图 6.18　中文标签云效果

6.3　可视化工具 kepler

可视化工具 kepler 是由 Uber 开发的空间数据可视化开源工具，可以通过其面向 Python 开放的接口包 keplergl 编写代码，也可以使用离线工具，但更多的用户选择使用在线工具。kepler 是一种没有服务器后端的客户端应用程序，所以用户数据仅存在本地计算机和浏览器中，没有任何数据或地图信息发送到其他服务器。kepler 最大的优势是采用

GPU 渲染，渲染数万个数据点时基本无延迟。其缺点是对中文支持差，变量最好用英文，否则可能显示乱码。

1. 导入数据

可以使用表 6.1 中的三种方式将数据导入 kepler。

表 6.1 导入数据类型说明

导入数据类型	说　　明
Load files	包含 CSV、Json、GeoJSON 或已保存的 map Json。必须包含空间信息，如经度和纬度
Load Map usingURL	使用用户自定义的网址加载地图，如 https://your.map.url/map.json，http://your.map.url/data.csv
Load from Storage	使用用户保存在 Dropbox 或 CARTO 中的数据

最常见的方式是导入数据文件。将文件"cab_rides_all.csv"（可到本书资源下载）拖入"AddDatatomap"窗口，如图 6.19 所示。

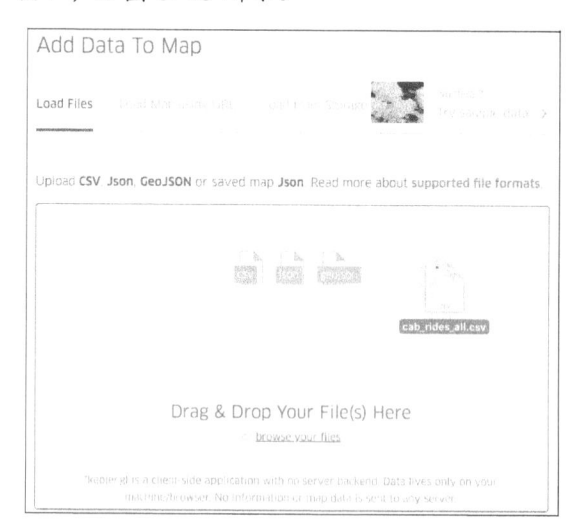

图 6.19 导入数据

文件"cab_rides_all.csv"包含多个列，本案例主要使用"tpep_pickup_datetime"（上车日期时间）、"tpep_fropoff_datetime"（下车日期时间）、"pickup_longitude"（上车经度）、"pickup_latitude"（上车纬度）、"dropoff_longitude"（下车经度）和"dropoff_latitude"（下车纬度）。

2. 编辑数据层

数据包含 2 对经纬度，导入数据后默认生成 4 个图层，如图 6.20 左侧"Layers"所示，包含的 4 个图层分别是"pickup"（上车地点图层）、"dropoff"（下车地点图层）、"pickup->dropoff arc"（上车到下车的弧线图层）和"pickup->dropoff line"（上车到下车的直线图层）。图 6.20 中仅显示了"pickup"图层，单击其他图层名称右侧的"show layer"按钮，可以显示或隐藏该图层。

图 6.20 单个地图层

图 6.21 呈现了 3 个图层的效果,"pickup"和"dropoff"是 2 个点图层,"pickup->dropoff arc"是 1 个弧线图层。

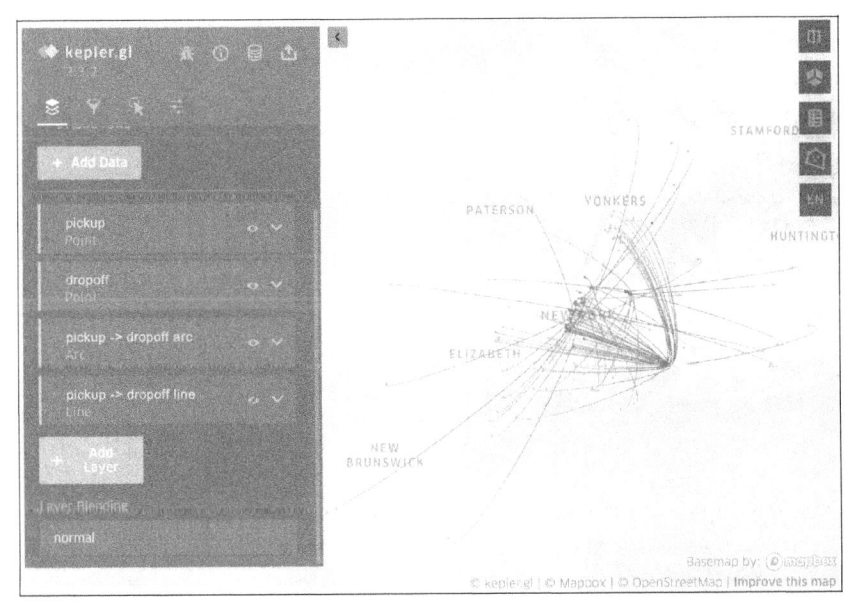

图 6.21 多个地图层

3. 筛选数据

图 6.22 左侧对数据进行了两个筛选操作,分别是"tpep_pickup_datetime"(上车日

期时间）和"trip-distance"（车程）。单击图 6.22 右下方"tpep_pickup_datetime"筛选中的三角按钮，可以动态显示随时间变化的效果。

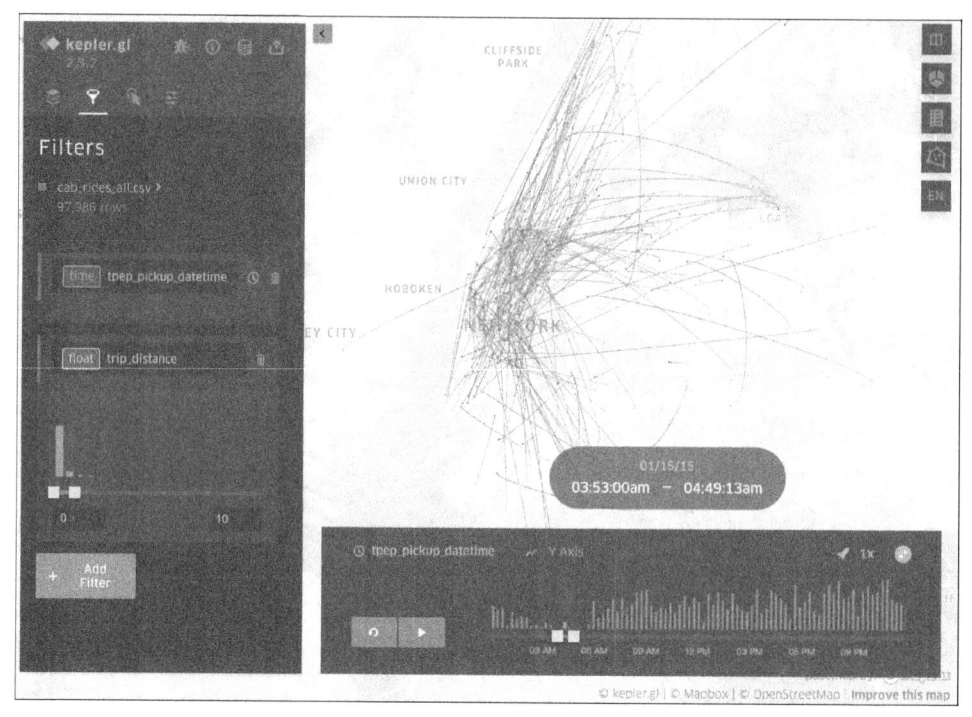

图 6.22 筛选数据

设置互动信息。在"Interactions"中可以设置互动信息，如图 6.23 所示。

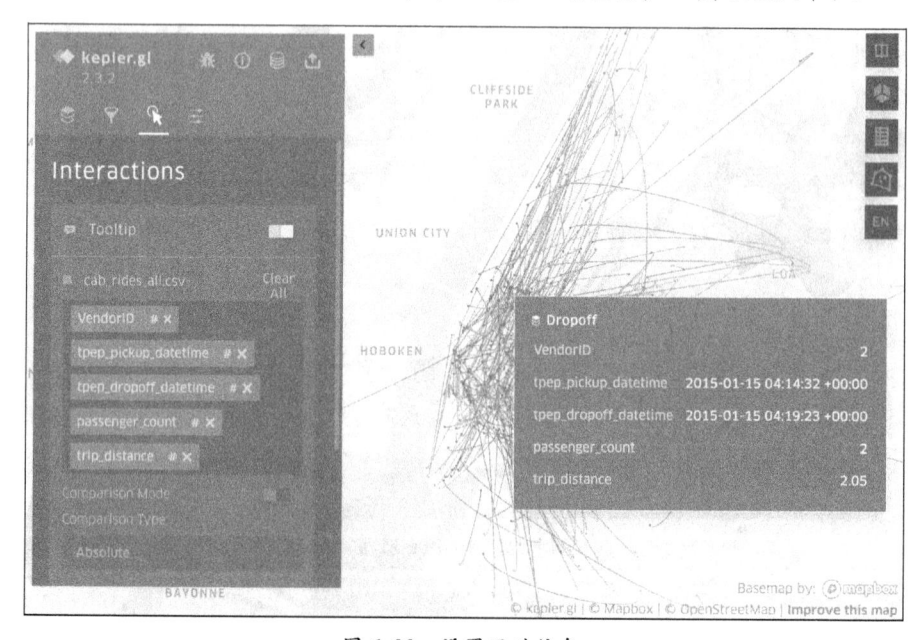

图 6.23 设置互动信息

制作完成的地图可以保存到云空间，也可以保存为图片、数据和地图等文件格式，还可以分享到 URL，如图 6.24 所示。

图 6.24　保存和分享

6.4　可视化工具 flourish

可视化工具 flourish 是一个在线的数据可视化工具，主要制作包含动画与交互的图表。该工具分为免费版本和收费版本两种，唯一的区别是免费版本制作的作品是公开的，任何人均可以查看，而收费版本可以设置作品是否公开。

本案例使用的数据 "NewAirbnb.xlsx" 和 "country_latlon.xlsx"，可以到本书资源下载。

1. 查看模板

该工具必须先注册再登录使用，包含大量的模板。本案例使用的是 "Survey" 模板，该模板特别适合探索大量调查结果，其交互式可视化效果非常漂亮，如图 6.25 所示。单击图 6.25 右下角的 "Group by"（分组）、"Shade by"（色彩）、"Size by"（大小）和 "Compare"（比较）的三角按钮，在下拉菜单中分别设置选项，以查看效果。

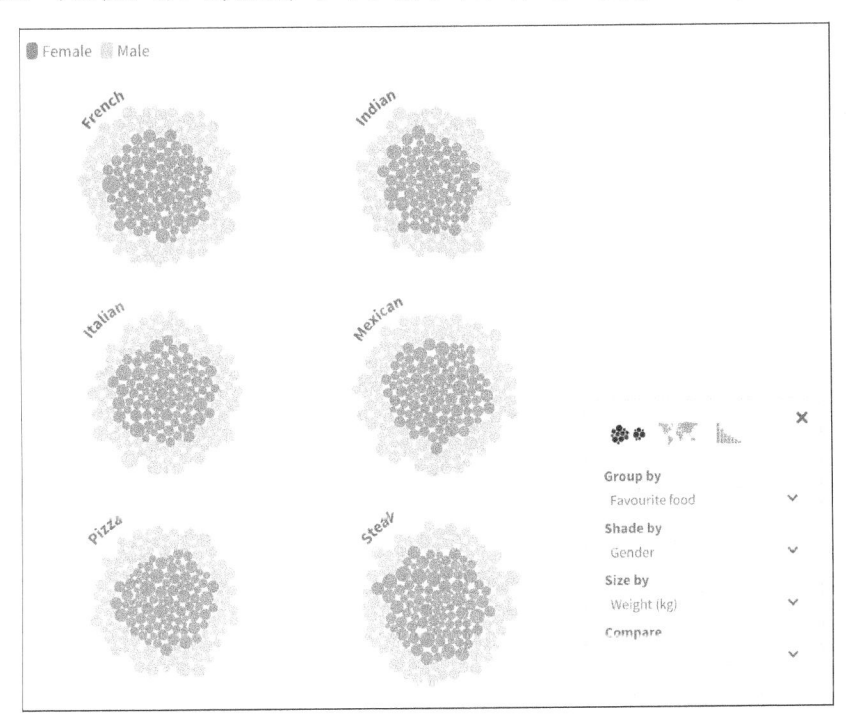

图 6.25　首次进入 "Survey" 模板

2. 上传基础数据

该工具允许用户上传数据。单击图 6.26 右上角的"Data"按钮，然后选择"Data"选项卡，单击"Upload data"按钮，将上传"NewAirbnb.xlsx"数据。

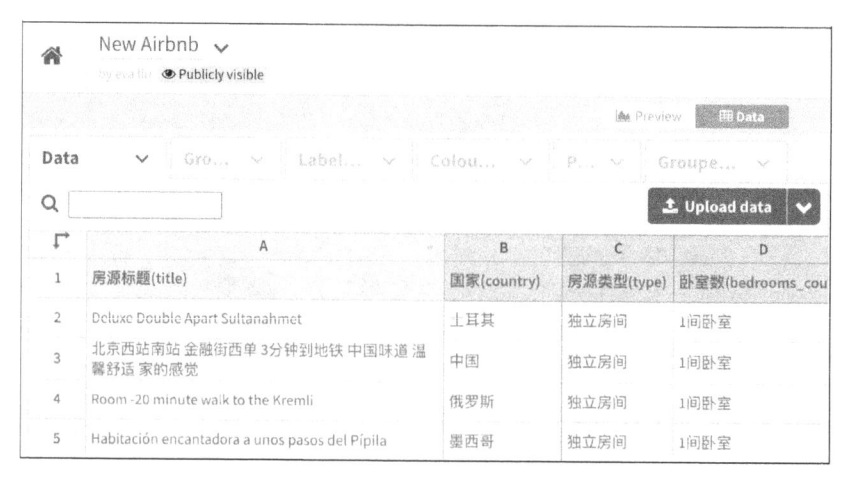

图 6.26 "Data"选项卡

3. 上传地理位置数据

如图 6.26 所示 B 列是国家（或地区）信息，所以需要单独上传地理位置数据。选择"Places"选项卡，单击"Upload data"按钮，上传"country_latlon.xlsx"数据，该数据仅包含 3 列，分别是国家（或地区）名称、经度和纬度，如图 6.27 所示。

图 6.27 "Places"选项卡

在"Preview"选项卡中可以设置图表的类型，图 6.28 所示是柱形图，图 6.29 所示是散点图，图表都是动态效果的。读者可自行浏览数据地图效果。

还可以根据需要进行 flourish 属性设置，如图 6.30 所示。完成的作品可以单击"Export & publish"按钮导出或发布，如图 6.31 所示。

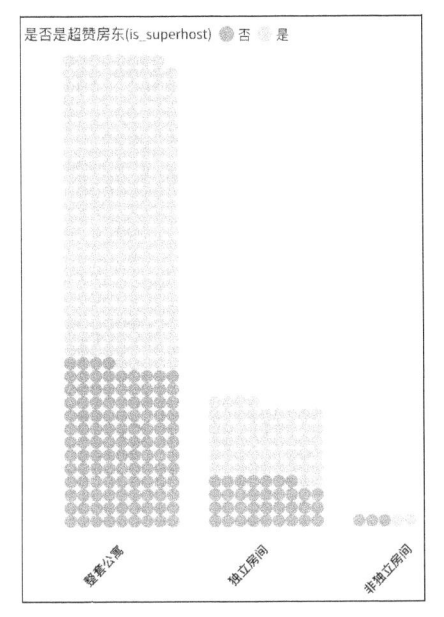

图 6.28 flourish 柱形图

图 6.29 flourish 散点图

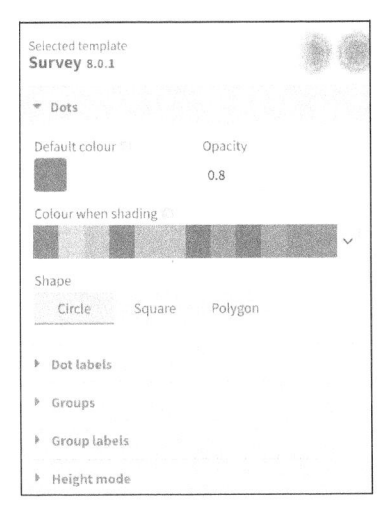

图 6.30 属性设置

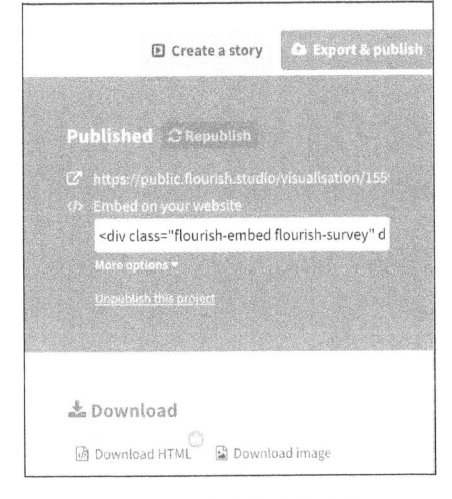

图 6.31 导出或发布作品

6.5 可视化工具 hanabi

可视化工具 hanabi 是数可视公司开发的在线图表制作工具，图表多样，制作只需要三个步骤。首先选择图表，然后替换数据，最后设置图表并分享导出即可。其缺点是个性化不强，且最终作品中包含 hanabi 的 LOGO 和文字等内容。

图 6.32 所示是桑基图，图 6.33 所示是动态极坐标折线图，这是比较流行的两种图表类型。

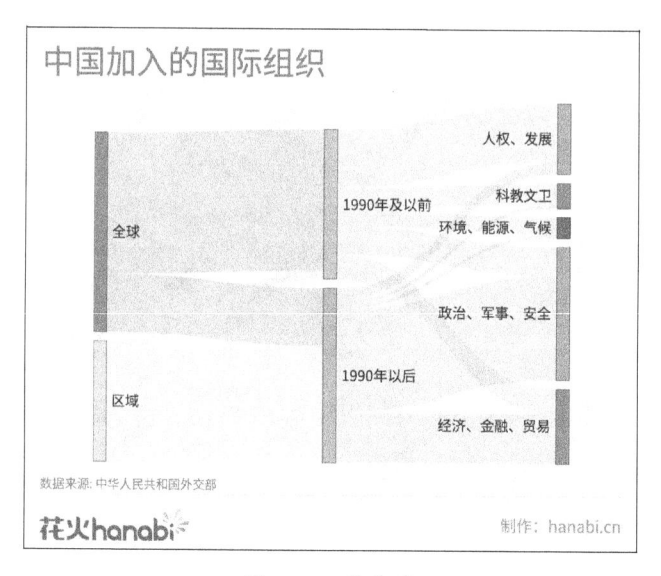

图 6.32 桑基图

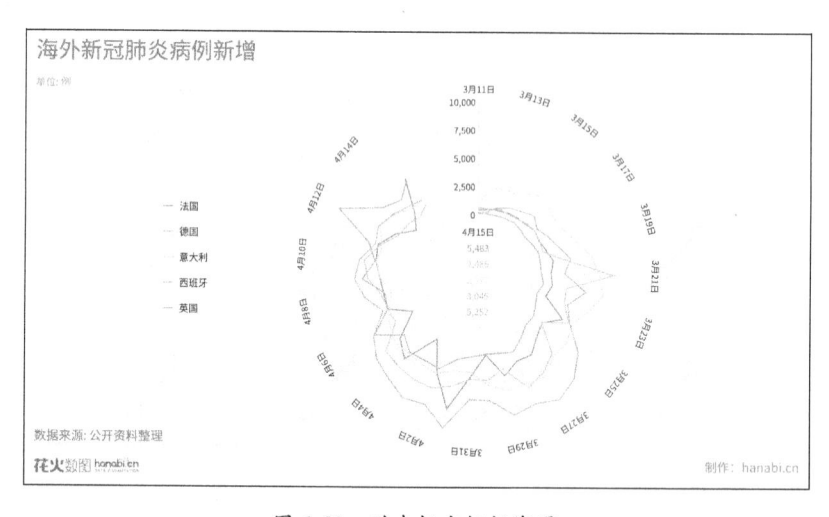

图 6.33 动态极坐标折线图

在"图表设置"选项卡中可以设置图表属性以美化图表，如图 6.34 所示。用户可以在"数据编辑"选项卡中上传数据，如图 6.35 所示。

作品可以保存为动图 GIF 格式、视频 MP4 格式，也可以使用链接或 iframe 分享作品。

图 6.34 图表设置　　　　　　图 6.35 数据编辑

小　结

本章首先详细介绍了图表绘制工具库 ECharts，然后介绍了标签云 WordArt、可视化工具 kepler、flourish 和 hanabi。

习 题 6

对习题 4 进行数据分析后，尝试将发现的数据规律或关系用其他工具可视化，具体包含以下内容：

1. 用 ECharts 绘制电影类型随时间变化的折线图。
2. 用标签云制作工具 WordArt 绘制电影关键词标签云。
3. 用可视化工具 kepler 实现制作电影国家的数据地图。
4. 用可视化工具 flourish 绘制电影类型、电影市场、利润和电影票房的关系。

参考文献

[1] 陈为等. 数据可视化(第2版)[M]. 电子工业出版社, 2019.

[2] 高云龙. 大话数据分析2[M]. 人民邮电出版社, 2019.

[3] [美]韦斯·麦金尼. 利用python进行数据分析(第2版)[M]. 机械工业出版社, 2018.

[4] 王国平. Tableau数据可视化[M]. 清华大学出版社, 2017.

[5] Megan Squire. 干净的数据[M]. 任政委译. 人民邮电出版社, 2016.

[6] 朝乐门. 数据科学理论与实践(第二版)[M]. 清华大学出版社, 2016.

[7] 郭嘉良. 数据新闻产业化发展的现实困境与未来危机——基于国内三家数据新闻媒体栏目的分析[J]. 现代传播(中国传媒大学学报), 2020(07).

[8] 吴小坤, 全凌辉. 数据新闻现实困境、突破路径与发展态势——基于国内7家数据新闻栏目负责人的访谈[J]. 中国出版, 2019(20).

[9] 张超. 数据分析在数据新闻生产中的应用、误区与提升路径[J]. 编辑之友, 2019(06).

[10] 常江. 图绘新闻: 信息可视化与编辑室内的理念冲突[J]. 编辑之友, 2018(05).

[11] 曾庆香, 陆佳怡, 吴晓虹. 数据新闻: 一种社会科学研究的新闻论证[J]. 新闻与传播研究, 2017(12).

[12] 李艳红. 在开放与保守策略间游移: "不确定性"逻辑下的新闻创新——对三家新闻组织采纳数据新闻的研究[J]. 新闻与传播研究, 2017(09).

[13] 徐笛, 马文娟. 中国内地数据新闻从业者调查——基本构成、所需技能与价值认知[J]. 新闻记者, 2017(09).

[14] 胡瑛, 普拉特, 陈力峰. 美国大选新闻中的数据迷思[J]. 新闻战线, 2016(23).

[15] 徐笛. 数据新闻: 发展现状与趋势[J]. 中国出版, 2016(10).

[16] 杜振华, 茶洪旺. 政府数据开放问题探析[J]. 首都师范大学学报(社会科学版), 2016(05).

[17] 方洁, 胡杨, 范迪. 媒体人眼中的数据新闻实践: 价值、路径与前景——一项基于七位媒体人的深度访谈的研究[J]. 新闻大学, 2016(02).

[18] 方洁, 高璐. 数据新闻: 一个亟待确立专业规范的领域——基于国内五个数据新闻栏目的定量研究[J]. 国际新闻界, 2015(12).

[19] 王本刚, 马海群. 开放政府理论分析框架: 概念、政策与治理[J]. 情报资料工作. 2015(06).